JN422613

《대학》의 종합적 고찰

《대학》의 종합적 고찰

초판 1쇄 발행 2013년 8월 31일

지은이 | 동양고전학회 편
펴낸이 | 최원필
편 집 | 이찬희
펴낸곳 | 심산출판사
주 소 | 서울시 은평구 불광동 219-7 예은 101호
전 화 | 02-357-0633
팩시밀리 | 02-357-0631
E-mail | simsan@korea.com
등 록 | 제1-2114호(1996년 11월 28일)

ISBN 978-89-94844-27-5 93150

※ 책값은 뒤표지에 표시되어 있습니다.

《대학》의 종합적 고찰

동양고전학회 편

심산

| 서문

1

이 책은 동양고전학회에서 수 년 전부터 진행하고 있는 유교 경전에 대한 종합적 고찰에 대한 첫 단행본 작업의 결실입니다. 1992년 철학, 정치학, 사학, 문학, 예술학, 심지어 건축학, 물리학 등 실로 다양한 분야에서 동양 고전 특히 유교적 고전들을 공통 텍스트로 연구하는 학자들이 실질적인 학제 간 연구를 도모하자는 취지에서 본 학회를 결성하였습니다. 이후 현재까지 20여 년이 넘는 세월 동안 크고 작은 학술 행사를 개최하고 50여 권에 달하는 학술지를 간행하였습니다. 그러는 가운데 여러 가지 학술 사업과 더불어 장기적인 학술회의 주제 가운데 하나로 유교 관련 고전적 텍스트에 대한 학제 간 연구를 수행하자는 데 합의, 그 초기 작업들로 유교적 고전의 가장 근간이 되는 사서삼경(四書三經)부터 시작하기로 하였습니다. 그동안 유교에 대한, 또 사서삼경에 대한 훌륭한 성과들이, 특히 개설적 차원에서는, 많이 축적되었습니다. 하지만 여전히, 사서조차 더 많은 학문적 연구들이 축적되어야 하는 것도 사실입니다. 이에 2008년 8월 〈대학의 학제 간 종합적 고찰〉과 12월 〈대학의 한국적 수용〉을 개최한 것을 필두로 그간 『논어』, 『맹자』에 대해서도 동일 작업을 수행하여 각 학문 분야에서의 학제 간 연구 및 한국을 비롯한 주변 국가 지식인들의 해당 텍스트 해석과 수용의 역사에 대한 종합적 접근을 행하였습니다. 사실 고전적 텍스트에 대한 해석이나 인식의 문제는 단순한 개인의 학문적 차원의 문제가 아니라 인류 지성사 전반이나 문명사의 전환과도 관련되는 매우 중요한 문제인 만큼 유교 고전에 대한 학제 간 접근과 그 해석의 역사에 대한 종합적 고찰 작업 역시 학회가 애초 기대 이상의 효과가 있었습니다. 단행본 작업을 통하여 이러한 학술회의 성과를 보다 관련 학계에 널리 공유하자는 데 또 합의를 보게 된 것입니다. 그리하여 가장 먼저 수행했던 『대학』 관련 성과들을 한자리에 묶어 이 책을 간행하게 된 것입니다.

2

이 책은 3부로 구성되어 있습니다. 1부는 현재 21세기 철학, 정치학, 교육학, 문학의 관점에서 『대학』에 대한 이해를 시도한 학제 간 작업으로서 대학을 종합적으로 고찰하는 데 유용하다고 봅니다. 2부와 3부는 역사 속에서의 『대학』에 관한 해석과 인식의 변화 과정을 고찰한 것입니다. 2부는 중국에서의 주요 인식 틀과 그 변화 과정을, 3부는 한국에서의 그것을 고찰하였습니다. 이렇게 한자리에 모아 놓고 나니 역시 경전에 대한 해석의 관점과 전환 과정은 곧 세계관의 대변 및 그 전환을 의미한다는 사실을 다시 한번 확인하게 됩니다.

1부의 첫 번째 작업인 임헌규의 〈『大學』의 이념과 방법〉은 철학적 관점에서 『대학』의 학문적 이념과 목적, 방법론을 고찰한 것입니다. 임헌규는 『대학』을 철학적 차원의 '큰 배움'의 이념과 방법론을 제시한 것으로 보고, 그것은 사물의 이치를 탐구하는 것과 마음의 자질을 함양하는 것이

일치한다는 차원으로 궁극적으로 인간의 사회화와 사회의 인간화를 동시 근원적으로 수행하고자 한 것이라고 평가하였습니다. 그리고 이러한 『대학』의 학문 원리는 1) 보편화가 가능한 준칙에 따라 행위한다는 칸트의 정언명법의 제1원리 2) 동등 고려의 공평성의 원리 3) 공리주의(功利主義)의 최대행복도출원리와도 상통한다고 평가했습니다. 또 '혈구의 도'로 표방되는 이러한 대학의 치인 이념은 인간이 일차적 근본적으로 자유의 존재이자 주체의 존재이며, 이차적 현실적으로 자율의 존재로서 사회적 존재라는 사실을 확인시켜 주는 '주체주의'와 '인본주의'를 표방하는 것으로 평가하였습니다.

안외순의 〈『대학』의 정치철학: 자기성찰과 혈구행정의 정치〉는 정치학적 텍스트로서의 『대학』의 성격을 검토하되, 정치가가 걸어야 할 세 가지 길로 나누어 접근합니다. 먼저 진정한 정치가는 자기성찰과 자기계발의 '명명덕(明明德)'의 길을 걸어야 하는데, 그것은 곧 정치가의 덕성, 곧 정치가의 자질[明德]을 함양하는 것[明]'을 의미하는 것으로, 이때 정치가의 자질, 곧 덕은 도덕적/윤리적 덕성만을 말하는 것이 아니라 그것이 실천적으로 드러나는 포괄적이고 현실적인 실천 능력 전반을 의미하는 것으로 이해했습니다. 또 두 번째는 행정의 길, 곧 '신민(新民)'의 길로, 이는 '정치가의 혈구행정, 곧 서(恕)의 정치적 실천을 통해 백성들을 혁신 혹은 개신시킴'의 길을 의미합니다. 마지막으로 최고선의 공동체 유지라는 '지어지선(止於至善)'의 길이 있습니다. 이는 '명명덕과 신민의 결과 최고선의 경지에 도달하고 이를 유지하려는 노력'으로 이해하고 그 세분화되는 과정을 고찰하였습니다.

신창호의 〈『대학』의 교육학적 접근: 듀이와 화이트헤드의 교육관과 연관하여〉는 서양 현대의 대표적인 교육철학자인 듀이와 화이트헤드의 교육철학과 연관하여 『대학』을 분석한 것입니다. 삼강령에서 명명덕은 자기의 마음을 밝히는 성찰이자 깨달음으로 새롭게 거듭나려는 자기교육, 곧 수기의 차원에서 이해가 가능한 것이고, 신민은 타자를 다스리고 교육하는 치인으로서 타자교육에 해당하면서도, 그 궁극은 타자 자신이 스스로 새로움을 추구하는 자기 혁신 혹은 자기 수양이며, 지어지선은 명명덕과 신민의 실천, 그 최고선의 경지에 멈추어 옮기지 않는 작업으로, 듀이의 심리학적 차원과 사회학적 차원, 삶의 과정 및 성장, 경험의 재구성 등과 연계된다고 보았습니다. 한편 팔조목의 격물치지, 성의, 정심은 화이트헤드의 품격과 이성의 기능, 삶의 기술 증진론으로 해석된다고 보았습니다.

김형태의 〈『대학(大學)』에 인용된 『시경(詩經)』 구절의 문학적 효용성〉은 문학적 작업으로, 『대학』에서 인용한 『시경』 구절들의 함의를 분석한 것입니다. 김형태는 교훈성의 극대화를 위한 재도지문, 생물의 상징성을 활용한 명시 효과, 일상의 반영을 통한 잠언의 항목을 설정하여 『대학』의 특성을 살펴보았습니다. 결론적으로 『대학』은 서정성과 함축성을 동시에 지닌 『시경』의 시 구절을 적절하게 활용함으로써 내용상 교훈성을 극대화시켜 적극적으로 '재도지문' 적 성과를 거두고 있고, 『시경』에 등장하는 생물 중심의 상징성을 활용하여 전달하려는 내용을 보다 확실하게 보여줄 수 있는 명시 효과를 거두고 있으며, 잠언적 내용에는 일상성과 민중을 반영하여 위정자를 견제하는 한편, 문학적으로도 우회의 방법을 이용함으로써 일정한 문학적 효용성을 거두고 있다고 평가하였습니다.

2부 중국적 전개의 첫 번째 작업은 서근식의 〈회암(晦庵) 주희(朱熹)의 『대학』 해석: 격물치지론(格物致知論)을 중심으로〉입니다. 사실 주희의 『대학』 해석은 사서 체제의 확립과 유학의 주자학적 재탄생의 핵심 동력으로 조선 지식사나 정치사 전개에 끼친 영향은 말할 것도 없습니다. 이러한 주희의 『대학』에 대해서 서근식은 특히 그 중심에 있는 격물치지론을 중심으로 재평가하였습니다. 주희가 '궁리'가 아니라 '격물'이라고 한 것은 격물치지가 허학이 아닌 실학임을 강조하기 위해서이며, 그 과정을 통해 앎이 지극해지는 단계가 '치지'로서, '격물'을 통해 얻은 지식들을 종합하여 '진지'를 구하는 단계이며, 이 '진지'는 사적인 뜻이 개입할 수 없으므로 보편적인 앎과 같은 것으로 설명합니다. 나아가 격물치지의 최종 목표는 '지선'에 도달하는 것으로 격물치지가 '지선'을 지향하고 있다면 활연관통을 통해 얻은 내 마음 속의 보편적 준칙 또한 '지선'이 그 기준이 되며, 이 점에서 주희의 격물치지는 인식론의 측면과 윤리적 측면을 모두 포함한다고 보았습니다.

지준호의 〈서산(西山) 진덕수(眞德秀)의 『대학』 해석: 『대학연의(大學衍義)』를 중심으로〉는 진덕수의 『대학연의』를 중심으로 성리학의 역사적 전개 속에서 갖는 『대학』의 해석에 관한 위상을 고찰한 것입니다. 지준호는 진덕수의 『대학연의』를 사상적으로나 실천적인 방면에서 『대학』의 기본 관념과 취지를 창조적으로 계승 · 발전시킨 것으로 평가하였습니다. 특히 진덕수는 군주론의 핵심을 성리학의 심성론이나 도덕론으로 설명하면서도 실제의 정치나 역사적 사례를 들 때에는 성리학적인 입장 이외에 유용성의 논리를 기초로 하는 공리주의적 입장까지도 포괄하는 다양한 접근을 시도하였다고 보았습니다. 따라서 진덕수는 성리학의 기본 골격을 유지하고는 있지만 사변적인 측면보다는 당면한 시대의 입장에서 군주론을 중심으로 하여 현실적인 경세주의적 측면에서 리학적 경세주의를 구현함으로써 '남송 후기 리학의 종합 · 절충적 경향이 반영된 것이라고 평가하였습니다.

임홍태의 〈왕수인의 대학관 연구: 「대학문(大學問)」을 중심으로〉는 『대학』 해석에 있어서 주희의 격물치지론에 정면 도전을 한 왕수인(王守

仁)에 대해 『대학』의 8조목 가운데 특히 심 · 의 · 지 · 물이라는 네 개의 개념을 체계로 하는 일련의 심학의 체계적 공부 과정의 결과로서 왕수인이 심 · 의 · 지 · 물을 하나의 물로, 정 · 성 · 치 · 격을 하나의 일로 파악하고 있다고 보았습니다. 이때 심 · 의 · 지 · 물과 정 · 성 · 치 · 격은 다만 하나의 사물을 서로 다른 측면에서 규정한 것으로 이 네 가지 개념은 분리할 수 없고 하나의 물건의 서로 다른 측면을 말하는 것으로 행위의 주체로부터 말한 것이며, 격치성정이란 일관된 하나의 공부 방법으로 심 · 의 · 지 · 물의 본래 상태를 유지하기 위한 도덕 주체의 활동 작용으로부터 말한 것으로 이해했습니다. 이것이 또 초기의 격물 중심에서 성의에로, 다시 성의에서 치지로 그 공부 방법이 바뀌는데, 이는 그의 사상의 심화 과정이자 교학 사상의 변화 과정으로서 공부론의 내재화 과정이기도 하다고 보았습니다.

임옥균의 〈왕부지의 『대학』 이해〉는 왕부지가 『대학』의 팔조목의 관계에 대해서 『대학』이 선후를 말했고 전후를 말하지 않았으므로 그것은 '리일분수'의 관계에 있고, 명덕이란 공부를 통해 최고로 밝혀진 마음으로 성(性)이 아니라고 하였다는 입장을 취했습니다. 또 왕부지에게 성의란 긍정적 측면에서 넘쳐 나도록 해야 하는 것으로, 공부를 통해서 경지에 도달했을 때 자연스럽게 가능한 것이라고 보았습니다. 또 가정과 국가의 경우 둘 사이에는 통하는 이치도 있지만 엄연히 가정은 가지런히 한다고 표현했고 국가는 다스린다고 표현했으므로 차이가 있다고 했습니다. 곧 미룬다는 것은 가정에서의 자애로움을 미루어 국가에서도 자애롭게 하는 것이 아니라 가정에서 가르치는 교육 내용을 미루어 국가에서도 가르칠 뿐이라고 해석하고 있음을 소개하였습니다.

3부는 조선에서의 『대학』에 대한 이해 및 그 논쟁의 역사를 접근한 것입니다. 주지하다시피 조선은 '지구상 유일한 주자학 실험 국가'라고 할 만큼 주희 식 『대학』 해석이 강하였습니다. 따라서 여기서는 대체적으로는 주희 해석과의 동이(同異) 여부 및 그 발전적 해석을 중심으로 다루었습니다. 주지하다시피 조선은 '지구상 유일한 주자학 실험 국가'라고 할 만큼 주희 식 『대학』 이해를 통한 조선 주자학 역사의 전개에 물줄기를 바꾸어 놓았던 경우를 중심으로 고찰하였습니다.

서근식의 〈회재(晦齋) 이언적(李彦迪)의 『대학』 해석〉은 이언적이 『대학』을 해석함에 있어서 주자의 『대학장구』를 상당 부분 수용하되, '격물치지'에 관한 한 주자의 「격물치지보망장」을 부정하고 '物有本末' 절과 '知止' 절에 대해 '격물치지'를 설명한 전문으로 해석한 점에 주목했습니다. 또 『속대학혹문』을 통해 평천하를 이룩하기 위해서는 '인'을 근본으로 삼아야 하는데, 그것은 인이 효 · 제 · 자의 근본으로 그 실천은 가장 기본적인 후자들의 것으로부터 시작하여야 함을 강조한 것이며, 이때 인은 자기 자신만으로 이루어지는 것이 아니라 다른 사람과의 관계 속에서 이루어지는 것임을 강조한 것이라고 소개하고 있습니다.

신창호의 〈율곡 이이의 『대학』 해석: 『성학집요』로의 학문적 심화〉는 1) 『대학』의 '삼강령'은 『성학집요』에서 「수기총론」으로 정리되면서 학문적 심화를 예고하며, 2) 『대학』의 팔조목 중 수기(修己)에 해당하는 부분을 구체적으로 확장하면서 학문의 심화를 보이며, 3) 『대학』에서 소홀히 한 입지(立志)를 중요시하고, 4) 삼강령의 체계에서 지어지선의 경지를 수기의 공효로 풀어냈다고 평가하였습니다. 곧 명명덕과 신민이 기초이자 근본이라면 지어지선은 응용이자 궁극적 목표로서 율곡이 이를 공효의 차원으로 정립하면서 수기론을 체계화했으며 이러한 수기론을 바탕으로 수기치인의 유교 논리에 충실하여, 치인을 정가와 위정으로 심화시켰다는 것입니다. 그 결과 신창호는 율곡의 『성학집요』는 『대학』에 드러난 원리론 차원의 수기치인을 구체적인 인생의 실천 지침으로 발전시켰고 모호한 의미를 지닌 유교의 이념을 실제적 삶의 현실로 드러내어, 조선 유교를 체계화하여 지속적인 정치와 교육에서의 교정을 지향하였다고 평가하였습니다.

김현수의 〈사계 김장생의 『대학』 이해: 『대학변의(大學辨疑)』를 중심으로〉는 김장생이 『대학』 해석에 있어서 궁극적으로 이이 중심의 기호학파의 전승자적 면모를 보였다는 관점을 취하고 있습니다. 1) 자구의 훈고에 집중하기 보다는 성리학적 의리를 이해하는 의리 중심의 해석을 행하고 있으며, 2) 율곡의 대전 소주 산정 및 권평의 영향으로 경문 및 주자 주 외에 소주에 대한 접근이 많이 행하고 있고, 3) 율곡의 리기심성론의 대해서 존신 및 계승하려는 입장이라는 점을 중심으로 소개하였습니다. 특히 김현수는 리기의 관계, 정과 의에 대한 이해, 격물 · 물격 등 당시 사단칠정 논쟁이나 인심도심 논쟁에서 핵심적으로 언급됐던 개념 및 이론에 대해서 사계는 율곡설의 긍정하고 계승 및 보완하려는 자세를 취하고 있음을 주장하고 있습니다.

신창호의 〈백호(白湖) 윤휴(尹鑴)의 『대학』 해석: 삼강령(三綱領)과 격물치지(格物致知)의 이해를 중심으로〉는 '주자학을 계승하면서도, 원전에 충실하여 자기 나름의 이해를 시도하였다고 본다는 점에서 기존의 시각과 다른 관점입니다. 사실 윤휴의 『대학』 해석은 송시열과 인식을 달리하면서 당대에는 '사문난적(斯文亂賊)'으로 불리기도 하고 이후 지금까지 반주자학 혹은 탈주자학자로 소개되기도 했습니다. 이에 대해 신창호는 주자의 『대학장구』가 아니라 『고본대학』을 텍스트로 선택한 윤휴는 격물의 핵심을 '느껴서 통함'이라는 감통(感通)으로 독해하고, 이 감통에 성경(誠敬)과 사변(思辨)을 개입시켰다는 점, 그리고 격물이 명덕 · 신민의 일에 마음을 써서 이를 실천하려는 일이고, 치지는 본래 선한 마음을 다 발휘하여 선악에 대한 분별을 확실히 하는 작업임을 확인하려는 노력으로서, 궁극적으로는 주자학을 원용하면서도 유교의 본령을 찾으려는 성실함이었다는 평가를 내렸습니다.

김세봉의 〈서계 박세당(西溪 朴世堂)의 대학 인식(大學認識)과 사회적 반향(反響)〉은 조선 사회에서 주자 성리학이 교조화되어 가던 17세기 중후반 역시 사문난적으로 배척받았던 서계(西溪) 박세당(朴世堂)의 『사변록(思辨錄)』에 나타난 『대학』 인식과 그에 따른 사회적 반향에 대해 고찰한 것입니다. 서계는 주희가 『대학』을 3강령(綱領) 체제로 보았던 것과 달리 2강령 체제로 보았으며, 격물치지(格物致知)에 대해서도 주희의 설을 수용하지 않고 왕수인과 유사한 해석 및 『대학』의 장구(章句)도 자의대로 개정한 점 때문에 당시 조선의 지배 학계는 '사문난적'의 꼬리표를 붙였으나 사실상 이 저술이 발표된 지 수십 년 지난 뒤에 행해진 것으로 보아 송시열을 비판했던 그의 〈이경석비문〉에 대한 정치적 비난에 불과했다고 평가했습니다. 대신 김세봉은 경문의 해석에 대한 견해가 옳고 그름을 떠나서, 박세당에 대해 학문 본래의 자유를 추구하며 주자 성리학에 경도되지 않고 학문에 정진하고 후학을 양성함으로써 영정(英·正) 시기에 만개되는 실학의 가교 역할을 하였다는 점에서 높이 평가하고 있습니다.

임홍태의 〈하곡 정제두의 『대학』 해석〉은 조선의 양명학자로 불리는 하곡 정제두(鄭齊斗)가 주희의 격물치지설이 즉물궁리를 위주로 하는 물리지학(物理之學)이라 비판하면서 왕수인 쪽으로 학문적 방향을 바꾸었다고 합니다. 그리고 몸을 주재하는 심은 명덕의 본체로서, 명덕의 본체로서의 심은 순선무악하여 바르게 하는 공부가 불필요한 존재이며, 심의 발현으로서의 의는 명덕의 작용이라는 의미를 가지고 있으며, 지라는 것은 마음의 본체로서의 양지를 가리킨다고 하는 등 여러 면에서 양명의 학설을 따랐다고 합니다. 하지만 임홍태는, 그럼에도 불구하고 정제두는 주자학의 많은 부분을 긍정하였으며, 그 결과 양명학 이론에서 발견되는 문제에 대해서는 정주학의 이론 형식을 통해 해결하려는 학문적 태도를 견지하였다고 평가했습니다.

김인규의 〈성호 이익(星湖 李瀷)의 대학관(大學觀)〉은 경세치용 학파의 종장인 이익이 『대학』은 본래 『주역』에서 나왔다고 보고 그 해석 역시 『주역』을 자주 인용하여 설명한 점에서 독창적이었다고 평가했습니다. 이익의 『대학질서』는 주희의 『대학장구』의 가치를 인정한 위에 그 주석을 하나하나 분석하면서 그 시비(是非)를 가렸다고 했습니다. 예컨대 이익은 '명명덕'을 인간 주체의 실천적 문제임을 받아들이고 있으며, '신민'을 해석함에 있어서도 신(新)을 '혁구 종신(革舊從新)'으로 이해하여, 명명덕의 명(明)과 신민의 신(新)은 '밝히다'와 '새롭게 하다'는 서로 바꿀 수 있으며, '지어지선(止於至善)'은 '지어지선지지이불천(止於至善之地而不遷)'이라고 하여, '지(止)'에는 '지지선(至至善)'과 '불천(不遷)'의 뜻이 함께 있으므로 이 부분 주희의 설은 그르다는 식을 소개하면서 이러한 시각이 결국 그의 경세치용론적 시각을 이루었다고 평가하였습니다.

임헌규의 〈다산 정약용의 『대학』 해석: 주자의 『대학장구』와 비교를 통하여〉는 한대(漢代) 이래 수많은 경학자들 중 가장 많은 창견(創見)과 신설(新說)을 제시한 학자 중의 한 명인 '실학의 집대성자' 정약용이 『대학』의 해석에서 1) 주자의 철학 체계인 리기 및 심성론에 의한 해석의 명시적인 거부, 2) '경에 의해 경을 해석한다'는 해석학적 입장을 취하면서 오로지 진리의 추구와 실천에 정진했다고 평가했습니다. 임헌규는 그렇지만 이러한 다산의 작업이 성리학과는 다른 세계관을 보유한 것은 분명하지만 '근대'는 개인주의(개인 실체론, 사회명목론)를 주창하는데 반해 다산은 『대학』 해석에서 그 누구보다도 '관계적 인간'을 내세우고, 관계성하에서 해야 할 도리(孝弟慈)를 다할 것과 바로 그렇게 할 때에 비로소 덕이 정립된다고 보았다는 점에서, 일각에서 말하는 '근대성'이라는 평가에 대해서는 미지수라는 입장을 견지했습니다.

3

사실 공동 작업이기는 하지만 개별 연구논문들을 하나의 단행본으로 하는 데는 어려움이 따르는 것도 사실입니다. 이 책도 예외가 아닌데, 특히 논의의 중복적 측면이 그에 해당한다고 하겠습니다. 사실 단행본임을 감안하면 중복되는 진술들은 가급적 배제되어야 하지만 문제는 여기에 실린 글들이 하나의 주제를 담은 독자적 논문들이다 보니 개별 논문들의 완결성 또한 무시하기 어려웠습니다. 하여 본 단행본이 대중을 상대로 하는 개설서가 아니고 전문 연구자들을 상대로 한 연구서라는 점을 감안, 이 문제를 그냥 감내하기로 하였습니다. 이 약점보다는 한자리에 묶어서 관련 연구자들에게 다양한 『대학』의 해석들을 한자리에 제공한다는 편의 제공의 의의가 우선일 수 있다는 판단도 한몫하였습니다. 아울러 이 자리를 빌어 오랜 시간 기다려 준 출판사 사장님과 직원 분들께 감사드립니다.

4

동양고전학회는 고(故) 권우(卷宇) 홍찬유(洪贊裕) 선생님의 학은(學恩)을 입은 문하생들의 학문공동체이기도 합니다. 그리고 올해는 선생님께서 별세하신 지 10주년이 되는 해입니다. 선생님은 매년 봄 3월이면 새로이 사서삼경(四書三經)을 읽고 배우기 위해 들어온 문하생들에게 『대학』을 시작으로 '있는 글자 빼지 말고, 없는 글자 넣지 말라'시며 제자들의 해석을 하나하나 잡아 주시며 이끌어 주셨습니다. 하지만 제자들의 공부

외적 부족함에 대해서는 그 어떤 허물도 덮고 늘 한결같은 덕으로 감싸 주셨습니다.

근래

선생님의 유달리 작은 체구에 걸치신 회색 두루마기, 허스키한 목소리, 형형한 눈빛, 그러나 입가에는 늘 미소를 머금으신 선생님이, 우주처럼 든든하던 선생님이 유독 그립습니다.

근래 자꾸

'이익으로 이로움을 삼지 않고 정의로 이로움을 삼는다(不以利爲利 以義爲利.『大學』傳10章)'는 구절을 되새기게 됩니다.

홍찬유 선생님의 10주기 영전에 삼가 이 책을 올립니다.

2013년 6월 6일

해미 광이재에서
동양고전학회 회장 안외순
필자 선생님들을 대신하여 씁니다.

차례

서문 • 4

1부 학제 간 고찰

『대학』의 이념과 방법론 | **임헌규** • 21

『대학』의 정치철학 | **안외순** • 50

『대학』의 교육학적 접근
– 듀이와 화이트헤드의 교육관과 연관하여 | **신창호** • 80

『대학(大學)』에 인용된 『시경(詩經)』 구절의 문학적 효용성 | **김형태** • 109

2부 중국적 전개

회암(晦庵) 주희(朱熹)의 『대학』 해석
– 격물치지론(格物致知論)을 중심으로 | **서근식** • 133

서산(西山) 진덕수(眞德秀)의 『대학(大學)』 해석
– 『대학연의(大學衍義)』를 중심으로 | **지준호** • 159

왕수인의 대학관 연구
– 「대학문(大學問)」을 중심으로 | **임홍태** • 188

왕부지의 『대학』 이해 | **임옥균** • 218

3부 한국적 전개

회재(晦齋) 이언적(李彦迪)의 『대학』 해석 | **서근식** • 249

율곡 이이의 『대학』 해석
– 『성학집요』로의 학문적 심화 | **신창호** • 274

사계 김장생의 『대학』 이해
– 『대학변의(大學辨疑)』를 중심으로 | **김현수** • 304

백호(白湖) 윤휴(尹鑴)의 『대학』 해석
– 삼강령(三綱領)과 격물치지(格物致知)의 이해를 중심으로 | **신창호** • 334

서계 박세당(西溪 朴世堂)의 대학 인식(大學認識)과 사회적 반향(反響) | **김세봉** • 360

하곡 정제두의 『대학』 해석 | **임홍태** • 383

성호 이익(星湖 李瀷)의 대학관(大學觀) | **김인규** • 413

다산 정약용의 『대학』 해석
– 주자의 『대학장구』와 비교를 통하여 | **임헌규** • 443

찾아보기 • 471

1부

학제 간 고찰

大學

『대학』의 이념과 방법론

임헌규 (강남대학교 철학과 교수)

1. 서론

『대학』은 본래 수당(隋唐) 시대 과거 시험의 필수 교재였던 『예기』의 제42편으로 다른 장에 비해 특별한 주목을 받지는 못했다. 그런데 당말 한유(韓愈, 768~827)와 그 제자 이고(李翶)가 정통 중국학으로서 유학의 정립을 위하여 요순(堯舜)에서 공맹(孔孟)에 이르는 도통(道統)의 전수를 천명하고, 유가의 수신-제가-치국-평천하의 길을 통해 허무적멸(虛無寂滅)의 도교와 불교를 배척하는 데에 『대학』을 원용함으로써 새로운 조명을 받기 시작하였다. 그리고 송대(宋代)에서 「대학」은 『서경(書經)』「홍범(洪範)」과 함께 치도의 근본, 혹은 제왕의 포덕의 방법을 서술하는 책으로 존중되고, 마침내 사마광(司馬光, 1019~1083)에 의해 『예기』에서 분리 독립하여 단행본으로 편집되었다.(『大學廣義』) 그런데 『대학』을 『논어』 및 『맹자』와 더불어 유가의 주요한 경전으로 삼으면서 입덕지문(入德之門)으로 정립한 것은 정호(程顥, 1032~1085)와 정이(程頤, 1033~1107) 형제였다.

자정자가 말하였다. "대학은 공자가 남긴 글로 처음 배우는 사람이 덕(德)으로 들어가는 입문서이다. 오늘날 옛사람들이 학문하였던 차례는 오직 이 편이 존재에 힘입고, 『논어』와 『맹자』는 그다음임을 볼 수 있으니, 배우는 사람은 반드시 이에 말미암아 배우면 거의 차례에 어긋나지 않을 것이다."[1]

그리고 이정자는 1) 『대학』에 편제상 착간과 오자가 있다고 생각하고 각자가 개정을 시도하였으며,[2] 2) 특히 "격물치지(格物致知)"의 의미를 밝히려고 노력한 것으로 알려져 있다.[3] 그런데 이러한 이정자의 업적을 계승-발전시켜 『대학』을 체계화하여 사서(四書)의 하나로 정립한 인물은 남송의 주자(朱子, 1130~1200)였다. 연보에 따르면, 주자는 이미 34세(1163)에 당시 효종(孝宗)과의 첫 만남에서 『대학』의 "격물치지"에 관해 논급하였고, 만년에(65세, 1194년) 시강(侍講)으로 광종(光宗)에게 마지막으로 진강(進講)한 것도 『대학』이었다. 그는 이미 39세(1168)의 『정씨유서(程氏遺書)』를 편집하면서, "이 책을 읽는 사람은 경(敬)을 위주로 하여(主敬) 근본을 세우고, 이치를 궁구함(窮理)으로써 앎을 진척시켜 나가면, 근본이 정립되어 앎이 더욱 밝아지고, 앎이 정밀해짐에 근본이 더욱 견고해질 것이다."[4]라고 말하였다. 이렇게 주자는 39세에 이미 『대학』 해석의 기본 틀을 마련해 놓았으며, 여러 서간으로 미루어 보면 45세(1174년) 이전에 현재 형태로 분장(分章)한 『대학장구』 원고를 지니고 있으면서, 그

1) 『大學章句』, 「序說」. "子程子曰 大學 孔氏之遺書 而初學入德之門也 於今可見古人 爲學次第者 獨賴此篇之存 而論孟次之 學者 必由是而學焉 則庶乎其不差矣." 이 글은 『程氏遺書』 卷2上 및 卷24에서 인용한 것이다.

2) 『二程全書』, 「經說」, 卷5에 각각 정호와 정이의 「改正大學」이 각각 실려 있다. 김진석, 『대산대학강의』, 한길사, 2000, 275~285쪽 참조.

3) 『二程全書』, 「遺書」, 卷11 참조.

4) 『二程全書』, 「目錄」. "讀是書者 誠能主敬以立其本 窮理以進其知 使本立而知益明 知精而本益固."

뒤 문답형식으로 선현들의 여러 학설과 대비를 통해 상세히 설명한 『대학혹문』을 완성한 것으로 보인다. 그러나 주자는 만족하지 않고 끊임없이 수정 및 자문을 구하다가, 60세(1189)에 이르러 비로소 「대학장구서」를 쓰게 된다. 그러므로 주자는 『대학장구』의 초고를 마련하고 무려 15년 이상 더 다듬은 다음 간행하였다. 이는 『논맹집주(論孟集註)』가 48세(1177)에 이루어졌던 것과 비교하면 13년 더 걸린 것이다. 그 후에도 주자는 병든 노구를 이끌면서 계속 수정 작업을 하다가 『대학장구』 「성의장」에 마지막으로 첨필을 가하고 3일 뒤 운명한 것으로 알려져 있다. 그래서 주자는 말했다.

"나는 이 문자를 보아 투철하게 통하여 전현(前賢)들이 미처 보지 못한 것을 보았다. 사마온공이 『통감(通鑑)』을 짓고 평생의 정력을 모두 이 책에 모았다고 하였는데, 나 또한 『대학』에 있어 그렇게 하였다. 먼저 모름지기 이 『대학』을 읽은 연후에 비로소 다른 책을 읽을 수 있다."[5)]

오직 『대학』만이 …… 앞뒤가 서로 연결되고 체통을 갖추어져 있으므로 …… 『논어』와 『맹자』는 한 가지 일에 한 가지 도리만을 말할 따름이다. …… 『대학』은 이 모두를 통합해서 설명했고 …… 『대학』은 학문의 강목(綱目)이 되고 …… 『대학』은 학문의 처음과 끝을 통틀어서 말한 것이다.[6)]

이렇게 평생을 학문에 진력했던 주자가 『대학장구』에 모든 정력을 쏟

5) 『大學章句』, 「讀大學法」. "又曰 某一生 只看得這文字透 見得前賢所未到處 溫公 作通鑑 言平生精力盡在此書 某於大學 亦然 先須通此 方可讀他書."

6) 『大學章句』, 「讀大學法」. "惟大學 …… 前後相因 體統都具 …… 語孟中 只一項事是一箇道理 …… 若대학却只統說 …… 대학 是爲學綱目 …… 大學 是通言學之初終."

은 것은 자신의 평생 과업인 도불(道佛)을 극복할 수 있는 정통학이자 실학(實學)으로서의 유교 정립과 연관된다. 즉 그는 '명명덕(明明德)-신민(新民)-지어지선(止於至善)' 하는 대학(인)의 길에서 유학(儒學)의 진면목을 발견하고, 그 이념으로 이상 사회를 구현하려고 했을 것이다. 여기서 우리는 『대학』에서 제시된 삼강령(三綱領)과 팔조목(八條目)을 중심으로 유교적 자기 계발과 사회 개혁의 이념 및 그 실현 방법을 논구하고자 한다.

2. '대학', 큰 배움이란?

우선 『대학』이란 『소학(小學)』의 상위 개념으로 사람다운 역할을 할 수 있는 소양을 계발한 이후, 정치를 담당하기 위해 선발된 소수 인재들만의 학문, 즉 '대인의 학문(大人之學)' 이라고 할 수 있다. 그렇다면 여기서 관건은 " '대인' 이란 어떤 사람을 말하는가?" 하는 점이다. 이에 대해서는 『논어』의 "군자는 의리에 밝고, 소인은 이익에 밝다."[7]는 공자의 언명이 하나의 단서를 제공해 준다. 즉 '소인' 이란 일을 해결함에 있어 '이익' 에 준거를 두고 판단하고 행동하고, 천명(天命)을 알지 못하는 사람이다.[8] 이에 반해 '대인' 즉 '군자' 란 "어떻게 처신, 처리하는 것이 의리(義理)에 부합하는(宜), 올바른 행동인가?" 하는 점에 준거를 두며, 나아가 천명의 본성(天命之性)을 인식하여 자기 정립(爲己)을 이룬 사람이다.[9] 그렇다면

7) 『論語』, 4:16. "子曰 君子喩於義 小人喩於利."

8) 『論語』, 13:20. "小人求諸人" 16:8. "小人不知天命" 2:14. "小人比而不周" 17:23. "小人有勇而無義" 14:7. "未有小人而仁者" 14:24. "君子上達 小人下達."

9) 『論語』, 20:3. "不知命 無以爲君子也."

『대학』이란 일반인들의 보통교육 이념과 방법을 기술해 놓은 『소학』을 온전히 익혀 실천할 수 있는 기본적인 소양을 함양한 다음, 천명의 인간 본성을 깨달아 실천해야 할 이념과 방법론을 기록해 놓은 책이라고 할 수 있다. 주자는 『대학장구』 「서문」에서 다음과 같이 이를 간명하게 밝혀 주고 있다.

> 『대학』이란 책은 옛날 태학(太學)에서 사람을 가르쳤던 도리와 방법을 기술한 것이다. …… 사람이 태어나 여덟 살이 되면 왕과 제후의 자제에서부터 서민들의 자제에 이르기까지 모두 소학(小學)에 들어가게 하여 물 뿌리고 마당 쓸고, 호응하고 대답하고, 나아가고 물러가는 절도와 예절, 그리고 음악, 활쏘기, 말부리기, 글쓰기, 수학의 문장으로 가르쳤다. 그리고 열다섯 살이 되면 천자의 맏아들과 여러 아들로부터 공(公), 경(卿), 대부(大夫), 원사(元士)의 적자 및 백성들 가운데 뛰어난 인재를 모두 태학에 들어가게 하여 '이치를 탐구하고 마음을 바로 잡으며(窮理正心)', '자기를 닦고 다른 사람을 다스리는(修己治人)' 도리로 가르쳤다. 이것이 또한 학교의 가르침에 크고 작은 절차가 나누어진 까닭이다.[10]

주자는 여기서 몇 가지 중요한 지적을 하고 있다. 그것은 우선 『대학』이란 옛날 최고의 고등 교육기관인 태학에서 사람들을 가르쳤던 교재라는 것이다. 그런데 주자는 이러한 태학에 입학하기에 앞서 인간이라면 누구나 가르침을 받고 배워야 하는 교육, 말하자면 오늘날의 보통 의무교육

10) 朱子, 『大學章句』, 「序」. "大學之書 古之大學 所以敎人之法也 …… 人生八歲 則自王公以下 至於庶人之子弟 皆入小學 而敎之以灑掃應對進退之節 禮樂射御書數之文 及其十有五年 則自天子之元子衆子 以至公卿大夫元士之嫡子 與凡民之俊秀 皆入大學 而敎之以窮理正心修己治人之道 此又學校之敎 大小之節 所以分也."

과 같은 '소학'이 있었다고 말하고 있다. 이 소학에서는 사람이 사람다운 생활을 영위할 수 있도록 해 주는 기본적인 소양을 가르쳤다. 이 소양 교육을 기본적으로 익힌 다음, 국가의 지도자가 될 준재들을 태학에 입학시켜 '궁리정심'과 '수기치인의 도리'를 가르쳤다는 것이다. 그렇다면 큰 배움을 하는 사람, 즉 대학인이 배워야 할 것은 이치를 탐구하고 마음을 바로잡는 자기 수양을 통해 다른 사람을 다스리는 도리라고 할 수 있다. 요컨대, '작은 배움(小學)'과 '큰 배움(大學)'이 있다. 여기서 '작음(小)'이란 물 뿌려 소제하는 하는 일에서부터 사람이 사람으로 살아가기 위한 기본적인 소양을 말한다. 그리고 '큼(大)'이란 일상에서 행하는 단순한 실천적인 행위만이 아니라, 거기서 한 걸음 더 나아가 그렇게 해야만 하는 이치를 추구하고, 자기 마음을 닦고 수양하여 남을 다스리는 도리를 말한다.

그렇다면 '배움(學)'이란 무엇인가? 무릇 자각적 계발을 뜻하는 '배움'은 '자발적인 물음'을 전제로 한다. 그래서 서양에서는 참된 인식은 세계의 신비에 대한 놀라움(驚異)에서 출발하며,[11] "사람은 선천적으로 이 놀라운 세계에 대해 알기를 좋아 한다"고 선포했다. 동양에서 '학(學)'에 '문(問)'을 연용하여, '학문(學問)' 혹은 '문학(問學)'[12]이라고 표기한 것 역시 바로 이러한 사정에서 유래했을 것이다. 그래서 누구보다 '배우기를 좋아한다(好學)'고 자부했던 공자는 『논어』에서 배움의 필수불가결성을 다음과 같이 강조하고 있다.

> '어짊'을 좋아하면서도 배우기를 좋아하지 않으면, 그 폐단은 어리석게 된다. '앎'을 좋아하면서도 배우기를 좋아하지 않으면, 그 폐단은 허황되게 된

11) Plato, Theaitetos, 150d2-5.

12) 『中庸』, 27장. "故君子 尊德性而道問學 致廣大而盡精微 極高明而道中庸 溫故而知新 敦厚以崇禮."

> 다. '믿음'을 좋아하면서도 배우기를 좋아하지 않으면, 그 폐단은 해치게 만든다. '곧음'을 좋아하면서도 배우기를 좋아하지 않으면, 그 폐단은 급하게 만든다. '용기'를 좋아하면서도 배우기를 좋아하지 않으면, 그 폐단은 어지럽게 만든다. '강함'을 좋아하면서도 배우기를 좋아하지 않으면, 그 폐단은 경솔하게 만든다.[13)]

'배움'이란 자기에게 결여된 것을 찾고, 자신에게 은폐된 세계를 조명하는 활동, 즉 반성적 사고이자 '물음'이다. 사회-역사적 존재인 인간은 항상 과거 전통이 역사적 공간 속에 드러나 있는 사회 제도에 물을 수밖에 없다. 그리고 문물-제도와의 대화 속에서 찾고자 하는 것은 주체적 자각이 드러나 있는 역사적 진리인 예(禮)라고 할 수 있다. 그래서 공자는 "널리 글을 배우고, 예(禮)로서 단속하라."[14)]고 말했던 것이다.

반성적 사고 능력이 없는 존재에게는 '배움'이나 '물음'은 무의미하다. 오직 자기의 존재 안에 미완성이나 부족을 인식할 때에만 이를 충족시켜 완성하려는 의욕이 일어난다. 자각이 없는 사람에게는 '과거'의 개념이 없으며, 자기부정과 자기초극이 불가능한 존재에게는 '미래'도 '이상'도 무의미하다. 그렇다면 인간은 무엇 때문에 자기 존재의 결핍을 의식하는 것일까? 적어도 시간적-역사적-사회적 존재인 인간은 수직적으로 역사적 과거와 수평적으로 공간적 사회적 관습에 착안할 때 상대적으로 자기 존재의 결핍을 의식하지 않을 수 없다. 따라서 원리적으로 고립된 인간에게는 가르침도 배움도 어떤 의미를 지니지 못한다. 타인으로부터의 가르침을 받거나 혹은 타인을 본받거나 가르치는 인간관계가 원칙적으로 배

13) 『論語』, 17:8. "好仁不好學 其蔽也 愚. 好知不好學 其蔽也 蕩. 好信不好學 其蔽也 賊. 好直不好學 其蔽也 絞. 好勇不好學 其蔽也 亂. 好綱不好學 其蔽也 狂."

14) 『論語』, 6:25. "博學於文 約之以禮."

제된다면 '배움'이란 무의미하다.[15] 이것이 바로 『대학』에서 '배움'과 '가르침'을 분리하여 논의할 수 없고, '수기(修己)'와 '치인(治人)'이 상관 개념으로 취급되어야 한다고 주장하는 이유이다.

그렇다면 '큰 배움'은 자신에서 출발하여 사회생활을 통해서 실습되고 문화 전통에 의해 공증되는 창조적 주체의 사회적 역사적 활동이어야 한다. 그렇기 때문에 "옛것을 익히고 새것을 알아야 스승이 될 수 있다."[16] 고 하겠다. 그리고 이러한 활동은 결코 완성되거나 고착될 수 없다. 그래서 누구보다도 배우기를 좋아한다고 자부했던 공자마저도 "묵묵히 마음에 새기고, 배우기를 싫어하지 않고 가르치기를 권태로워하지 않음이 어찌 나에게 있겠는가?"[17]라고 말했다. 그런데 이러한 학문은 다음과 같은 의미를 지닌다.

> "널리 배우고, 깊이 묻고, 신중히 생각하고, 밝게 분별하며, 돈독하게 행한다."[18]

요컨대 '학'은 우선 '학문(學問)'의 약자이며, 나아가 '박학(博學)', '심문(審問)', '심사(愼思)', '명변(明辨)', '독행(篤行)', 즉 "널리 배우고, 깊이 묻고, 신중히 생각하고, 밝게 분별하고, 돈독하게 실천하는 활동"을 총괄하는 용어라고 하겠다. 여기서 우리는 고전적 '배움'의 의미, 즉 지행합일(知行合一) 혹은 지덕일체(智德一體)의 이념을 발견할 수 있다. 이제야 우리는 고전적 '큰 배움'(대학)의 이념을 확보하였다. 즉 '큰 것'이란 '궁리

---

15) 신오현, 「유가철학의 교학이념」, 『철학의 철학』, 문학과지성, 1987, 382~383쪽.

16) 『論語』, 2:11. "子曰 溫故而知新 可以爲師矣."

17) 『論語』, 7:2. "子曰 默而識之 學而不厭 誨人不倦 何有於我哉."

18) 『中庸』, 11장. "博學之 審問之 愼思之 明辨之 篤行之."

정심(窮理正心)', '수기치인(修己治人)'의 도리 혹은 방법이며, '배움'이란 "널리 배우고, 깊게 묻고, 신중하게 생각하고, 밝게 분별하고, 나아가 돈독하게 실천하는 활동의 총체"를 의미한다. 그렇다면 왜 '널리, 깊이, 신중히, 밝게' 배우고 묻고 생각하고 분별하여 행동해야 하는가? 그것은 곧 학문의 생명인 보편적 타당성과 객관적 실증성을 확보하기 위한 것이다.

그렇다면 이제 여기서 참고삼아 『대학』과 거의 같은 시기에 발생했던 서양에서의 대학의 발생과 그 이념에 대해 간략하게 살펴보자. 서양의 대학 연원을 살펴보면 상당히 흥미로운 사실을 우리는 발견하게 된다. 주지하듯이 서양에서 대학의 최초 창립자는 플라톤(B.C. 427~347)이었다. 플라톤이 제시한 학문의 순서를 보면, 우선 18세까지 체육과 문예(시가) 교육을 받고, 이후 병역을 필한 수호자 계급에게는 산술, 평면기하학, 입체기하학, 천문학, 화성학 등의 예비 교육을 통해 영혼을 고양시킨 다음, 지천명(知天命, 50세)에 이르러 비로소 최종적인 학문인 변증법(철학, 보편학)을 배우는 것으로 되어 있다.[19] 여기서 플라톤이 말하는 최종 학문인 변증법(철학, 보편학)이 바로 여기서 우리가 말하는 '대학'에 해당한다고 할 수 있다. 그런데 서구 최초의 대학인 플라톤의 아카데미는 논리적 지성적인 전문 교육에만 중점을 두고 인간의 형성과 인간의 지도는 뒷전으로 물러나게 한 현대의 대학들처럼 순전히 가르침과 연구만을 일삼는 기관은 아니었다. 그것은 인간 형성과 인간 지도에 전념하였으며, 그래서 인간 삶을 위한 새로운 자극은 항상 이 아카데미에서 시작되었다. 다시 말하면 당시의 보편학으로서 철학은 학자들의 서재에 처박혀 현실 생활과 동떨어진 것이 아니라, 항상 적극적으로 현실을 형성해 나가는 것이었다. 철학은 항상 정치적인 문제에 깊게 관여했으며, 따라서 대학은 폭정

19) Politeia, 522c~531c.

과 독재를 행사하는 자들에 반대하는 사람들의 거점이었다. 우리가 '이데아론'을 전개했다고 순수 관념론자로 치부해 버리는 플라톤 또한 순수 이론적인 인물은 아니었다. 그는 철학적 국가 이념을 실현하기 위해 불굴의 노력을 기울인 그런 인물이었다.[20] 이제 이러한 고전적인 '대학'의 이념에 기초해서, 우리의 관심사인 『대학』 자체로 들어가 대학의 길은 구체적으로 살펴볼 때가 되었다.

3. 큰 배움의 이념: '삼강령(三綱領)'

유가(儒家)의 기본 원리에 따르면 인간은 도덕(道德) 그 자체로서 완전자인 하늘(天)이 아니라, 하늘의 도를 덕으로 품부 받고 비도덕적인 것을 도덕화하는 가능성이다. 즉 인간이란 완성된 기성품이 아니라 항상 스스로를 창조하고 실현하는 '과정의 존재' 혹은 '사이의 존재'이다. 완전한 도덕 그 자체인 하늘에는 자기 교양이나 정치 활동이 불필요하며, 자기반성의 의식적 능력을 결여하고 있는 동물에게는 수기치인(修己治人)이란 처음부터 불가능하다. '나면서부터 아는 자(生而知之者)'는 아니지만 배움에 전혀 관심이 없지도 않은, 배움을 좋아하는 자(好學者)인 인간만이 정치적 활동과 공동체를 관리할 능력과 의무를 진다. 이러한 자기 극복을 통한 인간 완성의 과정은 인간들 간의 관계를 통해서 현실적 의미를 가진다. 따라서 유가에서 인간의 자기완성은 "극기복례를 통해 천하를 인(仁)으로 되돌아가게 하는"[21] 정치활동이다. 『대학』은 "밝은 덕을 밝히고(明

20) 요하네스 휠쉬베르거, 『서양철학사』 상, 강성위 옮김, 이문출판사, 1983, 117쪽 참조.
21) 『論語』, 12:1. "一日克己復禮 天下歸仁焉."

明德), 백성과 친하여 새롭게 하고, 지극한 선에 정주한다."[22]는 '삼강령(三綱領)'으로 그 이념을 명시하고 있다.

여기서 우리는 우선 '밝은 덕(明德: 本)을 밝힌다(明: 始)'는 '명명덕(明明德)'이란 말을 살펴보자. 유가의 종지에 따르면, 덕(德)이란 '천명의 성'[23]으로 우리가 부여받고 태어난 것(德得也)이다. 이 덕은 보편자로서 우주 전체인 하늘(天: 一大)에서 유래하기 때문에 개인적 특수성을 초월한다. 그리고 '밝은 덕(明德)'이란 인간이 하늘(天)로부터 부여받은 덕(德)이 가장 온전하다는 것, 그리고 그 자체 선(善)하다는 것을 뜻을 함축한다. 바로 이 점에서 하늘이 우주 전체의 자연이라면, 인간은 하늘의 덕(天德, 天性, 天理)을 가장 온전하게 구비하고 태어난 이른바 '소우주(小宇宙)'라고 하겠다. 그런데 인간은 하늘이 내려 준 '명덕(明德)'을 단지 가능성으로만 부여받고 태어났다. 즉 인'간'(人'間')이란 완성된 기성품이 아니라 항상 스스로를 창조하고 실현하는 과정에 있는 존재, 하늘과 땅, 그리고 만물 사이의 중간 존재다. '명명덕(**明**明德)'에서 명(**明**)'은 바로 이러한 인간의 숙명과 사명을 시사해 준다. 요컨대 인간은 가능성으로 부여된 '명덕'을 세상에 밝게 드러낼 운명을 지니고 태어난 존재다. 그렇다면 여기서 우리는 총체적인 현실과 인간의 관계에 대한 『대학』의 입장을 정리할 수 있을 것 같다.

인간과 현실의 관계에 대한 태도로 우리는 우선 쾌락주의, 불교, 스토아주의 등이 주장한 "세계와 인간 현실의 총체가 그 자체로 개선될 수 없다."는 입장을 들 수 있다. 비교적 소극적인 이 입장에서는 개선될 수 있는 것은 오직 우리의 정신(마음)뿐이며, 따라서 구도(求道) 즉 개인적인

22) 『大學』, 經1장.

23) 『中庸』, 首章. "天命之謂性."

지혜 혹은 해탈을 통해 현실의 문제를 해결할 수 있다고 주장한다. 즉 우리는 존재하는 어떤 무엇을 변화시킬 수는 없지만, 존재 혹은 상황에 대한 우리의 생각과 태도를 개선함으로써 문제를 해소시킬 수 있다는 입장이다. 다른 한편 이와 대립되게, 우리가 주체적으로 현실에 작용을 가하여 현실을 변혁하고 개선할 수 있다고 주장하는 입장이 있을 수 있다. 여기서는 철학의 목적이란 어떠한 객관적 상황에도 가담하지 않은 채 우리의 사유를 지배하는 것이 아니라, 기술과 정치를 통하여 그 객관적인 상황을 변혁하는 것이라고 주장한다. 즉 철학의 사명은 "단순히 세계를 해석하는 것이 아니라, 변혁시키는 것" 이라고 어떤 철학자가 말했듯이, 정신 현상은 사회적 현실의 반영이며, 따라서 현실적 참여 곧 실천을 통한 인간 해방이 중요한 관건이라고 하는 것이 이 입장이다.[24)]

큰 배움으로 나아가는 길의 근본이자 시작으로 '명명덕'을 제시한 『대학』은 이 두 가지 입장의 종합(결합)이다. 즉 『대학』은 한편으로는 소극적인 비개입을, 다른 한편으로는 근본적인 원칙에 입각한 기술과 정치를 통한 변혁(新民, 止於至善)을 주장한다. 우선 『대학』은 현실 자체, 더 정확히 말하면 사물의 궁극적 덕성(이치, 본성)은 변화시킬 수 없으며, 또한 그럴 필요도 없다고 말한다. 요컨대, 천하의 만물은 하늘로부터 고유한 덕성을 부여받고 태어났다. 나아가 천하 만물이 지니고 태어난 궁극 덕성 그 자체는 완전하고 선(善)하기 때문에 우리가 그 사실을 인식하지 못한다고 할지라도 '타락'하지 않으며, 인식한다고 하더라도 다른 어떤 것으로 개선될 성질의 것은 아니다. 그렇기 때문에 『대학』은 이러한 궁극적 덕성을 '명덕(明德)'이라고 표현한 것이다. 요컨대 태양이 구름에 가려 보이지 않는다고 하더라도 그 자체는 빛나고 있듯이, 만물의 궁극 덕성 그 자체는

24) 장-프랑스아 르벨 외, 『승려와 철학자』, 이용철 역, 이끌리오, 2004, 144~145쪽 참조.

비록 인간의 이기심에 의해 가려질 수 있지만, 그 자체는 완전하고 선하다. 바로 이 점에서 『대학』은 "세계와 인간 현실의 총체 그 자체는 개선될 수 없다" 고 하는 소극적인 자세를 견지하고 있다고 할 수도 있겠다.

그런데 『대학』은 단순히 소극적인 입장만을 견지하는 것은 아니다. 즉 『대학』은 비록 사물의 궁극적 덕성(본성, 이치)은 변화시킬 수 없지만, 사물의 덕성에 대한 우리의 잘못된 인식(지각, 태도 등)은 교정할 수 있으며, 나아가 이러한 태도 변화를 통해 고통과 질곡으로 가득한 현실을 변혁할 수 있다고 주장한다. 실로 존재 자체에는 거짓이 없다. 허위 혹은 거짓은 인간의 잘못된 인식과 판단, 그리고 그에 기초한 행동에 기인한다. 그리고 이러한 잘못된 인식과 판단에 기초한 소외된 인간의 행동과 관습이 소외되고 질곡이 가득한 사회를 낳는다. 나아가 그 역으로 소외와 질곡으로 점철된 사회가 또한 소외된 인간을 낳는 악순환이 인간 사회의 역사를 점철해 왔다고 하겠다. 『대학』의 삼강령은 '밝은 덕을 밝히는', 즉 인간 자신의 덕성(본성)에 대한 올바른 인식에서 시작하여 그 덕성을 '백성을 새롭게(親民, 新民)' 하는 방식으로 구현하고(나와 너의 해탈과 해방), 마침내 우리가 함께 최상으로 선한 이상 사회를 건설할 것(止於至善)을 제안한다. 대학인의 길은 단순히 궁극 덕성의 개선 불가능성만을 보고 좌절하여 소극적으로 세계와의 관계를 끊는 것이 아니라, 그 궁극 덕성이 완전하고 선하다(至善)는 것을 이해하고, 그 선한 덕성을 왜곡되어 고통과 질곡으로 점철된 현실을 헤치고 나갈 단서로 삼아서, 최상의 이상 사회를 구현하는 것이다. 그렇다면 그 단서란 무엇이며, 그것을 어떻게 펼쳐 나가는 것일까?

우리 각각의 존재는 그 안에 완전히 선한 덕성과 그것을 이해하고 실현할 잠재적 가능성을 지니고 태어났다(明德). 그런데 비록 인간의 덕성 그 자체는 온전하고 선하다고 할지라도, 현실적으로 볼 때 그것은 단지 잠재적 가능성에 불과하며, 그 덕성을 은폐하고 그것의 실현을 가로막는 일시적인 장막이 있다. 여기서 장막이란 이 덕성을 자각하지 못하는 우리의 무지(無知) 혹은 미망을 말한다. 그런데 마치 구름을 걷어 내면 밝은 태양이 드러나듯이, 우리의 무지 혹은 미망의 장막이 벗겨지면 완전하고 선한 밝은 덕이 밝게 드러나 현실화될 수 있다. 그런데 큰 배움으로 들어선 자는 단순히 자신만의 덕성의 자각과 실현을 통해 고통과 질곡에서 벗어나려고 하는 것이 아니라, 타인 또한 이 고통과 질곡에서 벗어나 자기실현을 할 수 있도록 돕기 위하여 먼저 자신을 변혁시키는 길에 들어선다(自利-利他). 그런데 『대학』은 인간의 본성을 하늘로부터 부여받은 보편적인 덕으로 규정하고, 이 보편적인 덕의 실현 정도에 따라 공동체의 이상이 구현된다고 말한다. 인간은 부여받은 본래의 덕을 실현하는 정도에 따라 도덕성의 우열이 가려진다. 나아가 사회적 존재로서 인간이 하늘로부터 부여받은 덕은 결국 개인의 특수성을 넘어서는 보편적 공동선에 합치하는 정도를 의미하기 때문에 인간은 공동체에 관여하는 정치적 존재일 수밖에 없다. 다시 말하면 가장 정치적인 인간, 즉 최고의 통치자는 최고 덕성을 지닌 인간 곧 성인(聖人)일 수밖에 없다. 바로 여기에서 성인만이 최고 통치자의 자격을 갖고 "예(禮)를 논하고, 법도를 만들고, 문자를 상고한다."[25]고 하는 내성외왕(內聖外王), 정교일치(政敎一致)의 이념이 정당성을 확보하게 된다. 실로 인간을 仁(人 + 二)으로 대표되는 보편적인 덕을 지닌 존재로 파악할 때 공동체를 떠난 인간은 상상할 수 없으며, 보편적인 덕을 떠난 정치를 논할 수가 없다. 공동체(가정, 국가, 천하)는 개인의 확대형이며, 개인은 공동체의 축소판이다. 바로 이 점에서 명명덕(明明德)은 '친민(親民)'과 표리 관계를 이룬다.

25) 『中庸』, 28장. "非天子 不議禮 不制度 不考文."

그런데 큰 배움으로 나아가는 둘째 관문을 두고 '친민(親民)'이 옳은가, 아니면 '신민(新民)'으로 고쳐 써야 하는가 하는 점을 두고 논란이 있다. 주지하듯이 주자는 "친(親)은 마땅히 신(新)으로 써야 한다."는 정자의 말을 인용하면서 "신(新)이란 옛것을 고치는 것을 말하는 데, 이미 그 명덕(明德)을 밝힌 것에서 또한 마땅히 미루어 남에게 미루어 나가, 그 사람에게도 또한 옛날에 물든 더러움을 제거하는 것을 말한다."[26]고 말했다. 주자의 이 주장은 이 구절과 짝을 이루는 「傳2章」이 "苟日新 日日新 又日新 …… 作新民 …… 周雖舊邦 其命維新" 등의 구절이 모두 '신(新)'으로 되어 있다는 것의 지지를 받을 수 있다. 그러나 주자의 이 해석은 1) 백성을 주체로 보는 것이 아니라, 새롭게 돼야 할 종속적인 존재로 보고 있다는 점에서,[27] 나아가 2) 본문 그 자체가 '친민(親民)'으로 되어 있다는 점에서 후대의 양명(陽明)을 위시한 여러 사람들의 비판의 대상이 되었다.[28]

한편 '친민(親民)'으로 본다면 "백성을 단순히 종속적인 혁신의 대상이 아니라, 나름의 자각의 능력을 지닌 주체적 존재로 정립할 가능성이 열린다."는 점에서 현대적인 맥락으로 본다면 더 많은 타당성을 지니고 있는 것으로 볼 수도 있겠다. 그렇지만 우리는 글자의 구성으로 그 본래 의미를 상고한다면 두 주장이 모두 옳다고 판단한다.

우선 '친(親)'은 '木 + 立 + 見'으로 파자할 수 있으며, 따라서 이 글자는

26) 『大學章句』, 經1章에 대한 朱子註. "程子曰 親 當作新 …… 新者 革其舊之謂也 言旣自明其明德 又當推以及人 使之亦有以去其舊染之汚也."

27) 『論語』, 8:9에 "백성은 따르게 할 수는 있어도 알게 할 수는 없다."(子曰 民可使由之 不可使知之) 혹은 16:9에 "나면서부터 아는 자는 上知이고, 배워서 아는 자는 그다음이며, 막혔으나 배우는 자는 또 그다음이며, 막혔으면서도 배우지 않으면 民으로서 下愚가 된다."라는 구절이 분명이 있다는 점에서 朱子의 이런 해석이 반드시 약점인 것은 아니다.

28) 박완식 편저, 「대학해설」, 『대학 대학혹문 대학강어』, 이론과실천, 1993, 15쪽 참조.

본래 "묘목을 심어 그것이 나름으로 자립하도록 지켜 돌보아 주는 것"이라는 의미가 있다고 유추해 볼 수 있다. 그렇다면 '친민'이란 "지금까지 자각의 능력이 없는 백성들이 그 덕을 자각하여 자립(自立)하도록 지켜보아(見) 주는 것"이라는 의미를 지닌다고 하겠다. 즉 유가가 내세우는 오륜(五倫) 가운데 그 첫째 항목인 '부자유친(父子有親)'이 부모가 자식을 자립할 때까지 지켜 돌보아 주고, 자식이 노쇠한 부모를 지켜 돌보아 주는 것으로 볼 수 있다면, '친민'이란 먼저 '명명덕'을 이룬 군자가 아직 그렇지 못한 다른 사람이 '명명덕'하도록 지켜 보살펴 주는 것이라고 하겠다.

이제 '신민(新民)'으로 해석해 보자. '신(新)' 자 역시 파자하면, '木 + 立 + 斤(도끼)'로 구성되어 있으며, 따라서 '신(新)'이란 "묘목을 심어 자립(自立)하여 성장하면, 도끼로 잘라 새로운 무엇을 만드는 것"을 연상시킨다. 그런데 '새로운 무엇'이 되게 하는 것은 마치 '도끼(斤)로 나무를 찍어 무엇을 만드는 것'으로 비유한다면, 다소 인위적이고 강제적인 인상을 준다고 하겠다. 그런데 이 구절은 『중용』의 다음 구절과 연관하여 해석해야 한다.

> 공자께서 말씀하시기를 "도는 사람에게서 멀지 않으니, 사람이 도를 행한다고 하면서 사람을 멀리하면 도를 행할 수 없다." 『시경(詩經)』에서 이르기를, "도낏자루를 베고 도낏자루를 벰이여. 그 법칙이 멀지 않다."고 하였으니, 도낏자루를 잡고 도낏자루를 베면서도 비스듬히 보고 오히려 멀다고 여긴다. 그러므로 군자는 사람의 도(혹은 덕)로써 사람을 다스리다가 고치면 그치는 것이다.[29)]

29) 『中庸』, 13장. "子曰 道不遠人 人之爲道而遠人 詩云 伐柯伐柯 其則不遠 執柯以伐柯 睨而視之 猶以爲遠 故君子 以人治人 改而止."

요컨대 다스림의 수단을 나무를 자르는 도끼에 비유한 것은 다름 아닌 백성들에게 타고난 본성의 덕이 있다는 것을 알려주고, 그 본성의 덕으로 자립(自立)하여 새로운 존재로 다시 태어나도록 돌보는 것을 의미한다. 즉 '신민(新民)'이란 "백성이 자신의 본성의 덕으로 자립하여 새로운 인간으로 거듭 태어나도록 하는 것"을 의미한다고 하겠다.

그렇다면 '신민'이냐 '친민'이냐 하는 논쟁은 다음과 같이 정리할 수 있겠다. 즉 단순히 '친민'으로만 해석한다면 백성을 새롭게 한다는 것에 대해 말해 주지 못하는 단점이 있으며, '신민'으로만 해석한다면 백성을 인위적 혹은 강제적으로 다스린다는 인상을 풍긴다. 따라서 우리는 '친(親)'과 '신(新)'의 종합인 "木 + 立 + 見 +斤"으로 해석하여, 친민 혹은 신민이란 "아직 본성의 덕을 자각하지 못한 백성들이 그 덕을 자각하여 자립하여 새로운 사람으로 거듭나도록 지켜 돌보아 주는 것"이라고 하겠다.[30]

이렇게 나에게 주어진 완전히 선한 명덕(明德)을 세상에 밝게 드러내 실현하고, 타자 또한 자신의 명덕을 자각하여 온전히 실현하면 우리는 지선(至善)의 공동체에 도달한다(至於至善). "지극한 선에 머무르는" 단계는 마치 "꾀꼬리(黃鳥)가 마땅히 머물러야 할 곳인 멧부리에 머무르는" 것과 같이 인간이 자신의 본향인 완전히 선한 자기의 덕성을 온전히 실현하는 것이다. 『대학』은 이것을 "문왕이 임금으로서는 인정(仁政)을 베풀고, 신하로서는 인군을 공경하고, 자식으로서는 부모에게 효도하고, 아비로서는 자식을 자애하고, 나라 사람과 사귐에서는 신뢰를 얻은 것과 같이"[31] 정명(正名)의 도리를 온전히 다하는 것으로 기술하고 있다. 이른바 현실

30) 김석진, 『대산대학강의』, 한길사, 2006, 73쪽 참조.

31) 『大學』, 傳3장. "詩云 穆穆文王 於緝熙敬止 爲人君 止於仁 爲人臣 止於敬 爲人子 止於孝 爲人父 止於慈 與國人交 止於信."

과 이상이 온전히 일치하는 인간적인 사회(사회의 인간화), 인간다운 인간이 모여 사는 사회(인간의 사회화)가 바로 지선의 공동체이다. 이 공동체에서는 욕망의 충돌과 생존 경쟁이 없으며, 따라서 욕망 충돌을 판가름할 법질서도 필요로 하지 않다. 이 공동체를 꿈꾸었기에 공자는 "비록 송사를 들음은 남과 다를 것은 없다고 할지라고, 반드시 송사가 없도록 할 것이다."[32]라고 말했던 것이다. 이 공동체의 주체(君子)들은 법제나 금령 혹은 형벌에 의해 다스려지는 것이 아니라, 예(禮)를 자각하고 자율적이며 자발적으로 행위를 한다.[33] 그래서 강제와 훈육으로 시행되는 정치(政 = 正 + 攵: 바르게 되도록 침, 治 = 水 + 台: 수양시켜 크게 되도록 함)의 세계를 정치 밖으로 추방하고자 하는, 말하자면 "정치의 목적은 정치가 필요 없는 공동체를 지향한다(君子 以人治人 改而止)"는 역리(逆理)를 제시하고 있는 것이 바로 『대학』의 '삼강령'이라고 하겠다.

4. 큰 배움의 방법론: 팔조목(八條目)

앞서 살펴보았듯이 『대학』은 그 시작에서 "큰 배움의 길은 밝은 덕을 밝게 드러내는 데에 있고, 백성과 친하여 새롭게 하는 데에 있으며, 최상의 선에 머무르는 데에 있다."[34]고 선포하였다. 여기서 '명명덕(明明德)'은 큰 배움의 길을 가는 자가 자기의 덕성을 닦고 배양하는 '수기(修己)'를, 그리고 백성과 친하여 새롭게 하는 것은 치인(治人)을 의미한다. 이렇게 자신의 밝은 덕을 밝게 드러내어 '수기'를 이루고, 이를 미루어서 타인

32) 『大學』, 傳4장. "子曰 聽訟 吾猶人也 必也使無訟乎."
33) 『論語』, 2:3. "子曰 道之以政 齊之以刑 民免而無恥 道之以德 齊之以禮 有恥且格."
34) 『大學』, 경1장. "大學之道 在明明德 在親(新)民 在止於至善."

또한 지켜 돌보아 새롭게 함으로써, 인간의 온전한 자기완성 즉 최선의 이상적 공동체를 이루는 것(至於至善)이 대학의 이념이었다. 그런데 이러한 큰 배움의 길은 자유, 자율로 추구되어야 한다는 것은 췌언을 요하지 않는다. '수신(修身)'이 자유, 자율에 입각해 있다는 것은 말할 것도 없지만, 치인(治人) 또한 마찬가지다. 그래서 공자는 "덕(德)으로써 정치하는 것은, 비유하자면 북극성이 제자리에 있으면 여러 별들이 그 북극성을 향해 선회하는 것과 같다."[35]고 말하였다. 『대학』은 이상적 공동체에 이르는 길을 다음과 같이 단계적으로 묘사하고 있다.

> 옛날에 밝은 덕을 천하에 드러내 밝히고자 한 사람은 먼저 그 나라를 다스렸고, 그 나라를 다스리고자 한 사람은 먼저 그 집을 가지런히 하였고, 그 집을 가지런히 하고자 한 사람은 먼저 그 몸을 닦았고, 그 몸을 닦고자 한 사람은 먼저 그 마음을 바로잡았고, 그 마음을 바로잡고자 한 사람은 먼저 그 의미를 성실히 하였고, 그 의지를 성실히 하고자 한 사람은 먼지 그 앎을 이루었으니, 앎을 이루는 것은 사물에 나아감에 있다.[36]

이는 통상, 격물(格物), 치지(致知), 성의(誠意), 정심(正心), 수신(修身), 제가(齊家), 치국(治國), 평천하(平天下)라고 하는 '팔조목(八條目)'으로 지칭되어 왔다. 이 팔조목은 몸을 닦음, 즉 수기(修身)를 중심으로 양분된다.[37] 그런데 '수기(修身)'는 몸(身)의 주관자인 마음(心)을 닦는 데서 시작해야 하는데, 마음의 방향을 정하는 것은 의지(意)이다. 따라서 의지를

35) 『論語』, 2:1. "子曰 爲政以德 譬如北辰 居其所 而衆星 共之."

36) 『大學』, 경1장. "古之欲明明德於天下者 先治其國 欲治其國者 先齊其家 欲齊其家者 先修其身 欲修其身者 先正其心 欲正其心者 先誠其意 欲誠其意者 先致其知 致知 在格物."

37) 『大學』, 경1장. "自天子 以至於庶人 壹是皆以修身爲本."

성실하게 하지 않으면 마음을 바르게 할 수 없다. 나아가 인간의 '처신(處身)'에 결정적인 역할을 담당하는 마음과 의지는 결국 사물의 이치, 즉 천리(天理)를 궁구하는 격물(格物)과 치지(致知)에 의존하지 않을 수 없다. 양명학파(陽明學派)가 주장하듯이 마음이 바르고 의지가 성실하지 않으면 천리를 추구하는 격물, 치지가 제대로 수행될 수 없다고 하더라도, 마음을 바로잡고 의지를 성실하게 갖추는 것은 지적 활동과 분리될 수 없다고 하겠다. 마치 플라톤의 '이데아(Idea)'의 이데아로서 선의 이데아(태양)가 인간의 자기 이해와 세계 이해의 목표이며 조명이자 동시에 그 원동력이며, 세계(cosmos)를 질서 지우는 조명인 동시에 세계의 구성, 창조, 변조를 위한 원동력이듯이 유가의 천리(天理)는 자연을 자연으로 나타나게 하는 빛인 동시에 자연이 자연으로 화생(化生)하는 원천이다.[38] 따라서 인간의 완성을 지향하는 큰 배움의 길은 천리를 올바로 파악하고, 천명(天命=德性)을 실천하여 천지의 화육을 돕는 일이다. 그런데 천리를 파악하는 '격물치지(格物致知)'의 뜻을 펼쳐 놓은 부분이 지금은 망실되어 없다고 주장하면서, 주자는 다음과 같이 보충하였다.

> 이른바 앎을 완성하는 것은 사물에 나아가는 데에 달려 있다고 하는 것은 나의 앎을 완성하려면 사물에 나아가 그 리(理)를 궁구하는 데에 있음을 말한다. 신령스런 우리 마음은 앎이 있지 않음이 없고, 천하의 사물들은 리를 지니고 있다. 그런데 오직 리에서 아직 궁구하지 못한 것이 있기에 그 앎이 완성되지 못함이 있다. 이런 까닭에 대학은 배우는 사람에게 반드시 천하의 사물에 즉하여 이미 알고 있는 리를 바탕으로 더욱 궁구하여 그 극치에 도달하도록 가르쳤다. 만일 힘쓰기를 오래 하여 어느 날 아침 활연히 관통하게 된다면 뭇 사물의

38) 신오현, 「인간의 이념성과 역사성」, 『자아의 철학』, 문학과 지성, 1985, 48쪽.

> 표리·정조가 (내 마음에) 이르지 아니함이 없을 것이며, 내 마음의 온전한 전체와 큰 작용이 밝아지지 않음이 없을 것이니, 이것을 사물이 (내 마음에) 도달했다고 말하고, (사물에 대한 나의) 앎이 지극해졌다고 말한다." [39]

여기서 주자는 우선 "신령스런 우리 마음은 앎(知)이 있지 않음이 없다."고 단정함으로써 소크라테스-플라톤이 제기했던 이른바 '인식상기설'을 제시하고 있다. 즉 메논이

> 그러나 당신이 그것이 무엇인지를 전혀 알지 못할 때, 당신은 그것을 어떻게 찾으려 하는가? 도대체 당신이 알지 못하는 어떤 것을 당신의 탐색 대상으로 설정하는가? 다시 말하여, 설사 당신이 그것에 곧바로 마주친다 하더라도 당신이 발견한 것이 바로 당신이 알지 못했던 것이라는 것을 당신은 어떻게 알려 하는가? [40]

라고 질문했을 때, 소크라테스는 '우리가 아직 알지 못하는 것이 무엇인가를 앎' 즉 '무지의 지(無知之知)'라는 패러독스를 지시하고 나서, "모색하고 학습하는 것은 전적으로 상기(anamesis)에 의한 것"이라고 대답한 바 있는데, 주자의 「격물치지론」 또한 이와 연관된다. 우리는 존재(대상)가 무엇인지를 이미 알고 있을 때에 비로소 그것에 대한 문제를 제기할 수 있다. 이러한 논리적 순환성은 형식 논리학의 측면에서 보면 역리라고

---

39) 『大學章句』, 「格物補亡章」. "所謂致知在格物者 言欲致吾之知 在卽物而窮其理也 蓋人心之靈 莫不有知 而天下之物 莫不有理 惟於理有未窮 故其知有不盡也 是以大學始敎 必使學者 卽凡天下之物 莫不因其已知之理而益窮之 以求至乎其極 至於用力之久而一旦豁然貫通焉 則衆物之表裏精粗 無不到 而吾心之全體大用 無不明矣 此謂物格 此謂知之至也."

40) Plato, *Meno*, 80d.

하겠지만, 이러한 순환성은 우리 인간의 모든 인식 활동의 본질적인 한계일 뿐만 아니라, 인간의 모든 탐구 활동에 원동력과 의미를 부여하고 있다는 점에서 오히려 그 긍정적인 성격이 인정되어야 할 것이다.

주지하듯이 학문의 최고 이상은 물론 실재를 실재하는 대로 파악하는, 순수하고 완전 명료한 인식의 성취이다. 그런데 저 '진리 대응설'의 난제에서 제시되었듯이 추정된 대상 인식에서 대상 자체에로 직접 나아갈 수 있는 길이란 존재하지 않는다. 그리고 현상학자들이 말하고 있듯이, 인식의 대상은 그 언제나 인식하는 의식의 상관자일 뿐 인식 관계로부터 독립적인 실재성(이른바 '물 자체')은 인간의 인식에 의해서는 확보될 수 없다. 즉 실재 자체는 인간에게 파악되는 행위 자체를 통하여 이미 인식 주관에 의해 매개-투영-굴절된, 말하자면 '주관적 실재'일 뿐 결코 원초적 실재 자체일 수 없다. 따라서 '존재론'은 동시 근원적으로 '인식론'이며, 바로 여기에 인간 인식의 가능성과 한계성이 동시에 노정된다. 이런 상황에서 주자가 선택한 길은 "존재의 실재성 혹은 실재성의 충실도는 그 실재를 인식하는 우리 마음의 명료성에 대비된다."고 하는 이른바 '존재-인식의 점진적 대비성'이다. 다시 말하면 주자는 인식과 존재의 근원적 통일로서 '신령한 마음'을 설정하고, 그 마음은 앎을 지니고 있는데, 이 앎을 풀어 밝혀 존재 자체(理)의 실재성의 문제와 존재 인식의 타당성 문제를 동시에 해결하려고 하였다. 그런데 주자의 「격물치지론」은 소박한 실재론(객관주의)의 양상을 지니고 있는 것으로 판단되어 "마음 밖에는 어떠한 사물도 없다(心外無物)."고 주장한 양명 등의 비판의 표적이 되었다. 양명은 다음과 같이 말하였다.

> 선배 학자들은 격물(格物)을 '천하의 물(物)을 궁구하는 것'으로 해석했는데, 천하의 물을 어떻게 다 궁구할 수 있단 말인가? 또 풀 한 포기, 나무 한 그

> 루에도 모두 리가 있다고 했는데, 지금 어떻게 그것들을 모두 궁구할 수 있단 말인가? 설사 풀과 나무를 궁구하였다고 해도, 어떻게 돌이켜 나의 의(意)를 성실히 할 수 있단 말인가? 나는 격(格)을 바로잡다(正)는 뜻으로 해석하고 물(物)을 사(事)로 해석한다.[41]
>
> 무릇 정심(正心), 성의(誠意), 치지(致知), 격물(格物)은 모든 수신(修身)을 하는 방법이고, 그 가운데 격물(格物)은 그런 공부의 실제 내용이다. 그러므로 격물(格物)은 그 '심(心)의 물(物)'을 바로잡는 것이고(格=正), 그 '의(意)의 물(物)'을 바로잡는 것이며, 그 '지(知)의 물(物)'을 바로잡는 것이다. 정심(正心)은 그 '물(物)의 마음'을 바르게 하는 것이고, 성의(誠意)는 그 '물(物)의 의(意)'를 성실하게 하는 것이며, 치지(致知)는 그 '물(物)의 지(知)'를 다하는 것이다. 여기에 어찌 안팎, 이것저것의 구분이 있겠는가?[42]

요컨대, 격물-치지와 성의-정심 간의 선후가 있을 수 없으며, 이 조목들은 명분은 다르지만, 실상은 하나의 일(一事)라는 것이다. 수신(修身)은 인간의 본래 마음과 본성을 회복하는 과정이고, 마음 밖에 물은 없기 때문에(心外無物), 마음을 떠난 격물-치지는 진정한 의미의 큰 배움과 관계가 없다는 것이다.

양명의 이 비판은 표면적인 타당성은 갖지만, 결코 주자 철학의 핵심을 논파한 것은 아니다. 주자가 비록 우리 마음이 "사물에 나아가 그 이치를 탐구한다(卽物而窮其理)"는 표현을 사용하여 마치 마음과 사물이 분리되는 두 가지(二物)인 것처럼 표현하고 있지만, 여기서 마음과 사물은 결코 두 개의 사물이 아니다. 왜냐하면 '마음의 허령함(心之靈)' 그 자체가 앎

41) 『傳習錄』 下; 『陽明全書』, 권3, 84쪽; 진래, 『양명철학』, 전병욱 역, 예문서원, 2003, 262쪽에서 재인용.

42) 『陽明全書』, 권2, 66쪽; 진래, 위의 책, 전병욱 역, 249쪽에서 재인용.

(知)이며, '마음의 앎(心之知)'은 바로 '사물의 이치(物之理)'에 대한 앎(知)이기 때문에, 마음과 사물, 앎과 이치는 두 개의 사물(二物)이 아니라 하나의 일(一事)이다. 즉 주자는 마음의 앎이 이루어지는 과정이 곧 사물의 이치가 밝혀지는 과정이라고 하는 '존재-인식의 점진적 대비성'을 주장하고 있다고 할 것이다. 이러한 주자의 주장은 곧

> "모든 법이 모두 자신의 마음에 있으니 어찌 자신의 마음을 따라서 진여의 본성을 단박에 드러내지 않는가? 『보살계경』에서 나의 본래 근원인 자선이 맑고 깨끗하다고 하였거늘, 마음을 알아 본성을 보면 자연히 불도를 성취하여 즉시 활연(豁然)하여 본마음을 도로 증득한다."[43]

고 하는 것과 같은 방식으로 표현되는 선(禪) 불교의 '절대적 유심론'의 반명제로서 유가 「격물치지론」의 적실성을 확보하려는 시도로 볼 수 있을 것이다. 그러나 인식의 타당성에 대한 자기명증(自己明證)적 소명(疏明)을 요구하는 주자의 이 이론은 하나의 사고실험용 모형 이론에 불과하다고 해야 할 것이다. 즉 주자의 '존재-인식의 점진적 대비성'에 입각하여 주-객의 관계가 완전히 합일-해소되는 절대적인 차원의 "활연관통(豁然貫通)"의 이 방법은 말하자면 "우리의 현실적 인식 활동이 이러한 방식으로 수행되어야 한다."는 주장이라기보다는 "만약 우리의 인식이 그 이념에 맞게 충실히 수행된다면 이러한 그 상황은 이렇다."고 하는 '이상적 상황 구성'이라고 해야 할 것이다. 사회-역사적 존재로서 우리의 인식 상황은 부단한 자기해명-자기비판-자기교정을 통해 인류의 인식 이념

---

43) 慧能, 『돈황본단경』, 퇴옹 성철 역주, 21쪽. "一切萬法 盡在自身心中 何不從於自心 頓現眞如本性 菩薩戒經云 我本源自性 淸淨 識心見性 自成佛道 卽時豁然 還得本心."

(사유와 존재의 일치)에 끊임없이 접근해 나가는 '사회-역사적 존재 관계' 그 이상이 될 수는 없을 것이다.

어쨌든 '팔조목'을 통해 『대학』은 사물의 이치(理)를 탐구하는 것과 마음의 자질(天性, 明德)을 함양하는 것이 일치하는 차원에서 몸을 닦고 가정과 국가 및 온 천하를 다스리며, 인간 완성의 정도에 비례하여 이상 국가의 완성도 성취된다고 주장하고 있다. 즉 큰 배움의 도정인 격물, 치지, 성의, 정심, 수신, 제가, 치국, 평천하는 수기치인(修己治人)의 방법이며, 정치는 곧 배 배움의 실천이며 실현이다. 그리고 수기치인의 큰 배움은 성인이 되기 위한 학문(聖學)이지, 상대적인 수단의 세계에 관여하는 기술 과학이 아니다. 이상적 공동체를 형성하고자 하는 이 큰 배움은 어떤 특정의 존재자나 수단 세계에 봉사하는 전문 지식이 아니라, 모든 전문 지식과 수단의 세계가 인간의 목적에 봉사하도록 수단의 세계에 가치 질서를 부여하고 수단에 종사하는 사람들로 하여금 그 모든 전문직이 하나의 조화롭고 통일적인 인간 공동체에 가장 적절하게 봉사할 수 있도록 통치하는 가장 높고 가장 포괄적인 지혜의 학문이자 목적의 학문이다. 어떠한 특정 수단에도 봉사하지 않기에 부분적으로는 아무런 쓰임이 없는 학문(無用之學)이면서도, 모든 수단들이 하나의 목적을 향해 제구실을 다하도록 크게 쓰이는(無用之大用) 학문이 바로 진정한 '큰 배움(대학)'이다. 그렇다면 이러한 큰 배움의 길을 가는 사람은 그 길을 가기 위해서는 어떠한 덕목을 지녀야 하는 것일까? 『대학』과 표리관계를 형성하는 『중용』에서 공자는 오달도(五達道)를 제시하고, 나아가 그것을 실행하는 삼달덕(三達德)을 규정함으로써 대학인이 지녀야 할 덕성을 명시하였다.

> 천하에서 통달된 도는 다섯인데, 그것을 행하는 것은 셋이다. 말하기를, 임금과 신하 사이, 부모와 자식 사이, 남편과 부인 사이, 형과 동생 사이, 벗들 간

의 사귐이니, 이 다섯 가지는 천하의 통달한 도이다. 그리고 지혜(智), 어짊(仁), 용기(勇), 이 세 가지는 천하의 통달된 덕이다.[44]

요컨대 우선 지혜, 어짊, 용기를 알면 수신(修身)을 할 수 있는 바탕, 즉 격물, 치지, 성의, 정심을 할 수 있게 된다. 또한, 그 역으로 격물, 치지, 성의, 정심을 알 수 있게 되면 '수신'할 수 있게 된다. 그리고 수신한다면 치인(治人)의 까닭을 알게 되어, 제가, 치국, 평천하를 할 가능성이 열리게 된다. 그런데 인간은 하늘과 동물의 중간적 존재, 혹은 가능성의 존재로서 인간은 결코 지혜, 어짊, 그리고 용기 자체에 도달할 수는 없고, 항상 이 덕에 근접하도록 노력하는 자에 불과하다.

배우기를 좋아하면 지혜에 가깝고, 힘써 행하면 어짊에 가깝고, 부끄러움을 알면 용기에 가깝다. 이 세 가지를 알면 몸을 닦을 바를 알게 되며, 몸을 닦을 바를 알면 사람을 다스릴 바를 알게 되고, 사람을 다스릴 바를 알게 되면 천하 국가를 다스릴 바를 알게 된다.[45]

그렇다면 천하 국가는 구체적으로 어떻게 다스리는 것일까? 앞서 지적했듯이 이는 '제가(齊家)'에서 출발한다. 즉 나라를 다스리는 것은 반드시 먼저 그 집안을 가지런히 해야 한다고 말한다. 왜냐하면, 그 집안을 교화시키지 못하면서도 타인을 가르칠 수 있는 사람은 없기 때문이다. 그리고 집안에서 행해지는 "효도는 임금을 섬기는 방법이며, 형에게 공손함은

---

44) 『中庸』, 20장. "天下之達道五 所以行之者三 曰君臣也 父子也 夫婦也 昆弟也 朋友之交也 五者 天下之達道也 智仁勇 三者 天下之達德也."

45) 『中庸』, 20장. "(子曰) 好學 近乎知 力行 近乎仁 知恥 近乎勇 知斯三者 則知所以修身 知所以修身 則知所以治人 知所以治人 則知所以治天下國家矣."

어른을 섬기는 방법이며, 자식에게 자애로움은 여러 사람들을 부리는 방법"[46]이 된다. 따라서 국가는 가정의 확장이다. 가정과 국가는 "한 집안이 인(仁)하면 한 나라가 인을 일으키며, …… 한 사람이 탐려하면 한 나라가 난을 일으키는"[47] 관계이다. 국가와 천하의 관계 또한 마찬가지다. 그런데 수기(修己)를 이룬 군자들이 '제가-치국-평천하'하는 모든 방법의 근저에는 '혈구지도(絜矩之道)'가 놓여 있다.

> 이른바 평천하는 그 나라를 다스림에 있다고 하는 것은 윗사람이 늙은이를 늙은이로 모시니 백성들이 효를 홍기하고, 윗사람이 어른을 어른으로 대우하니 백성들이 공손함을 일으키고, 윗사람이 고아를 구휼하니 백성들이 배반하지 않는다. 그러므로 군자는 '혈구의 도'가 있다.

그런데 이 '혈구의 도'는 인(仁)을 실행하는 방법으로서 "자기가 하고자 하지 않는 바를 남에게 구하지 않고", "자기가 서고자 하면 남도 세워주고, 자기가 통달하고자 하면 남도 통달하게 해 주는" '추기급인(推己及人)'의 '서(恕)'이다.[48] 그래서 『대학』은 "윗사람에게서 싫어한 것으로 아랫사람을 부리지 말고, 아랫사람에게서 싫어한 것으로 윗사람을 섬기지 말 것이니. …… 이것을 혈구의 도라고 한다."[49]라고 말하고 있다. 이 혈구의 도는 1) 칸트의 정언명법의 제1원리인 보편화가 가능한 준칙에 따라

---

46) 『大學』, 9장. "所謂治國 必先齊其家者 其家 不可敎而能敎人者無之 故 君子 不出家而成敎於國 孝者 所以事君也 弟者 所以事長也 慈者 所以事衆也."

47) 『大學』, 9장. "一家仁 一國興仁 …… 一人貪戾 一國作亂."

48) 『大學』, 9장. "堯舜帥天下以仁而民從之 桀紂帥天下以暴而民從之 其所令 反其所好 而民不從 是故 君子有諸己而後求諸人 無諸己而後非諸人 所藏乎身 不恕 而能喩諸人者未之有也."

49) 『大學』, 10장. "所惡於上 毋以使下 所惡於下 毋以事上 所惡於前 毋以先後 所惡於後 毋以從前 所惡於右 毋以交於左 所惡於左 毋以交於右 此之謂絜矩之道也."

행위를 하는 것이며, 2) 동등고려의 공평성의 원리를 함축하며, 3) 타인의 행복을(이익) 나의 행복(이익)으로 간주하여 행복을 최대한 증진하는 공리주의(功利主義)의 원리와 상통[50]하는 중대한 정치 이념으로 간주할 수 있다. '혈구의 도'에 의한 대학의 치인 이념은 "인간이 일차적 근본적으로 자유의 존재이자 주체의 존재이며, 이차적 현실적으로 자율의 존재로서 사회성이다"는 것을 확신시켜 주는 것으로 '주체주의'와 '인본주의'를 표방한다. 실로 사물의 이치를 탐구하는 것과 마음의 자질을 함양하는 것이 일치하는 차원에서 수신, 제가, 치국, 평천하를 이루고자 하는 큰 배움의 이념과 그 방법론은 인간의 사회화와 사회의 인간화를 동시 근원적으로 수행하고자 하는 것이라고 하겠다.

참고문헌

『論語』

『孟子』

『大學章句』

『中庸章句』

『傳習錄』

김석진, 『대산대학강의』, 한길사, 2006

플라톤, 『국가 정체』, 박종현 역주, 서광사, 1997.

장영란 풀어씀, 『플라톤의 국가, 정의를 꿈꾸다』, 사계절, 2008.

장-프랑스아 르벨 외, 『승려와 철학자』, 이용철 역, 이끌리오, 2004.

요하네스 휠쉬베르거, 『서양철학사』 상, 강성위 옮김, 이문출판사, 1983.

박완식 편저, 『대학 대학혹문 대학강어』, 이론과실천, 1993.

---

50) 이에 대한 상세한 논의로는 다음을 참조하라. 문병도, 「유교와 민주주의」, 『동양철학연구』 43, 326~333쪽.

신오현, 『자아의 철학』, 문학과지성, 1985.
신오현, 『철학의 철학』, 문학과지성, 1989.
문병도, 「유교와 민주주의」, 『동양철학연구』 43, 2005.
진래, 『양명철학』, 전병욱 역, 예문서원, 2003.
慧能, 『돈황본단경』, 퇴옹 성철 역주, 장경각, 1987.

『대학』의 정치철학
– 자기성찰과 혈구행정의 정치

안외순 (한서대학교 국제관계학과 교수)

1. 서론

유교 사상은 본래 정치가들을 상대로 정치란 무엇이며, 어떻게 정치해야 하는지, 정치가의 임무는 무엇인지 등을 강론한 정치학이자 정치사상이었다. 그럼에도 불구하고 유교 사상은 윤리학 내지 도덕철학으로만 간주하는 경향이 강하였다. 물론 유교(Confucianism)는 정치(politics)와 윤리(ethics)의 분리를 부정한다. 아니 소극적으로 부정하는 데서 그치는 것이 아니라 양자의 균형적 통합을 적극적으로 추구한다. 그리고 이것은 정당하다. 본래 정치권력(政治權力, political power) 자체가 공공성(公共性)을 전제로 합법적 물리력을 확보하는 것이니만큼 정치를 도덕과 분리해 인식하려는 시도 자체가 어불성설이다. 정치에서 윤리는 충분조건은 아니더라도 필요조건임이 분명하다. 유교는 그 당연한 진리가 유통되지 않는 현실을 바로잡고자 출범하였다. 하여 유교의 출범은 새로운 문명 전환을 위한 일종의 혁명 선언이었다. 그것도 피를 흘리지 않는 명예혁명의 선언이었다.

a) 정치라는 것은 바르게 (공권력을 사용)하는 것이다.

b) 강제력으로 이끌고 형정으로 제어하면 백성들은 이를 면하기는 하나 부끄러움이 없다. 덕으로 이끌고 예로써 제어하면 부끄러움을 알 뿐만 아니라 나아가 지극한 경지에 이른다.[1)]

유교는 정치권력의 주체인 정치가들로부터 훌륭한 정치적 자질(virtue)의 하나로 도덕적 자질을 강력하게 요구했던 것이다. 그리고 이렇게 정치와 윤리의 결합을 주장하였기에 동아시아 세계에서 그것은 출범 이후 2000년 가까이 동아시아 세계에서 지배적인 정치사상의 위상을 차지할 수 있었다. 그러나 19세기 이래 근대적 물리력과 그 사유 체계가 동점(東漸)하면서, 그리고 근대적 물리력이 유교적 사회의 물리력을 굴복시키면서 유교적 사유 역시 패자의 위치로 전락하게 되었고, 유교 사상은 기껏해야 윤리/도덕적 사유에 지나지 않으므로 '현실적인 파워 게임'에 입각해야 하는 정치사상으로서는 적절하지 않다는 부당한 평가가 내려졌다.

하지만 유교적 사유가 정치인의 도덕성, 그리고 도덕적 정치사회의 구현을 목표로 한다는 사실은 어디까지나 정치학적 인식에서 완성되어야 완전한 이해가 될 수 있다. 요컨대 유교의 도덕철학 혹은 윤리철학적 성격은 어디까지나 정치사회철학의 범주에서 완성된다는 사실이다. 모든 도덕군자가 정치할 필요도 없고 할 수도 없지만, 적어도 모든 정치가는 도덕적이어야 한다는 점과 그 방법론을 역설한 것이 유교 교의이다. 그중에서도 특히 『대학(大學)』은 유교의 이러한 정치와 윤리의 결합을 가장 총론적으로, 그리고 체계적으로 집약한 서적이다. 이 논문은 바로 이러한

1) 『論語』, 「顔淵」. "政者正也"; 「爲政」. "道之以政 齊之以刑 民免而無恥. 道之以德 齊之以禮 有恥且格." (이 논문에서 유교 텍스트 인용 표기방식은 다음과 같다. 주희(朱熹)의 집주본을 사용하되, 원전은 編名만을 밝히고, 집주인 경우는 '集註'라고 표기한다.)

『대학』의 정치철학적 성격을 검토하고자 한다.[2)]

이를 위해 이 글에서 사용하는 구체적인 저본은 주희(朱熹, 1130~1200)의 『대학장구집주(大學章句集註)』[3)]이다. 『대학』은 정치 및 정치가와 '윤리'의 필수적 관계에 대해 이른바 '수기치인(修己治人)'이라는 테제로 표상화했을 뿐만 아니라 성리학적 이론 체계로 심화시킨 요체가 바로 『대학』과 그 주석서인 주희의 『대학장구집주』이기 때문이다.[4)]

2. 정치학 텍스트로서의 『대학』

먼저, 『대학』의 정치학 교재로서의 측면을 살펴보자. 『대학』이라는 책의 저술 목적은 중국 고대 태학(太學, Academy)으로 통칭하는 최고 교육

---

2) 지금까지 『대학(大學)』에 대하여 정치학적 분석을 한 것은 많지 않다. 정치사상 관련 논문으로는 김철운의 연구(「대학의 정치사상: 정치적, 사상적 전환을 중심으로」, 『철학연구』, 20호, 1997)로 텍스트로서의 『대학(大學)』의 출범 배경을 탐구하는 것으로부터 시작하여 그것의 당대적 함의를 끌어내는 노작이다. 한편 주희의 대학론을 정치사회사 관점에서 어떻게 정치사회이론과 접합이 되는지를 고찰한 논문으로는 민병희, 「朱熹의 大學과 士大夫의 社會政治的 權力: 制度에서 心의 學으로」, 『중국사연구』, 55호, 2008이 있다. 이 외에 행정학 분야에서의 시도로는 김종술, 「대학과 중용을 통해서 본 공무원 윤리관상: 현상학적 해석」, 『한국행정학회보』, 28권 2호, 1992; 이병갑,「대학의 3강령 8조목의 분석과 행정학적 함의」, 『한국행정학회 2005년도 하계 학술회의 발표집』, 2005가 있다. 이외에 『대학』에 대해 종합적인 고찰을 한 연구로는 김기현, 『대학: 동아시아적 진보』, 사계절, 2002이 있다.

3) 『大學章句集註』, 內閣本, 成均館大 大東文化硏究院 影印本, 1965. 물론 이는 그의 『사서장구집주(四書章句集註)』 안에 들어 있는 것이다. 따라서 앞으로는 편의상 『大學章句』로만 표기하기로 한다.

4) 사실 『대학장구집주』는 물론 이것이 포함된 『사서장구집주(四書章句集註)』의 저술 과정이야말로 앎과 도덕성, 그리고 정치의 관계에 대한 심성론과 우주론적 체계화 작업으로서 송대(宋代) 주자학(朱子學)의 탄생 과정이었고, '유교 재탄생 프로젝트'의 성공 과정이기도 하였다.

기관에서 통치자, 곧 정치가를 교육하는 이른바 큰 배움(大學, Great Learning)'의 주요 텍스트로 사용하는 것이었다.

평생토록 『대학』을 연구한 주희에 의하면 당시 학교 교육은 두 가지 차원이 존재하였다. 하나는 오늘날의 보통교육에서는 사람이라면 누구나 사람다운 생활을 영위할 수 있도록 기본적인 소양을 가르쳤는데, 이를 '소학(小學)'이라 하였다. 이 소학의 대상은 왕과 제후의 자제에서부터 서민들의 자제에 이르기까지 모두 8세가 되면 물 뿌리고 마당 쓸고, 호응하고 대답하고, 나아가고 물러가는 절도와 예절, 그리고 음악, 활쏘기, 말타기, 글쓰기, 수학의 문장 등 일상생활에 필요한 것들을 가르쳤던 것이다.[5]

다른 하나는 이 기본적인 소양을 익힌 학생들 가운데 미래의 국가 정치 지도자를 상대로 정치적 소양을 가르치는 학문을 '큰 학문', 곧 '대학(大學)'이라 하였다. 대학의 교육 대상은 천자(天子)의 맏아들, 곧 최고 통치자가 될 황태자를 비롯하여 여러 왕족들은 물론 정치가(Statesmen)가 될 공산이 큰 공(公), 경(卿), 대부(大夫), 원사(元士)의 적자, 그리고 일반 백성들 가운데 뛰어난 인재 역시 미래의 정치가가 될 가능성이 있었기에 대학을 공부하는 대상이었던 것이다. 이 미래의 정치가들이 정치하기 전에 정치학을 가르치는 태학에 들어가 '이치를 탐구하고 마음을 바로잡으며'(窮理正心), '자기를 닦고 사람을 다스리는'(修己治人) 도리를 익혔던 것이다.[6] 다시 말해서 당시의 '대학'은 오늘날의 '정치학(政治學, politics)'에 해당했던 것이다. 그리고 텍스트로서의 『大學』은, 이 미래의 정치 지도자

5) 朱熹, 『大學章句』, 「大學章句序」. "大學之書 古之大學 所以敎人之法也 …… 人生八歲 則自王公以下 至於庶人之子弟 皆入小學 而敎之以灑掃應對進退之節 禮樂射御書數之文."

6) 『大學章句』, 「大學章句序」. "大學之書 …… 及其十有五年 則自天子之元子衆子 以至公卿大夫元士之嫡子 與凡民之俊秀 皆入大學 而敎之以窮理正心修己治人之道 此又學校之敎 大小之節 所以分也."

들을 태학이라는 고등교육 기관에서 교육하는 교재였다는 것이다.

둘째, 그렇다면 정치가가 될 사람은 무엇을 배우고 어떻게 배워야 하는가? 곧 정치라는 공동체 전체의 사무를 위해 배워야 할 큰 학문이란 무엇인가? 그것은 정치가의 정치와 윤리의 통일을 추구하면서 일 처리 능력에서 본말과 경중, 선후를 판단하는 판단력을 배양하고자 하는 것이다.

> 만물(萬物)에는 본말(本末)이 있고
> 만사(萬事)에는 종시(終始)가 있다.
> (이들의) 선후(先后)할 바를 알면 도(道)의 경지라고 하겠다.[7]

여기서 '물(物)'은 예컨대 '物, 知, 意, 心, 身, 家, 國, 天下' 같은 것이라면 '사(事)'는 '格, 致, 誠, 正, 修, 齊, 治, 平' 같은 것들이다. 그런데 이 만사와 만물에는 원인과 결과, 경중과 본말이 있다. 그리고 경중과 본말을 따져 일의 우선순위를 정해서 일을 수행해야 한다. 인간의 삶은 물론 정치 세계 역시 한정된 인간의 능력과 자원 속에서 한계 내의 일을 수행해야 한다. 때문에 인간은 항시 선택의 갈림길에 서 있는데, 그 선택의 기준은 주어진 상황 속에서 본말(本末) 중에 본(本)을, 경중(輕重) 중에 중(重)을, 선후(先後) 중에 선(先)을 올바르게 선택해야 한다. 요컨대 "『대학』은 유가(儒家)의 내성외왕(內聖外王)의 도(道)를 종합 서술하면서 시종(始終), 본말(本末) 개념을 관통하고 있다."[8] 그리고 공동체 구성원 전체의 생사와 행불행을 관장하는 정치에서 선택의 문제는 더더욱 중요해지는 것이다.

---

7) 『大學章句』, 「經1章」. "物有本末 事有終始 知所先後 則近道矣"

8) 唐君毅, 『中國哲學原論』, 『原道篇』, 臺北, 學生書局, 民國75, 2권 69.

그렇다면 본말, 경중, 선후는 어떻게 결정할 것인가?

> 궁극의 목적을 알아야 정(定)해짐이 있다.
> 정해진 뒤에야 평정(平靜)할 수 있다.
> 평정한 뒤에야 편안(便安)할 수 있다.
> 편안한 뒤에야 사려(思慮)할 수 있다.
> 사려한 뒤에야 이룸(得)이 가능하다.[9]

그것은 먼저 1) 궁극적인 목적을 궁구해야 한다. 곧 정치 지도자는 정치의 존재 이유, 곧 대의(大義, a just and righteous cause)를 분명하게 알아야 한다. 그래야 각 분야의 목표 지점과 역할들이 정해지기 때문이다. 2) 각자의 역할과 목표 지점이 설정되어야 한다. 그리고 각자의 일의 범위, '몫'이 설정된다. '몫'의 배분은 곧 질서를 찾는 길이고, 질서 확보는 곧 '분쟁의 종식=평정[靜]'이 확보될 수 있다. '정(靜)'은 글자 그대로 '다툼[爭]을 청소(淸掃)'한 것이다. 3) 분쟁이 종식된 '평정[靜]의 상태'가 되어야 사람들은 안심[安]할 수 있다. 4) 사람들은 안심한 뒤라야 뭔가를 도모[慮]할 수 있다. 정치가라면 항상 공동체를 위해서 무엇인가를 도모해야 하기에 헤아림은 매우 중요하다. 5) 헤아리고 도모한 뒤에야 일을 이루는 것[得], 곧 성취할 수 있다. 성취는 정치가의 궁극 존재 이유이다.

9) 『大學章句』, 「經1章」. "知止而后有定 定而后能靜 靜而后能安 安而后能慮 慮而后能得."

3. 정치가의 길

『대학』은 가장 먼저 정치가의 궁극 목적(존재 이유)과 실천 목표에 대해 정치가가 가장 먼저 수행해야 할 작업으로 정치 공동체의 목적, 곧 자신의 목표 설정임을 천명하고 있다.

> 대학의 도는
> 명덕(明德)을 밝히는 데 있고
> 백성을 새롭게 하는 데 있으며
> 지극한 선에 머무르는 데 있다.[10)]

인용문에서 보듯이, 정치가가 익혀야 할 학문의 궁극 목적과 목표에 대해 『대학』은 1) 명명덕(明明德) 2) 신민(新民) 3) 지어지선(止於至善)의 실현으로 보았다. 주희는 이를 '삼강령(三綱領)'이라고 명명[11)]하였다.

1) 자기성찰의 정치: '명덕덕(明明德)'의 길

○ 대학의 도는 명덕(明德)을 밝히는 데 있다. 大學之道 在明明德

제1강령인 '명명덕(明明德)'은 한마디로 정치가의 자기성찰과 자기계발을 의미한다. 정치가는 자신의 존재 이유, 곧 임무에 관한 자기성찰과

---

10) 『大學章句』, 「經1章」. "大學之道 在明明德 在親民 在止於至善."

11) 나중에 나오는 팔조목도 마찬가지이지만 삼강령이라는 말은 원래 고문에서는 없던 것으로 朱熹가 『大學章句』에서 붙인 것이다. 『大學章句集註』, 「經1章」, 註釋. "此三者大學之綱領也."

자기계발의 내용이 무엇인지 끊임없이 고민하고 계발해야 한다.

정치인이 될 사람이 학문하는 이유는 무엇보다도 명덕(明德)을 밝히는 데 있다. 그렇다면 '명명덕(明明德)'의 '명덕(明德)'이 무엇이며, '밝힌다[明]'는 것이 무엇인지를 규명하는 데 핵심이 있다.

첫째, '명덕(明德)'에 대해 살펴보자. 사실 여기서 '명덕(明德)'의 '명(明)'은 '덕(德)'의 수식어로서 '덕(德)'과 '명덕(明德)'은 본질적으로 동의어이다. '덕'이라는 용어 자체가 어떤 사물이나 일의 고유한 본질을 의미하기 때문이다. 곧 동물의 덕은 동물다움이고 인간의 덕은 '인간됨'[12]이다. 이렇게 볼 때 정치가의 덕은 '정치가다움'이다. 『대학』 내 자체 해석 부분에 해당하는 〈전(傳)〉[13] 1장의 예시들을 보자.

> 「강고(康誥)」에서 '능히 명덕을 밝혔다'라고 하고
>
> 「태갑(太甲)」에서 '이 하늘의 밝은 명을 돌아보셨다'라고 하였으며
>
> 「제전(帝典)」에서 말하기를, '능히 준덕(峻德)을 밝히셨다'라고 하였으니
>
> 모두 스스로 밝히신 것이다.[14]

우선, 위 인용문을 보건대 명덕의 정의는 '정치가의 정치가다운 덕성'이라고 하겠다. 여기서 인용하고 있는 「강고(康誥)」, 「태갑(太甲)」이 각기

12) 물론 '인간됨'에 대한 정의는 사람마다 다를 수 있지만, 어찌 되었든 이때의 '덕'이 의미하는 것은 '고유성'을 말한다.

13) 주희에 의하면, 이후의 장(章)들은 증자의 뜻을 증자의 문인들이 기술했다고 하여 '전(傳)'이라고 한다. 이것은 앞의 '경(經)'에서 제시된 3강령 8조목과 관련된 서술 내용들을 삼경(三經: 시 · 서 · 역) 등에서 찾아서 모아 놓은 것이다. 주희는 고본(古本) 『대학』에 내용이 뒤섞여 있는 것을 정자 형제가 바로잡았는데, 이것을 다시 자신이 앞의 경(經)을 참조하여 순서를 바로잡았다고 한다. 여기서는 주희가 정리한 『대학장구(大學章句)』의 순서와 내용을 표본으로 삼았다.

14) 『大學章句』, 「傳1章」. "康誥曰 克明德, 太甲曰 顧諟天之明命, 帝典曰 克明峻德, 皆自明也."

『서경(書經)』의 「주서(周書)」, 「상서(商書)」의 편명이고, 「제전(帝典)」 역시 『서경(書經)』의 「우서(虞書)」 내 「요전(堯典)」의 별칭으로서 주나라 강왕, 상나라 태갑, 당나라 요임금의 고사에 의존한 것이기 때문이다. 다시 말해서 여기서 말하는 '명덕'의 일차적인 대상은 정치가를 전제한다는 것이다. 그러므로 이는 '정치가라면 이들처럼 명덕해야 한다'는 메시지이다. 이는 이후 각각 기술된 '명덕(明德)', '밝은 명(明命)', '준덕(峻德)' 역시 '정치가의 보편적인 덕', '정치가라면 가져야 할 덕목'을 의미하는 것으로 연결된다. 그렇다면 '정치가의 보편적인 덕성'은 구체적으로 무엇인가? 여기서 핵심은 '정치가'의 덕성에 있다. 그리고 정치가의 핵심은 '정치 공동체의 합법적 물리력, 곧 공권력을 장악한 자로서 공동체 구성원들이 소망하는 바와 바람직한 바를 이루어 주는 자'를 말한다. 합법적 공권력을 부여할 때는 그 목적이 있다. '정치가의 명덕'이란 '정치가다운 정치가의 덕성'을 의미하는 것이고, 그렇다면 공동체의 지도자, 리더로서의 자질을 의미한다. 현대 리더십 학자인 번즈(Burns)는 리더십을 "추종자들로 하여금 지도자와 추종자들 모두가 공유하는 가치와 동기들, 즉 욕망과 요구, 소망과 기대 등을 충족시킬 목적을 위해 행동하도록 지도자가 유도하는 것"이라고 정의하고 있다.[15] 그렇다면 정치가의 명덕이란 바로 '공동체의 소망을 지도자로서 충족시키고, 충족시킬 수 있도록 유도하는 덕성'을 말한다고 하겠다. 결국, 정치가가 자신의 명덕(明德)을 밝힌다는 말은 곧 정치 공동체 구성원들이 무엇을 희망하며, 그것이 진정 그들을 위한 것인지를 성찰하여 그 실현 방법에 대해 끊임없이 고민한다는 것이다.

다음으로 강조해야 할 사실은 이러한 '정치가의 덕성[명덕]'은 결국 인

---

15) 박찬욱 · 정윤재 · 김남국, 『미래 한국의 정치적 리더십』, 미래인력연구센타, 1997, 17~21 참조.

간 본성과 별개가 아니라는 점이다. 정치란 인간의 공동체 생활에 기원하는 것이고, 그렇다면 정치의 주체이자 대상인 인간의 본성과 분리되어 정치 행위를 할 수는 없다. 따라서 정치가의 명덕은 다름이 아니라 인간 본성을 회복하는 문제와 궁극적으로 맞닿아 있는 것이다. 이 대목에서 "명덕이란 사람이 하늘로부터 얻은 바[所得]로서 허령(虛靈) 불매(不昧)하고 중리(衆理)를 구비하고 만사(萬事)에 응하는 것이다. 다만 기품(氣稟)에 구애되고 인욕(人慾)에 가리게 되면 더러 어리석어지기도 하나 그 '본체(本體)의 밝음[분]'은 종식된 적은 없다. 그러므로 배우는 자는 그것이 발하는 바를 인하여 끝까지 밝혀서 처음을 회복해야 마땅하다"[16]라는 주희의 해석은 정당하다.

둘째, 그렇다면 '밝힌다[明]'는 것은 무엇을 말함인가? 그것은 결론적으로 **정치가의 자기성찰과 자기교육**이다. 곧 정치가는 누구보다도 자기성찰과 자기교육을 통해서 위에서 말한 정치가의 덕성, 인간의 본성을 밝혀야 한다는 것이다. 물론 이런 자기성찰과 자기교육 과정은 통치자뿐만이 아니라 "천자로부터 서인에 이르기까지 모두 수신으로 근본을 삼아야 한다."[17] 그러나 정치가라는 존재는 특별히 더 자기교육과 성찰이 요구된다. 정치가는 그 스스로가 정치권력이라는 물리적 강제력을 보유하고서 타자에게 그것을 행사하는 인물이기에 궁극적으로 통치자 자신이 스스로를 제어할 수밖에 없는 것이다. 요컨대 교육자의 교육은 스스로가 할 수밖에 없는 포이에르바흐의 테제가 적용되는 것이다. 때문에 건강한 정치사회 유지를 위해서는 통치자 자신이 끊임없는 자기성찰과 자기교육 과

16) 『大學章句』, 「經1章」, 註. "明德者人之所得乎天而虛靈不昧 以具衆理而應萬事者也 但爲氣稟所拘 人欲所蔽 則有時而昏 然其本體之明 則有未嘗息者 故學者當因其所發而遂明之 以復其初也."

17) 『大學章句』, 「經1章」. "自天子 以至於庶人 壹是皆以修身爲本."

정이 필요하다.

정치가가 올바른 정치를 위해 자기성찰과 자기계발에 힘쓰는 근원적 과정에 대해 『대학』에서는 다음과 같이 설명하고 있다.

옛날에
밝은 덕을 천하에 밝히고자 하는 사람은 먼저 자기 나라를 다스렸다.
자기 나라를 다스리고자 하는 사람은 먼저 자기 집안을 가지런히 하였다.
자기 집안을 가지런히 하고자 하는 사람은 먼저 자기 자신을 닦았다.
자기 자신을 닦으려는 사람은 먼저 자기의 마음을 바르게 하였다.
자기의 마음을 바르게 하려는 사람은 먼저 자기의 뜻을 진실되게 하였다.
자기의 뜻을 진실되게 하려는 사람은 먼저 자기의 앎을 이루었다.
자기의 앎을 이루는 것은 만물의 이치를 깨닫는 데 있다.[18)]
(다시 말해서)
만물의 존재 이치를 깨달은 뒤라야 자기의 앎을 이룬다.
앎을 이룬 뒤라야 자기의 뜻이 진실되게 된다.
뜻이 진실된 뒤라야 자기 마음이 바르게 된다.
마음이 바르게 된 뒤라야 자기 자신이 닦아진다.
자기 자신이 닦아진 뒤라야 집안이 가지런해진다.
집안이 가지런해진 뒤라야 나라가 다스려진다.
나라가 다스려진 뒤라야 천하가 화평해진다.[19)]

18) 『大學章句』, 「經1章」. "古之 欲明明德於天下者 先治其國. 欲治其國者 先齊其家. 欲齊其家者 先修其身. 欲修其身者 先正其心. 欲正其心者 先誠其意. 欲誠其意者 先致其知. 致知在格物."

19) 『大學章句』, 「經1章」. "物格而后知至. 知至而后意誠. 意誠而后心正. 心正而后身修. 身修而后家齊. 家齊而后國治. 國治而后天下平."

상기 인용문에서 보듯이 정치가가 최고 정치인 평천하를 실현하는 과정은 격물(格物), 격 만물의 존재 이치를 깨닫는 것으로부터 시작되는 것이다. 즉 '평천하 ← 치국 ← 제가 ← 수신 ← 정심 ← 성의 ← 치지 ← 격물'의 과정을 거친다고 보는 것이다. 그리고 위 인용문에서 보듯이 이를 강조하느라 다시 한번 '격물(格物) → 치지(致知) → 성의(誠意) → 정심(正心) → 수신(修身) → 제가(齊家) → 치국(治國) → 평천하(平天下)' 항목과 순서를 나열하였다. 그리고 이와 같이 격물치지에서부터 이루어지는 정치가의 이상 정치 실현 과정을 주희(朱熹)는 '8조목(條目)'이라 이름 하였다.[20] 아울러 그는 '격물'에서 '수신'에 이르는 5과정을 '수기(修己)' 과정으로, '제가'에서 '평천하'에 이르는 세 단계를 '치인(治人)' 과정으로 보았다.

'격물(格物)'이란 궁극적으로 '만물이 존재하는 이치에 그 기준을 세운다'는 말이다. 인간은 자연 세계의 한 일원이다. 인간만이 지각 능력과 이성 능력을 활용하여 자연 세계와 분리된 독자 영역, 이른바 문명 세계를 구축하였지만, 궁극적으로는 자연계의 한 요소이다. 문명을 일군 인간이지만 영원히 살지는 못하는 한계적 인간이며, 천지(天地)·일월(日月)·성신(星辰)의 자연계 운행에 입각하여 생산 활동과 소비 활동을 하는 자연계 내 존재이다. 아무리 위대한 인간의 문명일지라도 그것은 어디까지나 자연계, 곧 만물의 존재이치 내에서 작동한다. 문명의 기초인 조직 생활, 곧 정치 공동체 생활의 준칙 역시 어디까지나 이 만물의 존재 이치와 유리될 수 없는 것이다. 요컨대 정치 차원에서 격물이란 만물의 존재 이치에 견주어 정치 공동체를 고민하는 것으로, '천하국가(天下國家)에 감통(感通)하는 것'[21]이다.

---

20) 『大學章句』, 「經1章」, 註. "此八者大學之條目也"

다음 단계는 치지(致知)이다. 플라톤의 고민으로 대표되듯이, 정치가에게 지식의 문제는 필수적이다. 정치가라면 응당 구성원들의 안전과 행복 실현 방법을 인식하고 있어야 하며, 이를 위한 질서 확보와 분배 방식 등에 대해 누구보다도 잘 알고 있어야 한다. 정치가라면 정치를 잘하기 위해서 왜 정치가 존재하는지, 정치가 어떠해야 하는지 알아야 하는데 그 궁극적 준거점은 만물의 존재 이치를 아는 데 있다. 정치가에게 있어서 지식의 준거점은 인간 삶의 환경인 자연, 곧 만물의 존재 이치가 되는 것이다. 곧 『대학』에서 '치지(致知)는 격물(格物)에 있다' 고 한 것이 그것이다.

> 이른바 '앎을 이루는 것은 만물의 존재 이치에 있다' 라고 하는 것은 '나의 앎을 이루고자 하는 것은 사물의 존재 이치에 나아가 그것을 궁구하는 데에 있음' 을 말한다. 인간의 영명(靈明)함은 그것을 모를 수 없고 천하 만물은 모두 이치를 지니고 있음에도 단지 그 이치를 궁구하지 아니하기에 앎을 이루지 못하는 것이다.[22]

즉 정치가에게 '앎을 이루는 것' 은 공권력 행사 목적과 행사 방법에 대해 올바로 인식하고 있어야 그것이 정당한 질서 확보와 구성원의 행복 추구에 합치하는 결과를 낳는 것이다.

'성의(誠意)' 란 " '스스로를 속이지 않는 것' 이니, 그것은 나쁜 냄새를 싫어하는 것과 같고 좋은 색을 좋아하는 것과 같다."[23] 이는 자신의 생각

---

21) 徐復觀, 『中國人性論史』(先秦篇), 臺北, 臺灣商務印刷書館, 民國73, 289쪽.

22) 『大學章句』, 「格物補亡章」. "所謂致知在格物者 言欲致吾之知 在卽物而窮其理也 蓋人心之靈 莫不有知 而天下之物 莫不有理 惟於理有未窮 故其知有不盡也 是以大學始敎 必使學者 卽凡天下之物 莫不因其已知之理而益窮之 以求至乎其極 至於用力之久而一旦豁然貫通焉 則衆物之表裏精粗 無不到 而吾心之全體大用 無不明矣 此謂物格 此謂知之至也."

23) 『大學章句』, 「傳6章」. "所謂 誠其意者 毋自欺也. 如惡惡臭 如好好色 此之謂自謙."

을 진실하게 하는 것이다. 사람은 남을 속일 수는 있어도 자신의 진실은 속일 수 없다. 타인은 일시적으로 속일 수 있다. 그러나 자기 자신만큼은 스스로를 기만할 수 없다. 남은 몰라도 자신만은 알고 있는 것이다. 따라서 자신을 통제할 주체는 궁극적으로 자신일 수밖에 없다. 때문에 그 누구보다도 스스로를 가장 경계해야 한다. '신독(愼獨)!'[24] 그런데 이러한 성의는 자연 치지(致知)를 전제로 한다. 곧 진실한 자기의식 혹은 명확한 자기의식은 객관적 이성과 지식에 따른 격물치지 과정의 선행이 필수적으로 요구된다. 객관적이지 못한 이성과 지식에 따른 자기의식은 자칫 무지의 악 내지는 자의적 정치를 행하기 쉽기 때문이다. 순수한 의도 혹은 선의로 행하지만 사실 혹은 진리를 인지하지 못한 행동의 결과 사회악이 된 사례는 적지 않다.

'정심(正心)'이란 말 그대로 '성정(性情)을 바르게 하는 것'이다. 곧 마음은 이성과 감정으로 이루어지는데, 이 양자가 한쪽으로 치우치지 않고 공정하게 발휘되는 것을 말한다. "자기 마음에 분치(忿懥)하는 바가 있으면 마음의 바름을 얻지 못하고, 공구(恐懼)하는 바가 있으면 마음의 바름을 얻지 못하고, 호요(好樂)하는 바가 있으면 마음의 바름을 얻지 못하고, 우환(憂患)하는 바가 있으면 마음의 바름을 얻지 못하는 것을 말한다."[25]라는 말이나 "마음이 없으면 보아도 보이지 않고, 들어도 들리지 않으며, 먹어도 그 맛을 모른다."[26]는 구절에서 보듯이 정치를 바로 하기 위해서는 정심이 되지 않고서는 어떤 행위도 가능하지 않다. 그런데 이 정심은 성의가 전제로 한다. 진실한 뜻이 아니라면 목적하는 바에 집중할 수도,

---

24) 『大學章句』, 「傳6章」. "愼其獨"

25) 『大學章句』, 「傳7章」. "所謂 修身在正其心者 身 有所忿懥 則不得其正 有所恐懼 則不得其正 有所好樂 則不得其正 有所憂患 則不得其正."

26) 『大學章句』, 「傳7章」. "心不在焉 視而不見 聽而不聞 食而不知其味."

공정할 수도 없기 때문이다.

'수신(修身)'은 정심의 기초 위에 모든 언행이나 행위를 올바르게 처신하는 것을 말한다. 수신이 이루어진 상태는 모든 정치가가 친애, 천오, 외경, 애긍, 오타하는 바를 넘어 공정하게 처신하는 바를 말한다. "사람이란 그가 친애(親愛)하는 바에 치우치며, 그가 천오(賤惡)하는 바에 치우치며, 그가 외경(畏敬)하는 바에 치우치며, 그가 애긍(哀矜)하는 바에 치우치며, 그가 오타(敖惰)하는 바에 치우치기 쉽다. 그러므로 누군가를 좋아하면서도 그의 나쁜 점을 알고 누군가를 미워하면서도 그의 좋은 점을 아는 사람은 천하에 드문 것이다."[27] 때문에 "사람은 자식의 나쁜 점에 대해 모르고, 자기 곡식의 싹이 크다는 사실을 모르는"[28] 것이다. 물론 이러한 수신은 정심에 달려 있다. 결국 '수신'은 격물에서 정심까지의 내면적 의식이 행위로 올바르게 표출된 것을 말한다.[29]

2) 혈구행정(絜矩行政)의 정치: '신민(新民)'의 길

○ (대학지도는) 신민(新民)에 있다. (大學之道) 在新(親)民

첫째, '신민(新民)'의 개념에 대해 논하기로 한다. '신민(新民)'은 행정을 의미하는 '치인(治人)'의 최상의 등급과 동일시된다. 행정이 잘 되었을 때 정책만이 아니라 그 최종 대상인 피치자들조차도 새로이 거듭난다는 의미이기 때문이다. 그렇기 때문에 '신민'은 동아시아 세계에서 근대가

27) 『大學章句』, 「傳8章」. "所謂 齊其家在修其身者 人之其所親愛而辟焉 之其所賤惡而辟焉 之其所畏敬而辟焉 之其所哀矜而辟焉 之其所敖惰而辟焉 故 好而知其惡 惡而知其美者 天下鮮矣."

28) 『大學章句』, 「傳8章」. "故 諺有之曰 人 莫知其者之惡 莫知其苗之碩."

29) 주희 역시 여기까지를 수기(修己)의 영역이라고 하였다.

진행될 때 전통 정치의 패러다임이 대부분 거부당할 때조차도 오히려 근대적 주요 대안으로 제시되었던 개념이다.[30)]

'신민(新民)', 곧 '백성을 새롭게 한다'는 것은 정치 구성원들의 마음을 밝고 새롭게 혁신, 개신한다는 말로써 새로운 인간형으로 거듭나게 한다는 것이다.

본 논의에 들어가기에 앞서, 이 논문이 삼강령이 지닌 정치적 성격을 규명하는 것이니만큼, '신민(新民)'과 '친민(親民)'에 얽힌 오래된 논쟁과 관련하여 최소한 본 논문의 입장을 개진할 필요가 있다. 원래 〈고본대학〉의 〈경〉에서 '신(新)'은 '친(親)'으로 되어 있다. 그래서 주지하다시피 양명(陽明) 왕수인(王守仁)도 '친(親)'이라 해석해야 한다고 하였다. 그러나 〈고본대학〉조차도 〈경〉의 주석서인 〈전(傳)〉에서는 '친민(親民)'의 '친(親)'을 다음과 같이 '신(新)'의 용례로 사용하고 있다.

> 탕(湯)이 반명(盤銘)에서는 '진실로 날로 새로워지고, 나날이 새로워지고, 또 날로 새로워진다' 라고 하였고[31)]
>
> 「강고(康誥)」에서 말하기를 '백성을 새롭게 하다.' 하였으며[32)]
>
> 『시경(詩經)』에서는 '주(周)나라는 비록 옛 나라이나 천명(天命)이 유신(維

---

30) 그 예로 1905년 을사늑약이 체결되자 안창호(安昌浩, 1878~1938) 등이 장지연, 신채호, 이회영 등과 함께 국권 회복을 위하여 결성한 항일비밀결사 단체 명칭이 〈신민회(新民會)〉(1907~1911)였고, 일본 강점이 한창 진행 중이던 1925년 북만주 지역에서 결성된 대표적인 항일운동 단체명 역시 〈신민부(新民府)〉(1925~1929)였다. 이들은 대개 '국권 회복을 위한 실력 양성, 실력 양성을 위해서는 국민이 새로워져야 한다.'는 슬로건들을 내세웠다는 점에서 공통점이 있다. 우리만이 아니라 중국 근대의 국부로 일컬어지는 쑨원(孫文) 역시 三民主義를 주창할 때 『대학』의 탁월성과 중요성에 대해 강조하였다.

31) 『大學章句』, 「傳2章」. "湯之盤銘曰 日新 日日新 又日新"

32) 『大學章句』, 「傳2章」. "康誥曰 作新民."

新)되었다.' 라고 하였다.[33]

따라서 주희 역시 『대학』 〈전〉의 해석에 따라 〈경〉의 '친(親)'은 '신(新)'으로 써야 마땅하다고 해석하였던 것이다. 필자도 〈전〉에 따라 주희의 해석이 옳다고 판단한다. 그래서 이 논문 역시 주희의 '신(新)' 주장과 해석에 동의한다.

둘째, 신민(新民)의 구체적인 내용인 혈구(絜矩) 행정에 관해 살펴보기로 한다. 그렇다면 '신민(新民)'의 길은 구체적으로 어떻게 하는 것인가? 결론적으로 그것은 혈구지도(絜矩之道)의 정치를 말한다.[34] 『대학』에서 말하는 그렇다면 혈구지도란 무엇인가?

> 위에서 싫어하는 것을 아래에 시키지 않고
> 아래서 싫어하는 것으로 위를 섬기지 않는다.
> 앞에서 싫어하는 것을 뒤에서 먼저 하도록 하지 않고
> 뒤에서 싫어하는 것으로 앞에서 따라 하지 않는다.
> 오른편에서 싫어하는 것을 왼편에 건네지 않고
> 왼편에서 싫어하는 것을 오른편에 건네지 않는다.
> 이러한 것을 일러 '혈구지도(絜矩之道)' 라고 한다.[35]

결국, 혈구지도란 '자신의 마음을 미루어 남의 마음을 헤아리는 도'로서 『논어』에서는 서(恕)라고 정의한 도이다.[36] 곧 『맹자』와 주희(朱熹)로

---

33) 『大學章句』, 「傳2章」. "詩曰 周雖舊邦 其命維新."

34) 『大學章句』, 「傳10章」. "君子有絜矩之道也."

35) 『大學章句』, 「傳10章」. "所惡於上 毋以使下 所惡於下 毋以事上. 所惡於前 毋以先後 所惡於後 毋以從前. 所惡於右 毋以交於左 所惡於左 毋以交於右. 此之謂 絜矩之道也."

36) 『論語集註』, 「顔燕」. "己所不欲 勿施於人"

치자면 '타자를 헤아리는 마음'인 '추기급인(推己及人)'[37]인 것이다. 상대에 대한 배려 자세를 말한다. 정치 지도자에게 상대방이란 궁극적으로 백성들이다. 따라서 그가 헤아려야 할 궁극의 대상은 백성들의 마음이다.

> 백성들이 좋아하는 바를 좋아하고
> 백성들이 싫어하는 바를 싫어하는 사람,
> 이러한 사람을 '백성들의 부모'라고 말한다.[38]

나아가 『대학』은 『시경』의 권위를 빌려 혁명 정부인 은(殷)나라의 사례를 인용하면서 정치가가 자신의 존재 이유인 백성의 마음을 헤아리지 못하면 국가의 존속조차 위태롭게 한다고 역설한다

> "은(殷)나라가 백성들의 마음을 잃기 전에는
> 상제(上帝)에게 짝할 수 있었으나 (지금은 그렇지 않으니-필자)
> 마땅히 은나라를 거울로 삼아야 하리라,
> 준엄한 천명(天命)을 보존함은 쉽지 아니함을!'
> 말하노니
> 민중을 얻으면 나라를 얻게 되고
> 민중을 잃으면 나라를 잃게 되리라![39]

이외에도 정치 지도자의 권력은 결코 절대적인 것이 아님을 누누이 강

37) 『孟子集註』, 「盡心」 上. "强恕而行 求仁莫近焉" 朱熹 註釋. "恕 推己以及人也"

38) 『大學章句』, 「傳10章」. "詩云 樂只君子 民之父母. 民之所好 好之 民之所惡 惡之 此之謂民之父母."

39) 『大學章句』, 「傳10章」. "殷之未喪師 克配上帝 儀監于殷 峻命不易. 道 得衆 則得國 失衆 則失國."

조하고 있다. 그것은 어디까지나 민심 획득, 곧 정치권력의 정당성을 확보할 때 가능한 것임을 강조하고 있는 것이다. 만약 혈구지도를 갖추지 못하면 혁명이 일어난다.

> "천명(天命)은 결코 불변하는 것이 아니다."
>
> 말하노니 선(善)하면 천명을 얻고 선(善)하지 못하면 천명을 잃을 것이로다.[40]

정치가가 백성의 뜻을 저버릴 때 정권을 잃게 되는 것은 이른바 정치의 본성을 망각하기 때문이라고 하였다. 곧 다수가 좋아하는 것을 행하는 것이 정치의 본성이고, 이것이 곧 인간의 본성인데, 이와 배치되면 자연 혁명이 일어난다고 본 것이다.

> 남이 싫어하는 바를 좋아하고 남이 좋아하는 바를 싫어하는 것,
>
> 이것을 일러 '사람의 본성을 어기는 것' 이라 하나니,
>
> 재앙이 필시 자기 자신에게 미치고야 말 것이다.
>
> 이런 까닭에 군자에게는 대도(大道)가 있나니,
>
> 반드시 충(忠: 진실함)과 신(信: 믿음)으로 그것을 얻고
>
> 교(驕: 교만)와 태(泰: 태만)로 그것을 잃는다는 것이다.[41]

그리고 이러한 혈구지도의 정치는 보다 구체적으로 철저한 보민(保民) 의식에 입각한 정치를 추구한다.

---

40) 『大學章句』, 「傳10章」. "康誥曰 惟命不于常 道 善則得之 不善則失之矣."

41) 『大學章句』, 「傳10章」. "好人之所惡 惡人之所好 是謂 拂人之性 菑必逮夫身. 是故 君子有大道 必忠信以得之 驕泰以失之."

「강고」에서 말한 '갓난아기를 보호하듯 하라'는 가르침을 마음으로 진실하게 추구하면 정확히는 아닐지라도 크게 어긋나지는 않을 것이다. 그런데 그것은 자식 기르는 것을 배운 뒤에 시집가는 사람은 없는 것과 같다.[42]

『서경』의 내용을 인용하는 『대학』에 의하면 '신민'은 백성을 '갓난아기를 보호하듯이' 보호하면 된다는 것이다. 부모나 군주는 모두 각각 자식과 백성이라는 상대가 존재함으로써 스스로의 존재가 가능하다. 이때 부모는 아무리 모자란 부모라 할지라도 자식에게, 특히 영유아 자식에게는 혹여 잘못될까 온갖 정성을 다하여 기른다. 그러나 군주와 백성 관계는 이와 다른 경우가 많다. 백성이 있어야 군주가 존재한다는, 그리하여 백성이 국본(國本)이라는 사실을 잊어버리고, 피치자로서만 대하는 경우가 적지 않다. 이에 대해 『대학』은 정치는 백성을 어린 자식 키우듯이 조심조심 정성껏 돌보아야 하며, 그것이 군주의 사명임을 일깨우고 있는 것이다.

그리고 이러한 보민의 실천은 무엇보다도 정치 지도자의 주체적 실천에 좌우된다. "일가(一家)가 인(仁)하면 일국(一國)이 온통 인하고, 일가가 겸양(謙讓)하면 일국이 온통 겸양하고, 일인(一人)이 탐욕하면 일국이 어지럽다. 이것이 '한마디 말이 일을 그르치고, 한 명의 사람이 나라를 안정시키는 것"이다.[43] 때문에 지도자는 "자기에게 먼저 구비된 다음에 남에게 요구하며 자기의 잘못을 없앤 뒤에야 남의 잘못을 비난한다. 스스로 서(恕)를 간직하지 않으면서도 남을 깨우칠 수 있는 사람은 없기 때문이

42) 『大學章句』, 「傳9章」. "康誥曰 如保赤子. 心誠求之 雖不中 不遠矣. 未有學養子而后 嫁者也."

43) 『大學章句』, 「傳9章」. "一家仁一國興仁 一家讓一國興讓 一人貪戾一國作亂 其幾如此. 此謂 一言僨事一人定國"

다"[44]라고 하였다. 결국, 정치가라면 민심(民心)을 읽는 것이 곧 덕(德)이다. 민심을 수용하여 행하는 것이 덕을 쌓는 길이다. 삼강령과 관련짓자면 이것이야말로 명명덕(明明德)이다.

셋째, 『대학』이 제시하는 혈구행정의 실천 요체는 용현(用賢)이다. 혈구지도의 정치는 용현의 실천 여부로 가장 잘 드러나기도 한다.

> 「진서(秦誓)」에 '만약 꿋꿋한 한 신하가 있는데 다른 재주가 없더라도 그 마음이 진실하고 한결같다면 그 사람의 말이 받아들여져야 한다.'는 말이 있듯이, 다른 사람의 재주를 보면 마치 자기가 그 사람의 언성(彥聖: 아름답고 성스러움-필자)을 지닌 것처럼 여기고 진심으로 좋아하여 말로만 좋아할 뿐만이 아니라면 이 사람의 말이 받아들여져야 한다. 이 사람을 통해서 우리 자손들과 검은머리 백성들이 보존될 수도 있고 나아가 이로움도 있으리로다![45]

만약 "현자(賢者)를 보고도 등용하지 못하고, 등용하더라도 중용(重用)하지 못한다면 그것은 태만한 것이다. 불선(不善)한 이를 보고도 물리치지 못하고, 물리치더라도 멀리하지 못한다면 잘못이다."[46] "오직 인(仁)한 사람만이 나쁜 사람들을 사방 오랑캐가 사는 곳으로 쫓아내고 물리쳐서 중국(中國: 문명사회)에서 살지 못하도록 할 수 있다. 이리하여 다음과 같이 말한다. '오직 인(仁)한 사람만이 남을 사랑할 수도 있고 남을 미워

44) 『大學章句』, 「傳9章」. "有諸己而後求諸人 無諸己而後非諸人 所藏乎身不恕 而能喩諸人者 未之有也."

45) 『大學章句』, 「傳10章」. "秦誓曰 若有一个臣 斷斷兮 無他技 其心休休焉 其如有容焉. 人之有技 若己有之人之彥聖 其心好之 不啻若自其口出 寔能容之. 以能保我子孫黎民 尙亦有利哉. 人之有技 媢疾以惡之 人之彥聖 而違之俾不通 寔不能容. 以不能保我子孫黎民 亦曰殆哉."

46) 『大學章句』, 「傳10章」. "見賢而不能擧 擧而不能先 命也. 見不善而不能退 退而不能遠 過也."

할 수도 있기 때문이다."[47]

넷째, 혈구행정의 경제관은 덕본재말(德本財末)에 기초하고 있다.

> 군자는 무엇보다 덕을 쌓아야 한다.
>
> 덕이 따르면 사람이 따르고
>
> 사람이 따르면 땅이 따르고
>
> 땅이 따르면 재물이 따르고
>
> 재물이 따르면 쓰임이 따른다.
>
> 덕이 본(本)이고 재물은 말(末)이다.[48]

여기서 정치가가 지녀야 할 경제관은 백성에 대한 신민의 의무를 다하면 재물은 그 결과라는 시각이다. 그러나 이 '덕이 본이고 재물은 말'이라는 말이 전자가 중요하고 후자가 중요하지 않다는 의미는 아니다. 전자가 선행적 원인이고 후자는 후발하는 결과물이라는 의미이다. 정치가가 선후와 본말을 전도시키면 백성은 자신들의 것이 보장되지 않으므로 스스로 챙기게 된다. 이른바 무질서가 야기되는 것이다. "근본을 밖으로 여기고 말단을 안으로 여기면 백성들은 다투어 약탈하게 된다."[49] 다시 말해서 통치자 자신이 재물을 쌓아두면 백성들이 흩어지고, 재물을 백성들에게 배분하면 대신 백성들이 그 통치자의 정치력 안으로 모인다는 것이다.[50] 결국, 정치가가 백성들을 부유하게 하는 덕을 쌓지 않고 자신의 재

---

47) 『大學章句』, 「傳10章」. "唯仁人 放流之迸諸四夷 不與同中國. 此謂 唯仁人 爲能愛人能惡人."

48) 『大學章句』, 「傳10章」. "是故 君子先愼乎德. 有德此有人 有人此有土 有土此有財 有財此有用. 德者本也 財者末也."

49) 『大學章句』, 「傳10章」. "外本內末 爭民施奪."

50) 『大學章句』, 「傳10章」. "是故 財聚則民散 財散則民聚."

물을 쌓게 되면 잘못된 재산 형성으로 결국은 백성들이 들고일어나 다시 나가게 된다고 설명하고 있다.[51] 또한

> 국가의 지도자가 되어 재화에만 힘쓴다면 그것은 반드시 소인이 되는 길이다. 소인으로 하여금 국가를 다스리게 하면 재앙과 피해가 아울러 이를 것이다. 이렇게 되면 비록 선한 이가 있다 하더라도 또한 어찌할 수가 없다!
> 이리하여 다음과 같이 말하는 것이다.
> '국가는 이익이 아니라 의로움으로써 이로움을 삼아야 한다.'[52]

라고 하여 국가라는 정치 공동체는 재화 자체의 시장이 아니라 정의라고 하는 공공선이 핵심임을 강조하고 있다. 즉 국가는 정의 공동체이지 이익 공동체가 아님을 선포한 것이다. 때문에 "인자(仁者)는 재물을 베풀어서 자신을 세우고 불인자(不仁者)는 자기를 망가뜨리며 재물을 모은다."[53] 왜냐하면 "위에서 인(仁)을 좋아하는데 아래서 의(義)를 좋아하지 않는 일은 없다. 아래서 의(義)를 좋아할 때 백성들의 일이 마무리되지 않는 일은 없다. 그렇게 될 때 부고(府庫)의 재물이 그의 재물 아닌 경우는 없기"[54] 때문이다.

'덕본재말'의 경제관은 아울러 생산과 소비 사이에서 생산에 우위를 둔다.

51) 『大學章句』, 「傳10章」. "是故 言悖而出者 亦悖而入 貨悖而入者 亦悖而出."

52) 『大學章句』, 「傳10章」. "長國家 而務財用者 必自小人矣. 小而之使爲國家 災害竝至 雖有善者 亦無如之 此謂 國 不以利爲利 以義爲利也."

53) 『大學章句』, 「傳10章」. "仁者 以財發身 不仁者 以身發財"

54) 『大學章句』, 「傳10章」. "未有上好仁 而下不好義者也. 未有好義 其事不終者也. 未有府庫財 非其財者也."

재물을 생산하는 데는 대도(大道)가 있는 법.
생산하는 사람은 많고 소비하는 사람은 적고,
생산하는 사람은 바쁘게 움직이고 소비하는 사람은 천천히 하면
재물이 항상 풍족하기 마련이다.[55]

공동체 내에서의 재화 배분 문제는 항상 생산과 소비의 균형이 깨지는 데서 생기는 것임에 주목한 시각이다.

3) 최고선의 공동체 유지: '지어지선(止於至善)'의 길

○ (대학의 도는) 최고선에 머무르는 데 있다. (大學之道) 在止於至善

'지어지선(止於至善)', 곧 '지극한 선에 머문다'는 것은 '명명덕(明明德)'과 '신민(新民)'이 이루어진 상태를 '유지한다'는 말이다. 다시 말해서 이상 국가나 이상 사회 상태를 유지한다는 것을 의미한다. 곧 '평천하(平天下)' 상태이기도 하다.

여기서, 우선 '천하' 개념에 주목할 필요가 있다. 물론 '천하'라는 용어는 오래된 용어이지만 『대학』에서, 특히 『대학장구』에서 주희가 사용한 '천하'라는 용어는 새로운 정치학적 개념을 내포하기 때문이다. 즉 "여기서의 '천하'는 진(秦)과 한(漢)처럼 오로지 특정한 개인이나 자국만의 정치적 역량을 실현하는 장소가 아니라 …… 덕성을 바탕으로 정치 질서를 확립하고 정치 이상을 실현하는 장소라는 데 그 근본 의의가 있다."[56]

---

55) 『大學章句』, 「傳10章」. "生財有大道 生之者衆 食之者寡 爲之者疾 用之者舒 則 財恒足矣"
56) 김철운, 앞 글, 150~151.

물론 이러한 천하관 역시 주희의 형이상학적 명덕(明德) 개념 이해와 배치되는 것은 아니다. "지극한 선은 사리의 당연한 극치이다. 명덕을 밝히고 백성을 새롭게 하는 것이 모두 지극히 선한 데에 머물러 변함이 없음을 말한다. 즉 천성의 극(極)을 다하고 한 치의 사욕도 없는 그런 경지를 말한다."[57] 정치 세계의 지어지선 역시 우주적으로 확장하면 우주의 본체인 리(理)의 세계가 실현된 것으로, 개인적 차원에서는 명명덕(明明德)이, 행정 차원에서는 신민(新民)이 모두 지선(至善)의 경지에 이른 것이다. 설사 이것이 현실에서 이루어지지 않는다고 하더라도 이를 위해 정치가가 부단히 정진하는 자세를 보유하는 것이 정치가의 가장 중요한 의무이며 사명이다. 이 지극한 선(善), 곧 좋음의 상태를 향한 부단한 추구야말로 정치의 최종목표이다. 그리고 지어지선은 그 자체가 인간의 부단한 명명덕과 신민의 과정으로 이루어진 것인 이상 이는 끊임없는 추구의 과정이지 고정된 어떤 상태가 될 수는 없기 때문이다.

> 『시경』에서 말하기를, '방기(邦畿) 사방(四方) 천 리가 모두 백성들이 사는 곳이다.'[58]

사방 천 리 낙토(樂土) 아닌 곳이 없어 백성들이 어디에 살건 그곳이 모두 머물 곳, 살 만한 곳이라는 말이다. 정치적 이상의 실현을 의미한다. 그리고 『대학』은 이것이야말로 백성들이 누려야 할 정치적 혜택임에 대해 공자(孔子)의 진술을 인용하여 역설하였다.[59]

---

57) 『大學章句』, 「經1章」, 註釋. "至善則事理當然之極也, 言明明德新民, 皆當止於至而遷, 蓋必其有以盡夫天理之極, 而無一豪人欲之私也."

58) 『大學章句』, 「傳3章」. "詩云 邦畿千里 惟民所止."

59) 『大學章句』, 「傳3章」. "詩云 緡蠻黃鳥 止于丘隅. 子曰 於 止知其所止 可以人而不如鳥乎."

또 『대학』에서는 문왕(文王)의 예를 통해, 군왕은 군왕의 역할뿐만 아니라 개인으로서 행해야 할 역할의 윤리적 가치에 대해서도 제시하고 있다.

> 군왕이 되어서는 인(仁)에 머무셨고
> 신하가 되어서는 경(敬)에 머무셨으며,
> 자식이 되어서는 효(孝)에 머무셨고
> 부모가 되어서는 자(慈)에 머무셨으며,
> 국인들과 사귐에는 신(信)에 머무셨네.[60]

군왕의 경우 백성들을 위해 존재하는 군왕에게 가장 요구되는 덕목은 치자와 피치자가 동일하다는 동일성에 입각하여 백성을 배려하는 인(仁)[61]의 덕목이, 군주가 되기 전 신하일 적에는 군주를 공경하는 마음[敬]이, 또 일반 백성들과 마찬가지로 자식으로서는 부모에게 효도하는 마음[孝]이, 부모로서는 자식을 사랑하는 마음[慈]이, 동등한 사람들 혹은 의리로 사귀는 관계, 곧 국인(國人)으로서의 사귐에는 평등과 의리의 토대인 믿음[信]이 중요하다는 것이다. 물론 이는 맹자(孟子)에게서 오륜(五倫)으로 공식화된 역할 윤리 관념[62]과 같다. 이렇게 하면 정치가는 자신의 덕과 길을 완수하는 것이 된다.[63] 여기서 한 가지 군주의 인(仁)은 특히 공

---

60) 『大學章句』, 「傳3章」. "爲人君止於仁 爲人臣止於敬 爲人子止於孝 爲人父止於慈 與國人交止於信."

61) 『論語集註』, 「雍也」. "夫仁者 己欲立而立人 己欲達而達人" 朱熹 註釋. "以己及人 仁者之心也 於此觀之 可以見天理之周流而無間矣 狀仁之體 莫切於此"

62) 『孟子集註』. 「滕文公」. "后稷教民稼穡 樹藝五穀 五穀熟而民人育 人之有道也 飽食煖衣 逸居而無教 則近於禽獸 聖人有憂之 使契爲司徒 教以人倫 父子有親 君臣有義 夫婦有別 長幼有序 朋友有信"

63) 『大學章句』, 「傳3章」. "道盛德至善 民之不能忘也."

과 사를 구분하는 능력에 있고, 그것은 곧 관료 등용에서의 공정성이다. 예컨대 최고 지도자는 어진 이를 어질다 하고 친한 이를 친하다고 하는 군자적 지도자로서 유능한 선(善)을 가진 이들로 하여금 자신의 선을 펼칠 수 있게 할 때 인을 실현한 것[64]이라는 점을 부기할 필요가 있다.

4. 결론: 수기치인(修己治人)으로서의 정치의 회복

지금까지 『대학』의 삼강령, 팔조목에 대해 너무 '협의의 도덕적 혹은 윤리적 이해'만을 행해 온 경향이 강하였다는 반성하에 이 논문은 본래 이 책이 치자를 상대로 교육하던 정치학 텍스트였던 점에 주목, 정치철학적 검토를 하였다.

이를 위해 2장에서는 정치학적 텍스트로서의 『대학』의 성격을 검토하였다. 먼저 예비 정치인들을 위한 『대학』의 기능과 역할에 대해 고찰하고, 그 교육 방법과 근대 이전까지 이루어졌던 문헌 연구에 대해 약술하였다.

3장에서는 『대학』에 나타난 정치철학적 성격에 대해 정치가가 걸어야 할 세 가지 길을 중심으로 살펴보았다. 먼저, 정치가의 자기성찰과 자기계발에 대해 '명명덕(明明德)'의 길을 중심으로 살펴보되, '명명덕'은 정치가의 덕성, 곧 정치가의 자질[明德]을 함양하는 것[明]'을 의미하는 것으로, 정치가의 자질, 곧 덕은 도덕적, 윤리적 덕성만을 말하는 것이 아니라 그것이 실천적으로 드러나는 포괄적이고 현실적인 실천 능력 전반을

64) 『大學章句』, 「傳3章」. "詩云 於戲. 前王不忘. 君子賢其賢而親其親 小人樂其樂而利其利 此以沒世不忘也."

의미하는 것으로 이해했다. 다음으로 혈구행정(絜矩行政)을 통한 적극적인 의미의 정치를 살펴보기 위해 '신민(新民)'의 길에 대해 살펴보되, '신민'이란 '정치가의 혈구행정, 곧 서(恕)의 정치적 실천을 통해 백성들을 혁신 혹은 개신시킨다'는 의미로 이해하였다. 마지막으로 최고선의 공동체 유지라는 목적에 대해 '지어지선(止於至善)'의 길을 중심으로 살펴보았는데 이는 '명명덕과 신민의 결과 최고선의 경지에 도달하고 이를 유지하려는 노력'으로 이해하였다. 그리고 삼강령은 다시 팔조목의 실천 과정으로 세분화된다. 명명덕(明明德)은 '격물(格物) → 치지(致知) → 성의(誠意) → 정심(正心) → 수신(修身)'의 5단계 '수기(修己)' 과정으로, '신민(新民)'은 '제가(齊家) → 치국(治國) → 평천하(平天下)'의 3단계 '치인(治人)' 과정으로 세분화되어 그 실천 방법이 제시되었다. 그리고 이 양자의 균형적 조화가 실천되는 그 지점, 곧 수기치인(修己治人)의 지점이 바로 지어지선(止於至善)의 지점이기도 하다고 보았다.

특정한 인간이 도덕성을 갖추었다고 해서 정치를 할 수 있는 것은 아니다. 그러나 그 역은 성립한다. 정치가라면 반드시 도덕적이어야 한다. 정치는 한 공동체의 공적 업무를 다루는 문제인 만큼 공적 사안을 다룰 전문적인 지식과 기술이 필요하다. 동시에 공적 사안 자체는 도덕적인 문제와 관련되어 있다. 정치라는 공적 업무란 인간의 도덕성과 이성적 측면을 전제로 성립한 것이기 때문이다. 이를 역설한 것이 『대학』이다.

근대의 등장 이래 정치와 윤리의 분리를 당연시 해 왔다. 그러나 길어야 근대 등장의 3세기 만에 '정치와 윤리'의 분리라는 테제는 그다지 바람직하지 못할 뿐만 아니라 각종 인간의 소외, 부정부패 만연 등의 부정적 결과를 초래한 것으로 나타났다. 이는 『대학』의 '수기치인(修己治人)'이라는 기획이 정당하였음을 의미한다.

오늘날 이러한 『대학』의 기획은 강력하게 재요청된다. 정치 지도자가 자신의 정치적 업무인 치인을 성공적으로 수행하기 위해서는 반드시 자기성찰과 자기계발이라는 '수기(修己)'가 수반되어야 한다. 그런데 정치인에게 수기의 대상은 '고립된 개인의 수양이 아니라' 공적 업무에 대한 진실한 자기반성이다. 곧 '치인'이 수기의 대상인 것이다. 그래서 이이(李珥) 역시 '무실(務實)이 수기(修己)'[65]라고 강변하였었다.

■ **참고 문헌**

『大學章句集註』內閣本, 成均館大 大東文化硏究院 影印本, 1965.
『論語集註』內閣本, 成均館大 大東文化硏究院 影印本, 1965.
『孟子集註』內閣本, 成均館大 大東文化硏究院 影印本, 1965.
『書傳集註』內閣本, 成均館大 大東文化硏究院 影印本, 1965.
『詩傳集註』內閣本, 成均館大 大東文化硏究院 影印本, 1965.
권덕주, 「대학해제」, 김시준 역해, 『대학/중용』, 혜원출판사.
김기현, 『대학: 동아시아적 진보』, 사계절, 2002.
김종술, 「대학과 중용을 통해서 본 공무원 윤리관상: 현상학적 해석」, 『한국행정학회보』, 28권 2호, 1992.
김철운, 「대학의 정치사상: 정치적, 사상적 전환을 중심으로」, 『철학연구』, 20호, 1997.
김형태, 「대학에 인용된 시경 구절의 문학적 효용성」, 『동양고전연구』, 31집, 2008,
동양고전학회, 『대학의 한국적 수용』, 〈12월 동양고전학회 2008년 12월 동계학술대회 발표논문집〉.
민병희, 「朱熹의 大學과 士大夫의 社會政治的 權力: 制度에서 心의 學으로」, 『중국사연구』, 55호, 2008.
박완식, 『大學, 大學或問, 大學講話』, 이론과 실천, 1993
박찬욱 · 정윤재 · 김남국. 『미래 한국의 정치적 리더십』, 미래인력연구센타, 1997.
서근식, 「회재 이언적의 대학 해석에 관한 연구」, 『동양고전연구』, 34집, 2009.
서근식, 「대학 해석을 통해본 주자의 격물치지론」, 『동양고전연구』, 33집, 2008.

65) 이이, 『동호문답』, 7장, 〈무실(務實)이 수기(修己)의 요체〉 참조.

신창호, 「대학의 주요 개념에 대한 교육학적 해석」, 『동양고전연구』, 31집, 2008.
이기동, 『大學, 中庸 講說』, 성균관대학교, 1992.
이병갑, 「대학의 3강령 8조목의 분석과 행정학적 함의」, 『한국행정학회 2005년도 하계 학술회의 발표집』, 2005.
이 이, 『동호문답』, 안외순 역, 책세상, 2005.
임헌규, 「유교적 대학의 이념과 방법」, 『동양고전연구』 31, 2008.
임헌규, 「정다산의 대학론: 주자 『대학장구』와의 대비적 고찰」, 〈동양고전학회 2008년 12월 동계학술대회 발표논문집〉.
唐君毅, 『中國哲學原論』, 『原道篇』, 2권, 臺北, 學生書局, 民國75.
徐復觀, 『中國人性論史』(先秦篇), 臺北, 臺灣商務印刷書館, 民國73.
岑溢成, 『대학철학』, 황갑연 역, 서광사, 2000.

『대학』의 교육학적 접근*
– 듀이와 화이트헤드의 교육관과 연관하여

신창호 (고려대학교 교수)

1. 서언

유교의 핵심 경전 중 하나인 『대학(大學)』은 일종의 지도적 인격 함양(Leadership)에 관한 학문 시스템이다. 유교에서는 교육의 범주를 크게 둘로 나누었다. 아이들의 생활 예의범절을 함양하기 위한 '소학(小學)'과 어른들의 학문인 '대학(大學)'이 그것이다. 이 중 대학은 어른들의 학문에 해당한다.[1] 달리 표현하면 대학은 쇄소(灑掃)에서 서수(書數)에 이르는 소학을 바탕으로 심오한 이론적 탐구와 실천을 지향하는 군자(君子) 양성, 현대적 의미의 리더십 연마를 추구한다.[2] 특히 주자(朱子: 朱熹, 1130~1200)에 의해 정돈된 『대학장구』는 삼강령(三綱領)과 팔조목(八條目)이라는 대

---

* 본고는 동양고전학회, 『동양고전연구』, 제31집(2008. 6)에 수록한 내용을 수정 보완한 것이다.

1) 『大學章句』, 經一章, 註. "大學者, 大人之學也"; 이하 각주의 원문은 특별한 언급이 없는 한 『大學章句』의 朱子 註이다.

2) 『大學章句』 序에는 小學의 내용으로 灑掃應對進退之節과 禮樂射御書數之文의 '節文' 교육을, 大學의 내용으로 窮理正心修己治人之道의 '道' 교육을 제시하고 있다.

인(大人)이 지향하는 학문 원리와 실천 과정을 포괄적으로 담고 있다.

주지하다시피, 삼강령은 '명명덕(明明德), 친민(親民),[3] 지어지선(止於至善)'이고, 팔조목은 '격물(格物), 치지(致知), 성의(誠意), 정심(正心), 수신(修身), 제가(齊家), 치국(治國), 평천하(平天下)'다. 삼강령은 크게 보면 인간 삶의 기준을 제공하고, 정치적으로는 정치의 원리를, 교육적으로는 교육의 기본 정신을 지시한다. 팔조목은 그런 과정과 실천의 양식을 체계적으로 보여 준다. 때문에 삼강령 팔조목은 유교 질서를 유지하는 이론적 기반이 되었다. 다시 말하면, 삼강령 팔조목은 개인의 수양 공부인 수신에서 인류 사회 전체의 운용에 참여하는 평천하에 이르기까지, 그 실천 강령을 일목요연하게 서술하고 있다.[4] 그러기에 『대학』은 국가나 세계를 다스리는 하나의 통치 철학으로서 유교의 학설을 가장 종합적이고 체계적으로 서술한 한 편의 정치 논설로 인정받는다.[5]

본고는 이러한 『대학』의 특성을 바탕으로 교육학적 해석을 통해 새롭게 이해하려는 하나의 시도이다. 교육학의 관점에서 『대학』의 주요 개념을 독해하면, 삼강령은 교육의 기본 원리에 해당한다. 그리고 팔조목은 교육 내용이자 과정인 동시에 실천 양식으로 볼 수 있다. 즉, 삼강령은 교육의 본질을 담고 있는 자기 공부의 기준이고, 팔조목은 그것의 실천을 담보하는 공부의 구체적 과정이다. 삼강령이 학문의 기본 원리를 담고 있

---

3) '親民이냐? 新民이냐?' 의 논쟁은 주자학과 양명학을 구분하는 결정적 열쇠이다. 이 논쟁에 대한 정치학적 · 교육학적 구명은 차후의 연구로 미룬다. 본고에서는 기본적으로 新民의 입장을 고수한다. 필자가 보기에, 大學古本에서 '親民' 으로 되어 있다고 할지라도, 『대학』의 내용을 전체적으로 점검해 보면, '新民' 이 논리적 맥락상 정당하다. 본문에서 다시 논의하겠지만, 新民을 해석한 장에 "日新又日新" 이라는 익숙한 문구가 등장하는데, 이는 親을 新으로 고쳐야 하는 정당성을 확보하는 근거가 된다. 반면 親民을 특별히 강조하는 해석이나 구체적 근거는 잘 드러나지는 않는다.

4) 김기현, 『대학-동아시아적 진보』, 사계절, 2002, 140쪽.

5) 來可泓, 『大學直解 中庸直解』, 上海, 夏旦大學出版社, 1998 참고.

다면 팔조목은 그 과정과 실천의 방식을 표출한 것이다.

본고에서는 삼강령과 팔조목을 교육학의 관점에서 풀이하고 재해석한다. 특히, 현대 한국 교육이 서구의 근대 공교육 사상과 제도적 체제를 따르고 있는 점을 고려하여, 20세기 영국과 미국 현대 교육철학에 큰 영향을 미쳤던 화이트헤드(Alfred North Whitehead, 1861~1947)와 듀이(John Dewey, 1859~1852)의 관점을 이입하여 교육학적으로 해석해 본다.

화이트헤드는 이른바 '유기체 철학'을 주창한 것으로 유명하다. 그것에 터한 그의 교육론은 『대학』의 삼강령 팔조목에 비추어 볼 때, 공감할 수 있는 부분이 많다. 화이트헤드는 『교육의 목적』「머리말」에서 교육의 목적을 "활기찬 삶을 살아가는 학생들의 자기 능력 개발(self-development)을 북돋아 주고 이끌어 주는 데 있다"[6]고 했다. 이런 인식은 삼강령 팔조목을 통해 지도적 인격을 함양하려는 유교의 공부와 상당 부분 유사하다. 듀이도 교육을 "삶의 필연성" 혹은 "사회적 기능", "지도", "성장" 등 다양한 방식으로 논의한다.[7] 이 또한 내용상, 유교 교육이 인간 삶의 현실적 차원에서 논의되는 동시에 수기치인(修己治人)을 지향하는 점과 유사하게, 개인적 · 사회적 성격을 담고 있다.

이에 본고는 『대학』의 주요 개념을 현대 교육철학의 시각에서 독해하고, 『대학』이 제시하는 교육의 본질이 동서고금을 막론하고 보편적일 수 있음을 고찰한다. 『대학』이 추구하는 교육의 원리와 목적, 교육 과정의 특성 등을 화이트헤드와 듀이의 교육론과 견주어 가며, 새롭게 조명해 본다. 수기치인으로 정돈되는 유교의 공부 과정은, 화이트헤드나 듀이의 언급처럼, 개인의 발달과 사회적 효용성, 생활 속의 지식 활용과 구체적으

6) 화이트헤드, 『교육의 목적』, 오영환 옮김, 궁리, 2004, 34쪽.
7) 듀이, 『민주주의와 교육』, 이홍우 역, 교육과학사, 1994 참고.

로 부합한다. 요컨대 개인의 인격 함양과 사회적 책무성을 통해 삶의 질을 고양하는 작업에 다름 아니다. 그것은 교육적으로 개인 교육과 공동체 교육이 통섭되는 차원으로 이해되고, 개인과 사회의 유기적 통합을 실천하는 교육의 본질을 담보한다.

2. 『대학』의 주요 개념 이해

1) 삼강령

『대학』의 삼강령은 명명덕-신민-지어지선으로, 유교의 교육 원리이자 정치 원리이다. 그것은 유교가 추구하는 이상적 세계상을 지향하는 알파와 오메가로 유기적 연관을 지닌다. 명명덕은 자기 학습의 수양 원리이고, 신민은 타자에 대한 배려와 관심인 타자 개혁이자 교화이며, 지어지선은 명명덕과 신민의 일상적 실천을 의미한다. 이를 보다 구체적으로 분석하면 다음과 같다.[8]

(1) 명명덕

명덕에 대한 이해는 시대에 따라 뉘앙스를 달리한다. 한대의 정현은 "지극한, 최고의 덕"으로 해석했고, 공영달은 "몸이 빛나고 밝은 덕"이라고 풀이하였다.[9] 이는 인간이 지니고 있는 최상의 덕이나 최고선과 같은 의미로 이해한 것이다. 인간은 무엇을 지니고 있는가? 유교에서 그것은

---

8) 신창호, 「『大學』 三綱領을 통해 본 교육의 원리」, 『교육문제연구』, 제25집, 고대 교육문제 연구소, 2006, 27~50쪽을 요약 정리하였다.

9) 『禮記注疏』. "至德也"; "己之光明之德."

마음과 본성, 이른바 '심성(心性)'으로 상징된다. 주자의 해석은 명덕을 이해하는 보다 명료한 잣대이다.

> 명덕은 사람이 하늘[자연]에서 얻은 것이다. 텅 비고 신령스러우면서 어둡지 않아 온갖 이치를 갖추고 모든 사물에 대응한다. 기품에 따라 구애받고 사람의 욕심에 가리어, 간혹 어두워질 수 있다. 그러나 그 본체가 밝다는 차원에서는 늘 그러했다.[10)]

명덕은 사람이 자연스럽게 얻은 천성(天性)으로 '마음[心]'을 가리킨다.[11)] 그것은 텅 비고 신령스럽고 어둡지 않다. '텅 빔'의 양상은 일정한 내용이나 고정된 틀로 형성되지 않았음을 의미한다. 때문에 채울 수 있고 운용할 수 있는 무한한 여지가 존재한다. 동시에 '신령스럽다'는 말은 인간의 인식 능력으로는 확정할 수 없는 상황, 불가사의하여 도저히 이해할 수 없을 때 쓰는 표현이다. 신이 조화를 부리듯 자유자재로 움직일 수 있다는 말이다. 이런 명덕의 특성은 온갖 이치를 갖추고 모든 사물에 응할 수 있는 자질을 확보한다. 모든 사물은 제각기 특수한 이치를 지니고 있다. 그것은 다른 사물과 적절한 관계망을 통해 상호작용하며 세계를 구축한다. 이때 모든 사물이 제각기 지니고 있는 이치가 사물의 본성이자 성품, 또는 속성이 된다. 그것이 신유학에서 말하는 '성즉리(性卽理)'라는 세계 인식이다.

텅 비고 신령스럽고 어둡지 않은 명덕은 다름 아닌 밝은 마음, 곧은 마음, 순수하고 자연스러운 마음이다. 그 마음은 맹자의 사단(四端)에서 주

---

10) 經一章, 註. "明德者, 人之所得乎天而虛靈不昧, 以具衆理而應萬事者也. 但爲氣稟所拘, 人欲所蔽, 則有時而昏, 然其本體之明, 則有未嘗息者."

11) 『大學集註大全』. "虛靈不昧便是心."

장하는 인의예지(仁義禮智)의 선단(善端)과 통한다. 선단의 확충! 선할 가능성의 존재인 밝은 마음을 제대로 드러내려는 노력이 명명덕이다. 다시 강조하면 밝은 마음은 세상의 온갖 이치를 갖추고 매사와 마주한다. 인간은 이와 같은 삶의 진리를 마음에 지니고 있다. 그런데 인간은 인습적이고 타성적인 생활을 하면서 밝은 마음의 빛을 잃어버리기 쉽다. 명명덕은 그것을 자각하고 그 빛을 드러내는 작업이다. 이는 자기 발견이자 자아실현과도 맞닿아 있다.[12] 그러기에 『대학』의 첫 마디인 명명덕은 자신의 마음을 밝히는 내면적 성찰이자 깨달음으로 해석된다. 다시 말하면, 자기 이해와 인식을 통해 자신을 파악하는 깨달음, 자기 교육으로 읽을 수 있다.

(2) 신민

명명덕에 이어 등장하는 신민은 문자 그대로 보면, '백성을 새롭게 한다'는 뜻이다. 주자학과 양명학의 변별점을 논의할 때 자주 등장하듯이, 신민(新民)은 『대학』 고본에는 '친민(親民)'으로 되어 있다. 주자는 이를 정자의 견해를 빌어, '친(親)'을 '신(新)'으로 고쳤다. 이런 정정 행위는 성리학의 체계화 과정에서 상당히 중요한 의미를 지닌다. 『대학』의 본문 내용을 분석해 보아도, '친'보다는 '신'으로 쓰는 것이 타당하다. '신민'으로의 개정은 '백성을 새롭게 한다'라는 점에서 통치자가 피치자를 교화하는 수준에서 이해할 수도 있다. 그러나 주자는 신민을 해석하면서 '신'의 개혁적·혁신적 차원을 끊임없이 강조한다.

> 진정으로 날마다 이전에 물든 더러움을 씻어서 스스로 새로워져야 한다. 그리하여 새로워진 것을 바탕으로 나날이 새롭게 하고, 또 나날이 새롭게 하라.

12) 이상은, 「『大學』과 『中庸』의 現代的 意義」, 『大學 · 中庸』, 현암사, 1965, 329쪽.

이렇게 새롭게 하는 활동이 결코 끊어져서는 안 된다.[13]

탕 임금은 "구일신 일일신 우일신(苟日新 日日新 又日新)"이라는 구절을 자신의 목욕통 가장자리에 새겨 놓고 스스로 경계했다고 한다. '신'이라는 글자가 세 번이나 반복되는 이 구절은 일반적으로 '일신우일신(日新又日新)'으로 잘 알려져 있다. 이때 '새로움[新]'은 끊임없는 개혁적 성격을 띤다. 특히 명명덕에 터하여 분출하는 '자기로부터의 혁명'을 제기한다. 여기에서 신은 '변혁', 혹은 '혁명'을 핵심 내용으로 한다.

주자는 신을 두 가지 의미로 나누어 이해했다. 하나는 스스로 새롭게 하는 '자기 혁신[自新]'이고, 다른 하나는 남을 새롭게 하는 '타자 혁신[新民]'이다. 자기 혁신이건 타자 혁신이건 이 모두는 명명덕을 기본 바탕으로 유기적 연관을 지닌다. 즉 자신에 대한 성찰과 그것을 바탕으로 타자를 헤아리고 미루어 나가 영향을 미친다. 명명덕을 기초로 하는 자기 혁신은, 자연스럽게 그것이 바탕이 되어, 타자 혁신을 꾀한다. 이는 자신의 수양 문제인 수기와 그것을 바탕으로 타자를 다스리고 교육하는 치인으로 통한다. 여기에서 신민의 무게중심은 스스로 새로움을 추구하는 자기 혁신, 자기 수양에 있다.[14]

(3) 지어지선

'지어지선'은 '가장 착한 곳에 머문다'로 해석된다. '지(止)'는 인간의 다리를 본뜬 글자로 어떤 행위를 진행하다가 그치거나 일정한 곳에 머문다는 의미이다. 즉 두 발로 걷다가 멈추는 것을 상징한다.[15] 주자는 "반드

13) 傳二章, 註. "誠能一日, 有以滌其舊染之汚而自新, 則當因其已新者, 而日日新之, 又日新之, 不可略有間斷也."

14) 經一章, 註. "明德爲本, 新民爲末."

시 올바른 자리에 이르러 옮기지 않는다."[16]고 했다. 그것은 '올바른 자리에 머물면서 의지와 행위를 지속한다'는 의미이다. 일정한 목표와 이상이 있을 때, 그에 도달하기 이전에는 그것을 달성할 수 있도록 힘쓰고, 목표에 도달했을 때는 그것을 유지하고 지속하는 일이다.[17] 다시 말하면, 이곳에 이르러 머물면서 그 뜻을 바꾸지 않는 도달과 유지, 지속이 겸비되어 있다.[18]

여기에서 문제는 가장 착한 곳, 지선의 경지가 무엇이냐이다. 지선의 경지는 "일이나 이치의 당연한 기준이나 표준"[19]이다. 어떤 일에서 마땅히 그러해야 하는 당위 규범이다. 그렇다면 인간의 삶에서 마땅히 그러해야 하는 당위 규범은 무엇인가? 『대학』의 저자는 그것을 명명덕과 신민으로 자리매김했다. 그러므로 지어지선은 명명덕과 신민을 실천하는 일, 그 최고선의 경지에 이르러 다른 곳으로 옮기지 않는 작업이다.[20]

때문에 명명덕과 신민의 실천은 지어지선의 핵심이다. 그것은 자연의 법칙을 온전히 하는 데 있고, 개인의 사사로운 욕심이 없을 때 가능하다.[21] 명명덕과 신민의 유기적 특성을 조화롭게 지속하여 자기 혁신과 타자 혁신, '자기 교육'을 바탕으로 타자와 더불어 하는 '공동체 교육'에 최선의 노력을 다하는 일이다.

지선의 경지에 도달하는 학문의 과정은 절차탁마(切磋琢磨)와 슬한혁훤(瑟僩赫喧)으로 표현한다. "자르는 듯하고 깎는 듯하며, 쪼는 듯하고 가

15) Joseph Needham, 『중국의 과학과 문명』 I, 이석호 외 역, 을유문화사, 1986, 313쪽.

16) 經一章, 註. "止者, 必至於是而不遷之意."

17) 岑溢成, 『大學 哲學』, 황갑연 옮김, 서광사, 2000, 64쪽.

18) 신창호, 『『대학』, 유교의 지도자 교육철학』, 교육과학사, 2010, 122쪽.

19) 經一章, 註. "至善, 則事理當然之極也."

20) 經一章, 註. "明明德, 新民, 皆當止於至善之地而不遷"

21) 經一章, 註. "必其有以盡夫天理之極, 而無一毫人欲之私也."

는 듯하다. 엄밀하고도 굳세며, 빛나고도 점잖다."[22] 이는 스스로 행실을 닦아 마음으로 두려워하는 것과 겉으로 드러나는 모습에 대한 총괄적 표현이다. 요컨대, 최고선의 경지는 끊임없는 자기 학습과 자기 노력을 바탕으로 도달할 수 있다.

2) 팔조목

팔조목은 삼강령의 원리를 구체적으로 실현하는 세부적인 교육 내용이다. 동시에 교육 과정이자 교육 방법을 포괄적으로 담고 있는 실천 항목이다. 사물을 연구하고 탐구하는 격물에서 인식으로 승화하는 치지, 뜻을 진실하게 품는 성의, 마음을 바르게 하는 정심에서 몸을 닦는 수신에 이르기까지는 내면적 공부 과정이다. 이는 '수기'에 안배할 수 있다. 이를 바탕으로 가문을 가지런히 하는 제가와 나라를 다스리는 치국, 세상을 고르게 하는 평천하를 통해 리더로서의 사회의 궁극 목적을 달성한다. 이는 '치인'에 해당한다. 아래에서 팔조목을 구체적으로 해석해 본다.[23]

(1) 격물 · 치지

격물치지는 지식의 문제와 연관하여 주자학에서 다루는 주요 이슈 중의 하나이다. 팔조목 가운데 맨 앞에 나오는 격물치지는 망실되었던 것을 「격물보전(格物補傳)」을 통해 주자가 새롭게 보완한 내용이다. 보완이기는 하나 거의 창작에 가깝다. 그러기에 주자학에서 그만큼 중요한 위치를 차지한다.

22) 傳三章. "如切如磋, 如琢如磨. 瑟兮僩兮, 赫兮喧兮."
23) 신창호, 「『大學』 八條目의 교육과정과 실천양식」, 『교육문제연구』, 제26집, 고대 교육문제 연구소, 2006, 53~75쪽을 요약 정리하였다.

주자에 의하면, 격물에서 '격(格)'은 '이르다'로, '물(物)'은 '일삼다'로 설명된다.[24] '이르다[格]'의 의미는 시간적으로 어떤 시점에 다가가거나 공간적으로 일정한 지점에 도달하는 물리적 개념이기보다 인간의 사유와 행위를 이행하는 '다하다[盡]'에 가깝다. 또한 '일삼다[物]'는 단순한 물건(things)을 포함할 뿐만 아니라, 사물의 움직임이나 행위까지도 포괄하고 있다. 그런 차원에서 격물은 '사물에 이르다', 혹은 '사물을 다하다'는 뜻으로 해석된다.

치지에서 '치(致)'는 '미루어 끝까지 가다'이고 '지(知)'는 '안다'라는 의미다.[25] 치는 '끝까지 파고들면서 탐색'하는 연구의 자세이고, 지는 '마음으로 인식하는 지식' 정도로 이해할 수 있다. 그러므로 치지는 '어떤 대상적 지식을 끝까지 캐묻고 파고들어 탐구하여 미루어 나간다.'라는 의미로 읽을 수 있다. 이런 독해는 주자는 격물치지의 창작에 잘 담겨 있다.

> 이른바 '앎을 지극하게 이룸이 사물의 이치에 이르는 데 있다'고 하는 것은 나의 앎을 지극하게 이루려고 한다면 사물에 나아가 그 이치를 끝까지 캐물들어 가는 데 있다는 말이다. 사람의 마음이 신령함은 모두 앎을 지니고 있고, 세상의 사물은 모두 이치가 있다. 하지만 이치를 끝까지 다 캐물들어 가지 못한 곳이 있기 때문에, 그 앎이 다하지 못함이 있는 것이다. 이 때문에 대학을 처음 가르칠 때에 반드시 배우는 이들에게 세상의 여러 가지 사물에 나아가 그가 이미 아는 이치를 따라서 끝까지 캐물어 들어가서 모두 이르도록 하는 것이다. 그와 같이 공부에 힘을 씀이 오래되어 하루아침에 훤하게 꿰뚫어 보게 되는 데까지 이르게 되면, 모든 물건의 겉과 속, 세밀한 곳과 거친 곳에 앎이 이르지

---

24) 經一章, 註. "格, 至也. 物, 事也."

25) 經一章, 註. "致, 推極也. 知, 猶識也."

않는 곳이 없고, 내 마음의 전체와 큰 작용이 밝지 않은 곳이 없을 것이다. 이 것을 일러 '사물이 이치에 이르렀다' 고 하며, '앎이 지극해졌다' 고 한다.[26)]

격물치지의 이해 과정에서 주자는 그 대상을 인간의 삶에 집중했다. 주자는 격물에서 '물(物)'을 자연의 객관적 대상 세계보다는 인간의 다양한 직분, 본분에 관한 이치, 즉 인간 사회의 관계를 무게중심을 두었다. 인간 사회의 질서 체계나 행위, 직분에는 제각각의 분수나 이치가 있는데, 격물은 바로 그런 이치를 파악하는 작업이다. 치지는 이런 사물의 이치가 파악되면서 지식이 일정한 궤도에 오르고 더 심오한 지식으로 확장되어 높은 수준으로 나아가듯이, 지식을 최고의 단계로 끌어올리는 노력이다. 즉 이미 획득한 지식을 토대로 점차 심도 있게 확대하는 끊임없는 탐색과 연구 행위다.

(2) 성의 · 정심 · 수신

성의에서 '성(誠)'은 '알차게 함' 이고 '의(意)'는 '마음의 펼침' 이다.[27)] 그러므로 성의는 마음이 펼쳐지는 것을 알차게 하는 작업이다. 성은 크게 '망령됨이 없고 속이지 않는다' 는 뜻이다. 또는 '텅 빈 것 가운데 실제를 구해 내는' 마음 전체를 드러내기도 한다. 이는 한마디로 말하면 "참으로 알차고 망령됨이 없다"[28)]로 대표된다.

---

26) 『大學章句』, 「格物補傳」. "所謂致知在格物者, 言欲致吾之知, 在卽物而窮其理也. 蓋人心之靈, 莫不有知, 而天下之物, 莫不有理, 惟於理有未窮, 故其知有不盡也. 是以大學始教, 必使學者, 卽凡天下之物, 莫不因其已知之理而益窮之, 以求至乎其極, 至於用力之久而一旦豁然貫通焉, 則衆物之表裏精粗, 無不到, 而吾心之全體大用, 無不明矣. 此謂物格, 此謂知之至也."

27) 經一章, 註. "誠, 實也. 意者, 心之所發也."

28) 『中庸章句』, 十六章, 註. "眞實無妄"

그 뜻을 성실히 함은 스스로를 속이지 않는 것이다. 나쁜 냄새를 미워하는 것같이 하며, 좋은 색을 좋아하는 것같이 하는 것, 이것을 스스로 유쾌하고 만족함이라고 한다. 그러므로 건전한 인격자[29]는 반드시 그 혼자인 데를 삼간다.[30]

주자는 '뜻을 알차게 함'을 수양의 중요한 가치로 여겼다. 특히 스스로 속이지 않고 스스로 유쾌하고 만족하는 공부를 강조하였다. 이는 자기 공부, 자기 교육이 학문의 중핵임을 일러 준다. 이런 성의는 정심과 수신을 통해 자기완성을 갈구한다.

'몸을 닦는 일이 마음을 바르게 하는 데 있다'는 것은, 마음에 원망하고 성내는 것을 두면 바름을 얻지 못하고, 두려워하고 무서워하는 것을 두면 바름을 얻지 못하며, 좋아하고 즐기는 것을 두면 바름을 얻지 못하고, 근심하고 걱정하는 것을 두면 바름을 얻지 못한다.[31]

마음은 몸을 주관한다. 그러기에 몸은 마음을 닦는 일에 포괄된다. 마음을 바르게 하는 기본 조건은 마음의 부정적 작용을 털어 버리는 일이다. 이는 원망하고 성내고 두려워하고 무서워하며 좋아하고 즐거워하고 근심하고 걱정하는 모든 마음의 감정을 적절하게 조절하는 작업과도 통한다. 마음의 움직임은 인간의 욕망과 연관된다. 마음이 사물에 매이면

---

29) 여기서는 교육학적 성격을 부각하기 위해, 유교에서 추구하는 현실적 지도자인 '君子'를 '건전한 인격자', '훌륭한 지도자', '성숙한 인품', '교양인', '교육받은 사람(educated man)' 등으로 재해석하였다.

30) 傳六章. "誠其意者, 毋自欺也. 如惡惡臭, 如好好色, 此之謂自謙, 故君子必愼其獨也."

31) 『大學章句』, 「傳七章」. "修身在正其心者, 身有所忿懥, 則不得其正, 有所恐懼, 則不得其正, 有所好樂, 則不得其正, 有所憂患, 則不得其正."

마음은 사물이 어떠한가에 따라 움직인다. 사물이 마음에 들어앉아 있는 있을 때, 마음이 혼란스럽거나 요동치는 경우, 평정심을 잃는다.

마음의 본체는 원초적으로 바르다. 사물을 담지 않았을 때는 맑고 깨끗하게 비어 있다. 정심은 이런 마음이 사물과 마주치더라도 흔들리거나 더럽혀지지 않고 바르게 해 나가는 공부를 말한다. 이것이 수신의 기초이다. 인간에게서 몸과 마음을 구분해서 말한다면, 정심은 '안'을 바르게 하는 일이고, 수신은 '바깥'을 바르게 하는 일이다.[32] 즉 내면의 올바름과 외면의 정돈이 통일되는 경지다.

(3) 제가 · 치국 · 평천하

격물-치지-성의-정심은 수신[수기]의 외현을 통해 제가-치국-평천하라는 치인으로 접어든다. 지속적으로 강조되지만, 이런 특성 때문에 유교는 수신(修身)이라는 개인의 수양을 바탕으로 사회 정치 철학을 지향한다. 즉 수기치인과 내성외왕(內聖外王), 성기성물(成己成物)을 아우르는 실천 철학의 성격을 띤다.[33] 이제 개인 교육적 차원의 수신은 공동체 교육의 단계로 진입한다. 가문의 질서를 조직화하는 제가는 수신에 근거한다.

> '가문을 바로잡는 일이 몸을 닦음에 있다'는 것은 사람들이 친애하는 것에 치우치고, 천하게 여기고 미워하는 것에 치우치며, 두려워하고 존경하는 것에 치우치고, 가엽게 여기고 불쌍히 여기는 것에 치우치며, 거만하고 태만히 여기는 것에 치우친다. 그러므로 좋아하면서도 그 나쁨을 알고, 미워하면서도 그 아름다움을 아는 사람이 세상에 드물다.[34]

---

32) 『大學章句大全』, 經一章, 註. "身對心言, 則心正是內能如此, 身修是外."

33) 이승환, 『유가사상의 사회철학적 재조명』, 고대출판부, 1998 참고.

34) 『大學章句』, 傳八章. "齊其家, 在修其身者, 人之其所親愛而辟焉, 之其所賤惡而辟焉, 之

수신에 근거하여 제가를 이룰 수 있는 기본 요건은 다섯 가지를 경계하고 치우치지 않는 일이다. 친애함, 천하게 여기고 미워함, 두려워하고 존경함, 가엽고 불쌍히 여김, 거만하고 태만히 여김 등. 이 다섯 가지는 사람이라면 선천적으로 지닌 당연한 법칙이다. 하지만 올바르게 행동하지 않으면 반드시 한쪽으로 치우치기 쉬운 인간의 정서들이다.

제가는 다름 아닌 친족 간의 질서를 조직하는 문제다. 때문에 가문의 인간관계는 치우침이 없어야 하고 합리적인 판단에 근거해야 한다. 가족공동체의 기본 양식인 가문의 질서 유지는 그것에 달려 있다. 가문의 질서 확립 이후 나라와 온 세상을 다스릴 수 있는 요건이 갖춰진다.

'나라를 다스리는 것이 반드시 먼저 그 가문을 가지런히 하는 데 있다' 는 말은 '그 가문을 가르치지 못하면서 남을 가르칠 수 있는 사람은 없다' 는 의미다. 그러므로 훌륭한 지도자는 집안을 다스리는 방법을 벗어나지 않고도 나라에 가르침을 이루는 것이다. 효도는 임금을 섬기는 길이요, 공손은 어른을 받드는 길이요, 사랑은 여러 백성을 부리는 길이다.

'온 세상을 화평하게 하는 것이 그 나라를 다스리는 데 있다' 는 말은 윗사람이 늙은이를 늙은이로 대우함에 백성들이 효도를 일으키고, 윗사람이 어른을 어른으로 대우함에 윗사람이 공경을 일으키며, 윗사람이 고아를 구휼함에 백성들이 저버리지 않는다는 의미다. 그러므로 훌륭한 지도자는 '자나 컴퍼스로 재는 듯한 도' 가 있다.[35]

其所畏敬而辟焉, 之其所哀矜而辟焉, 之其所敖惰而辟焉. 故好而知其惡, 惡而知其美者, 天下鮮矣."

35)『大學章句』, 傳九章. "治國, 必先齊其家者, 其家不可敎, 而能敎人者無之, 故君子不出家而成敎於國, 孝者, 所以事君也, 弟者, 所以事長也, 慈者, 所以使衆也. 傳十章: 平天下, 在治其國者, 上老老而民興孝, 上長長而民興弟, 上恤孤而民不倍, 是以,君子有絜矩之道也."

나라를 다스리고 세상을 고르게 만드는 기본은 정치 지도자의 리더십에 달려 있다. 그 핵심은 효도와 공손, 사랑이다. 확대하면 어른을 공경하고 대우하며 불쌍한 사람들을 구휼하는 데 있다. 그것은 자기중심이 아니라 여러 사람의 마음을 내 마음에 미루어 헤아려 보는 혈구(絜矩)의 길이다. 이는 나와 타자 사이에 제각기 자신의 분수에 따라 원하는 일들을 실현하게 하는 일과 같다. 이른바 성기성물의 논리이다. 이런 사유가 실천될 때, 나를 중심으로 상하 전후좌우가 모두 평등하여 온 세상이 화평하게 될 수 있다. 현대적 의미에서, 그것은 나의 충실을 기초로 타인에 대한 관심과 이해, 배려의 실천이다. 다시 말하면 자기 수양을 기본으로 전개되는 타자 사랑의 끊임없는 확충이다.

3. '삼강령 · 팔조목'의 교육적 독해

1) 삼강령과 교육의 원리

『대학』의 삼강령은 얼핏 보면, '명명덕-신민-지어지선'의 세 강령이 독립적인 조목처럼 느껴질 수 있다. 그러나 삼강령은 하나씩 분석하여 독해하기보다 유기체적 맥락과 구조로 이해해야 한다. 삼강령은 기본적으로 선후(先後)가 있다. 동시에 누적적이고 점층적이며 순차적이다. 마음을 밝히는 일, 명명덕이 첫 번째이다. 다음으로 명명덕을 바탕으로 백성을 새롭게 하는 신민이다. 그리고 최종적으로 지어지선의 단계에서, 모든 사람이 최고의 인간적 경지, 인간의 윤리[五倫] 실천을 염원한다.[36]

---

36) 南懷瑾, 『大學微言』, 北京, 世界知識出版社, 1998, 49쪽.

20세기 미국 교육철학에 지대한 영향을 미친 존 듀이의 경우,[37] "교육적 과정에는 심리학적 측면과 사회학적 측면이라는 두 개의 측면이 있다."고 보았다. 그리고 "심리학적 측면은 교육적 과정의 기초를 이루고, 아동 자신의 본능과 힘은 모든 교육의 자료이며 출발점이 된다."고 믿었다. 여기에서 심리학적 측면은 『대학』의 명명덕과 매우 유사하다.

명명덕은 자신의 마음을 밝히는 작업으로, 일종의 자기 확인이요 자아실현이며, 크게 보면 자아 혁신의 기초가 된다. 듀이가 말한 심리학적 측면은 개인의 발달 차원에서 보면, "자신의 힘을 일정한 방향으로 이끌어 가는 것이다. 즉 행동이 숙달되는 것, 관심과 흥미, 그리고 관찰과 사고의 대상이 특정한 것에 고정되는 것 등의 습관 형성을 의미한다."[38] 이는 자신의 마음을 밝히는 작업인 명명덕의 서구적 양식이다. 스스로 새로운 자극을 만들어 다시 힘의 방향을 재조정하고 힘을 더 발전시켜 나가며 성장하는 일이다.[39]

동시에 듀이는 사회적 조건에 관한 지식, 사회적 환경을 제시했다. 이는 의미 맥락상 『대학』의 신민과 연결할 가능성을 열어 놓았다.

> 현재의 문명 상태에 관한 지식은 아동이 지니고 있는 힘을 올바르게 해석하는 데 필요하다. 아동은 그 자신의 본능과 경향을 지니고 있지만, 우리가 그것을 사회적 맥락에 비추어 해석할 수 있기 전에는 그것이 가지고 있는 의미를 알 수가 없다. 그러기 위해서는 아동의 본능과 경향을 사회에 다시 투입하여 그것을 이전의 인류 활동의 유산으로 해석할 수 있어야 한다.[40]

37) 듀이, 앞의 책, 540쪽; J. Dewey. *My Pedagogic Creed*, Washington, D. C., N.E.A, 1897 참고.

38) 위와 같은 책, 82쪽.

39) 위와 같은 책, 83쪽.

신민은 다른 사람들에게 끊임없이 자아를 새롭게 갱신하도록 하는 시도이다. 즉 다른 사람에 대한 교육적 혁신을 꾀한다. 그것은 공동체 속에서 살아가는 인간들에게 삶의 기준과 문명에 관한 기초 지식을 제공하는 데서 시작된다. 듀이의 사회적 환경은 개인들의 마음에 행동의 지적 · 정서적 성향을 형성하고, 개인들이 지니고 있는 특정한 행동을 일으키고 강화하는 활동, 어떤 목적이 있고 어떤 결과를 초래하는 활동 속에 개인들을 참여시키는 일이다. 즉 개인이 집단의 삶에 참여하는 작업이다.[41] 여기에서 "교육은 개인이 종족의 의식에 참여함으로써 이루어진다."[42]는 유명한 교육 신조가 도출된다.

명명덕과 신민은 '마음을 밝히는 작업'과 '사람을 새롭게 만드는 일'이다. 이는 심리적 · 사회적 차원에서 인간이 할 수 있는 최상의 실천, 최고선이다. 자신을 성찰하여 자신의 존재를 밝히고 성장을 추구하는 명명덕은 신민의 근본이 된다. 신민은 사회적 환경을 조건으로 타자에게로 명명덕의 영향력을 확산하는 작업이다. 자기 갱신은 타인의 갱신에 기여하고, 나와 너, 우리 모두의 혁신을 담보한다. 특히 지도적 인격을 지닌 존재는 자신의 선한 잠재 능력, 명덕을 밝힘으로써 타인을 갱신하여 타인들 스스로가 자신의 명덕을 밝힐 수 있게 한다. 이런 것이 신민이다. 그러기에 명명덕에서 신민에 이르는 단계는 자연스러우면서 단절이 없고, 지속적 혁신으로 나아갈 수 있다.

이런 명명덕과 신민의 유기적 연관은 듀이의 언급처럼 "언제나 개인과 그 당시 환경을 구성하는 것과의 사이에 일어나는 거래로 말미암아 성립된다."[43] 듀이는 이를 "경험"이라고 명명했다. 이런 차원에서, 명명덕과

---

40) 위와 같은 책, 540쪽.

41) 위와 같은 책, 31쪽.

42) 위와 같은 책, 539쪽.

신민은 삶의 전 과정에서 일어나야 할 교육의 원리로서, "경험의 계속적인 재구성이자 삶의 과정 그 자체"다.[44]

여기에서 "삶의 과정 그 자체"는 교육을 통해 지어지선의 일상성과 맞닿기를 갈망한다. 즉 명명덕과 신민을 일상에서 지속하고 실천하기를 염원한다. 다시 말하면, 자기를 밝히는 작업과 공동체를 구성하는 타자를 교화하는 일을 유기적으로 연결하여 교육의 본질로 삼고, 이를 삶의 과정에서 변주한다. 이는 듀이가 "교육의 심리학적 측면과 사회적 측면은 서로 유기적으로 관련되어 있다."는 표현에서 유사한 맥락을 발견할 수 있다.

> 교육에서 심리학적 측면과 사회적 측면, 양자 사이의 타협이나 그중의 하나가 다른 하나를 지배하는 것으로 규정되어서는 안 된다. …… 요컨대 교육을 받은 개인은 사회적 개인이며, 사회는 개인의 유기적인 통합체이다. …… 그러므로 교육은 아동의 능력과 관심과 습관에 대한 심리학적 통찰로 시작해야 한다. …… 우리는 그것들을 사회적 맥락에 비추어, 다시 말하면, 그것들이 사회에 어떤 봉사를 할 수 있는가 하는 관점에서 해석하지 않으면 안 된다.[45]

명명덕이라는 개인 교육은 신민이라는 타자 교육, 즉 공동체 사회 교육으로 이어진다. 이때 개인과 사회는 일상의 삶에서 하나의 유기체적 통합을 이룬다. 따라서 명명덕-신민-지어지선은 개인-사회-일상에 견주어 볼 수 있다. 그리고 하나로 통합된 원리이면서 다른 차원의 작용을 통해, 인간이 실천해야 할 자기 교육의 원리가 된다.[46]

---

43) 듀이, 『경험과 교육』, 오천석 역, 박영사, 1974, 59쪽.

44) 듀이, 앞의 책, 이홍우 역, 542~548쪽 참고.

45) 위와 같은 책, 540~542쪽; J. Dewey. *My Pedagogic Creed*, Washington, D.C, N.E.A, 1897 참고.

46) 岑溢成, 앞의 책, 67쪽.

다시 해석하면, 삼강령은 인간에게 내재한 도덕 · 윤리적 생명력이 전면적으로 발현된 것으로, 교육자가 실천해야 할 교육의 기본 원리이다. '자기 교육'과 '타자 교육'이 유기적으로 연결되는 교육의 핵심 기제다. 듀이에게로 다시 돌아가면, 그가 언급한 심리학적 측면은 명명덕에 해당한다. 아동의 개인적 발달은 '자기 교육'의 차원에서 이루어진다. 사회학적 측면, 즉 사회적 요건이나 환경은 신민이라는 타자로 향한 관심과 공동체 교육의 차원에서 이해된다.

명명덕[심리학적 측면]은 모든 사람들이 자신이 구유한 착한 마음을 인식하고 깨닫고 성찰하는 작업이다. 이는 타인을 교육하기 위한 전제 요건으로, 먼저 자신을 교육하는 일이다. 그리고 사회를 교육하려면 반드시 자신을 먼저 교육하여 세상을 교육할 만한 미덕을 갖추어야 한다. 이를 한마디로 말하면 '자기 교육[self education]'이요 '자기 수양[self cultivation]'이요, '자기 학습[self learning]'이다. 적확한 비유는 아니지만, 교육심리학에서 말하는 자기 조정 학습[self regulated learning]이나 자기 주도적 학습[self directed learning]으로 명명되는 학습법과 비교할 수도 있겠다. 신민(新民)[사회학적 측면]은 자신을 성찰한 건전한 인격자가 타자를 향해 실천해야 하는 교육적 소명이다. 그리고 지어지선[일상성-생활]은 자기 교육과 타자 교육이라는 신성한 책무를 일상에서 실천하는 교육의 근본 목표이다.

개인의 심리학적 측면에서 이해할 수 있는 명명덕과 사회학적 측면으로 인식할 수 있는 신민은 모두 최선의 경지에 도달하려는 교육적 노력이다. 생활 자체를 통해 자기 혁신과 타자 혁신을 꾀하며, 삶을 승화하려는 자강불식의 실천이다. 여기에서 지어지선은 일상의 최선이다. 특별히 독립적인 강령이나 원리가 아니라 명명덕의 지어지선과 신민의 지어지선, 다시 말하면, 개인적 발달의 최고선과 사회적 봉사의 최고선으로 녹아 들

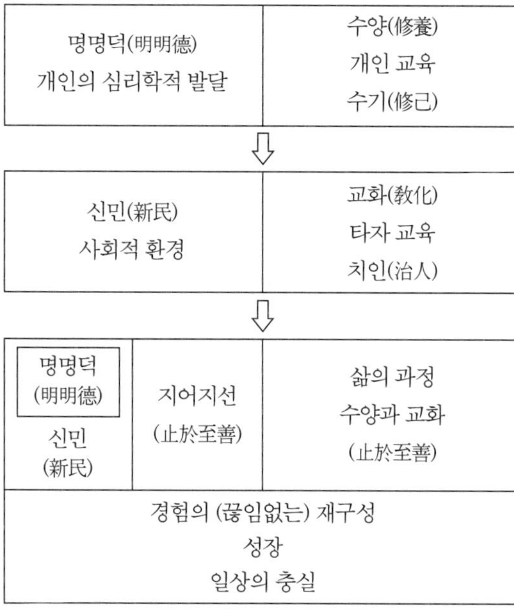

〈그림 1〉 삼강령과 교육의 원리

어가, 삶의 과정에서 자기 교육과 타자 교육 자체를 동시에 지향한다.[47]

교육의 본질적 구조에서 명명덕은 기본 원칙이고, 신민은 기본 임무이며, 지어지선은 기본 목적이다. 삼강령은 이러한 교육의 원칙과 임무, 목적의 전일적 구성이자 통일적 원리로, 교육의 본질을 보여 준다.

2) 팔조목과 교육의 실천

팔조목, 이른바 '격물-치지-성의-정심-수신-제가-치국-평천하'는 인간의 수양 과정이자 내용이며, 방법을 포괄하는 교육의 실천 양식이다. 그것은 얼핏 보기에 단계별로 순차적 과정을 거치거나 점진적으로

47) 신창호, 『공부, 그 삶의 여정』, 서현사, 2004 참고.

이행되는 것 같다. 그러나 자세히 분석해 보면, 단계와 과정은 점층적인 동시에 누적적이기도 하고, 선후 맥락이 교차하는 유기적 연관 가운데 진행된다.

> 옛날에 밝은 덕을 세상에 밝히려는 사람은, 먼저 그 나라를 다스리고, 그 나라를 다스리려는 사람은 먼저 그 집안을 가지런히 하며, 그 집안을 가지런히 하려는 사람은 먼저 그 몸을 닦고, 그 몸을 닦으려는 사람은 먼저 그 마음을 바르게 하고, 그 마음을 바르게 하려는 사람은 먼저 그 뜻을 성실하게 하고, 그 뜻을 성실히 하려는 사람은 먼저 그 앎을 지극하게 이루니, 앎을 지극하게 이룸은 사물의 이치를 궁구함에 있다. 사물의 이치가 궁구된 뒤에 앎이 지극해지고, 앎이 지극해진 뒤에 뜻이 성실해지며, 뜻이 성실해진 뒤에 마음이 바르게 되고, 마음이 바르게 된 뒤에 몸이 닦여지고, 몸이 닦여진 뒤에 집안이 가지런해지고, 집안이 가지런해진 뒤에 나라가 다스려지며, 나라가 다스려진 뒤에 온 세상이 화평해진다.[48]

이와 같이 팔조목은 학문의 대략적 절차이다. 그것은 평천하라는 세계 정치를 궁극 목표로 하지만 개인의 수양 공부를 근간으로 한다. 이른바 '개인의 수양'과 '공동체의 운용'이 통일체를 이루는 수기치인, 즉 수기(修己)에서 안인(安人)과 안백성(安百姓)으로 나아가는 학문 체계를 담고 있다. 수기에서 안백성에 이르는 정교(政敎) 행위는 유교 교육의 목적이다. 팔조목은 수기치인을 위한 교육의 실천을 담보하는 지적 덕목이다.

---

48) 『大學章句』, 經一章. "古之欲明明德於天下者, 先治其國, 欲治其國者, 先齊其家, 欲齊其家者, 先修其身, 欲修其身者, 先正其心, 欲正其心者, 先誠其意, 欲誠其意者, 先致其知, 致知在格物. 物格而后, 知至, 知至而后, 意誠, 意誠而后, 心正, 心正而后, 身修, 身修而后, 家齊, 家齊而后, 國治, 國治而后, 天下平."

그렇다면 격물에서 평천하에 이르는 긴 공부의 여정은 각 조목마다 어떤 의미를 담고 있을까?

앞에서 살펴보았듯이, 격물은 인간 사회와 사물의 이치를 파악하는 작업이요, 치지는 탐구와 연구를 통해 지식을 최고의 단계로 끌어올리는 노력이다. 그런 노력 이후에 인간은 교양과 전문 지식을 겸비한다. 이 지점에서 교육과 지식에 대한 화이트헤드의 언급은 의미심장하다.

화이트헤드는 "가장 소중한 지적 개발은 자기 능력 개발"[49]이라고 했다. 그것은 격물과 치지를 통해 달성하는 능력과 상통한다. 왜냐하면, 격물치지는 유교적 학습 방법인 자발적 노력으로 달성하는데, 화이트헤드는 인간의 "정신이란 결코 수동적인 것이 아니고 어디까지나 다양한 자극에 섬세하고 강한 감수성으로 반응하는 끊임없는 활동"[50]으로 보기 때문이다. 또한, 교육을 "매분 매시 세밀한 것들을 습득케 하는, 참을성이 있어야 하는 과정"[51]으로 보는 점에서도 격물치지와 유사한 양상을 발견할 수 있다.

격물치지와 유기체를 이루는 성의 · 정심의 수신 과정과 제가 · 치국 · 평천하와 연관해서도 화이트헤드의 견해는 주요한 의미를 전달한다. 성의는 "마음이 펼쳐지는 것을 알차게 하는 작업"이라고 했고, 정심은 "이런 마음이 사물과 마주치더라도 흔들리거나 더럽혀지지 않고 바르게 해나가는 공부"라고 했다. 성의를 거쳐 정심에 이르면 수신은 기초를 형성한다. 굳이 나누어 본다면 "정심은 내면의 올바름을 추구하고 수신은 외면으로 정돈되는 경지"로 이해된다. 또한, 제가 · 치국 · 평천하의 핵심을 효도와 공손, 사랑, 공경, 구휼 등 혈구(絜矩)의 길로 제시하였다. 자나 컴

49) 화이트헤드, 앞의 책, 오영환 옮김, 37쪽.
50) 위와 같은 책, 47쪽.
51) 위와 같은 책, 48쪽.

퍼스와 같이 다양한 각도에서 재어 길이나 넓이를 알 수 있듯이, 혈구의 방법은 나와 타자 사이의 관심과 배려다. 즉 인간 삶에서 최선의 관계망을 형성하는 작업이다. 화이트헤드는 이와 유사한 차원에서 다음과 같이 교육을 설명한다.

> 교육의 요체는 관념의 효력, 관념의 아름다움, 관념의 구조에 대한 친근한 감각을 가르쳐 주는 것이며, 이것들이 일체가 되어 친근감을 갖는 존재의 삶과 각별한 관계를 갖는 한 개의 지식 체계를 만드는 것이다. 관념들의 구조에 대한 올바른 평가 능력은 일정한 전문적 연구의 영향을 받아서 육성된 풍부한 교양 정신에서 나온다. 내가 여기에서 말하고자 하는 것은 국면 전체를 내다보는 안목이며, 하나의 관념 체계와 다른 관념 체계와의 연관성을 포착하는 안목이다. 일정한 전문적인 연구를 하지 않고서는 일반 관념들의 정밀한 정식화에 대해서, 인생을 포괄적으로 이해하는 선상에서 관념들이 수행하는 기능에 대해서 올바르게 평가할 수 있는 능력을 형성하지 못한다. 잘 훈련된 정신은 한층 더 추상적일 수도 있고, 또한 한층 더 구체적일 수도 있다. 이러한 정신은 추상적인 사상의 이해 능력과 구체적인 사실들의 분석 능력을 겸비한 정신이다.[52)]

화이트헤드의 언급은 교육이 '각별한 삶'이나 '전문적 연구', '풍부한 교양', '전체적 안목', '연관성', '인생에 대한 포괄적 이해', '구체적 · 추상적 능력' 등과 밀접해야 함을 강조한다. 그것은 격물치지에서부터 평천하 과정을 거쳐 체득되어야 할 지적 체계와 연관된다. 그것이 화이트헤드에게서는 "관념"이 삶으로 흡수되는 작업으로 표현된다.

그렇다고 격물에서 평천하에 이르는 전 과정의 관념이 절대적으로 정

52) 위와 같은 책, 58~59쪽.

해진 순서나 단계에 의해 진행된다는 의미는 아니다. 그것은 공부법의 앞뒤를 대략 나누어 사람들이 알 수 있도록 지침을 제시한 것일 뿐이다. 조목마다 한 조목의 공부를 끝까지 다한 후에, 다음 공부로 나아가는 데는 한계가 있다.[53] 때로는 다시 뒤로 돌아가서 공부할 수도 있고, 필요에 따라 건너뛸 수도 있다. 학문이나 교육의 단계나 과정에서 팔조목은 그 성격이나 절차상 통과해야 할 관문들이 있을 뿐이다. 지식의 시작과 끝, 실천의 시작과 끝, 유추와 응용, 개인적 행위와 공동체의 실행, 지식에서 실천에 이르는 문제, 유추에서 실천에 이르는 문제 등 다양한 측면에서 유기적 맥락이 작용하고 있다.

> 사물의 이치를 궁구하는 격물은 지식의 시작이고, 앎을 지극하게 이루는 치지는 지식의 완성을 의미한다. 뜻을 성실히 하는 성의는 실행의 시작이고 마음을 바르게 하는 정심, 그리고 수신은 실행의 완성이다. 집안을 가지런히 하는 제가는 유추해서 실행하는 일의 시작이고, 나라를 다스리는 치국, 세상을 화평하게 하는 평천하는 유추해서 실행하는 일의 끝이다. 뜻을 성실히 하고 마음을 바르게 하고, 몸을 닦는 일은 개인에게서의 행위이고, 집을 가지런히 하고 나라를 다스리고 천하를 화평하게 함은 나라와 천하, 즉 공동체에서의 실행이다. 알고 실천함은 유추하여 실행함의 근본이고 유추하여 실행함은 알고 실천함의 효험이다.[54]

53) 『大學章句大全』, 經一章, 註. "自格物至平天下, 聖人亦是畧分箇先後, 與人看. 不成做一件淨盡無餘, 方做一件, 如此, 何時做得成."

54) 『大學章句大全』, 經一章, 註. "新安陳氏曰, 大學八條目, 格物, 爲知之始, 致知, 爲知之極, 誠意, 爲行之始, 正心修身, 爲行之極, 齊家, 爲推行之始, 治國平天下, 爲推行之極, 不知則不能行, 旣知, 又不可不行. 誠正修, 行之身也, 齊治平, 行之家國與天下也, 知行者, 推行之本, 推行, 其知行之驗歟."

이는 지식의 습득과 확장, 실천의 방식, 유추를 통한 응용을 유기적으로 보여 준다. 지식의 문제는 격물 · 치지를 통해 진행되고, 실행은 성의 · 정심 · 수신에서 이루어진다. 그리고 응용은 제가 · 치국 · 평천하에서 달성된다. 인간의 도리를 핵심 내용으로 하는 앎의 영역, 즉 지식의 습득은 그 확장 과정인 치지를 통해 성의에 이어지고, 실행의 지속적 행위 양식을 통해 수신으로 완성되며, 그것은 다시 유추를 통해 제가의 관건이 되고, 최종적으로 온 세상의 평화와 평등으로 펼쳐진다.

그렇다면, 여덟 개의 조목을 거치면서 교육적으로 어떤 자질과 감각이 갖추어져야 하는가? 화이트헤드의 '품격론(品格論)'은 『대학』의 교육 과정을 통해 수기치인을 이룬 군자에 견주어 볼 수 있다.

> 품격(style)에 대한 감각은 하나의 심미적 감각이며, 간결하고도 낭비가 없는, 예견된 목적을 직접 달성한 것을 감탄하는 경험에 기초를 두고 있는 감각이다. 예술의 품격, 문학의 품격, 과학의 품격, 논리의 품격, 실제적인 솜씨의 품격 등은 모두 기본적으로는 동일한 심미적 특질, 즉 능통한 것과 억제력을 겸비하고 있다. …… 품격이란 가장 뛰어난 의미에서 교육받은 정신의 최종적인 획득물이다. 그것은 또한 가장 유용한 것이기도 하다. 품격은 존재 전체에 퍼져 있다. 뛰어난 품격에 민감한 관리자는 낭비를 혐오한다. 품격에 대한 감각을 지닌 엔지니어는 재료를 절약한다. 품격에 대한 감각을 지니고 있는 예술가는 걸작을 선호한다. 품격이란 정신의 궁극적 도덕성이다.[55)]

품격은 교육받은 인간의 향기이다. 격물치지에서 치국평천하에 이르는 교육은 품격으로 살아날 때 의미가 배가된다. 팔조목을 지도자적 인격

---

55) 화이트헤드, 앞의 책, 오영환 옮김, 59~60쪽.

자의 학문 과정, 삶의 여정이라고 한다면, 그 조목들 하나하나는 삶의 기술을 증진시키는 기제이다. 그것은 화이트헤드가 말한 "이성의 기능은 삶의 기술을 증진 시키는 것"[56]과 유사한 의미이다. 그리하여 팔조목을 이성의 기능에 의해 진행되는 교육의 과정으로 이해할 수 있다. 이런 점에서 팔조목은 능동적이고 창발적인 교육의 과정이고, 삶의 기술을 승화하는 교육의 실천 양식이다. 화이트헤드가 제의한 테제에 의하면,[57] 그것은 "산다-잘 산다-더 잘 산다"와 유사한 전개 과정이며, "생존하는 것-만족스러운 방식으로 생존하는 것-만족의 증가를 획득하는" 삶의 기술 증진 과정이다.

<table>
<tr><td rowspan="2">앎
(지식/
이론)</td><td>시작</td><td>끝</td><td colspan="2" rowspan="2">행위의 예측</td><td colspan="2" rowspan="2">행위의 체득</td><td rowspan="4">근본</td></tr>
<tr><td>격물
(格物)</td><td>치지
(致知)</td></tr>
<tr><td rowspan="2">행위
(실천)</td><td colspan="2" rowspan="2">앎의 체득
행위의 준비</td><td>시작</td><td>끝</td><td colspan="2" rowspan="2">응용의 예측</td></tr>
<tr><td>성의
(誠意)</td><td>정심(正心)
수신(修身)</td></tr>
<tr><td rowspan="2">응용
(유추/
적용)</td><td colspan="2" rowspan="2">앎의 성숙</td><td colspan="2" rowspan="2">행위의 체득
응용의 준비</td><td>시작</td><td>끝</td><td rowspan="2">효과</td></tr>
<tr><td>제가
(齊家)</td><td>치국(治國)
평천하(平天下)</td></tr>
<tr><td rowspan="3">삶의
기술</td><td colspan="2">산다</td><td colspan="2">잘 산다</td><td colspan="2">더 잘 산다</td><td rowspan="3">이성의
기능
(교육)</td></tr>
<tr><td colspan="2">생존</td><td colspan="2">만족스러운 방식의
생존</td><td colspan="2">만족의 증가 획득</td></tr>
<tr><td colspan="6">품격</td></tr>
</table>

〈그림 2〉 팔조목과 교육의 실천

56) 화이트헤드, 『이성의 기능』, 김용옥 역, 통나무, 1998, 34쪽. "The function of Reason is to promote the art of life."

57) 위와 같은 책, 48~49쪽 참고.

4. 결어

지금까지 듀이와 화이트헤드의 교육철학과 연관하여, 『대학』의 주요 개념인 삼강령 팔조목에 대한 교육학적 독해를 시도해 보았다.

삼강령에서 명명덕은 자기의 마음을 밝히는 성찰이자 깨달음으로 새롭게 거듭나려는 자기 교육이었고, 수기의 차원에서 읽을 수 있었다. 신민은 타자를 다스리고 교육하는 치인이자, 타자 교육에 해당하면서도, 그 궁극은 타자 자신이 스스로 새로움을 추구하는 자기 혁신 혹은 자기 수양이었다. 지어지선은 명명덕과 신민의 실천, 그 최고선의 경지에 멈추어 옮기지 않는 작업이었다. 이는 듀이의 심리학적 차원과 사회학적 차원, 삶의 과정 및 성장, 경험의 재구성 등과 연계하여 이해할 수 있었다.

팔조목에서 격물치지는 '사물의 이치에 궁극까지 이르는 것', 각각의 사물에 따라 그 사물의 이치를 탐구하고, 그런 이치의 핵심을 파악하는 연구 행위였고, 성의는 마음이 펼쳐지는 것을 알차게 하는 작업이었다. 정심은 이런 마음이 사물과 마주치더라도 흔들리거나 더럽혀지지 않고 바르게 해 나가는 공부이고 수신의 기초가 된다. 이런 수신이 바탕이 되어 제가-치국-평천하라는 치인의 실천과 응용이 가능하다. 이는 화이트헤드가 제시한 교육의 요체에 비견해 볼 때, 품격(品格)과 이성(理性)의 기능, 삶의 기술 증진으로 해석할 수 있다.

특히 이런 삼강령과 팔조목은 독립된 개념이라기보다는 유기적 특성으로 연결되어 교육의 원리와 과정, 내용과 방법을 포괄하는 실천적 성격을 지녔다. 즉 삼강령의 명명덕-신민-지어지선에서 지어지선은 명명덕과 신민으로 녹아들어 가서 자기 교육과 타자 교육의 중심에 자리한다. 그것은 하나의 교육 유기체로 교육의 본질과 이상, 원리의 모범이 된다. 팔조목은 교육의 유기적 과정으로 삶의 기술을 증진하는 데 능동적으로 작용한다.

총괄컨대, 『대학』의 삼강령 팔조목은 현대 교육철학적 관점에서 이해하면, 교육의 전 체계를 구조화한 하나의 삶의 지도이다. 그것은 개인 교육과 공동체 교육이라는 개인과 사회의 유기적 특성을 지시하고 있고, 끊임없이 삶의 기술을 증진할 수 있는 과정과 실천 방법을 제공한다. 듀이의 개념으로 본다면 원리적 측면에서 성장이나 경험의 재구성으로 표현할 수 있고, 화이트헤드의 사고를 빌리면 품격과 삶의 기술을 확보하려는 자기 노력이다.

<table>
<tr><td>개념
(조목)</td><td colspan="3">지어지선(止於至善)
지속적 자기 학습
성장/경험의 재구성</td><td rowspan="5">지어지선
(止於至善)
평생학습
생활자체</td></tr>
<tr><td>삼강령</td><td>명명덕(明明德)
개인 교육
심리적 차원</td><td>← (유기체) →</td><td>신민(新民)
공동체 교육
사회적 차원</td></tr>
<tr><td>팔조목</td><td>격물치지(格物致知)
성의정심(誠意正心)
탐구
연구
목표
소명의식</td><td>수신(修身)
자기 노력</td><td>제가치국평천하
(齊家治國平天下)
봉사와 기여</td></tr>
<tr><td rowspan="2">발현 양식</td><td>내면화
수기(修己)
성기(成己)
내성(內聖)</td><td>← (유기체) →</td><td>외면화
치인(治人)
성물(成物)
외왕(外王)</td></tr>
<tr><td colspan="3">교양/품격/삶의 기술</td></tr>
</table>

〈그림 3〉 삼강령 팔조목의 교육 체계

참고문헌

『大學章句大全』

『中庸章句』

『禮記正義』, 十三經注疏整理本 15, 北京, 北京大學出版社, 2000年 刊行.

김기현, 『대학–동아시아적 진보』, 사계절, 2002.

김병호 강의, 김진규 구성, 『亞山의 大學講義』, 소강, 1996.

김수길 역, 『集註完譯 大學』, 대유학당, 1999.

南懷瑾. 『大學微言』, 北京, 世界知識出版社, 1998.

듀이, 『경험과 교육』, 오천석 역, 박영사, 1974.

듀이, 『민주주의와 교육』, 이홍우 역, 교육과학사, 1994.

來可泓, 『大學直解 中庸直解』, 上海, 夏旦大學出版社, 1998.

신창호, 『공부, 그 삶의 여정』, 서현사, 2004.

신창호, 「『大學』 三綱領을 통해 본 교육의 원리」, 『교육문제연구』, 제25집, 고대 교육문제연구소, 2006, 27~50.

신창호, 「『大學』 八條目의 교육과정과 실천양식」, 『교육문제연구』, 제26집, 고대 교육문제연구소, 2006, 53~75.

신창호, 『『대학』, 유교의 지도자 교육철학』, 교육과학사, 2010.

이상은, 「『大學』과 『中庸』의 現代的 意義」, 『大學 · 中庸』, 현암사, 1965.

이승환, 『유가사상의 사회철학적 재조명』, 고대출판부, 1998.

岑溢成, 『大學 哲學』, 황갑연 옮김, 서광사, 2000.

화이트헤드, 『이성의 기능』, 김용옥 역, 통나무, 1998.

화이트헤드, 『교육의 목적』, 오영환 옮김, 궁리, 2004.

Dewey, J., *My Pedagogic Creed*. Washington, D.C, N.E.A, 1897.

Needham, J., 『중국의 과학과 문명』 I, 이석호 외 역, 을유문화사, 1986.

『대학(大學)』에 인용된 『시경(詩經)』 구절의 문학적 효용성

김형태 (경남대학교 국어국문학과 교수)

1. 머리말

경서(經書)를 재미로 공부하는 것은 아니지만, 『대학』은 참 재미없는 책이다. 물론 필자에게만 국한해서 그렇다는 말이다. 지나치게 교도(教導)적인 텍스트의 성격도 그 원인이겠지만, 끝까지 알 듯 모를 듯 나열된 함축적인 문구가 늘 필자를 당혹케 하기 때문이다.

그러나 유교 경전의 입문서이자 유학의 개론서라 할 수 있는 『대학』의 중요한 가치는 반드시 인정해야 한다. 분량이 적기는 하지만 『대학』 안에는 삶과 관련된 질서의 원리가 내재하여 있다. 즉, 여기에는 인간이 자신에게 주어진 삶의 자리에서 바르게 생각하고 행동할 수 있도록 익혀야 하는 원칙의 본말(本末)이 담겨 있다. 나아가 그것은 '나'로부터 지평을 넓혀 '다른 사람' 내지는 '다른 세계'와의 조화를 이루는 외적 질서로 확대된다.

『대학』에서 문학적 효용성을 읽어 내기란 그리 쉬운 일이 아니다. 문학의 범주를 어떻게 설정할 것인가부터 어려운 문제이며, 경서의 특성상 이미 광의(廣義)의 효용성이 내재하여 있는 『대학』에서 구태여 문학적 효용성만을 별도로 확인하는 일이 변별성을 담보할 수 있는 작업인가도 중요한 관건이 될 수 있기 때문이다.

사회 구성원으로서 살아가기 위해 꼭 익혀 두어야 하는 내용이 주가 되는 『소학(小學)』과 달리 『대학』은 소위 사회 지도층이 될 사람들이 익히고 연마해야 하는 것들을 교육 내용으로 하였다.[1] 즉, 이 책은 지식인 계층에게 필요한 소양을 축적하는 데 꼭 필요한 책이었다. 그 실제에서 왕을 비롯한 위정자들과 관련된 정치적 내용이 주를 이루는 것만 보아도 이 점은 자명하다.

과거 지식인 계층은 『대학』에서 습득한 지식을 바탕으로 이를 현실에 접목하고자 했을 텐데, 그 과정에서 혹은 난관에 봉착했을 것이다. 그 난관 타개책은 여러 경로를 통해 얻을 수 있었겠지만, 무엇보다 이미 텍스트에 내재한 원리에서도 찾을 수 있었을 것이다. 그 원리의 한 축에서 문학성도 확인할 수 있으리라는 소박한 기대감이 필자가 『대학』에서 효용성을 찾아보려는 이유이다.

본고에서는 그 흔적으로 『대학』이 『시경』에서 인용한 시 구절들을 추출하여 함의를 살펴보고자 한다. 그리고 일련의 고찰을 통해 드러난 특성들은 자연스럽게 『대학』의 문학적 효용성과 연결될 수 있을 것이다. 이를 위해 본문에서는 교훈성의 극대화를 실현한 '재도지문(載道之文)', 생물(生物)의 상징성을 활용한 명시(明示) 효과, 일상의 반영을 통한 잠언(箴言)의 항목을 설정하여 차례로 살펴보겠다.

---

1) 김기현 지음, 『대학-진보의 동아시아적 의미』, 사계절, 2002, 29~31쪽.

2. 교훈성의 극대화를 실현한 '재도지문(載道之文)'

『대학』에는 총 12회에 걸쳐 『시경』 구절이 인용되었다. 크게 보면 그것은 주로 3강령(綱領) 중 '친민(親民 · 신민(新民))'[2]과 '지어지선(至於至善)', 작게는 8조목 중 '제가(齊家)', '치국(治國)', '평천하(平天下)'에 집중되어 있다. 「대학도설(大學圖說)」을 바탕으로 그 대강을 정리하면 다음과 같다.

	3강령	8조목	장	절	인용 시 출전
①	친민		2	3	「대아(大雅)」〈문왕(文王)〉편(篇)
②	지어지선		3	1	「상송(商頌)」〈현조(玄鳥)〉편
③				2	「소아(小雅)」〈면만(緡蠻)〉편
④				3	「대아」〈문왕〉편
⑤				4	「위풍(衛風)」〈기욱(淇澳)〉편
⑥				5	「주송(周頌)」〈열문(烈文)〉편
⑦	친민	제가치국	9	6	「주남(周南)」〈도요(桃夭)〉편
⑧				7	「소아」〈육소(蓼蕭)〉편
⑨				8	「조풍(曹風)」〈시구(鳲鳩)〉편
⑩	친민	치국평천하	10	3	「소아」〈남산유대(南山有臺)〉편
⑪				4	「소아」〈절남산(節南山)〉편
⑫				5	「대아」〈문왕〉편

2) 본고에서는 논의의 편의상 '친민'과 '신민'을 '친민'으로 통일하여 사용하기로 하며, 그 용어 통일 근거는 다음과 같다. 주희(朱熹, 1130~1200)는 정이(程頤, 1033~1107)의 학설을 따라 『대학』 원문의 "재친민"을 대학 공부를 한 선각자가 '가르쳐서 깨우쳐 준다'는 구조로 이해하고서 "재신민"으로 글자를 정정하여 『대학』 개정본의 표준판이 된 『대학집주』를 통해 일관되게 '신민설'을 취하였다. 그러나 정호(程顥, 1032~1085), 왕양명(王陽明, 1472~1529), 정약용(丁若鏞, 1762~1836)은 『고본대학』대로 '친민설'을 취하였다. 특히 정약용은 백성들끼리 서로 화목한 것, 또는 백성들끼리 서로 친하게 살도록 하는 것을 친민으로 이해하여 주자의 신민설과 양명의 친민설을 다 포괄할 수 있는 장점이 있는 것으로 평가할 수 있다. 김기현 지음, 앞의 책, 99~106쪽.

학문의 목적이 출사(出仕)에 있든 자기 수양에 있든 '재도지문'은 과거 학자들이 문학을 인식하던 입장의 하나였다. 이들은 물론 『대학』을 학습했을 것이다. 그리고 과거를 거쳐 관로(官路)에 들어선 학자들은 정치성이 농후한 『대학』에서 얻은 교훈을 바탕으로 왕을 향한 신하된 도리를 다하기 위해 노력했을 것이다.

『대학』은 중국 주(周)나라의 '문왕(文王)'을 국왕의 모범으로 삼고 있다. 『대학』에 인용된 『시경』의 12개 구절 중 3개 구절을 「대아(大雅)」〈문왕(文王)〉편(篇)에서 가져왔다는 사실이 이를 입증한다. 『모시서(毛詩序)』에 따르면, 〈문왕〉편은 문왕이 천명(天命)을 받아 주나라를 일으킴을 읊은 시(文王受命作周也)이다.

① 詩曰 周雖舊邦, 其命維新. (주나라가 비록 옛 나라이나, 그 명이 새롭다.)[3]

위에 인용한 시는 『대학』 전문(傳文) 2장(章) 3절(節)에 실린 것으로, 이 부분은 3강령 중 '친민'의 설명에 해당하는 부분이다. 여기에서 '옛 나라'라는 것은 당시에 주나라가 이미 제후국으로서 존재하고 있었다는 말이고, 새로운 '명'이란 '천명'을 의미한다.

주나라는 원래 은나라에 속한 제후국의 하나였다. 후에 무왕이 혁명으로 은 왕조를 폐하고 새롭게 출범한 것이 주나라이다. 정치적으로는 신하가 반란을 일으킨 하극상이었지만, 은 주왕(紂王)이 임금답지 못하고 폭정을 행하여 민중의 고통이 계속되자 결국 민심은 등을 돌렸다. 따라서 이것은 민중들이 원하던 혁명이었으므로 당대 사람들은 이 정변을 긍정

3) 본고에 사용된 『시경』 번역은 成百曉 譯註, 『懸吐完譯 大學 · 中庸集註』(傳統文化硏究會, 1991)를 사용했다. 본문에 인용된 예문 앞의 번호는 『대학』에 인용된 순서이다.

하면서 국가의 통치권과 관련된 천명을 새롭게 받았다고 평가한 것이다.

시구를 포함한 이 부분을 범박(凡薄)하게 표현한다면, '민심은 천심' 정도가 될 것이다. 신하된 입장에서 왕에게 간(諫)할 때 여러 가지 방식이 있겠지만, 경서 학습을 거쳐 습득한 정보를 활용하는 방법이 가장 보편적일 것이다. 더구나 그 근거 자료가 서정성에 기반을 두고, 유사 이래 인류의 생활상과 희로애락의 자취를 그대로 간직한 『시경』이라면 그 교훈성은 배가(倍加)될 수 있을 것이다.

아울러 이것은 비단 왕과 신하 사이에만 국한된 문제는 아니다. '자기 이해를 바탕으로 타인과 조화로운 사회 관계를 모색하라'는 해석으로 이 부분을 환원하면, 건전한 인격을 지닌 덕이 있는 사람인 '군자'는 자기 스스로 착한 덕성을 밝히고 새로워져 타인과 좋은 관계를 이룬다는 의미를 담고 있다.[4] 이것은 『대학』이 정치와 관련된 내용을 담고 있지만, 반드시 그 효용성이 위정자에게만 제한적이지 않다는 점을 보여 준다.

한편, 『시경』 이외에도 앞선 1장과 2장 앞부분에는 『서경(書經)』의 구절들도 인용되어 있다. 그런데 만약 『서경』의 구절들만 인용한 채 1장과 2장을 마무리했다면, 경서가 지닌 교훈성이라는 절대 가치는 획득할 수 있었겠지만, 효율적 내용 전달이나 학습자가 차후에 활용하는 데는 팍팍함을 면할 수 없었을 것이다.

이 점은 『시경강의(詩經講義)』를 저술할 만큼 『시경』에 조예가 깊었던 정약용이 아들들에게 보냈던 편지에서 『시경』과 『서경』의 정체성에 대해 언급했던 대목에서도 확인할 수 있다.

(1) 『시경』 300편은 모두 성현들이 뜻을 잃고 시대를 근심한 작품들이다. 그

4) 신창호 지음, 『대학(大學)의 교육론 산책』, 내일을 여는 책, 2001, 155쪽.

러므로 시에는 반드시 마음에 깊이 느낀 내용이 있어야 한다.[5]

(2) 아무쪼록 이번 겨울부터 내년 봄까지 『상서(尙書)』와 『좌전』을 읽어라. 비록 몹시 어려워서 뜻을 알기 힘든 곳이나 난삽하고 의미가 깊은 곳이라도 이미 다 주석이 달려 있으니, 마음을 가라앉히고 집중해 연구하면 읽을 수 있을 것이다. …… 대개 온갖 시인의 시 중에서 두보의 시가 왕좌를 차지하게 된 것은 『시경』에 있는 시 300편의 의미에 이르렀기 때문이다. 『시경』에 있는 시는 충신 · 효자 · 열녀 · 진실한 벗들의 슬프고 아픈 마음과 충실하고 순박함이 발로한 것이다.[6]

위의 인용문 중 (1)은 1808년 여름, (2)는 같은 해 겨울에 정약용이 아들들에게 보낸 편지의 번역문 일부이다. 정약용에 따르면 '마음에 느낀 바가 표출된 것'이 시이며, '인간의 충실하고 순박한 마음을 확인해 볼 수 있는 적절한 인간 군상(群像)이 묘사된 것'이 『시경』이다. 정약용의 이러한 해석은 과거 지식인 대부분이 공감하는 바였으며, 『시경』의 존재 당위성이다. 그리고 '수기치인(修己治人)'의 기본 소양서인 『대학』이 『서경』보다는 『시경』의 서정적인 구절을 인용함으로써 효율적 내용 전달과 학습자의 2차 활용을 가능케 하는 동인(動因)도 여기에 있다. 이와 함께 문체는 간결하나, 주로 군왕과 신하 사이에 역사적 대화로 구성되어 학습에 어려운 『서경』의 난점을 지적한 정약용의 언급에도 주목할 필요가 있다.

그러므로 일정한 운율적 자질을 갖춘 『시경』 구절 인용은 교훈성의 효과적 전달과 관련된 부족함을 보완하기 위한 방편이며, 바로 여기에 『시

5) 정약용, 『다산문선』, 민족문화추진회 편, 솔, 1997, 72쪽.

6) 丁若鏞 · 丁若銓 저, 『다산서간정선』, 丁海廉 편역주, 現代實學社, 2002, 41~43쪽.

경』 구절 인용으로 『대학』이 획득한 문학적 효용성이 담겨 있다고 할 수 있다.

④ 詩云 穆穆文王, 於緝熙敬止. ('목목' 하신 문왕이여, 아! 계속하여 밝혀서 공경하여 그쳤다.)

역시 「대아」 〈문왕〉 편에서 인용한 시이며, 전문 3장 3절의 일부에 해당한다. 이 부분은 3강령 중 '지어지선'의 설명에 해당하는 부분이다.

문왕은 성인의 한 사람이다. '목목'은 심원(深遠)하다는 뜻이니, 문왕은 모든 면에서 사려 깊고, 그 끝을 가늠할 수 없는 사람이다. 3절의 나머지 부분을 참고하면, 성인인 문왕도 임금이 되었을 때에는 인(仁)에, 신하였을 때에는 경(敬)에, 자식으로서는 효(孝)에, 부모가 되었을 때에는 자(慈)에 이르러 변치 않았음을 확인할 수 있다. 성인도 이렇듯 자신이 처한 최소한의 역할에 최선을 다하는데, 하물며 『대학』을 접하는 한낱 범인(凡人)들에 있어서이겠는가. 따라서 이 구절은 '지어지선'이 한편으로는 자신에게 주어진 역할에 최선을 다하는 것임을 확실하게 인식시켜 주는 시이다. 물론 '지어지선'은 그 효용 범주를 일반에 넓히면 '자신과 타인의 인간 이해를 통해 지속해서 선(善)을 실천하라'[7]는 의미도 담고 있다.

⑫ 詩云 殷之未喪師, 克配上帝. 儀(宜)監于殷, 峻命不易. (은나라가 민중을 잃지 않았을 때에는 능히 상제에게 짝했었다. 그러하니 마땅히 은나라를 거울로 삼을지어다. 큰 명을 보존하기가 쉽지 않다.)

7) 신창호 지음, 앞의 책, 156쪽.

위의 시는 전문 10장 5절에 실려 있으며, 「대아」〈문왕〉편의 일부가 『대학』에 인용된 마지막 구절이다. 이 시는 8조목 중 '치국평천하(治國平天下)'와 연관된다.

이 시는 앞선 전문 2장 3절에 인용된 시 구절과 수미상응(首尾相應)을 이루며, 민중의 마음인 '민심'이 얼마나 중요한지를 여실히 보여 주고 있다. 상제와 짝할 만했던 은나라도 민심을 등에 업고 하(夏)나라를 멸망시킨 토대 위에서 민중의 지지를 받았었지만, 권력의 속성에 의해 민심과 괴리되었기 때문에 결국 멸망했다는 것이다. 즉, 민심을 얻으면 나라를 얻고, 그것을 잃음과 동시에 나라도 잃게 됨을 강조한 것이다.

이 외에 출전이 〈문왕〉편은 아니지만, 문왕의 예를 통해 위정자에게 민심이 얼마나 중요한가를 직설적으로 확인시키는 시 구절이 있다.

⑥ 詩云 於戲(嗚呼), 前王不忘. (아아! 전왕을 잊지 못한다.)

위 시의 출전은 「주송(周頌)」〈열문(烈文)〉편이다. 전문 3장 5절의 일부에 해당하며, 3강령 중 '지어지선'의 설명에 해당하는 부분이다.

〈열문〉편은 성왕(成王)이 정사를 친히 다스림에 제후들이 제사를 도운 것을 읊은 시(成王卽政 諸侯助祭也)이다. 이 시에 언급된 전왕은 문왕과 무왕 부자이다. 공자가 이상향으로 삼았던 주나라를 세운 문왕은 폭정이 횡행하던 은 왕조 시기에 혁명의 초석을 놓았고, 뒤에 아들 무왕이 드디어 은나라를 무너뜨리고 천하를 통일하였다. 그 정변은 민중들이 바라던 혁명이었으므로 당대 사람들이 전왕을 잊지 못하고 향수에 젖었음은 너무나 자연스러운 일이었다고 할 수 있다.

시 구절에 이어지는 내용은 다음과 같다. 군자는 어진 이를 어질게 여기고 친한 이를 친하게 여기지만, 세속에 물든 소인은 자신을 즐겁게 해

주는 것을 즐거워하며, 자신을 이롭게 하는 것을 이롭게 여긴다. 그러나 문왕과 무왕은 백성을 깨우쳐 선을 행하도록 해 주었기 때문에 지금 돌아가시고 없어도 추앙을 받는다는 것이다. 물론 모든 위정자가 문왕이 될 수는 없다. 하지만 그가 함축적인 이 구절을 적어도 마음속에 간직하게 된다면, 민심과 멀어지는 정사는 시행하지 않게 될 것이다.

이상에서 인용한 시들은 대부분 『시경』 〈문왕〉편에서 인용한 시들이며, 『대학』이 우리에게 주는 교훈성을 극대화하는 데 도움을 주고 있다. 역사적 사실에 근거한 『서경』 인용이 온고지신으로서의 교훈성만 내포하고 있다면, 여기에서 발생하는 단조로움을 서정성 짙은 『시경』의 시 구절을 인용함으로써 극복하고 있다. 결국 『대학』은 『시경』 소재 시 구절을 활용함으로써 교훈성의 극대화를 실현하였고, '재도지문'으로서의 소임을 수행하게 된다고 할 수 있다. 바로 여기에 『대학』이 지닌 문학적 효용성이 있다.

3. 생물(生物)의 상징성을 활용한 명시(明示) 효과

문학이 독자로 하여금 일정한 효과를 거두려면, 구구한 설명보다는 한 번이 되더라도 분명하게 보여 주는 것이 효율적일 때가 있다. 그것은 작품 소재(素材)들의 상징성을 활용해 표출되기도 하는데, 『대학』도 『시경』의 시들 가운데 생물(生物)을 소재로 삼은 시를 일부 인용함으로써 그 효과를 거두고 있다.

③ 詩云 緡蠻黃鳥, 止于丘隅. ('면만' 히 우는 황조여, '구우' 에 멈춘다.)

위의 시는 전문 3장 2절에 실린 시로, 「소아(小雅)」 〈면만(緡蠻)〉 편의 일부이다. 〈면만〉 편은 미천한 신하가 난세를 풍자한 시(微臣刺亂也)이며, 이 부분은 3강령 중 '지어지선'의 보충 맥락에서 인용되었다.

이 시구에 이어지는 부분을 보면, 공자는 이 시와 관련하여 '그칠 때에 그 그칠 곳을 아니, 사람으로서 새만 못해서야 되겠는가.'라 하였다. 일반적으로 이 부분은 삼라만상에게 제자리가 있듯이 인간은, 특히 위정자라면 자기 자리에서 직분을 다할 수 있어야 한다는 의미로 풀이한다.

그런데 흥미로운 점은 이 시에 '황조(꾀꼬리)'가 소재로 활용되었다는 점이다. 정학유(丁學游, 1786~1855)의 『시명다식(詩名多識)』에 따르면, '황조'가 지닌 가장 큰 특성은 '절기에 응하고 계절에 따라서 오는 새이며, 암수가 짝지어 나는 새'[8]라는 점이다. 그리고 이러한 해석은 중국과 일본 등에서 간행된 『시경』 관련 유서(類書)들에서도 확인할 수 있다.[9]

---

8) "…… 亦是應節趨時之鳥. …… 雌雄雙飛 ……" 정학유 지음, 『시명다식』, 허경진 · 김형태 옮김, 한길사, 2007, 360~361쪽.

9) 『시경』의 본향(本鄕)인 중국에서는 일찍이 그 사물 및 생물의 정체성에 대한 관심이 훈고학(訓詁學)을 중심으로 고조되어, 삼국시대 오(吳) 육기(陸璣, 261~303)의 『모시초목조수충어소(毛詩草木鳥獸蟲魚疏)』 2권(卷), 원(元)대 허겸(許謙)의 『시집전명물초(詩集傳名物鈔)』 8권, 명(明)대 풍부경(馮復京)의 『육가시명물소(六家詩名物疏)』 55권, 청(淸)대 서정(徐鼎)의 『모시명물도설(毛詩名物圖說)』 9권 등의 유서(類書)류가 편찬되었고, 근자에는 『시경』의 물명 관련 텍스트를 포함한 저술들이 『시경요적집성(詩經要籍集成)』 42책(冊)으로 묶여 편찬되었다. 한편, 일본에서도 에도(江戶) 시대를 중심으로 1731년(향보(享保) 16)에 강촌여규(江村如圭)가 『시경명물변해(詩經名物辨解)』 7권을 편찬하였고, 1778년(安永7)에 연재관(淵在寬)이 육기의 저술을 일본어로 보충하고 그림을 곁들인 『육씨초목조수충어소도해(陸氏草木鳥獸蟲魚疏圖解)』 4권을 편찬하였으며, 1785년(天明5)에 강원봉(岡元鳳)이 그림을 곁들여 『모시품물도고(毛詩品物圖攷)』 7권을 편찬하였고, 1808년(文化5)에 소야란산(小野蘭山)이 중국 서정의 저술에 일본식 이름과 그림을 덧붙여 『모시명물도설』 9권을 편찬하였다. 김형태, 「『시명다식(詩名多識)』의 문헌적 특성과 가치 연구(1)」, 『韓國詩歌硏究』, 第21輯, 韓國詩歌學會, 2006, 251~252쪽.

〈면만〉편에서 미천한 신하가 난세를 풍자한 이유는 대신(大臣)이 미천한 자들을 잊고 어진 마음을 쓰지 않아, 음식을 주고 가르치며 수레에 태워 주지 않아서이다. 즉, 신하가 미천하고 괴로운데도 의탁할 곳 없는 자신의 처지를 '황조'의 입을 빌려 비유한 것이다. 만약 미천한 신하에게도 기회를 준다면, 암수가 짝을 이루듯 자신이 모시는 대상과 짝을 지어 날 수 있을 것이다. 또한 '황조'가 자연에 순응하듯 천리(天理)를 따라 맡은 바 소임을 다할 수 있을 것이다. 그러나 단지 미천하다는 이유만으로 인정받지 못하여 '구우(산이 깊고 숲이 울창한 곳)'에서 날개를 접은 채 직분을 다할 수 없는 처지를 이 시의 '황조'는 상징하고 있는 것이다.

물론 이 외에도 『시경』에 등장하는 새 중 짝지어 나는 새는 『시명다식』에 언급된 것을 기준으로 「주남(周南)」〈관저(關雎)〉편의 '저구(雎鳩: 물수리)'와 「용풍(鄘風)」〈순지분분(鶉之奔奔)〉편의 '순(鶉: 메추라기)'이 있다. 그러나 이들은 문맥상 각각 '암수의 지극한 정'과 '형제간의 우애'[10]를 상징하며, '황조'처럼 자연에 순응한다는 구체적 특성이 밝혀져 있지 않으므로 이 부분의 상징성을 드러내는 데는 적절치 못하다고 할 수 있다.

⑤ 詩云 瞻彼淇澳, 菉竹猗猗. 有斐君子, 如切如磋, 如琢如磨. 瑟兮僩兮, 赫兮喧兮, 有斐君子, 終不可諠兮. (저 기수 모퉁이를 보니, 푸른 대나무가 무성하구나! 문채나는 군자여, 잘라 놓은 듯하고, 간 듯하며, 쪼아 놓은 듯하고, 간 듯하다. 엄밀하고 굳세며, 빛나고 점잖으니, 문채나는 군자여, 끝내 잊을 수 없다.)

위의 시는 전문 3장 4절에 실린 시로, 「위풍(衛風)」〈기욱(淇澳)〉편의

10) 갈래는 다르지만, 동양화에서 메추라기 두 마리를 그리는 경우, 상식을 뒤엎어 두 마리 다 암컷으로 그린다는 사실도 이와 같이 '우애'의 맥락에서 이해할 수 있다. 조용진, 『東洋畵 읽는 법』, 集文堂, 2007, 25쪽.

일부이다. 〈기욱〉편은 무공(武公)의 덕을 찬미한 시(美武公之德也)이다. 이 부분은 3강령 중 '지어지선'의 보충 맥락에서 인용되었다.

무공은 주 왕조 때 위(衛)나라의 무공이다. 그는 나라를 잘 다스렸고, 뒤에 천자를 도운 공으로 주 왕조의 재상이 된 인물이다. 90세가 넘어서까지 덕을 계발하고 학문을 연마하여 사람들의 칭송을 받았다. 『대학』의 편자는 '지어지선'의 연장선상에서 이 시를 인용하였는데, 사실 이 시는 '절차탁마'라는 수신(修身)의 과정을 통해 덕과 학문도 부단히 갈고 다듬어 빛나는 지경에 이를 수 있어야 한다는 점을 강조하고 있다는 점도 중요하다. 이러한 지속적 노력을 통해 자기 수양을 쌓아야 지식인의 궁극적 목적지인 격물(格物)에 이를 수 있기 때문이다.[11] 여기에서 '격물'은 사물을 어떻게 인식하고 실천하느냐는 문제이다.[12]

이 시에 등장한 '녹죽(푸른 대나무)'[13]은 '대나무'가 군자로 지칭된 최초의 기록[14]이며, 무공의 덕을 상징하는 소재로 사용되었다고 할 수 있다. '대나무'가 '사군자(四君子)'에 포함된다는 것은 주지의 사실이다. '사군자'는 군자가 갖추어야 할 고결함을 상징하는 네 가지 식물이다. 이 가운데 '대나무'는 곧은 절개도 상징하는데, 이것은 대나무의 속성에서 비롯된 것이다.

11) 김기현 지음, 앞의 책, 172~174쪽.

12) 따라서 결국 '격물치지(格物致知)'란, '사물을 연구하여 정확히 앎에 도달한다'는 의미이다. 조상우, 「『大學』의 '格物致知'를 활용한 글쓰기 전략」, 『東洋古典硏究』, 第23輯, 東洋古典學會, 2005, 273 · 285쪽.

13) 본고에서는 편의상 '녹죽'을 '푸른 대나무'로 보기로 한다. 하지만 '녹죽'의 정체성에 대해서는 예부터 의견이 분분하다. 예컨대, 정현(鄭玄, 127~200)은 '녹죽'을 별개 식물인 '록(댑싸리)'과 '죽(마디풀)'으로 보기도 하였다. 정학유는 이 식물의 정체성과 관련해 '주자도 풀지 못했고, 정현, 공영달(孔穎達, 574~648), 육기(陸璣, 261~303)의 의견도 다르니, 다만 기록만 해 둘 뿐'이라며, 유보적 태도를 보였다. 정학유 지음, 앞의 책, 허경진 · 김형태 옮김, 78~79쪽.

14) 구미래 著, 『한국인의 상징세계』, 교보문고, 1992, 138쪽.

윤선도(尹善道, 1587~1671)는 시조 〈오우가(五友歌)〉에서 '나무도 아닌 것이 풀도 아닌 것이, 곧기는 누가 시켰으며 속은 어이 비었는가, 저렇게 사시에 푸르니 그를 좋아하노라'라고 하며, 그 속성을 잘 표현하였다. 곧 '대나무'는 나무이면서도 벼과(科)에 속하며 나이테가 없어 그 정체성이 모호하다. 그러나 곧게 자랄 뿐만 아니라, 세월이 흐르면서 몸집이 자라는 다른 나무와 달리 처음 죽순(竹筍)의 굵기가 평생 동안의 몸집 그대로 유지된다.[15]

'대나무'의 속성에서 '곧다'는 것보다 더욱 중요한 것은 바로 이처럼 시종(始終) '변함이 없다'는 점이다. 무공의 성품도 오랜 시간 변함없는 '절차탁마'를 통해 길러진 것이고, 그 덕이 그가 군자의 반열에 오를 수 있었던 원동력이었다. 따라서 '지어지선'을 효과적으로 설명할 수 있는 비유의 적절한 예로 무공과 '대나무'의 상징성만큼 적절한 소재는 없다고 하겠다.

⑦ 詩云 桃之夭夭, 其葉蓁蓁. 之子于歸, 宜其家人. (복숭아꽃[16]이 예쁘고 예쁨이여, 그 잎이 무성하구나! 이 아가씨의 시집감이여, 그 집안 식구에게 마땅(和合)하다.)

위의 시는 전문 9장 6절에 실린 시로, 「주남(周南)」〈도요(桃夭)〉편의 일부이다. 〈도요〉편은 후비(后妃)의 덕으로 이룬 것을 읊은 시(后妃之所致也)이며, 문왕이 일찍 후비를 얻어 좋은 내조(內助)를 받았듯 젊은 남녀가 제때 혼인함을 찬미한 시이다. 그래서 이 시의 편 이름인 '도요'는 여

15) 강판권 지음, 『나무열전-나무에 숨겨진 비밀, 역사와 한자』, 글항아리, 2007, 316쪽.
16) 번역에는 꽃이라고 했지만, '잎이 무성하다'는 뒤 문구를 참조할 때, 이 시의 '도(桃)'는 '복숭아나무'로 보는 것이 바람직하다.

자의 혼기를 의미하기도 한다. 이 부분은 3강령 중 '제가치국(齊家治國)'의 보충 맥락에서 인용되었다.

이 시의 주된 소재인 '복숭아나무'는 신맛이 나고 악기(惡氣)가 있어 사특한 기운을 물리칠 수 있다. 즉, 선인(仙人)의 나무인 '선목(仙木)'이기 때문에 가시가 없으면서도 귀신을 쫓을 수 있는 능력을 갖춘 나무이다. 따라서 동아시아에서는 예로부터 질병이 발생했을 때, 방귀(防鬼)나 퇴귀(退鬼)를 위한 구타법(毆打法)[17]에 복숭아나무 가지를 중요하게 사용해 왔다. 구타법에서 반드시 복숭아나무 가지, 특히 동쪽으로 뻗은 가지를 사용하는 것은 중국의 풍습과 공통되는 것으로서 그 관념 또한 동일하다. 중국의 복숭아나무 가지에 대한 관념을 보면, 복숭아는 5목(五木)의 정(精)으로서 사기(邪氣)를 압복(壓伏)하고 백귀(百鬼)를 쫓는 힘을 가지고 있다. 그 이유는 복숭아나무가 춘양(春陽)의 정(精)이기 때문에 늦봄 잎이 돋아나기 전에 꽃을 피운다. 따라서 다른 나무보다도 생기가 충만해 있다. 따라서 구마(驅魔)의 힘도 왕성하다. 특히 동남향으로 뻗은 가지는 가장 많은 양기(陽氣)를 받기 때문에 유력하다.[18]

아울러 그 꽃은 '무릉도원'이나 여인의 '아름다움', '미인' 자체를 상징하기도 한다.[19] 또한, 그 열매인 '복숭아'는 예로부터 '불로장생'과 '행운' 등을 상징하는 과실이다.[20]

---

17) '구타법'이란, 일반적으로 질병의 원인이 되는 귀신에 반항해서 직접 행위 내지 협박 행위로써 이를 격퇴하는 '적대류(敵對類)'에 속하는 풍습이다. 즉, 폭력을 가함으로써 귀신을 떠나게 하는 방법으로 대부분의 경우 환자의 신체를 구타해서 고통을 주면 환자의 신체 중에 잠입해 있는 귀신이 그 고통을 견디지 못하고 물러남으로써 병이 쾌유된다는 것이다. 村山智順, 『朝鮮의 鬼神』, 金禧慶 옮김, 東文選, 1990, 218쪽.

18) 村山智順, 앞의 책, 金禧慶 옮김, 221쪽.

19) 강판권 지음, 앞의 책, 143~145쪽.

20) 마리안네 보이헤르트 지음, 마리아-테레제 티트마이어 그림, 『Flower&Tree-세상에서 가장 아름다운 꽃과 나무 이야기』, 이은희 · 전경화 옮김, 을유문화사, 2002, 218~221쪽.

이처럼 '복숭아나무'와 그 부속물은 사특(邪慝)함을 제거하는 동시에 삶에 유용한 긍정적 의미를 내포하고 있기 때문에 이 시에서는 재색을 겸비한 훌륭한 규수로서 완전한 인간형인 후비의 됨됨이를 상징한다고 할 수 있다. '제가'의 기본은 혼인에 있으며, 늘 한쪽 배우자의 자질이 중요한 요소로 작용한다. 천하 통일의 기반을 닦은 문왕의 덕이 높았던 만큼 그 배우자인 후비도 훌륭한 배필이었기 때문에 둘의 혼인은 집안에 마땅하여 '제가'를 이루었고 '치국'을 이룰 수 있었다는 맥락이다.

한문의 묘미는 제한된 분량의 문자를 통해서 많은 것을 생각하게 한다는 데 있다. 특히 고도의 함축성을 생명으로 하는 한시(漢詩)는 더 말할 나위도 없다. 『대학』은 『시경』의 시들 가운데 상징성을 지닌 생물이 등장하는 시를 인용함으로써 독자로 하여금 자연스럽게 상징성을 활용한 표현 기법을 습득케 함은 물론 그 안에 내재한 의미를 명확하게 보여 주는 효과를 거두고 있다.

4. 일상의 반영을 통한 잠언(箴言)[21]

앞서 언급했듯이 원래 『대학』은 『소학』 학습을 끝낸 식자층이 '수기치인'의 구체적 소양을 축적하여 사회 지도층의 역할을 다할 수 있도록 마련된 학습서였다. 따라서 이상에서 살펴보았던 시들의 주인공도 문왕과 무왕을 비롯한 위정자가 대부분이다.

21) 여기에서의 '잠'은 '병을 치료하고 예방하는 역할을 하는 것이어서 석침(石針)에 비유될 수 있으며, 각종 관직과 지위를 배열하고 그러한 자리에 있는 사람이라면 마땅히 경계해야 할 사항들을 제시한 것이다. 잠은 오로지 잘못을 방지하기 위한 것이므로 그 문장의 내용과 형식은 정확함과 절실함에 근거해야 한다.' 유협 지음, 『문심조룡(文心雕龍)』, 최동호 역편, 민음사, 1994, 155~157쪽.

그런데 『대학』에 인용된 『시경』의 시 구절 중에는 그 효용의 범위가 딱히 위정자를 포함한 사회 지도층에게만 국한된다고 볼 수 없는 것들이 있다. 즉, 불특정한 민중이 시 구절 내에서 주인공이나 주된 역할을 맡은 존재로 등장하는 경우가 있다. 이것은 『대학』의 내용에 일상성을 반영함으로써 우회적으로 위정자를 경계함은 물론, 그 효용의 지평을 사회 지도층뿐만 아니라, 일반인에게까지 넓히는 방편이라고 할 수 있다.

② 詩云 邦畿千里, 惟民所止. (나라의 '기내' 천 리여, 백성들이 멈추어 사는 곳이다.)

위의 시는 전문 3장 1절에 실린 시로, 「상송(商頌)」 〈현조(玄鳥)〉편의 일부이다. 〈현조〉편은 고종(高宗 · 武丁)을 제사하는 시(祀高宗也)이며, 이 부분은 3강령 중 '지어지선'의 보충 맥락에서 인용되었다.

이 시는 위정자들이 '격물치지'의 마음으로 돌보는 국가라면 민중들은 모두 그런 곳에 머물러 살고자 할 것이라는 의미를 내포하고 있다. '기내'는 도읍을 의미한다. 천 리나 되는 도읍은 참다운 위정자들만이 다스릴 수 있는 곳이다. 그러나 그 일상적 공간의 실제 주인공은 민중이다. 민중 없는 위정자는 민심을 잃은 위정자와 마찬가지로 존립할 수 없기 때문이다. 즉, 그곳은 위정자들이 개인적으로 명명덕(明明德)의 자질을 갖춘 상태에서 국정을 수행하여 민중이 자발적으로 믿고 정성을 다할 수 있는 삶의 공간이다. 2장 3절에 인용된 〈문왕〉편의 시 구절에서는 '천명'과 이를 받은 문왕에 주안점을 두어 위정자를 비롯한 왕에게 민심의 중요성을 직접 일깨웠다면, 이 시에서는 '국토'라는 일상 공간에서 살아가는 주체인 민중을 직접 등장시켜 위정자를 간접적으로 경계하고 있다.

이 시를 제외하면, 민중이 주인공이나 주된 역할을 수행하는 존재로 등장하는 경우의 시 구절들은 모두 '친민'의 하위 조목인 '제가', '치국', '평천하'를 설명한 부분에 집중되어 있다.

⑧ 詩云 宜兄宜弟. (형에게도 마땅하고, 아우에게도 마땅하다.)

위의 시는 전문 9장 7절에 실린 시로, 「소아」 〈육소(蓼蕭)〉편의 일부이다. 〈육소〉편은 천자(天子)의 은택(恩澤)이 사해(四海)에 미침을 읊은 시(澤及四海也)이며, 이 부분은 8조목 중 '제가치국'의 보충 맥락에서 인용되었다.

이 구절의 뒤에는 '형에게 마땅하고 아우에게 마땅한 뒤에야 나라 사람을 가르칠 수 있다'는 구절이 이어진다. 이것은 아우는 형에 대한 공경의 덕을, 형은 아우에 대한 우애의 덕을 충분히 길러야 타인을 바른길로 이끌 수 있다는 의미이다.

이 구절에 담긴 함의는 비단 위정자에게만 소용되는 경계가 아니다. '나라 사람을 가르칠 수 있는' 지식인 계층도, 대다수 민중들도, 세상을 살아가는 인간이라면 가슴에 깊이 새겨야 할 도덕률이자 잠언이다. 이처럼 '제가치국'에 인용된 시는 바른 정치의 원리를 누구에게나 해당하는 일상의 차원으로 환원하여 설명하고, 이를 통해 우회적으로 경계한다는 특징을 보인다. 바로 아래 절에 인용된 시에서도 이러한 특성을 확인할 수 있다.

⑨ 詩云 其儀不忒, 正是四國. (그 위의가 어그러지지 않는지라, 이 사방 나라를 바룬다.)

위의 시는 전문 9장 8절에 실린 시로, 「조풍(曹風)」 〈시구(鳲鳩)〉편의 일부이다. 〈시구〉편은 지위에 있는 자들이 군자가 없어 마음 씀이 한결같지 않음을 풍자한 시(刺不壹也)이며, 이 부분은 바로 앞선 시와 마찬가지로 8조목 중 '제가치국'의 보충 맥락에서 인용되었다.

뒤따르는 구절은 '부자(父子)와 형제 된 자가 본받을 만한 뒤에야 백성들도 본받는다'는 것이다. 따라서 이 시도 역시 정치의 원리를 일상의 가족 관계에 대입하여 부모와 자식, 형과 동생으로서 지켜야 할 바를 잘 지키는 상식에 입각한 인간이라면, 한 나라의 위정자로 맡은 바를 잘 수행할 수 있다는 의미를 함축적으로 보여 주고 있다.

그런데 여기에서 중요한 점은 이러한 결과를 얻을 수 있도록 올바른 마음이 전제로 갖춰져 있어야 한다는 점이다. 즉, '명명덕'과 관련 있는 '격물치지', '성의정심', '수신'을 충분히 계발한 이후에 '제가치국'을 이루고, 나아가 위정자로서 '친민'에 임할 수 있다는 의미를 내포하고 있다.

⑩ 詩云 樂只君子. 民之父母. (즐거우신 군자여, 백성의 부모이다.)

위의 시는 전문 10장 3절에 실린 시로, 「소아」 〈남산유대(南山有臺)〉편의 일부이다. 〈남산유대〉편은 현자(賢者) 얻음을 즐거워한 시(樂得賢也)이며, 이 부분은 8조목 중 '치국평천하'의 보충 맥락에서 인용되었다.

이 시는 일반적으로 '양심'이나 '도덕심'이라고 할 수 있는 혈구지도(絜矩之道)[22]에 대한 예시이다. 즉, 내 윗사람에게 '저러지 말았으면' 하고 싫어했던 것을 가지고 내 아랫사람을 부리지 말아야 하고, 내 아랫사람이

22) 앞선 10장 2절이 '혈구지도'에 대한 설명이다. '구'는 각도나 길이를 재는 도구로서의 자이고, '혈'은 잰다는 뜻이다. 따라서 '혈구'는 자를 가지고 잰다는 뜻으로, 여기서 말하는 '자'는 보편적 자아를 가리키는 것으로 이해하면 된다. 김기현, 앞의 책, 93쪽.

싫어했던 것을 가지고 윗사람을 섬기지 말아야 한다. 내 앞사람이 싫어했던 것을 가지고 뒷사람을 이끌지 말아야 하고, 내 뒷사람이 싫어했던 것으로 앞사람을 따르지 말아야 한다. 내 오른쪽 사람이 싫어했던 것을 가지고 내 왼쪽 사람과 사귀지 말아야 하고, 왼쪽 사람이 싫어했던 것으로 오른쪽 사람을 사귀지 말아야 한다는 것이다. 이것은 철저하게 남을 배려하는 태도로 나보다는 상대방의 입장을 고려하고 존중하는 것이다. 또한, 사회 지도층이라면 반드시 갖추어야 할 기본적 소양이다.

만약 이처럼 민중이 싫어하는 것을 함께 꺼리고, 백성들의 즐거움을 함께 기뻐하는 자가 왕이라면, '백성의 부모'로 상징되는 보편적 양심을 지닌 참 군주라 할 수 있다는 것이다. 하지만 역시 이 시도 저변에는 중요한 존재로서 민중을 설정하고 있다.

⑪ 詩云 節(截)彼南山, 維石巖巖. 赫赫師尹, 民具(俱)爾瞻. (깎아지른 저 남산이여, 돌이 '암암' 하구나! 혁혁한 태사 윤씨여, 백성들이 모두 너를 본다.)

위의 시는 전문 10장 4절에 실린 시로, 「소아」〈절남산(節南山)〉편의 일부이다. 〈절남산〉편은 주나라 대부 가보(家父)가 유왕(幽王)을 풍자한 시(家父刺幽王也)이며, 이 부분은 8조목 중 '치국평천하'의 보충 맥락에서 인용되었다.

유왕이 윤 씨를 등용하여 나라가 어지러워지자 가보가 이를 풍자한 것이다. 위정자가 조심해야 할 덕목으로 치우침 없는 태도를 강조하였다. 심지어 편벽되면 '천하의 죽임이 된다'고까지 하였다. 결국, 이 말은 위정자는 민중이 우러러보는 대상이니 모든 면에서 삼가고 모범이 되어야 한다는 것이다. 여기에서는 유왕의 행위가 주가 아니라, '백성들이 모두 너를 본다'처럼 그러한 사특함을 바라보는 민중의 시각에 주안점이 놓여 있다고 할 수 있다.

이상 '일상의 반영을 통한 잠언'에서 확인한 시들은 주로 '제가치국'과 '치국평천하'에 인용된 시들이다. 즉, 이들은 『대학』의 8조목 중 '집안을 바르게 하고 나라를 다스린다'는 목표와 '나라를 잘 다스려야 세상을 태평하게 할 수 있다'는 목표를 구체화하는 데 인용되었다. 그 설명은 주로 위정자를 향하고 있지만, 문면에 드러난 지향점은 주로 민중 쪽을 향하고 있다.

이처럼 『대학』의 저자가 세우고자 했던 사상이나 전달하고자 했던 메시지 중에 일상성을 통한 교훈성이 자리 잡고 있었기 때문에 이에 부합하는 글들을 감수성의 총체인 『시경』에서 인용했던 것이다. 일반적으로 이러한 원리를 '단장취의(斷章取義)'라고 한다. 이는 다른 사람의 글이나 말 가운데 본래 뜻과 관계없이 자신의 의도에 맞게 특정 부분만 인용해 자신의 주장을 입증하는 방식을 일컫는데, 대부분 비판적 맥락에서 논의된다.[23] 그러나 『대학』에서는 저자가 유가(儒家) 철학의 근본 취지에 부합되게 이를 인용했다는 점에서 보다 새로운 의미가 있다.

아울러 그 대상으로 누구에게나 동등하게 주어진 일상을 살아가는 민중을 활용하여 위정자에 대한 경계라는 목적을 이루고 있지만, 그 표현을 직설적으로 하지 않고 우회적으로 하고 있다는 점이 특징적이라고 할 수 있다. 그리고 그 우회적 특성은 『시경』 소재 시들의 인용을 통해 실현하였다.

23) 후대에 형성된 유교 경전들은 내용의 적지 않은 부분이 이 원리에 따라 이루어져 있고, 기존 경전의 문구를 인용자의 자의적 해석에 따라 인용하는 이 원리를 전통적 학계에서는 '인경(引經)의 활법(活法)'이라 부르기도 했다. 김기현 지음, 앞의 책, 41~42쪽.

5. 맺음말

이상에서 『대학』이 『시경』에서 인용한 시 구절들을 대상으로 그 함의를 살펴보았다. 그 시 구절들은 크게는 3강령 중 '친민'과 '지어지선'에, 작게는 8조목 중 '제가', '치국', '평천하'에 집중적으로 인용되어 있음을 확인할 수 있었다. 이러한 고찰을 통해 드러난 특성들은 『대학』의 문학적 효용성을 위한 일종의 문학적 장치라고 할 수 있다.

본고에서는 교훈성의 극대화를 실현한 '재도지문', 생물의 상징성을 활용한 명시 효과, 일상의 반영을 통한 잠언의 항목을 설정하여 그 특성을 살펴보았다. 그 결과 확인한 『대학』의 문학적 효용성은 다음과 같다.

첫째, 서정성과 함축성을 동시에 지닌 『시경』의 시 구절을 적절하게 활용함으로써 내용상 교훈성을 극대화시켜 적극적으로 '재도지문'적 성과를 거두고 있다. 둘째, 『시경』에 등장하는 생물 중심의 상징성을 활용하여 전달하려는 내용을 보다 확실하게 보여 줄 수 있는 명시 효과를 거두고 있다. 그리고 이 가운데 첫째 항목은 주로 『대학』의 내용적 측면과 둘째 항목은 형식적 측면과 깊은 연관을 맺고 있다고 하겠다. 셋째, 잠언적 내용에는 일상성과 민중을 반영하여 위정자를 견제하는 한편, 문학적으로도 우회의 방법을 이용함으로써 일정한 문학적 효용성을 얻고 있다.

결국 『시경』 구절의 인용을 통한 내용과 형식적 측면의 적절한 조화가 이루어졌기 때문에 『대학』은 상승효과를 거둘 수 있었고, 가장 체계적으로 유학의 기본 취지와 실천 강령 및 조목을 밝힌 경전이자, 유교 입문서로 자리매김할 수 있었던 것이다. 아울러 바로 이러한 효용성이 있었기 때문에 『대학』은 지식인과 위정자 계층을 초월한 보다 많은 독자를 갖게 되었다고 할 수 있다.

참고문헌

강판권 지음, 『나무열전-나무에 숨겨진 비밀, 역사와 한자』, 글항아리, 2007.

구미래 著, 『한국인의 상징체계』, 교보문고, 1992.

김기현 지음, 『대학-진보의 동아시아적 의미』, 사계절, 2002.

김형태, 「『시명다식(詩名多識)』의 문헌적 특성과 가치 연구(1)」, 『韓國詩歌研究』, 第21輯, 韓國詩歌學會, 2006.

마리안네 보이헤르트 지음, 마리아-테레제 티트마이어 그림, 『Flower&Tree-세상에서 가장 아름다운 꽃과 나무 이야기』, 이은희 · 전경화 옮김, 을유문화사, 2002.

成百曉 譯註, 『懸吐完譯 大學 · 中庸集註』, 전통문화연구회, 1991.

신창호 지음, 『대학(大學)의 교육론 산책』, 내일을 여는 책, 2001.

유협 지음, 『문심조룡(文心雕龍)』, 최동호 역편, 민음사, 1994.

정약용, 『다산문선』, 민족문화추진회 편, 솔, 1997.

丁若鏞 · 丁若銓 저, 『다산서간정선』, 丁海廉 편역주, 現代實學社, 2002.

정학유 지음, 『시명다식』, 허경진 · 김형태 옮김, 한길사, 2007.

조상우, 「『大學』의 '格物致知'를 활용한 글쓰기 전략」, 『東洋古典研究』, 第23輯, 東洋古典學會, 2005.

조용진, 『東洋畵 읽는 법』, 集文堂, 2007.

村山智順, 『朝鮮의 鬼神』, 金禧慶 옮김, 東文選, 1990.

2부

중국적 전개

大學

회암(晦庵) 주희(朱熹)의『대학』해석

– 격물치지론(格物致知論)을 중심으로

서근식 (한림대학교 강사)

1. 머리말

주희(朱熹, 1130~1200)[1)]는 북송오자(北宋五子)의 사상을 이어받아 송대 성리학을 완성하였다. 주희의 학문은 도가 · 불가에 비해 유가의 약점이었던 우주론과 심성론을 보완하였으며, 한 · 당의 훈고학적 한계에서 벗어났다. 그의 학문은 한때 위학(僞學)이라 하여 금서가 되기도 하였지만, 현재까지 동북아시아를 지배하는 가장 주도적인 사상이다. 그의 저술은『사서집주(四書集註)』,『시집전(詩集傳)』,『주역본의(周易本義)』,『역학계몽(易學啓蒙)』,『의례경전통해(儀禮經傳通解)』등과 같은 경학 저술과『주문공문집(朱文公文集)』(본집 100권, 속집 11권, 별집 10권)이 있고, 문인과의 문답을 수록한 여정덕(黎靖德) 편찬의『주자어류(朱子語類)』(140권)가 있다.[2)] 이외에『이정전서(二程全書)』,『근사록(近思錄)』등을 편찬

1) 福建省 尤溪 출신으로 이름은 熹이고, 字는 元晦 · 仲晦, 號는 晦庵 · 晦翁 · 雲谷山人 · 滄洲病叟 · 遯翁이고, 諡號는 文公이고, 후에 太師 · 徽國公이 追贈되었다.

2) 朱熹의 저술들은 여러 출판사에서 출판되었으며, 上海古籍出版社에서 2002년 그의 전

하였다.

주희의 『대학』에 관한 저술로는 『대학장구(大學章句)』와 『대학혹문(大學或問)』이 있으며, 『주자어류』 가운데 『대학어류(大學語類)』가 있다.[3] 본래 『대학』은 『중용』과 더불어 『예기』의 한 편에 불과하였는데, 주희에 의해 독립되어 『사서(四書)』 가운데 하나가 되었다. 그만큼 주희는 『대학』의 중요성을 간파했던 것이다. 주희는 "나는 『대학』에 평생의 정력을 쏟았다. 사마광(司馬光)이 『자치통감(資治通鑑)』을 저술하고 '신의 평생의 정력이 모두 이 책에 있습니다.'라고 하였듯이, 나도 또한 『대학』에 그러하였다."[4]라고 할 만큼 『대학』을 주석하는 데 힘을 기울였다. 즉, 사마광(司馬光, 1019~1086)이 방대한 저술인 『자치통감』(294권)에 쏟은 노력만큼 주희는 짧지만 중요한 『대학』에 힘을 기울였음을 술회한 것이다. 특히, 「격물치지보망장(格物致知補亡章)」을 만들어 『대학』에서 빠진 부분을 보충하려고 하였다. 이 글은 주희의 『대학』 해석의 핵심인 격물치지론을 중심으로 논의를 전개하고자 한다.

주희의 격물치지론은 그의 사상을 이해하는 핵심 가운데 하나이기 때문에 많은 연구 성과가 나왔다. 그중 대표적인 연구 성과로는 김교빈의 「본체론과 심성론을 통해 본 주자의 격물치지 이해-보편과 특수를 중심으로」(『동양철학연구』, 제6집. 동양철학연구회, 1985. 12)와 유석권의 「주희 앎공부의 과제와 방법」(서울대학교 석사학위논문, 1997)과 정상봉의 「주희의 격물치지와 경공부」(『철학』, 제61집, 한국철학회, 1999. 12)와 황

著述과 編纂書를 모아 『朱子全書』(全27冊)로 출판하였다.

3) 이 글에서는 上海古籍出版社에서 刊行한 『朱子全書』(全27冊)를 참고했으며, 면수는 『朱子全書』의 면수를 따랐다. 『大學章句』와 『大學或問』은 第6冊에 실려 있고, 『大學語類』는 第14冊에 실려 있다.

4) 『朱子語類』, 卷十四, 「大學一」, 〈綱領〉, 430쪽. "某於大學用工甚多. 溫公作通鑑言 臣平生精力 盡在此書 某於大學亦然."

금중의 「주자의 공부론 연구」(연세대학교 박사학위논문, 2000)와 성광동의 「주희의 격물치지 연구」(한국정신문화연구원 석사학위논문, 2001)와 이명한의 「주자의 격물치지론 연구」(『중국학보』, 제54집, 한국중국학회, 2006. 12) 등이 있다. 이들 연구들은 주희의 격물치지가 인식론의 관점에 있는가 아니면 공부론의 관점에 있는가에 중점을 두고 있다. 또, 기존의 연구들을 종합하려는 노력도 있다. 이 글은 주희의 격물치지가 인식론과 공부론을 모두 포함하고 있음을 논의하고자 한다.

2. 「격물치지보망장」의 필요성

『대학』은 본래 『예기』의 43번째 편이었다. 이를 주희가 『예기』로부터 독립시켜 경 1장과 전 10장으로 된 『대학장구』로 재편집하였다. 이 과정에서 전5장에 해당하는 부분에 134자[5]가 추가되었는데, 이것이 「격물치지보망장(格物致知補亡章)」이다. 보충한 부분은 다음과 같다.

所謂致知在格物者 言欲致吾之知 在卽物而窮其理也. 蓋人心之靈 莫不有知 而天下之物 莫不有理 惟於理有未窮 故其知有不盡也. 是以 大學始教 必使學者 卽凡天下之物 莫不因其已知之理而益窮之 以求至乎其極. 至於用力之久 而一旦豁然貫通焉 則衆物之表裏精粗 無不到 而吾心之全體大用 無不明矣. 此謂物格 此謂知之至也.(이른바 앎을 지극히 함이 사물의 이치를 궁구함에 있다는 것은, 나의 앎을 지극히 하고자 한다면 사물에 나아가 그 이치를 궁구함에 있음을 말한 것이다. 인심(人心)의 영묘함은 앎이 있지 않음이 없고 천하의 사물은 이치가 있지 않음

5) '此謂知之至也' 부분을 제외하면 실제 보충한 부분은 128字이다.

이 없지마는, 다만 이치를 아직 궁구하지 않음이 있기 때문에 그 앎이 다하지 못함이 있는 것이다. 이 때문에 대학에서 처음 가르칠 때에 반드시 배우는 자들로 하여금 모든 천하의 사물에 나아가서 그 이미 알고 있는 이치로 인하여 더욱 궁구해서 그 지극함에 이름을 구하지 않음이 없게 하는 것이다. 힘쓰기를 오래 해서 하루아침에 활연관통(豁然貫通)함에 이르면, 모든 사물의 표리와 정조가 이르지 않음이 없을 것이요 내 마음의 전체와 대용이 밝지 않음이 없을 것이니, 이것을 격물(格物)이라 이르며 이것을 지지지(知之至)라 이른다.)

그렇다면 과연 주희의 주장대로 이 134자가 필요한 것인가? 왕수인(王守仁, 1472~1528)을 비롯한 후대의 학자들 중에 주희(朱子)가 재편집하기 이전의 『고본대학(古本大學)』이 오류가 없다는 것을 주장하는 것을 보면, 어쩌면 주희의 주장이 틀릴 수도 있다. 주희의 주장이 옳은가 아니면 『고본대학』의 무오류를 주장하는 견해가 옳은지는 아직 논의가 진행 중이고, 본 논문에서 논의하고자 하는 내용도 아니다. 본 논문에서 논의하고자 하는 것은 주희는 왜 134자를 보충해야 했는가라는 문제이다.

주희의 『대학장구』는 단순히 『고본대학』을 경 1장과 전 10장으로 나눈 것이 아니라 개자(改字)를 하기도 하였고 순서를 고치기도 하였다. 주희(朱子)는 다음과 같이 말한다.

이에 하남(河南) 정씨(程氏) 두 선생이 나오시어 맹자의 전함을 이어받아 비로소 이 편을 존신하고 표창하셨으며, 또한 이 편의 흐트러진 차례를 바로잡아 그 돌아갈 곳을 밝히셨다. …… 비록 나는 민첩하지 못한 사람이지만 사숙(私淑)하여 들음에 참여할 수 있었다. 그러나 정리한 책을 고찰해 보면 오히려 잘못된 부분이 있으니, 이에 나의 고루함을 잊고서 여러 학설을 모아 편집하고 그 사이에 조심스럽게 나의 견해를 덧붙여 빠지고 생략된 부분을 보완하고 후

세의 군자를 기다리는 바이다.[6]

『고본대학』의 편차를 수정해야 한다는 견해는 본래 정호(程顥, 1032~1085) · 정이(程頤, 1033~1107) 형제로부터 시작되었다. 주희는 『이정전서』를 편찬하는 과정에서 이에 대해 관심을 두게 되었다. 그러나 주희는 이정(二程)의 견해에 만족할 수 없었다. 이에 직접 『고본대학』을 수정하기에 이르렀다. 수정 작업은 한 번에 끝난 것이 아니라 지속적으로 수정을 했으며, 죽기 3일 전까지 「성의장(誠意章)」의 주해를 개정하였다. 그만큼 주희는 『대학』의 해석에 힘을 쏟았다. 이런 과정에서 주희는 '격물치지'의 해석에 해당하는 134자를 보충하게 된다. 사실 경전의 글자를 수정하거나 보충하는 일은 경전 해석에서 지극히 꺼리는 일이다. 왜냐하면, 자기 입맛에 맞추어 경전을 수정할 가능성이 높기 때문이다. 이러한 폐해는 이미 한나라 훈고학자들에게서 나타난다. 주희도 이러한 사실을 알고 있었다. 그럼에도 정자(程子)의 뜻을 조심스럽게 취하였다고 하면서 경전에서 빠진 내용을 보충하고 있다.

그렇다면, 주희는 무슨 이유로 134자를 추가했는가? 주희는 『대학장구』를 경 1장과 전 10장으로 나누고 전 10장이 경 1장을 설명하는 것이라고 보고 있다. 경문에서는 삼강령과 팔조목이 나와 있는데, 격물치지는 팔조목에 해당하는 것이다. 팔조목은 격물(格物) → 치지(致知) → 성의(誠意) → 정심(正心) → 수신(修身) → 제가(齊家) → 치국(治國) → 평천하(平天下)의 순서로 되어 있다. 그러나 이에 대한 전 10장의 설명을 보면 '성의' 이후의 일에 대해서는 설명이 있지만, 격물치지에 대한 설명은 없다.

6) 『大學章句』, 「大學章句序」, 14쪽. "於是 河南程氏兩夫子出 而有以接乎孟氏之傳 實始尊信此篇而表章之 旣又爲之次其簡編 發其歸趣. …… 雖以熹之不敏 亦幸私淑而與有聞焉. 顧其爲書 猶頗放失 是以忘其固陋 采而輯之 間亦竊附己意 補其闕略 以俟後之君子."

주희로서는 이 부분을 이해할 수 없었을 것이다. 즉, 삼강령과 팔조목 가운데 격물치지에 대한 설명만 빠져 있다는 것을 이해할 수 없었을 것이다. 여기에서 주희가 134자를 보충한 단서를 찾을 수 있다. 격물치지는 '평천하'로 나가기 위한 첫 번째 단계이다. 그만큼 중요한 부분이다. 그러나 주희는 『고본대학』에서 격물치지에 대한 설명을 찾을 수가 없었고, 다만 '此謂知之至也'라는 격물치지와 관련된 실마리만을 찾을 수 있었다. 주희가 생각하기에 '此謂知之至也'라는 구절은 『고본대학』의 어느 구절과도 연결되지 않는 독립된 구절이었다. 격물치지에 대한 설명은 없고 '此謂知之至也'라는 걸맞지 않은 구절을 통해 주희는 '此謂知之至也'가 격물치지의 '치지'와 연결된다는 것을 추론하였을 것이다. 결국, 주희는 『고본대학』에서는 '치지'와 연결될 수 있는 실마리만 찾을 수 있었고 격물치지에 대한 설명을 찾을 수 없게 된 것이다.

주희는 『고본대학』을 『대학장구』로 재편집하면서 삼강령과 팔조목을 강조하고 있다. 그러기 위해서는 "무릇 전문 10장에서 앞의 4장은 삼강령의 취지를 통합하여 논하였고, 뒤의 6장은 팔조목의 공부에 대해서 자세히 논한 것이다."[7]라는 말처럼 경문의 내용과 전문의 내용이 상관관계가 이루어져야 한다. 삼강령과 팔조목 가운데 격물치지를 제외하고는 모두 경문과 전문이 상관관계를 이루도록 배치할 수 있었다. 그러나 『고본대학』에 있는 '此謂知之至也'라는 구절만으로 격물치지를 설명할 수밖에 없었다. 격물치지는 삼강령 가운데 명명덕(明明德)에 해당하는 것이고 팔조목의 첫 부분에 해당한다. 즉, 『대학』의 최종 목표인 '평천하'로 나가기 위한 첫 단계에 해당한다. 격물치지의 단계에서 잘못될 경우 그 이후의 것은 보장받을 수 없다. 따라서 삼강령과 팔조목을 단계적으로 설명하는

7) 『大學章句』, 傳10章, 28쪽. "凡傳十章 前四章 統論綱領指趣 後六章 細論條目工夫."

주희에게 격물치지에 대한 설명은 가장 중요한 부분일 뿐만 아니라 반드시 필요한 부분이다. '此謂知之至也'라는 구절만으로 격물치지를 설명할 수 없었던 주희는 결국 134자를 보충하는 것으로 해결점을 모색하려고 했다.[8] 이 134자를 보충함으로써 『대학장구』는 경 1장과 전 10장의 내용이 삼강령과 팔조목이 긴밀한 상관관계를 갖는 구조가 되었다. 즉, 『대학장구』는 경 1장을 통해 제시된 삼강령과 팔조목이 전 10장을 통해 그 근거와 설명이 제시된 체계가 되었다. 이런 점에서 본다면 「격물치지보망장」 134자는 경전을 훼손시켰다는 희생을 감수하더라도 『대학장구』를 체계를 위해서 반드시 필요한 부분이었다.

「격물치지보망장」 134자를 보충에 대한 찬반 여부를 떠나 주희가 『예기』로부터 『고본대학』을 독립시켜 『대학장구』로 재편집한 것은 후대에 지대한 영향을 주었다. 주희가 평생 『대학』의 올바른 주해를 위해 노력했듯이 주희 이후 수많은 학자들이 『대학』의 해석을 위해 노력했다. 이런

8) 「格物致知補亡章」을 통해 134字를 보충했다고 해서 모든 문제가 해결된 것은 아니다. 134字를 보충함으로써 格物 → 致知의 관계는 설명되었지만, 致知 → 誠意의 관계와 誠意 → 正心의 관계는 아직 보충의 여지가 남아 있기 때문이다. 朱熹가 134字를 보충하게 된 근본적인 이유는 八條目을 格物 → 致知 → 誠意 → 正心 → 修身 → 齊家 → 治國 → 平天下라는 단계로 설정하고 그 가운데 빠져 있는 格物致知에 대한 설명이 필요했기 때문이다. 「格物致知補亡章」은 '所謂致知在格物者'로 시작하고, 傳6章은 '所謂誠其意者'로 시작하고, 傳7章은 '所謂修身在正其心者'로 시작하고, 傳8章은 '所謂齊其家在修其身者'로 시작하고, 傳9章은 '所謂治國必先齊其家者'로 시작하고, 傳10章은 '所謂平天下在治其國者'로 시작한다. 傳7章부터 傳10章까지는 正心 → 修身 → 齊家 → 治國 → 平天下의 관계를 잘 설명해 주고 있다. 朱熹가 제시한 단계적 설명에 의하면 傳5章에 해당하는 「格物致知補亡章」과 傳6章을 통해 格物 → 致知 → 誠意의 관계가 설정되어야만 한다. 그러나 「格物致知補亡章」을 통해 格物 → 致知의 관계는 설명되었지만, 傳文을 통해 致知 → 誠意 → 正心의 관계가 완전하게 설명되고 있지 않다. 즉, 傳文에서는 '所謂誠意在致知者'와 '所謂正心在誠意者'라는 표현을 찾아볼 수 없다. 朱熹는 134字를 보충하는 희생을 감수하면서 八條目을 단계적으로 설명하려고 하지만, 그의 노력은 아직 미완으로 남은 것처럼 보인다.

점에서 본다면, 『대학』을 유가 경전으로서 지위를 확립시키고 그에 대한 연구를 촉발시킨 공은 주희에게 돌려야 할 것이다.

3. 격물치지의 의미

이제 본격적으로 주희가 해석한 격물치지에 대해 살펴보자. 먼저 '격물'에 대해 살펴보자. 주자는 '격물'에 대해 다음과 같이 말한다.

> 격(格)은 이름이요 물(物)은 사(事)와 같으니, 사물의 리(理)를 궁구하여 그 지극한 곳에 이르지 않음이 없고자 하는 것이다.[9]

> 나의 앎을 지극히 하고자 한다면 사물에 나아가 그 리를 궁구함에 있음을 말한 것이다.[10]

> 사물에는 반드시 리가 있으니 모두 마땅히 궁구해야 할 것들이다. 천지는 왜 높고 깊으며 귀신은 왜 그윽하고 현저한가와 같은 것들이 이것이다.[11]

> 천도가 유행하고 조화로써 양육하는데, 천지 사이에 가득 차 있는 소리 · 색 · 모양 · 형상이 있는 것이 모두 물이다.[12]

9) 『大學章句』, 經1章, 註, 17쪽. "格 至也 物 猶事也 窮至事物之理 欲其極處無不到也."

10) 『大學章句』, 「格物致知補亡章」, 20쪽. "言欲致吾之知 在卽物而窮其理也."

11) 『大學或問』, 「大學或問 下」, 525쪽. "物必有理 皆所當窮. 若天地之所以高深 鬼神之所以幽顯 是也."

12) 『大學或問』, 「大學或問 下」, 526쪽. "天道流行 造化發育 凡有聲色貌象而盈於天地之間者 皆物也."

주희는 '격물'을 사물에 나아가 그 리(理)를 궁구하는 것으로 해석하고 있다. 물(物)을 사(事)와 같다고 하여 사물에 대해서 연구하는 것을 의미하는 것 같지만, 단순히 사물만을 뜻하는 것이 아니라 사물 속에 담긴 리를 궁구하는 것이 '격물'의 본래 목적임을 강조하고 있다. 즉, 단순히 사물에 대해 궁구하는 것이 아니라 사물의 리에 대해서 궁구하는 것이다. 이는 '격물'이 단순히 객관적 · 과학적 지식을 습득하기 위한 것이 아님을 의미한다. 그렇다면 그 리를 궁구해야 할 사물의 범위는 어느 정도인가? 주희는 천지 사이에 존재하는 모든 것을 물(物)로 보고 있다. 이는 리를 궁구해야 할 범위가 천지 사이에 있는 모든 사물임을 의미하는 것이다. '격물'이 천지 사이에 존재하는 모든 사물의 리를 궁구하는 것이라면, 사물의 리를 어느 정도까지 궁구해야 하는가? 주희는 다음과 같이 말한다.

> '격물'에서 격(格)은 다함이니, 반드시 사물의 리를 모두 궁구해야 함을 의미한다. 만약 20~30% 정도만 궁구했다면 아직 '격물'한 것이 아니다. 반드시 100% 모두 궁구해야지만 비로소 '격물'한 것이다.[13]

사물의 리를 궁구하는데 있어 그 모두를 궁구해야 함을 강조하고 있다. 만약 궁구함이 100%에 이르지 못한다면 '격물'이라고 할 수 없다. '격물'에서 물(物)이 사물의 리를 의미한다면, 격(格)은 지(至), 궁(窮), 진(盡)의 3가지를 모두 포함하는 의미이다.[14] 즉, 주희가 해석한 '격물'은 사물에 나아가 그 리를 궁구하기를 끝까지 한다는 의미이다. '격물'이 천지 사이에 존재하는 모든 사물의 리를 궁구하는 것이라면 '격물'이라는 표현보

13) 『朱子語類』, 卷十五, 「大學二」, 〈經下〉, 463쪽. "格物者 格盡也 須是窮盡事物之理. 若是窮得三兩分 便未是格物. 須是窮盡得到十分 方是格物."

14) 成光洞, 「주희의 格物致知 연구」, 韓國精神文化硏究院 碩士學位論文, 16~17쪽을 참조.

다는 '궁리(窮理)'라는 표현이 적합할 것이다. 그렇다면 왜 '궁리'라고 하지 않고 '격물'이라고 한 것일까? 주희는 다음과 같이 말한다.

> 『대학』에서 '궁리(窮理)' 라고 말하지 않고 '격물' 이라고 말한 것은 사람들로 하여금 사물상에 나가 이해하게 하기 위함이니 이렇게 해야만 실체를 얻을 수 있다.[15]

> '격물' 은 '궁리' 라고 말해서는 안 되고 '격물' 이라고 말해야 한다. 대개 '리' 라고 말하면 구체적인 세계에서 벗어나지만 '물' 이라고 말하면 '리' 가 스스로 거기에 있어 구체적인 세계를 벗어나지 않는다.[16]

만약 '격물'이라고 하지 않고 '궁리'라고 한다면 구체적인 세계에서 벗어난 것을 궁구하는 것이 된다. 즉, '궁리'라고 하지 않고 '격물'이라고 한 것은 궁구해야 할 대상이 구체적인 세계에 있는 사물이기 때문이다. '궁리'라고 하면 사물의 리만을 의미하지만, '격물'이라고 하면 사물에는 반드시 리가 있기 때문에 구체적인 사물과 리를 모두 의미하게 된다. 주희는 궁구해야 할 대상을 사물의 리로 보고 있지만, 그 궁구하는 리가 구체적인 세계를 벗어난 것이 아님을 강조하고 있다. 이는 구체적인 세계에서 벗어난 것을 궁구하는 도가와 불가 같은 허학(虛學)을 비판하기 위한 목적도 담고 있다. 즉, '격물'이란 구체적인 사물에 나가 그 리를 궁구하는 '실학(實學)' 임을 강조한 것이다. 주희가 궁구해야 할 대상이 객관적 사물

15) 『朱子語類』, 卷十五, 「大學二」, 〈經下〉, 469쪽. "大學不說窮理 只說箇格物 便是要人就事物上理會 如此方見得實體."

16) 『朱子語類』, 卷十五, 「大學二」, 〈經下〉, 469쪽. "格物 不說窮理 言格物. 蓋言理 則無可捉摸 物有時而離 言物 則理自在 自是離不得."

이 아니라 사물의 리라고 하면서도 '궁리'라는 표현 대신 '격물'이라는 표현을 강조한 것도 그가 추구하는 학문이 허학이 아니라 실학임을 강조하기 위해서이다. 이는 또, '상달(上達)'만을 강조하는 도가와 불가 달리 유가는 '하학(下學)'과 '상달'을 모두 강조함[17]을 보이기 위한 것이기도 하다.

주희가 해석한 '격물'에 대해 우리는 두 가지 질문을 할 수 있다. 과연 천지 사이에 존재하는 모든 사물의 리를 궁구할 필요가 있는가? 또, 천지 사이에 존재하는 모든 사물의 리를 궁구할 수 있는가? 첫 번째 질문은 '명덕(明德)'과 관련한 질문이고, 두 번째 질문은 만물의 리와 관련한 질문이다. 먼저 첫 번째 질문부터 살펴보자. 주희는 '명덕'을 "명덕은 인간이 하늘로부터 얻은 것으로 허령(虛靈)하고 불매(不昧)하여, 모든 이치를 갖추고 있어 모든 일에 응할 수 있다."[18]라고 주석하고 있다. 인간이 '具衆理而應萬事'할 수 있는 존재라면 '격물'을 하지 않아도 된다. 그렇다면 '격물'이 팔조목 가운데 첫 번째 단계일 필요가 없어진다. 인간이 '具衆理而應萬事'한 존재임에도 불구하고 '격물'을 해야 하는 이유에 대해 주희는 다음과 같이 말한다.

> 인심(人心)의 영묘함은 앎이 있지 않음이 없고 천하의 사물은 리가 있지 않음이 없건마는, 다만 리를 아직 궁구하지 못함이 있기 때문에 그 앎이 다하지 못함이 있는 것이다. 그러므로, 『대학』에서의 첫 가르침은 반드시 배우는 자들로 하여금 모든 천하의 사물에 나아가서 그 이미 알고 있는 리로 인하여 더욱 궁구하여 그 지극함에 이름을 구하지 않음이 없게 하는 것이다.[19]

---

17) 卽物窮理에서 卽物은 下學에 해당되고 窮理의 上達에 해당된다고 볼 수 있다.

18) 『大學章句』, 經1章, 註, 16쪽. "明德者 人之所得乎天而虛靈不昧 以具衆理而應萬事者也."

19) 『大學章句』, 「格物致知補亡章」, 20쪽. "蓋人心之靈 莫不有知 而天下之物 莫不有理 惟於

'궁리'라는 것은 이미 알고 있는 것으로부터 아직 알지 못하는 것에 미치는 것이고, 이미 도달한 것으로부터 아직 도달하지 않은 것에 미치는 것이다. 인간의 '양지(良知)'는 본래 고유(固有)한 것이다. 그러나 리를 궁구하지 못하는 사람은 단지 이미 알고 있는 것과 이미 도달한 것에 만족하여, 아직 알지 못하는 것과 아직 도달하지 않은 것을 궁구하지 못한다. 그러므로 한 부분을 깨달았을 때 제대로 하지 않고 또 다른 것을 깨닫는 것은 리에 정밀하지 못하기 때문이다. 그러므로 매일 거듭해서 공부해야 한다.[20]

주희는 인간의 영묘함이나 '양지(良知)'의 입장에서 본다면 앎이 이미 인간에게 내재해 있는 것이지만 아직 궁구하지 못한 리가 있기 때문에 '격물'을 해야 한다고 주장한다. 즉, 인간은 영묘하여서 '양지'라고 하는 배우지 않아도 이미 알고 있는 것이 있지만, 아직 알지 못하고 아직 도달하지 않은 것이 있기 때문에 '격물'을 통해 알아 가야 한다. 만약 '양지'만을 가지고 모든 것을 알았다고 한다면 인간에게 내재하여 있는 앎만 알 수 있을 뿐이고 객관 세계에 대한 지식은 알 수 없다. 주희는 내가 이미 알고 있는 '양지'를 바탕으로 객관 세계를 '격물'할 것을 강조한다. 나의 주관적 앎만을 가지고 리를 파악하려고 하면 그 리를 정밀하게 궁구하는 것이 못 된다. 리를 정밀하게 궁구하기 위해서는 나의 주관적 앎과 객관적 지식이 모두 필요하다. 주관적 앎은 '양지'로 내재되어 있지만, 객관적 지식을 '격물'을 통해 확장해야 한다. 그러므로 매일 격물공부(格物工夫)를 통해 객관적 지식을 확장해야만 하는 것이다. 주희는 주관적 앎과 객관적

理 有未窮 故其知有不盡也. 是以大學始教 必使學者 卽凡天下之物 莫不因其已知之理而益窮之 以求至乎其極."

20) 『朱子語類』, 卷十八, 「大學五」, 〈或問下〉, 599쪽. "窮理者 因其所已知而及其所未知 因其所已達而及其所未達. 人之良知 本所固有. 然不能窮理者 只是足於已知已達 而不能窮其未知未達. 故見得一截 不曾又見得一截 此其所以於理未精也. 然仍須工夫日日增加."

지식의 합일을 통해 진정한 앎을 추구하려고 하였던 것이다. 그렇다면 주관적 앎과 객관적 지식의 합일을 위해 객관 세계에 존재하는 모든 사물의 리를 궁구할 수 있는가? 만약 객관 세계에 존재하는 모든 사물의 리를 궁구해야 한다면 이는 불가능한 일일 것이다. 주희는 이에 대해 다음과 같이 말한다.

> '궁리'는 반드시 천하의 리를 모두 궁구하라는 것이 아니며, 또한 단지 하나의 리를 궁구하면 모든 곳에 이른다는 것도 아니다.[21)]

> '격물'은 천하의 사물을 모두 궁구하라는 것이 아니라 단지 하나의 일을 지극히 궁구하면 그 밖의 것들은 유추할 수 있다.[22)]

> 이른바 '반드시 천하의 리를 모두 궁구할 필요가 없다.'는 것은 10가지 일에 이미 8, 9를 궁구하여 얻었다면 그 나머지 1, 2는 비록 아직 궁구하지 못하였더라도 장차 모두 모여져 스스로 얻을 수 있을 것이다.[23)]

주희는 유추법(類推法)을 통해 이를 해결하려고 하였다. 실제 천하 모든 사물의 리를 궁구한다는 것은 불가능한 일이다. 또, 하나의 리를 궁구하여 모든 것에 적용할 수도 없다. 어느 정도의 리를 궁구했다면 나머지는 유추를 통해 파악할 수 있게 된다. 주희는 천하의 모든 사물의 리를 궁구할 수는 없지만, 유추를 통해 이를 보완하려고 한 것이다. 여기서 주목

---

21) 『大學或問』, 「大學或問 下」, 525쪽. "窮理者 非謂必盡窮天下之理 又非謂止窮得一理便到."

22) 『大學或問』, 「大學或問 下」, 525쪽. "格物 非欲盡窮天下之物 但於一事上窮盡 其他可以類推."

23) 『朱子語類』, 卷十八, 「大學五」, 〈或問下〉, 604쪽. "所謂不必盡窮天下之物者 如十事已窮得八九 則其一二雖未窮得 將來湊會 都自見得."

해야 할 점은 유추법을 적용하기 전에 반드시 먼저 지극히 궁구해야 함을 강조한 점이다. 사물의 리를 궁구할 때 반드시 그 사물의 리를 모두 궁구한 이후에 유추를 적용할 수 있다. 만약 사물의 리를 모두 궁구하지 않고 유추를 적용한다면 그 사물의 리도 제대로 궁구하지 못할 뿐만 아니라 유추도 올바르게 이루어질 수 없다. 이는 주희가 '격(格)'자에 '진(盡)'의 의미를 포함한 것과도 관련된다. 주희는 하나하나 사물의 리를 궁구해 나가다 보면 그것을 바탕으로 나머지 것들은 유추할 수 있다고 보았다. 이는 리일분수(理一分殊)로도 설명할 수 있다. 리일분수설에 따르면 리에는 개별적인 사물을 초월하는 보편적인 리인 통체일태극(統體一太極, 理一之理)이 있으며 개별적인 사물에 내재하여 있는 개별적인 리인 각구일태극(各具一太極, 分殊之理)이 있다. 리일분수는 각구일태극과 통체일태극이 동일하지만 현상으로 드러날 때 각구일태극의 형태로 드러남을 밝힌 것이다. '격물'은 현상으로 드러난 다양한 존재들의 리를 궁구하는 것이다. 다양한 존재들의 리를 궁구한다는 것은 결국 보편적인 리를 궁구하는 것과 같은 것이므로, '격물'은 다양한 존재들의 리를 궁구하는 것을 넘어 보편적인 리를 궁구하는 것이다. 즉, 유추법이 가능한 이유는 '격물'이 다양한 사물들을 궁구하지만, 그 각각의 사물들에는 보편적인 리가 내재하기 때문이다.[24)]

다음으로 '치지'에 대해 살펴보자. '치지'는 '격물'의 연장선에서 이해될 수 있다. '치지'를 주희는 다음과 같이 해석한다.

> 치(致)는 미루어 지극히 함이요 지(知)는 식(識)과 같으니, 나의 지식을 미루

---

24) 金敎斌, 「本體論과 心性論을 통해 본 朱子의 格物致知이해-보편과 특수를 중심으로」, 『東洋哲學硏究』, 第6輯, 東洋哲學硏究會, 1985. 12. 181~183쪽과 鄭相峯, 「주희의 격물치지와 경공부」, 『哲學』, 第61輯, 韓國哲學會, 1999. 12. 9~11쪽을 참조.

어 지극히 하여 그 아는 바가 다하지 않음이 없고자 하는 것이다.[25)]

'치지'는 '진지(眞知)'를 구하기 위한 것이다. '진지'는 반드시 철저히 꿰뚫어 아는 것이다.[26)]

'격물'은 물(物)을 좇아 이르는 것이고, '치지'는 얻은 것을 미루어 점차 넓혀 가는 것이다.[27)]

'치지'는 '격물'을 통해 얻을 지식을 지극히 하는 것이다. 즉, '격물'이 하나하나를 모으는 단계라면 '치지'는 그것을 종합하여 완성하는 단계인 것이다. '격물'이 앎을 향해 가는 과정이고 '치지'가 앎의 완성이라면 '격물'과 '치지'는 서로 독립된 것이 아니라 하나의 일이다. 즉, '격물'한 후에 '치지'가 이루어지는 것이 아니라 '격물'과 '치지'는 하나의 일로 보아야 한다. 주희가 "'치지'·'격물'은 하나이다."[28)]라고 한 것도 이러한 이유에서이다. 그렇다면 '격물'과 '치지'를 통해 얻은 앎은 어떤 것인가? 주희는 '진지(眞知)'라고 하였다. '진지'는 단편적인 지식들이 모여 이루어진 것이 아니다. '진지'는 확실하고 진실하게 아는 것이다. 주희는 '치지'의 목적이 단편적인 지식들의 총합을 구하려고 한 것이 아니라 '진지'를 구하기 위한 것임을 강조였다. 즉, 인간에게 내재하여 있는 '양지'와 '격물'을 통해 얻은 객관적 지식을 통해 '진지'를 얻어야 함을 강조한 것이

25) 『大學章句』, 經1章, 註, 16쪽. "致 推極也 知 猶識也 推極吾之知識 欲其所知無不盡也."
26) 『朱子語類』, 卷十五, 「大學二」, 〈經下〉, 462쪽. "致知所以求爲眞知. 眞知 是要徹骨都見得透."
27) 『朱子語類』, 卷十五, 「大學二」, 〈經下〉, 471쪽. "格物 是逐物格將去 致知 則是推得漸廣."
28) 『朱子語類』, 卷十五, 「大學二」, 〈經下〉, 471쪽. "致知格物 只是一箇."

다. 이렇게 얻은 '진지'는 사적인 뜻이 개입될 여지가 없다. 사적인 뜻이 개입될 여지가 없다는 것은 그 앎이 개인적인 지식이 아니라 보편적인 앎이라는 것이다.[29] 결국 '치지'는 보편적인 앎을 구하기 위한 단계라고 할 수 있다.

주희는 격물치지를 통해 '양지'와 객관 세계의 지식을 통합하려고 했다. 즉, 자신의 앎을 '진지'의 경지까지 이를 수 있도록 하고자 했다. '진지'는 사적인 뜻이 개입할 수 없는 앎이므로 보편적인 앎과 같다. 결국, 주희가 격물치지를 통해 추구하려고 했던 것은 보편적인 앎이라고 할 수 있다. 이것을 통해 주희는 '평천하'로 나가는 밑거름을 삼으려고 했던 것이다.

4. 활연관통의 의미

격물치지는 활연관통(豁然貫通)을 통해 완성된다. 격물치지는 외부로부터 지식을 얻어 나의 앎을 지극히 하는 것이다. 그렇다면 격물치지를 통해 어느 정도까지 외부의 지식을 습득해야 하는가? 나의 앎이 지극히 되어 활연관통하는 정도에 이를 때까지 격물치지를 통해 외부의 지식을 습득해야 한다. 주희는 활연관통에 대해 다음과 같이 말한다.

> 그리하여 힘쓰기를 오래 하여 어느 날 활연히 관통함에 이르면, 모든 사물의 표리와 정조가 이르지 않음이 없을 것이며 내 마음의 전체와 대용이 밝지 않음

29) 格物을 통해 얻어지는 지식은 개별 事物들에 대한 理(分殊之理)이지만 그 속에 보편적인 理가 내재해 있으므로 결국 보편적인 理(理一之理)에 다가가게 된다.

이 없을 것이니, 이것을 '格物'이라고 하고 이것을 '知之至'라고 하는 것이다.[30)]

물었다. : 이천(伊川) 선생께서 "오늘 한 건을 궁구하고 내일 한 건을 궁구하라."라고 말씀하셨는데, 어떻게 공부해야 합니다. 말씀하셨다. : 책을 읽는 것으로 예를 들면, 오늘 한 단락을 보고 내일 한 단락을 보는 것과 같다. 또, 오늘 하나의 일을 이해하고 내일 또 다른 하나의 일을 이해해서 많이 축적된 이후에 자연히 꿰뚫는 것과 같다.[31)]

주희는 활연관통의 경지가 하루아침에 이루어지는 것이 아니라 오랜 시간 동안 격물치지를 통해 힘써야만 이룰 수 있는 경지라고 하였다. 이는 외부의 지식을 꾸준히 습득한 이후에 활연관통에 경지에 이를 수 있음을 강조한 것이다. 이것은 '하학(下學)'을 통해 '상달(上達)'에 이르는 공부라고 할 수 있다. 즉, 격물치지는 '하학'에 해당하고 활연관통은 '상달'에 해당한다고 할 수 있다. 활연관통이라는 표현 자체는 어느 날 갑자기 깨닫는다는 의미로 불교에서 말하는 돈오(頓悟)와 비슷한 의미이다. 그러나 주희는 활연관통하기 위한 조건으로 격물치지를 말한다. 즉, 오랜 시간 격물치지를 해야만 활연관통할 수 있는 것이다. 이는 격물치지 없는 활연관통은 있을 수 없음을 강조한 것으로 '하학' 없는 '상달'은 있을 수 없음을 나타낸 것이다. 즉, 반드시 '하학'을 통해 '상달'에 이르러야 함을 강조한 것이다.

---

30) 『大學章句』, 「格物致知補亡章」, 20쪽. "至於用力之久 而一旦豁然貫通焉 則衆物之表裏精粗 無不到 而吾心之全體大用 無不明矣 此謂物格 此謂知之至也."

31) 『朱子語類』, 卷十八, 「大學五」, 〈或問下〉, 599쪽. "問 伊川說 今日格一件 明日格一件. 工夫如何. 曰 如讀書 今日看一段 明日看一段. 又如今日理會一事 明日理會一事 積習多後 自然通貫."

그렇다면 주희가 격물치지에서 끝내지 않고 활연관통을 말한 것은 무엇 때문인가?[32] 주희는 활연관통을 통해 질적인 변화를 나타내려고 했던 것 같다. 격물치지는 객관 세계의 지식을 양적으로 축적하는 것이다. 즉, 격물치지는 천지 사이에 존재하는 사물들의 리를 궁구함으로써 객관 세계의 지식을 양적으로 늘리는 과정이다. 활연관통은 격물치지를 통해 얻어진 지식을 질적으로 변화시키는 과정이다. 또한, 활연관통은 외면에서 내면으로의 귀결이라고 볼 수도 있다. 격물치지가 객관 세계의 지식을 습득하는 것이라면 활연관통은 그 습득한 지식을 내면화하는 과정이다. 즉, 활연관통은 외면과 내면이 하나가 되는 경지이다. 주희는 폭넓게 외부 세계를 궁구하여 이것을 내면으로 수렴하는 공부 방법을 강조하고자 한 것이다. 격물치지만으로 끝났다면 외부 세계를 궁구하는 하학공부(下學工夫)에 그쳤을 것이다. 활연관통을 통해 비로소 하학공부를 통한 상달공부(上達工夫)에 이를 수 있게 되었다. 이런 이유 때문에 주희는 '치지'의 단계에서 질적으로 발전하는 활연관통의 경지를 말한 것이다.

또, 활연관통의 경지는 리일분수와도 연결된다. 격물치지는 천지에 존재하는 사물들의 리(分殊之理)를 궁구해 가는 과정이다. 활연관통은 보편적인 리(理一之理)와 하나가 되기 위한 과정이다. 즉, 격물치지가 각 존재물들에 내재해 있는 리(分殊之理)를 궁구하는 것이라면 활연관통은 보편적인 리(理一之理)와 하나가 되기 위한 것이다. 주희는 격물치지를 통해서는 구체적인 세계의 리(分殊之理)를 궁구하고자 했고, 활연관통을 통해서

32) 金敎斌은 豁然貫通의 의미를 3가지로 언급하였다.(金敎斌, 「本體論과 心性論을 통해 본 朱子의 格物致知이해」, 『東洋哲學研究』, 第6輯, 東洋哲學研究會, 1985. 12. 202~204쪽 참조) 첫째, 기질지성을 지닌 특수자가 그 개체의 특수성을 극복하고 보편을 인식하는 것을 의미한다. 둘째, 外面에서 內面으로의 회귀이니 已發의 상태에서 未發의 본래성으로 돌아간 것이다. 셋째, 漸修를 통해 頓悟에 이른다고 했듯이 思考의 양적 증대를 통해 가져온 질적 변화이다.

는 전체를 아우르는 보편적인 리(理一之理)를 깨닫고자 하였다. 활연관통은 격물치지를 통해 이루어지는 것이므로 결국 분수지리(分殊之理)와 리일지리(理一之理)가 하나가 되는 지점이 된다. 여기서 중요한 점은 활연관통이 격물치지를 통해 이루어진다는 점이다. 깨달음이 활연관통만으로 이루어진다면 이는 공허한 리일 수 있다. 그러나 격물치지를 통해 객관 세계의 존재물에 대해 궁구하였기 때문에 '실리(實理)'가 될 수 있다. 리일지리에 대한 깨달음도 분수지리를 전제하고 있기 때문에 '실리'일 수 있게 된다. 이는 하학공부를 통해 상달공부로 나아가는 공부론을 강조하는 주희에게 있어서 당연한 귀결이다. 즉, 활연관통을 통해 보편으로의 귀결을 의도하지만, 그것이 '실리'일 수 있는 것은 하학공부 즉 격물치지의 단계에서 객관 세계의 존재물들에 대한 리를 궁구하는 과정을 거쳤기 때문에 가능한 것이다.

그렇다면, 활연관통의 경지는 어떤 경지인가? 주희는 활연관통의 경지에 이르게 되면 모든 사물의 표리와 정조를 모두 이해할 수 있고, 내 마음의 전체(全體)와 대용(大用)이 모두 밝아진다고 하였다. 여기서 중요한 부분은 내 마음의 전체와 대용이 모두 밝아진다는 부분이다. 朱子는 또 다음과 같이 말한다.

> 어떤 사람이 물었다. "물(物)을 관찰하고 나를 관찰하는 것은 어찌 물을 관찰한 것을 바탕으로 하여 돌이켜 자신에게서 구하는 것이 아니겠습니까?" 대답하였다. "반드시 그럴 필요는 없다. 물·아는 하나의 리이므로 저것이 밝혀지자마자 이것을 깨닫게 되니 이것이 내외의 도를 합하는 것이다.[33]

33) 『大學或問』, 「大學或問 下」, 525쪽. "或問 觀物察己者 豈因見物而反求諸己乎. 曰 不必然也. 物我一理 纔明彼卽曉此 此合內外之道也."

『대학』의 '在明明德' 한 구절은 마땅히 항상 마음에 새겨 두어야 한다. …… 사람은 하나의 마음으로 근본을 삼는다. 그 마음을 보존하면 사물에 대해서 맥락이 관통하고 있음을 알 수 있다.[34)]

마음을 잘 보존하라고 말하고 있는데 여기서 마음이란 '명덕(明德)'을 뜻한다. 주희는 '명덕'을 "인간이 하늘로부터 얻은 것으로 허령(虛靈)하고 불매(不昧)하여, 모든 이치를 갖추고 있어 모든 일에 응할 수 있다."[35)] 라고 주석하였다. '명덕'이 '具衆理而應萬事' 할 수 있는 것이라면 활연관통의 경지는 바로 '명덕'과 같은 의미이다. 즉, 격물치지를 통해 도달한 활연관통의 경지는 삼강령 가운데 '명명덕(明明德)'의 단계에 해당하는 것이다. 또, 활연관통의 경지는 사물들의 리를 넘어 보편적인 리와 내가 하나가 되는 경지이다. 내가 보편적인 리와 하나가 된다는 것은 나의 리(明德)와 보편적인 리가 하나가 된다는 것이다. 이는 내 마음의 준칙과 보편적인 리가 하나가 된다는 의미이다. 또, 나의 리와 보편적인 리가 하나가 된다는 것은 각 존재물들의 리와도 하나가 된다는 것을 의미한다. 결국, 나의 리는 보편적인 리뿐만 아니라 사물 각각의 리와도 맥락이 연결된다. 이는 내 마음 속의 준칙이 보편성을 갖는다는 의미이다. 나는 이러한 준칙을 통해 외부에서 벌어지는 모든 상황에 대처하고 처리할 수 있게 된다.

활연관통은 격물치지에서 양적으로 축적된 것이 질적으로 변화하는 과정이다. 이런 점에서 본다면 활연관통은 격물치지의 연장선에서 이해해야 한다. 그렇다고 격물치지에 완전히 종속되는 것은 아니다. 활연관통

34) 『朱子語類』, 卷十四, 「大學一」, 〈經上〉, 433쪽. "大學在明明德一句 當常常提撕. …… 人只一心爲本. 存得此心 於事物方知有脈絡貫通處."

35) 『大學章句』, 經1章, 註, 16쪽. "人之所得乎天而虛靈不昧 以具衆理而應萬事者也."

은 어느 날 갑자기 깨닫게 된다는 의미로 '상달'의 의미가 있지만, 격물치지를 통해 이루어진다는 점에서는 '하학'의 단계를 거친 것이라고 할 수 있다. 공부론의 관점에서 본다면 활연관통은 하학공부를 거쳐 상달공부의 단계에 이른 것이다. 활연관통은 나의 리와 보편적인 리가 하나가 되는 것이고, 또 각 존재물들의 리와도 하나가 됨을 의미한다. 이는 나의 준칙(明德, 理)이 보편성을 갖는다는 의미이고, 외부에서 벌어지는 모든 상황에 대처할 능력을 갖추게 됨을 의미한다.

5. 격물치지와 지선(至善)

주희는 「격물치지보망장」을 만들어 134자를 추가하면서까지 격물치지를 중요시했다. 그렇다면 격물치지의 최종 목표는 무엇인가? 주희는 다음과 같이 말한다.

> 제5장은 선(善)을 밝히는 요체요 제6장은 몸을 성실히 하는 근본이니, 초학자에게 있어서 더욱 마땅히 힘써야 할 급선무가 된다.[36]

> '치지'의 요점은 마땅히 '지선(至善)'의 소재를 아는 것에 있다.[37]

주희는 격물치지의 최종 목표를 '지선(至善)'에 두고 있다.[38] 격물치지

36) 『大學章句』, 傳10章, 28쪽. "其第五章 乃明善之要 第六章 乃誠身之本 在初學 尤爲當務之急."

37) 『大學或問』, 「大學或問 下」, 526쪽. "致知之要 當知至善之所在."

38) 朱熹의 『大學章句』뿐만 아니라 『古本大學』 역시 최종 목표는 至善에 있다.

는 팔조목으로 본다면 첫 번째와 두 번째 조목이 되고, 삼강령으로 본다면 '명명덕'에 해당한다. 그렇다면 팔조목과 삼강령의 최종 목표는 무엇인가? 팔조목에서는 '평천하'이고 삼강령에서는 '지어지선'이다. 즉, 팔조목과 삼강령 모두 '지선'을 최종 목표로 삼고 있다. 또한, 주희는 제10장 끝 부분에 맺음말 형식으로 『대학』의 전 10장에 대한 총평을 하고 있는데, 여기에서 「격물치지보망장」에 해당하는 제5장에 대해 '선(善)을 밝히는 요체'라고 밝혀 놓았다. 이런 점에서 본다면 주희가 해석한 격물치지의 최종 목표는 분명히 '지선'이다.

그렇다면 격물치지가 '지선'과 어떻게 연결되는가? 주희는 '격물'을 해야 하는 이유를 각 사물들의 리를 궁구하기 위해서라고 하고 있으며, '치지'는 이로부터 얻은 지식을 지극히 하는 것이다. 나의 앎을 지극히 해야 하는 이유는 무엇인가? 나의 앎을 지극히 해야 하는 이유는 '지선'의 소재를 알기 위해서이다. 즉, 격물치지를 통해 나의 앎을 지극히 해서 그 앎을 바탕으로 '지선'의 소재를 찾기 위한 것이다. 격물치지의 최종 목표가 '지선'을 찾는 것이라면, 격물치지는 지식의 습득이라는 인식론적 목적에서 필요할 뿐만 아니라 '지선'을 찾기 위한 윤리적 목적에서 필요한 것이다. 활연관통 역시 '지선'과 연결된다. 활연관통은 '지선'의 소재를 찾기 위한 자격 조건이 완전히 갖추어진 상태를 뜻한다.

여기에서 주목해야 하는 점은 사실과 가치의 문제이다. 사물의 리를 궁구하는 인식론적 입장이 어떻게 '지선'의 소재를 찾는 가치의 문제와 연결되는가? 주희는 사실과 가치의 문제를 구분 없이 사용했던 것 같다. 즉, 격물치지를 통해 앎을 지극히 하는 것과 '지선'의 소재를 찾는 것이 별개의 문제가 아니라고 여긴 것이다.[39] 주희에 있어서 앎이란 선악을 구분하

39) "子曰 歲寒然後 知松柏之後彫."(『論語』, 「子罕」, 27장)라는 구절을 보자. 여기서 松·柏

는 도덕적 · 윤리적 가치판단을 위해 필요한 것이다. 나의 앎이 지극하지 못하면 선악을 올바로 구분할 수 없으므로 나의 앎을 지극히 할 필요가 있는 것이다. 격물치지를 거쳐 활연관통의 경지에 이르게 되면 '지선'의 소재를 파악할 수 있는 최고의 경지에 이른 것이다. 또, 활연관통의 경지에 이르면 내 마음속의 준칙이 보편성을 갖기 때문에 내 마음속의 준칙이 곧 '지선'과 연결된다. 이는 나의 리가 보편적인 리와 하나가 될 수 있기 때문에 가능하다. 그렇다면 나에게는 이미 '명덕'이 있는데, 격물치지를 통하지 않고 '명덕'으로 '지선'의 소재를 알 수는 없는 것인가? 주희는 다음과 같이 말한다.

물었다. : '명덕'과 '지선'은 하나라고 할 수 있지 않습니까? 대답하셨다. : '지선'은 '명덕' 가운데 지극한 곳이다.[40]

물었다. : '지선'은 '명덕' 외에 별도로 선(善)이라고 불리는 것이 따로 있는 것이 아니라 '명덕' 가운데 지극한 곳에 이른 것을 말하는 것입니까? 대답하셨다. : 그렇다. '명덕' 가운데에도 '지선'이 있고 '신민(新民)' 가운데에도 '지선'이 있으니, 모두 지극한 것에 도달해야만 한다.[41]

이 사시사철 푸르다는 것은 사실의 문제이다. 그러나 孔子가 이 말을 한 것은 松 · 柏이 사시사철 푸르다는 것을 말하기 위한 것은 아니다. 여기서 松 · 柏은 忠臣과 君子의 德을 나타내기 위해 언급한 것이다. 즉, '사실'에 있어서는 사철나무인 松 · 柏을 가리키지만, 그 속에는 변하지 않는 忠臣과 君子의 德이라는 '가치'가 담겨 있다. 이는 사실과 가치를 혼동해서가 아니라 사실과 가치를 동일선상에서 놓고 보기 때문이다. 식물 혹은 동물에 擬人化를 시켜 가치를 부여하는 것과 같은 의미이다.

40) 『朱子語類』, 卷十四, 「大學一」, 〈經上〉, 443쪽. "問 明德至善 莫是一个否. 曰 至善是明德中有此極至處."

41) 『朱子語類』, 卷十四, 「大學一」, 〈經上〉, 443쪽. "問 至善 不是明德外別有所謂善 只就明德中到極處便是否. 曰 是. 明德中也有至善 新民中也有至善 皆要到那極處."

주희는 '명덕' 가운데에도 '지선'이 있다고 하였다. 그러나 '명덕' 가운데 있는 '지선'은 지극한 곳에 이르러야만 한다. 이 지극한 곳에 이르는데 필요한 것이 격물치지라는 과정이다. '지선'은 삼강령과 팔조목 어디에도 있는 것이지만, '지선'에 도달하기 위해서는 반드시 격물치지의 과정을 거쳐야만 한다. 주희가 "'치지'의 요점은 '지선'의 소재를 아는 것에 있다."라고 한 이유도 여기에 있다. 결국 '지선'의 소재를 파악하기 위해서는 반드시 격물치지라는 단계를 거쳐야 하는 것이다. 따라서 격물치지는 삼강령과 팔조목에서 '지선'의 경지에 이르는 데 반드시 필요한 조건이 된다. 격물치지가 '지선'의 소재를 알기 위한 것이라면, 활연관통을 통해 얻은 내 마음속의 준칙도 그 기준이 '지선'이 된다. 그러나 이러한 중요성에도 불구하고 『대학』에서 격물치지에 대한 설명은 빠져 있다. 주희는 「격물치지보망장」이라고 하는 134자를 보충함으로써 문제를 해결하려고 한 것이다. 따라서 주희가 「격물치지보망장」을 지은 까닭은 인식론적 목적도 있지만 최종 목적은 윤리적인 것에 있었다.

주희가 격물치지를 통해 도달하려고 한 최종 목표는 '지선'의 소재를 아는 것이다. 주희는 삼강령과 팔조목 모두에 '지선'이 있지만 모두 지극한 곳에 도달해야만 알 수 있다고 하였다. 그 지극한 곳에 있는 '지선'의 소재를 알 수 있는 것은 격물치지를 통해서이다. 이런 점에서 본다면 격물치지는 인식론과 연결될 뿐만 아니라 윤리적 문제와도 연결된다.

6. 맺음말

주희는 본래 『예기』의 43번째 편이었던 「대학」을 독립시켜 경 1장 · 전 10장으로 된 『대학장구』로 재편집하였다. 이 과정에서 「격물치지보망장」

이라고 하는 134자를 보충하였다. 주희가 「격물치지보망장」을 보충한 이유는 격물치지에 대한 설명이 『고본대학』에는 빠져 있다고 생각했기 때문이다. 주희의 이러한 노력은 『대학』을 경전의 지위로 승격시켰으며, 후대 학자들이 『대학』을 깊이 있게 연구하는 계기가 되었다.

'격물'은 천지 사이에 존재하는 사물들의 리를 궁구하는 것이다. '격물'이 사물들의 리를 궁구한다는 의미라면 '궁리'라는 표현이 보다 적합하다. 그러나 '궁리'라고 하지 않고 '격물'이라고 한 것은 사물의 실체를 얻기 위해서라고 주희는 주장한다. 이는 격물치지가 허학이 아닌 실학임을 강조하기 위해서이다. '격물'의 과정을 통해 나의 앎이 지극해지는 단계가 '치지'이다. '치지'는 '격물'을 통해 얻은 지식들을 종합하여 '진지'를 구하는 단계이다. 이 '진지'는 사적인 뜻이 개입할 수 없으므로 보편적인 앎과 같은 것이다. 격물치지를 통해 양적으로 축적된 것은 활연관통을 통해 질적인 변화를 하게 된다. 격물치지가 하학공부라면 활연관통은 상달공부에 해당하는 것이다. 활연관통은 나의 리가 보편적인 리와 하나가 되는 단계로서 내 마음속의 준칙이 보편성을 갖게 되는 단계이다. 즉, 내 마음속의 준칙과 보편적인 준칙이 하나가 됨을 의미한다. 그렇다면 격물치지를 하는 최종 목표는 무엇인가? 격물치지의 최종 목표는 '지선'에 도달하는 것이다. 격물치지가 '지선'을 지향하고 있다면 활연관통을 통해 얻은 내 마음속의 보편적 준칙 또한 '지선'이 그 기준이 된다. 이런 점에서 본다면 주희의 격물치지는 인식론의 측면과 윤리적 측면을 모두 포함하고 있다고 할 수 있다.

주희가 「격물치지보망장」을 보충한 것이 옳은가 그른가를 떠나 주희의 격물치지론은 후대에 지대한 영향을 주었다. 즉, 『대학』을 이해하는데 있어서 주희의 격물치지론은 필수적인 것이 되었다. 특히, 격물치지를 인식의 측면뿐만 아니라 윤리의 측면까지 접목시킨 점은 의미하는 바가 크다.

■ 참고 문헌

朱熹, 『大學章句』, 『朱子全書』(全27册), 中國, 上海古籍出版社, 2002.

朱熹, 『大學或問』, 『朱子全書』(全27册), 中國, 上海古籍出版社, 2002.

黎靖德 編, 『朱子語類』, 『朱子全書』(全27册), 中國, 上海古籍出版社, 2002.

陳來, 『朱子哲學硏究』, 中國, 華東師範大學, 2000.

張立文, 『朱熹思想硏究』, 中國, 社會科學院, 2001.

陳榮捷, 『朱子新探索』, 臺北, 學生書局, 民國77.

錢穆, 『朱子新學案』(全7册), 臺北, 三民書局, 民國69.

劉錫權, 「朱熹 앎공부의 과제와 방법」, 서울大學校 碩士學位論文, 1997.

黃金重, 「朱子의 工夫論 硏究」, 延世大學校 博士學位論文, 2000.

成光洞, 「주희의 格物致知 연구」, 韓國精神文化硏究院 碩士學位論文, 2001.

金敎斌, 「本體論과 心性論을 통해 본 朱子의 格物致知 이해-보편과 특수를 중심으로」, 『東洋哲學硏究』, 第6輯, 東洋哲學硏究會, 1985. 12.

鄭相峯, 「주희의 격물치지와 경공부」, 『哲學』, 第61輯, 韓國哲學會, 1999. 12.

朴性奎, 「주자의 『대학』 격물설과 유학의 부흥」, 『哲學』, 第70輯, 韓國哲學會, 2002년 봄.

李明漢, 「주자의 격물치지론 연구」, 『中國學報』, 第54輯, 韓國中國學會, 2006. 12.

서산(西山) 진덕수(眞德秀)의 『대학(大學)』 해석*

–『대학연의(大學衍義)』를 중심으로

지준호 (서울교육대학교 교수)

1. 서론

『대학연의(大學衍義)』의 편찬자인 서산(西山) 진덕수(眞德秀, 1178~1235)는 남송 시대의 저명한 주자학자로서, 자(字)는 경원(景元)이며 뒤에 희원(希元)으로 고쳤다. 그는 주자의 제자인 첨체인(詹體仁)의 문하생으로 주자의 재전제자(再傳弟子)이며[1] '주자의 학문을 사숙하여 그 종지를 얻은 사람'으로 평가된다.[2] 그러나 이러한 그의 사상사적 위치와 견주어 볼 때, 비록 한국 주자학의 심학적 경향과 관련하여 그의 『심경(心經)』을 연구한 일부의 성과가 있기는 하지만, 『대학연의』 등과 연관된 그의 『대

* 본 연구는 필자의 연구논문 「성리학의 발전에 있어서 『대학연의』의 사상사적 위치」(『동양고전연구』, 45집, 2011) 및 「주자학과 진덕수의 『대학』 이해」(『한국철학논집』, 33집, 2012)를 참조하여 재구성한 것임.

1) 진덕수는 첨체인은 물론, 黃榦, 李燔, 蔡沈, 輔廣, 陳宓, 李方子 등 당시 주자의 제자들과 활발한 교유를 하였다. 이에 관하여는 林日波, 「眞德秀與朱熹弟子交游考」, 『古籍整理研究學刊』, 第2期, 2008 참조.

2) 高令印 · 陳其芳, 『福建朱子學』, 福建人民出版社, 1986, 133쪽.

학』 해석을 총체적으로 살펴볼 수 있는 성과는 수량 면에 있어서 극히 제한적이다.[3]

본 글은 진덕수가 『대학』을 어떻게 이해하였는지를 고찰하고, 아울러 그의 사상이 남송 시대 주자학의 계승과 발전이라는 측면에서 차지하는 위치를 살펴보고자 한다. 이를 위해 「제요(提要)」 등 관련 자료의 운용은 '사고전서본'을 중심으로 하고, 1차 자료인 『대학연의』는 『공자문화대전』 중 '논저류'에 포함된 '북경도서관 소장 원각(元刻) 선본(善本) 영인본' 『대학연의(一)·(二)』를 저본으로 하고, 사고전서본을 부본으로 하였다.

2. 진덕수의 생애와 『대학연의』의 체계

1) 진덕수의 생애

진덕수는 복건(福建)의 포성(浦城) 사람으로, 그의 어린 시절은 가세가 빈궁하여 책을 빌려서 볼 정도로 경제적인 어려움을 겪었다. '15세에 부친이 돌아가자, 가난 중에서도 모친은 교육을 위한 뒷바라지에 힘을 다하였고, 같은 군(郡)에 살던 양규(楊圭)가 책을 주어 공부하게 하고 사위로 삼았다. 경원(慶元) 5년(1199년)에 진사로 등제(登第)하였으며',[4] 이후 천주(泉州)·융흥(隆興)·담주(潭州) 등의 지사를 역임하였고, 1224년 이종(理宗) 즉위 시 중서사인(中書舍人)으로 예부시랑(禮部侍郎)에 발탁되었지

3) 진덕수 연구 현황에 관한 종합적인 안내 자료로는 戴金波, 「眞德秀硏究述評」(湖南大學學報/社會科學版, Vol.22, No.1, 2008)을 대표적으로 들 수 있다.

4) 『宋史』, 卷437, 「列傳」, 第196, 「儒林 七」, '眞德秀' 조. "…… 十五而孤, 母吳氏力貧敎之, 同郡楊圭見而異之, 使歸共諸子學, 卒妻以女. 登慶元五年進士第 ……"

만, 사미원(史彌遠)의 탄핵으로 벼슬자리에서 물러났다. 소정(紹定) 5년(1232년) 이후, 천주(泉州) 및 복주(福州)의 지사와 호부상서(戶部尙書) 등 여러 관직을 역임하였고, 후에 참지정사(參知政事)에 임명되었으나 제수받지 못하고 단평(端平) 2년(1235년) 58세의 나이에 병환으로 졸하였다. 시호는 문충(文忠)이며, 학자들은 서산(西山) 선생이라 칭한다.[5] 명(明) 영종(英宗) 정통(正統)년간 공묘(孔廟)에 종사(從祀)되었다.

진덕수는 남송 시대의 대표적인 학자의 반열에 오른 인물이자 정치적인 감각 또한 탁월하여 많은 치적을 올렸다. 그는 일생 동안 20여 년의 관직 생활을 하였는데, '관직 생활이 채 10년에 이르지도 않은 시기에 이미 주소(奏疏)가 수십만 자에 이르렀으니, 모두 절실한 당시 중요한 임무에 관한 내용들로 직접 조정에 건의한 것'[6]이라고 평가될 정도로 당시의 현실에 깊은 관심을 갖고 활발한 정치적 활동을 하였다. 그러한 그의 정치적 행보는 백성으로부터 신임을 받았으며 명망도 얻었는데, 특히 지방관으로 재임하던 기간, 애민(愛民) 정신에 입각한 유가의 정치적 이상을 실제 정치 가운데 응용하여 백성을 위해 폐해를 제거하고 이익을 증진시켰다. 이러한 그의 정치적 성과는 스승인 첨체인이 강조하여 언급한 '진심(盡心)'과 '평심(平心)'을 자각하고 이를 현실에 응용함으로써 이루어진 것으로 이해된다.[7] 또한, 군사적인 능력을 발휘하여 해적과 도적을 소탕하는 데에도 공을 세웠다. 특히, 몽고의 홍기와 금(金)의 패방으로 이어지는 시기, 금의 멸망을 예견하여 자강책을 강구하는 등 몽고와 금에 대한

5) 『黃宗羲全集』, 浙江古籍出版社, 1992年, 제6책, 178~179쪽, 「西山眞氏學案」 참조.

6) 『宋史』, 卷437, 「列傳」, 第196, 「儒林 七」, '眞德秀' 조. "…… 立朝不滿十年, 奏疏無慮數十萬言, 皆切當世要務, 直聲震朝廷 ……"

7) 『江西通志』, 卷63, 「明宦 七」, 「饒州府」, '詹體仁' 조. "…… 眞德秀嘗問居官莅民之法, 體仁曰: 盡心平心而已, 盡心則無愧, 平心則無偏, 世服其確論云." 『宋史』, 卷393, 「列傳」, 第152, '詹體仁' 조 및 『閩中理學淵源考』, 卷27, '司農詹元善先生體仁' 조.

전략에서 드러나는 그의 대외관은 국외의 정치적 흐름을 이해하는 식견을 담고도 있다.[8)] 학문을 통하여 정치에 참여하고 여러 대민 사업에 전념하는 것은 성리학의 이념을 경세적 측면에서 적극 실천하는 것이다. 낮에는 관리로서 그리고 밤에는 책을 읽는 학자로서, 그는 당시의 현실에 안주하지 않고 부단히 노력하고 개척하는 지성인의 삶을 살아갔다. 이러한 이학적 경세주의의 실천은 주자학의 전체대용(全體大用) 사상을 바탕으로 하고 있다.[9)]

진덕수의 저서로는 『서산갑을고(西山甲乙稿)』, 『대월갑을집(對越甲乙集)』, 『경연강의(經筵講義)』 등이 있다.[10)] 『사고전서』에는 그의 저서 중 『사서집편(四書集編)』[11)], 『대학연의(大學衍義)』, 『서산독서기(西山讀書記)』, 『심경(心經)』, 『정경(政經)』, 『서산문집(西山文集)』, 『문장정종(文章正宗)』, 『속문장정종(續文章正宗)』 등을 수록하고 있다.[12)]

2) 『대학연의』의 체계

『대학연의』는 제왕위치지서(帝王爲治之序, 권1) · 제왕위학지본(帝王爲學之本, 권2~4) · 격물치지지요(格物致知之要, 권5~27) · 성의정심지요

---

8) 진덕수의 대외관에 관하여는 박지훈, 「남송말기 진덕수의 대외관」, 『경기사학』, 3집, 경기사학회, 1999 참조.

9) 이범학, 「진덕수 경세이학의 성립과 그 배경-남송 후기 이학의 관학화와 그 의의」, 『한국학논총』, 20집, 국민대학교 한국학연구소, 1997, 141~150 참조.

10) 『黃宗羲全集』, 浙江古籍出版社, 1992年, 제6책, 179쪽, 「西山眞氏學案」. "所著有西山甲乙稿, 對越甲乙集, 經筵講義等書.(雲濠案: 先生著述尙有四書集編二十六卷, 又文章正宗二十卷, 續集二十卷, 俱內府藏本.)"

11) 『大學衍義』, 「提要」. "德秀有四書集編已著錄."

12) 元의 程端禮 역시 진덕수의 저서로 『集義』 · 『通釋』 · 『講義』를 언급하고 있다. 『讀書分年日程』, 卷一. "仍參看黃勉齋眞德秀集義, 通釋, 講義."

(誠意正心之要, 권28~34) · 수신지요(修身之要, 권35) · 제가지요(齊家之要, 권36~43) 등 6편으로 구성되어 있다. 그중, 제왕위치지서 · 제왕위학지본은 강령에 해당하며, 격물치지지요 · 성의정심지요 · 수신지요 · 제가지요는 조목에 해당한다.[13] 또한, '각각의 조목에는 우선 성현(聖賢)의 훈전(訓典)을 놓고, 다음으로 고금의 사적(事蹟)과 여러 유학자들의 경전 해석에 관한 의미 있는 논의를 기록하였으며, 자신의 견해를 마지막에 첨부하였다.'[14] 이러한 강(綱)의 주요 내용과 자목(子目)을 세분화하면 44개에 이른다.[15] 한편, 『대학연의』가 기록되어 있는 서목(書目)을 놓고 볼 때, 책(册), 함(函), 본(本) 또는 권수 없이 수록되는 등 여러 가지 형태가 있으나, 권수는 통상적으로 43권으로 구성되어 있으며, 실제 내용도 대부분 같다.

『대학』의 의미를 풀이한 『대학연의』는[16] 원래 『독서기』 중의 '을기 상(乙記 上)'에 있었으나, 1234년 그가 임안(臨按)으로 가던 중 『독서기』 중에서 독립하여 수정하여 만들어[17] 단평(端平) 원년(元年, 1234)[18]에 황제

---

13) 「大學衍義序」. "前列二者之綱, 後分四者之目, 所以推衍大學之義也." 『大學衍義(一)』(孔子文化大全本), 24쪽. '孔子文化大全' (孔子文化大全編輯部 編輯, 山東友誼書社 出版本, 이하 '공자문화대전본' 명칭을 생략하여 쪽수를 표시함), 「大學衍義序」는 『西山文集』, 欽定四庫全書 集部四, 別集類三, 卷29에 수록되어 있음.

14) 「大學衍義序」. "每條之中, 首以聖賢之明訓, 參以前古之事蹟, 得失之鑑, 炳焉可觀. 昔時入侍邇英, 蓋嘗有志乎是. 比年以來, 屛居無事, 迺得紬閱經傳, 彙而輯之. 畎畝微忠, 朝思暮繹, 所得惟此, 祕之巾衍, 以俟時而獻焉." 『大學衍義(一)』, 24쪽.

15) 『大學衍義』, 「提要」. "惟修身一門, 無子目, 其餘分子目, 四十有四."

16) 『大學衍義』, 「提要」. "是書, 因大學之義而推衍之."

17) 『독서기』의 문목이 매우 복잡하고 어지러웠던 형편도 다시 책을 만드는 하나의 계기가 된다. 清 · 李光地, 『榕村語錄』, 卷19, 「宋六子 二」. "眞西山讀書記門目, 便極繁亂."

18) 「尙書省箚子」. "右箚送新除權戶部眞尙書, 端平元年九月十五日." 『大學衍義(一)』, 22쪽. 사고전서본에는 '「大學衍義箚子」' 로 표기되어 있으나, 본 연구에서는 孔子文化大全本에 따라 '「尙書省箚子」' 로 이하 동일하게 표기함.

인 이종(理宗)에게 올렸다.[19] 따라서 『대학연의』는 이 때문에 두 종류의 판본 계통이 존재하게 되었으니, 하나는 단행본으로서의 『대학연의』이고, 다른 하나는 『독서기』 중의 '을기 상'에 해당하는 『대학연의』이다.

『대학연의』의 판본은 북경도서관에 소장된 선본(善本)인 송각원인본(宋刻元印本) 2종 및 원각본(元刻本) 1종, 명홍치간본(明弘治刊本), 청강희간각본(清康熙間刻本) 등 시대순으로 구분할 수 있으며, 관각본(官刻本), 방각본(坊刻本), 개인이 판각한 사인각본(私人刻本) 등 비교적 복잡하고 종류가 매우 많으며,[20] 만주어 번역본도 있었음을 짐작할 수 있다.[21] 또한, 서적의 분류에 있어서, 『송사』 「예문지」와 『명사』 「예문지」의 「보편(補編)」 등 『대학연의』를 수록하고 있는 문헌이 다소 차이를 보이기는 하지만, 대부분 경부(經部) 서적으로 분류하고 있다. 『대학연의』 출간에 따르는 여러 서문이 존재하는데, 그중 「의중간대학연의서(擬重刋大學衍義序)」[22]와 「중간대학연의합보서(重刋大學衍義合補序)」[23]를 대표적으로 들 수 있다. 『대학연의』가 출간된 이후, 여러 서책의 서명을 기록한 문헌에

---

19) 그러나 「대학연의서」에 의하면 『대학연의』는 사실 紹定 2년(1229)에 완성되었으나, 진덕수는 권신들의 득세 때문에 자신의 소견이 제대로 전달되지 못할 것을 우려하여 때를 기다리면서 진헌할 기회를 엿보았음을 알 수 있다. 「中書門下省時政記房申狀」, "…… 臣之此序, 成於紹定二年, 所謂俟時而獻者, 蓋待陛下親政而後獻也. 若權臣尚在, 陛下未親大政, 臣雖欲進獻, 何由徹乙夜之覽, 乃今何幸獲備進讀蒙. ……" 『大學衍義(一)』, 24쪽.

20) 『대학연의』의 판본에 관하여는 孫先英, 「從歷代書目的目錄看『大學衍義』的文獻價值」, 『西南民族大學學報(人文社會板)』, 2004年 第4期 참조.

21) 『聖祖仁皇帝聖訓』, 卷1, '康熙十二年癸丑二月己未' 조. "上諭學士傅達禮曰: 爾衙門所進翻譯大學衍義一書, 朕恭呈." 및 『詞林典故』, 卷4, '聖祖康熙十二年二月' 조. "諭學士傅達禮爾衙門所進繙譯大學衍義一書朕恭呈太皇太后御覽奉"

22) 明 · 王立道, 『具茨集』, 卷4. "六經, 羣聖人之作, 後之言學與治者必稽焉 ……"

23) 明 · 宗臣, 『宗子相集』, 卷13, 「文部 下」, 「重刊大學衍義合補序」. "宋端平中翰林學士眞公德秀上所著大學衍義一書, 當是時其君理宗方急戎事不之讀也. 後三百年而國子祭酒丘公濬, 當我孝宗皇帝時, 又著衍義補一書, 上之帝讀其書."

보이는 서명 및 권수는 비교적 대동하다고 볼 수 있지만, 시대를 내려오면서 사람들에게 중요한 책으로 여겨지고 관심을 받게 되어 여러 형태로 출판되었기 때문에 이에 관한 상황은 비교적 복잡하다.

진덕수는 또한 『심경(心經)』의 편찬자로도 유명하다. 비록 『심경』이 본래의 원문이 아니라는 혐의가 있기는 하지만,[24] 그의 『대학』 이해를 통하여 드러나는 전체적인 사유의 틀을 놓고 보자면 『심경』과 『대학연의』와의 관련성을 부인하기는 어렵다. "『대학』에서 말한 것은 실로 여러 성왕들의 심법(心法)을 전하는 긴요한 전범(典範)이다."[25]라고 하였듯이, 진덕수는 『대학』을 심법이라는 '마음'을 중심으로 하여 논의를 전개하고 있기 때문이다.[26]

3. 진덕수 『대학』 해석의 특징

1) 정치와 학문의 근원으로서 『대학』

진덕수는 "사서"를 존중하고 있으며, 특히 주자의 "사서장구집주"를 매우 중시하였으며, "사서" 중 『대학』을 학문의 기초로 삼아 『대학연의』를 저술하였다.

---

24) 明의 程敏政은 『심경』을 주해하면서, 그중 진덕수의 『독서기』에서 인용된 것이 진덕수의 원문이 아니라 후인이 덧붙인 것이라고 의심하였다. 『心經』, 「提要」. "明程敏政嘗爲作注, 而疑其中有引及眞西山讀書記者, 非德秀之原文, 殆後人又有所附益焉."

25) 「大學衍義序」. "此書所陳, 實百聖傳心之要典." 『大學衍義(一)』, 11쪽.

26) 이렇듯이, 『심경』과 『대학연의』는 유학의 심법을 중심으로 논리적인 연결선상에 있다. 더 나아가 비록, 진덕수가 편찬한 『政經』의 학술사적 평가나 진위에 관한 다양한 견해가 존재하기도 하고, 心의 체용이라는 측면에서 주의를 요하기도 하지만, 『심경』과 『정경』 역시 이와 같이 내외를 관통하는 종합적인 측면에서 이해될 수 있다.

"군주가 대학을 모른다는 것은 불가하며, 신하가 『대학』을 모른다는 것도 불가합니다. 군주가 『대학』을 모르면 정치의 근원을 깨끗하게 할 수 없고, 신하가 『대학』을 모르면 군주를 바르게 하는 법을 다할 수 없습니다. 이제 또한 옛 제왕들의 다스림을 살펴보면, 자신의 몸을 근본으로 하지 않고 천하에 도달하는 자는 있지 않으니, 이 책의 내용이 실로 여러 성인들이 전한 마음의 요전(要典)이며, 공자의 사사로운 말이 아님을 알 수 있습니다."[27)]

한편, 진덕수에게 있어서 『대학』은 학문의 기초이자, 더 나아가 유학의 이상적인 정치를 실현하는 관건이 된다.

훌륭한 정치를 이루기를 바라는 임금이 이 책(『대학』)을 잘 완미하여 풀어낸다면, 여러 제왕들이 정치를 행한 순서와 학문을 한 근본이 가슴 속에 환하게 간직될 수 있을 것입니다.[28)]

또한, 진덕수는 '사서'의 학문하는 순서 역시 『대학』을 그 출발점으로 삼고 있다.

요순과 삼왕의 정치와 『육경』·『논어』·『맹자』의 가르침은 여기에서 벗어나지 않습니다. 『대학』은 체(體)로부터 용(用)에 이르니, 본말과 선후가 더욱 분명하며 또한 갖추어져 있습니다. 그러므로 선유는 '이제 옛사람들의 학문하

27) 「大學衍義序」. "爲人君者, 不可以不知大學. 爲人臣者, 不可以不知大學. 爲人君而不知大學, 無以淸出治之源. 爲人臣而不知大學, 無以盡正君之法. 旣又考觀在昔帝王之治, 未有不本之身而達之天下者, 然後知此書所陳, 實百聖傳心之要典, 而非孔氏之私言也." 『大學衍義(一)』, 11쪽.

28) 「大學衍義序」. "…… 願治之君, 儻取其書玩而繹之, 則凡帝王爲治之序, 爲學之本, 洞然于胸次矣." 『大學衍義(一)』, 12쪽.

는 순서가 유독 이 편의 내용에 의지하고 『논어』와 『맹자』는 그다음으로 하는 것을 볼 수 있다.' 라고 말하였습니다.29)

이렇듯이, 진덕수는 『대학』을 매우 중시하여 『대학연의』에 '제왕위치지서'와 '제왕위학지본'을 두어 이를 정치와 학문의 두 가지 중심인 강령으로 언급하고 있다.

> 처음에 '제왕의 다스림의 순서'를 둔 것은 요 · 순 · 우 · 탕 · 문 · 무의 정치를 보건대 자신의 마음과 몸으로부터 비롯되지 않은 것이 없기 때문입니다. 그다음으로 '제왕의 학의 근본을 둔 것은 요 · 순 · 우 · 탕 · 문 · 무의 학문을 보건대 자신의 마음과 몸으로부터 비롯되지 않은 것이 없기 때문입니다. 이것이 강령입니다.30)

즉, 정치와 학문의 두 가지 중심은 강령이 되며, 이들 강령의 표준은 요 · 순 · 우 · 탕 · 문 · 무의 정치와 학문이다. 이는 유학의 정치적 이상과 학문을 겸비한 통치자를 이상적 군주상으로 삼아야 한다고 강조한 것이다.

또한, 진덕수는 『대학연의』에서 『대학』의 8조목 중 격물, 치지, 성의, 정심, 수신, 제가 등 6조목에 대하여서만 논하였다. 그 이유는 '치국'과 '평천하' 등 2조목의 내용은 모두 6조목에 있다고 보았기 때문이다.

---

29) 「尙書省箚子」. "…… 堯舜三王之爲治, 六經, 孔(語)孟之爲敎, 不出乎此. 而大學一書, 由(繇)體而用, 本末先後尤明且備. 故先儒謂於今可見古人爲學次第者, 獨賴此篇之存, 而論孟次之." 『大學衍義(一)』, 19쪽.

30) 「尙書省箚子」. "首之以帝王爲治之序者, 見堯舜禹湯文武之爲治, 莫不自心身始也. 次之以帝王爲學之本者, 見堯舜禹湯文武之爲學, 亦莫不自心身始也. 此所謂綱也." 『大學衍義(一)』, 20쪽.

> …… (格物 · 致知, 誠意 · 正心, 修身, 齊家의) 네 가지 도(道)를 얻으면, 치국과 평천하는 그 안에 있습니다.[31]

> 『대학』의 8조목 중 그 6조목만을 들었지만, 역대의 제왕들이 근본을 바르게 하고 근원에 오르는 도(道)는 실로 여기에서 벗어나지 않습니다.[32]

즉, 격물 · 치지, 성의 · 정심, 수신, 제가를 잘한다면 치국과 평천하는 자연스럽게 이룩될 수 있다는 것이다.[33] 아울러 진덕수는 이러한 6조목의 관계를 다시 체용 관계로 언급하고 있다.[34]

> 신은 다음과 같이 들었습니다. 성인의 도에는 체(體)가 있고 용(用)이 있습니다. 한 몸에 근본을 두고 있는 것은 체이며, 천하에 통달하는 것은 용입니다. …… 『대학』은 체로부터 용에 이르니, 본말과 선후가 더욱 분명하며 또한 갖추

---

31) 「大學衍義序」. "…… 四者之道得, 則治國平天下在其中矣." 『大學衍義(一)』, 14쪽.

32) 『大學衍義』, 「提要」. "大學八條目, 僅擧其六, 然自古帝王正本澄源之道, 實亦不外于此."

33) 후에, 1487년 明의 邱濬은 『대학연의』를 補註하여 『大學衍義補』를 편찬하였다. 구준은 진덕수가 논하지 않은 치국 · 평천하가 대학의 3강령 중 明明德과 親民의 중요한 의미를 지닌다고 보아, 『대학연의보』를 지어 진덕수가 밝히지 않은 2조목에 대한 설명을 보완하였다. 明 · 陸容, 『菽園雜記』, 卷40. "丘祭酒先生濬, 進所著大學衍義補若干卷, 朝廷命刻板印行, 其所補者治平二事耳." 또한, 『대학연의보』는 기본적으로 성리학을 바탕으로 한 것이지만, 유학의 도덕정치라는 입장에서 보자면 치인(治人)이라는 현실적인 정책에 관한 많은 논의를 담고 있다. 총 160권으로 이루어져 있으며, 1487년에 완성되었다. 진덕수의 『대학연의』를 『대학연의보』와 관련하여 언급하자면, "『대학연의』는 성리학적 군주 수신론을 체계화한 책으로, 『대학연의보』는 개인적 수양을 중시함은 물론 더 나아가 수양을 통한 치국 정책까지 강조하는 것으로 이해할 수 있다." 김인호, 「여말선초 군주수신론과 『대학연의』」, 『역사와 현실』, 29권, 한국역사학회, 1998, 73쪽.

34) 體와 用의 입장에서 『대학』을 총체적으로 이해하고 있는 점은, 선행연구들이 주자의 全體大用 사상과 관련시켜 『대학연의』를 주목하는 점이기도 하다.

어져 있습니다. …… 대개 이른바 격물·치지·성의·정심·수신은 체이며, 제가·치국·평천하는 용입니다. 임금의 학문은 반드시 이에 의거해야 하며, 그런 연후에 체와 용의 온전함을 암묵 중에 깨달을 수 있을 것입니다.[35]

체(體)와 용(用)의 입장에서 보자면, 수기(修己)로서의 격물·치지·성의·정심·수신과 치인(治人)으로서의 제가·치국·평천하는 동일한 층차로 이해된다. 따라서 수기와 치인은 불가분의 관계에 놓여 있지만, 이 두 가지를 구별하자면 그 기초와 관건은 수기(修己)이며, 수기(修己)는 또한 치인(治人)의 선결 조건이 된다. 진덕수가 『대학』 이해의 측면에서 운용하는 체용론의 특징을 대체적으로 말하자면, 그는 천하의 도(道)는 모두 분리될 수 없는 체와 용의 관계가 있다는 관점을 인식의 출발점으로 삼음으로써, '불상잡'의 관계보다는 '불상리'의 관계를 보다 강조하는 데 있다고 할 수 있다. 이러한 관점은 실천주의를 강조하는 송대 유학자들의 학문적 특징을 통하여서도 찾아볼 수 있다.

2) 실용성으로서의 격물치지(格物致知)

주자학의 전수자인 진덕수는 '궁리정심'과 '수기치인'의 도(道)에 관한 이해에서 대부분 주자의 견해를 따르고 있다. 그는 우선 『대학』에서 말하는 격물치지의 의미를 다음과 같이 논하고 있다.

35) 「尙書省箚子」. "臣聞: 聖人之道, 有體有用. 本之一身者, 體也. 達之天下者, 用也. …… 大學一書, 由(繇)體而用, 本末先後尤明且備. …… 蓋其所謂格物致知誠意正心修身者, 體也. 其所謂齊家治國平天下者, 用也. 人主之學, 必以此爲據依, 然後體用之全, 可以默識矣." 『大學衍義(一)』, 19쪽.

『대학』에서 격물치지를 사람에게 가르치는 까닭은, 대개 사물에는 이치가 있으니 학자로 하여금 실제의 일에 힘을 쓰게 하여 마음이 허무한 지경으로 내달리지 않도록 하기 위함이다.[36)]

격물치지의 목적이 실제의 일에 힘을 쓰는 실용을 위한 것이라는 측면에서, 진덕수는 궁리(窮理)에 의해 얻은 지식과 학문의 실용성 또한 강조하고 있다.

사람이 많은 것을 듣고자 하는 까닭은 오직 일을 세우기 위한 것일 뿐입니다. 학문은 반드시 일에 베풀어지고 그런 연후에 실제 쓰임이 있는 학문이 되어야만 하지, 그렇지 않다면 들은 바가 비록 많다고 하더라도 과연 어찌하겠습니까![37)]

이러한 실제의 학문을 지향하는 공부의 표준과 이상은 무엇인가? 진덕수는 안자(顏子)의 공부를 예로 들어 세상의 이치를 깨달아 도덕적 수준을 높이는 공부의 이상을 언급하고 있다.

안자(顏子)의 공부는 '박문약례(博文約禮)' 에 힘을 쓰는 것이다. '박문' 이라는 것은 천하의 이치를 궁구하지 않을 수 없기에 힘쓸 데가 많다는 것이다. '약례' 라는 것은 예(禮)로 자신의 몸을 검속하는 것으로 힘을 쓰는 요체가 있다는

---

36) 『西山文集』, 卷三十, 「問答」, 「問大學只說格物不說窮理」. "所以大學教人以格物致知, 蓋卽物而理在焉, 庶幾學者有著實用功之地, 不至馳心於虛無之境也."

37) 『大學衍義』, 卷三, 「帝王爲學之本」, 「商高宗周成王之學」, '書說命' 조. "人所以求多聞者, 是惟立事而已. 學必施於事然後爲有用之學, 不然則所聞雖多, 果何爲哉!" 『大學衍義(一)』, 104~105쪽.

것이다. '박문' 은 격물치지의 일이고, '약례' 는 극기복례의 일이다. 내외정조(內外精粗) 두 가지가 함께 나아가면, 마음과 몸은 이치[理]와 하나로 되어 천리 가운데에 침착하고 조용히 헤엄치며 놀게 된다.[38]

격물치지는 인식의 수단과 방법이며, 극기복례는 인식의 표준과 목적이다. 진덕수는 인식의 수단과 방법 그리고 지식의 표준과 목적을 결합하여 도덕적 수양의 높은 경지 즉, 신심(身心)과 리(理)는 하나라는 '신심여리위일(身心與理爲一)' 의 논법을 통하여 주관과 객관을 통일하고 있다.[39]

진덕수는 이러한 총체적인 논리선상에서 지행(知行) 관계를 다음과 같이 언급하고 있다.

> 들은 바가 있으면 반드시 존중하여야 단지 듣는 것으로만 그치지 않게 되며, 알게 된 바가 있으면 반드시 행하여야 아는 것으로만 그치지 않게 됩니다.[40]

올바른 지행일치가 되기 위해서는 격물궁리를 통하여 진지(眞知)를 체득하는 것이 무엇보다 중요하다. 이는 앞서 언급한 '이치[理]와 내가 하나되는 경지[理與我爲一]' 에 이르는 것이기도 하다.

진덕수는 자신의 저술을 통하여 비교적 자세하게 격물치지와 궁리에

---

38) 『西山文集』, 卷三十, 「問答」, 「問顔樂」. "顔子工夫, 乃是從博文約禮上用力. 博文者, 言於天下之理無不窮究, 而用功之廣也. 約禮者, 言以禮檢束其身, 而用功之要也. 博文者, 格物致知之事也. 約禮者, 克己復禮之事也. 內外精粗二者並進, 則此心此身皆與理爲一, 從容游泳於天理之中."

39) 陳其芳, 「朱子學的發展階段及其派別」, 鄒永賢 主編, 『朱子學研究』, 厦門, 厦門大學出版社, 1989, 26~28쪽.

40) 『大學衍義』, 卷三, 「帝王爲學之本」, 「漢高文武宣之學」, '又曰曾子曰' 조. "有所聞則必尊, 不徒聞而已也; 有所知則必行, 不待(徒)知而已也." 『大學衍義(一)』(孔子文化大全本), 115쪽.

관한 일련의 문제들을 논하고 있다. 이러한 그의 격물치지설의 주요한 특징은, 도기(道器)나 체용(體用)의 논리를 응용하여 순적지리(循迹知理), 유말지본(由末知本), 유상지변(由常知變) 등 독창적인 방법으로 격물치지와 극기복례의 상호 연관성을 논하고 있다는 점이다.[41] 이러한 상호 연관성은 이상과 현실을 매개하는 것이자, 지식과 실천을 총체적으로 이해하는 실천적 지식인상을 추구하는 것과 관련되어 있다.[42]

3) 군주의 도덕성 함양과 수기치인(修己治人)

도덕적인 지성인으로 자신의 시대를 살아가고자 한 선유(先儒)들은 '거경(居敬)'과 '궁리(窮理)'라는 수양 방법을 통하여 이상적인 인격을 갖추고자 노력하였다. 유학에서 표방하는 인격자는 군자(君子)이며, 따라서 수양은 군자의 인격 형성에 있어서 관건이자 주요한 주제가 된다. 그러므로 모든 학문과 다스림은 바로 자신의 마음과 몸으로부터 출발하기 때문에, 정치의 관건인 군주의 마음과 몸을 바르게 하는 것은 천하와 국가를 다스리는 근본이 된다.

> …… 임금이 마음을 바로 하면 다스려지고 마음을 바르게 하지 않으면 어지러워지므로 다스리는 것은 마음에 있습니다. 하나의 이치는 만 가지 사물을 관통하니, 큰 것을 다스림이 작은 데에 있지 않을 수 있겠습니까? 하나의 마음은

41) 高令印 · 陳其芳, 『福建朱子學』, 福州, 福建人民出版社, 1986, 144~158쪽 참조.

42) 격물치지에 관한 진덕수의 논의인 '格物致知之要'는 『大學衍義』의 卷5에서 卷27에 이르는 가장 많은 분량과 비중을 차지하고 있으며, 특히 明道術, 辨人材, 審治體, 察民情 등 제목 자체를 보아서도 알 수 있듯이 강조하는 바는 리기 · 심성론에 관한 논의보다는 실용성으로서의 경세적인 측면에 치중하고 있다.

만물을 주재할 수 있으니, 먼 곳을 다스림이 가까운 데에 있지 않을 수 있겠습니까?"[43)]

한편, 『대학연의』의 완성 시기와 진상 시기가 달랐던 이유는, 군주로서 이종(理宗)의 수양이 문제가 되었기 때문에 그 시기를 살핀 것이라고도 이해할 수 있다.[44)] 이렇듯이, 다스림의 관건은 마음에 있기 때문에 마음의 바름과 바르지 않음은 국가 정치의 관건이 되며, 따라서 통치자의 마음은 정치에 있어서 가장 중요하다.[45)]

그러나 수기와 치인의 측면을 상대적으로 비교하자면, 그 선후의 문제에서는 수기로부터 시작되지만, 경중의 문제에서는 보다 직접적으로 치인이라는 정치의 측면에 비중이 있다. 결국, 마음을 바르게 하는 것은 궁극적으로 치인(治人)을 잘하기 위한 전제 조건으로, 수기(修己)의 결과는 치인으로 나타나게 된다. 그러므로 수기의 공효는 치인에 있다고 볼 수 있다. 이는 『대학연의』가 표방하듯이, 심법(心法)과 치법(治法)은 그 궤를 같이하는 것이며, 그러해야만 '내성외왕'의 학문 역시 그 의미를 온전하게 갖추게 되는 것이다.[46)]

---

43) 「帝王爲治之序」. "…… 人君心正則治, 心不正則亂, 故曰治之在心. 一理可以貫萬事, 治大不在小乎? 一心可以宰萬物, 治遠不在邇乎?" 『大學衍義(一)』(孔子文化大全本), 76쪽.

44) 『大學衍義』, 「提要」. "發明之大旨, 在於正君心, 肅宮闈, 抑權倖. 盖理宗雖浮慕道學之名, 而內實多欲, 權臣外戚交煽爲姦, 卒之元氣凋弊, 閱五十餘年, 而宋以亡." 이범학은 이 점에 대하여 『四庫全書』 「提要」 부분을 인용하여 이를 설명하고 있다. 이범학, 「진덕수 경세이학의 성립과 그 배경」, 『한국학논총』, 20집, 국민대학교 한국학연구소, 1997, 157~158쪽 참조.

45) 顧淸 역시 '『대학연의』는 마음을 바르게 하는 요체'라고 하고 있다. 明・顧淸, 『東江家藏集』, 卷28, 「北游稿」, '故刑部尙書致仕東湖屠公行狀'. "以宋儒眞德秀大學衍義一書, 爲講學正心之要."

46) 淸・蔡世遠, 『古文雅正』, 卷14, 「大學衍義序」(眞德秀). "大學衍義一書, 引經摘史, 加以剖晰論斷心法治法微顯, 畢具誠內聖外王之學, 合古來著書者, 而集其大成也. 自天子以至於

또한, 『대학연의』는 제왕의 필독서이지만, 제왕을 올바로 보필하기 위한 신하로서도 꼭 알아야 할 내용을 담고 있다.[47] 『대학연의』의 편목에서도 알 수 있듯이, 신하가 임금을 섬김에 충성스러운 마음을 갖는 것은 천리와 인륜을 바르게 하는 것이다.

> 신이 살펴보건대, 나아가서 그 임금을 알현할 때에는 자신의 충성을 다하려고 생각하고, 물러나서 개인이 거처하는 방에서는 임금의 허물을 보완하려고 생각하니, 어느 때나 어느 생각이나 임금에게 있지 않음이 없습니다. 잘한 것이 있으면 순순히 좇아 임금으로 하여금 잘하는 것에 더욱 진력하게 하고, 잘못한 것이 있으면 바르게 되도록 하여 임금으로 하여금 그러한 잘못이 없도록 하여야 합니다. 이는 임금을 사랑하는 지극한 것입니다. 신하로서 충성과 사랑으로 그 임금을 친애하면 임금도 또한 그 충성과 사랑을 믿어 신하를 친애하니, 옛날 홍성한 시기의 어짊을 갖춘 신하와 임금이 아니라면 이러한 기상은 없습니다. 후세의 신하는 그 충성과 사랑을 다함이 있지만, 임금은 오히려 원수로 여기니, 아! 탄식하지 않을 수 없습니다.[48]

이 구절은 표면적으로는 신하가 임금을 섬기는 도리를 언급하고 있는

庶人, 皆當習復而身體之余. 嘗謂有宋道學五子而外, 斷推西山爲第一, 體用兼優才德, 俱茂恨不究其用耳, 著作亦第一有功."

47) 淸 · 谷應泰, 『明史紀事本末』, 卷26, 「太子監國」, '成祖永樂七年' 조. "楊士奇曰: 德秀所著大學衍義一書, 尤有益學者, 爲君爲臣皆不可不知."

48) 『大學衍義』, 卷10, 「格物致知之要一」, 明道術, 天理人倫之正(七)(臣事君之忠), '子曰君子之事君也……' 조. "臣按: 進謂入見其君, 則思盡己之忠, 退謂出適私室, 則思補君之過, 無一時一念之不在君也. 有善焉, 承順之, 使之益進於善. 有惡焉, 正救之, 使之潛銷其惡. 此愛君之至者也. 臣以忠愛而親其君, 君亦諒其忠愛而親之, 非古昔盛時臣主俱賢, 無此氣象也. 後世人臣, 有盡其忠愛, 而君反以爲仇者, 吁可歎哉!" 『大學衍義(一)』(孔子文化大全本), 297쪽.

것으로 보이지만, 근본적인 입장에서는 군신 관계에서 요구되는 상호 호혜의 원칙이 있어야 한다는 점을 담고 있다. 이는 '군신유의(君臣有義)'의 의미 역시 이러한 관계망에서 이해하여야 한다는 것과 같다.

또한, 진덕수는 "신하로서의 의리는 충성과 곧음이 근본이 된다."[49]고 하고, "군주를 보필하는 재상의 직책은 군주의 마음이 잘못된 것을 바르게 잡아 주는 데에 있다."[50]고 언급하였다. 즉, 군주를 섬기는 신하의 대의란 바로 충성과 곧음이며, 신하의 임무는 임금의 마음을 바르게 하는 것이다. 따라서 임금의 마음을 바르게 하기 위해서는 직언(直言)과 간언(諫言)을 하여야 한다.[51]

한편, 신하로서의 맡은 임무를 완성하는 것은 왕권의 안정을 도모하는 것이기도 하다. 진덕수가 구체적으로 언급하고 있는 왕권 안정의 방법 중 대표적으로 '변인재(辨人材)'와 '엄내치(嚴內治)'를 거론할 수 있다. '변인재'는 용현(用賢) 즉, 정치에서 현자의 적극적인 발탁과 관직 임용에 관한 논의이다. 진덕수는 "맹자는 천자로부터 대부에 이르기까지 모두 어진

---

49) 『大學衍義』, 卷10, 「格物致知之要一」, 明道術, 天理人倫之正(七)(臣事君之忠), '漢汲黯爲主爵都尉 ……' 조. "臣按: 人臣之義, 以忠直爲本." 『大學衍義(一)』(孔子文化大全本), 307쪽.

50) 『大學衍義』, 卷10, 「格物致知之要一」, 明道術, 天理人倫之正(七)(臣事君之忠), '孟子曰人不足與適也 ……' 조. "輔相之職, 必在乎格君心之." 『大學衍義(一)』(孔子文化大全本), 302쪽.

51) 진덕수는 范祖禹의 언급을 인용하여 이 점에 관하여 다음과 같이 논하고 있다. "신하로서 잘못된 일로 임금을 責하는 것은 임금을 요·순이 되게 하려는 것이니, 임금을 존중함이 큰 것이다. 善道를 개진하여 임금의 사악한 마음을 금지하고 닫는 것은 그 임금이 혹 과오에 빠지게 되지 않을지를 걱정한 것이니, 임금을 존중함이 지극한 것이다. 그 임금이 善道를 행할 수 없다고 하여 고하지 않는 것은 그 임금을 상하게 하고 해치는 것이다." 『大學衍義』, 卷10, 「格物致知之要一」, 明道術, 天理人倫之正(七)(臣事君之忠), '孟子曰責難 ……' 조. "范祖禹曰: 人臣以難事責於君, 使其君爲堯舜之君者, 尊君之大也. 開陳善道, 以禁閉君之邪心, 唯恐其君或陷于有過之地者, 敬君之至也. 謂其君不能行善道, 而不以告者, 賊害其君者也." 『大學衍義(一)』(孔子文化大全本), 302쪽.

사람을 벗 삼는 도리가 있다고 하였으나, 어진 사람을 벗 삼는 것만 알고 어진 사람을 등용할 줄 모르면 이는 미진한 것입니다."[52]라고 하였다. 『대학연의』의 '격물치지지요(二)'의 '변인재' 총 10권 중 간신(姦臣)과 관련한 부분이 총 8권에 이르는 많은 분량을 차지하고 있다.[53] 이는 진덕수의 현실주의적인 정치관을 반영한 것이자 군주의 "권변지술(權變之術)"을 강조하고 있는 측면이기도 하다. 또한, '엄내치'의 영역은 가정을 가지런히 하는 것으로부터 외가나 외척 관계에 관한 논의를 담고 있다.[54] 외가나 외척 세력의 견제와 배제는 왕권 강화와 바로 직접 연결되어 있다. 즉, 내정을 강화하고 굳건히 하는 것은 외교 문제의 해결에도 그대로 적용되는 것으로,[55] '외교 문제에서 주화(主和)나 주전(主戰)에 대한 명확한 주장보

52) 『大學衍義』, 卷10, 「格物致知之要一」, 明道術, 天理人倫之正(八), '萬章問曰: 敢問友……' 조. "臣按: 孟子謂自天子至大夫皆有友賢之義, 然知友賢而未知用賢, 則猶未也." 『大學衍義(一)』(孔子文化大全本), 311쪽.

53) 구체적으로는 姦雄竊國之術(권17), 憸邪罔上之情(一)의 姦臣(권18~20) 및 讒臣(권21~22), 憸邪罔上之情(二)의 讒臣(권23), 권24 부분에 해당하는 憸邪罔上之情(三)의 佞幸之臣 및 憸邪罔上之情(四)의 聚斂之臣 등이다.

54) 특히, 『大學衍義』, 卷43, 「齊家之要 四」의 '教戚屬'은 외가나 외척을 교도할 요목들을 담고 있는데, 그 주요 내용은 겸손과 성실함을 장려하고 교만함을 경계하는 것들이다. 구체적인 예로, 진덕수는 唐 肅宗의 사례를 들어 병권을 신하에게 주는 것의 위태로움을 강조하였다. 즉, 당 숙종이 노비 출신인 李輔國을 判元帥府八軍司馬로 임명한 후에 생긴 일을 예로 들어, 사병 혁파 정책의 정당성을 설명하고 합리화하였다. 『大學衍義』, 卷40, 「齊家之要 二」, 「嚴內治」. "臣按 : 輔國有彌天之罪, 肅宗不能誅固可恥矣. 代宗誅之而不顯其僇, 亦不能無憾焉 ……" ("李輔國以閹奴 ……"에 관한 진덕수의 按) 『大學衍義(二)』(孔子文化大全本), 1120~1124쪽.

55) '올바른 사람을 친히 한다[親正人], 가까이에서 아첨하는 사람을 억누른다[抑近倖], 막히고 가려진 폐단을 제거한다[除壅蔽], 탐욕스런 무리를 제거한다[去貪殘], 부지런히 찾아 묻는다[勤訪問], 널리 의논한다[廣謀議], 추출과 등용을 분명히 한다[明黜陟]' 등은 내정을 바로 하는 것이자 외교 문제 해결을 위한 선결 조건이기도 하다.(『西山文集』, 卷2, 「己巳四月上殿奏箚 一」 및 「癸酉五月二十二日直殿奏事奏箚」) 박지훈, 「남송말기 진덕수의 대외관」, 『경기사학』, 3집, 경기사학회, 1999, 216쪽 재인용.

다는 내정을 올바로 함으로써 당면한 위기에 대처하고 후일을 도모할 수 있는 근본으로 삼고자 하였다. 이러한 인식은 성리학에 근거한 것이자 송대 문화에 대한 자신감으로부터 나온 것으로, 상당히 탁월한 견해를 제시하고 있다.'[56]

4. 『대학연의』의 사상사적 의미

1) 주자학의 사숙(私淑)과 묵수(墨守)

진덕수는 비록 주자에게서 직접 학업을 전수받은 것은 아니지만, "진덕수의 바람은 주자를 직접 계승하는 것"[57]이었으며, "체용(體用)의 학에 뛰어나 공맹의 심전(心傳)을 얻었으니, 주자를 계승하여 뒤에 한 시대의 큰 유학자가 되었다."[58] 이 점에 관하여 청(淸)의 뇌횡(雷鋐)도 "진덕수는 친히 주자를 모시지는 못했지만, 주자의 문인들과 교유하였으며, 명체달용(明體達用)의 학이 뛰어났다. 그러므로 '주자의 학문을 사숙하여 그 종지를 얻은 사람은 진덕수'라고 말한다."고 언급하였다.[59] 이러한 후대 여러 학자의 평으로 미루어 볼 때, 진덕수가 주자의 사숙 제자임은 분명하다.

---

56) 박지훈, 「남송말기 진덕수의 대외관」, 『경기사학』, 3집, 경기사학회, 1999, 228쪽.

57) 「西山眞氏學案序錄」. "祖望謹案: 西山之望, 直繼晦翁." 『黃宗羲全集』, 浙江古籍出版社, 1992年, 제6책, 『西山眞氏學案』, 178쪽 참조.

58) 張伯行, 「西山文鈔序」. "先生之學, 卓然有體有用, 得孔孟之心傳, 可以繼朱文公後而成一代大儒也." 高令印 · 陳其芳, 『福建朱子學』, 福建人民出版社, 1986, 133쪽 재인용.

59) 雷鋐, 「眞西山讀書記序」. "先生未得親事朱子, 與朱子門人游, 明體達用莫之先焉. 故曰: 朱子之學私淑, 而得其宗者, 先生也." 高令印 · 陳其芳, 『福建朱子學』, 福建人民出版社, 1986, 133쪽 재인용.

황백가(黃百家)는 진덕수에 관하여 다음과 같이 평하고 있다.

> 종래 서산 진덕수와 학산(鶴山) 위료옹(魏了翁, 1178~1237)은 병칭되었으니, 새의 두 날개와 수레의 두 바퀴와도 같아 한 사람만을 거론할 수 없다. …… 그러나 나는 앞 시대의 문헌에 "두 사람의 학설은 비록 주자[考亭]에게서 같이 나왔으나, 학산은 사물을 식별하는 능력이 종횡무진하고 참으로 두드러져 여러 서적을 보았다. 서산은 문호에 의지하여 감히 자신의 뛰어난 견해를 제시하지 않았으니 대체로 묵수하였을 뿐이다."라고 한 것을 일찍이 들었다.[60]

진덕수는 당시 위료옹과 함께 병칭되는 학자로, 주자학의 계승과 발전이라는 측면에서 이해하자면 묵수 주자학의 계열에 놓고 이해할 수 있다.

한편, 묵수 주자학의 측면에서 반드시 언급할 점은 도통론에 관한 것이다. 유가의 도통론은 유학의 도(道)를 계승하고 이를 전도한다는 실천적인 면을 강조하고 있다.[61] 진덕수는 '제왕의 학의 근본'을 논하면서 제일 먼저 '요 · 순 · 우 · 탕 · 문 · 무의 학문'을 표제로 하여 16자 심법을 언급하면서 주자의 말을 인용하여 도통의 전수를 설명하고 있다.[62] 아울러,

---

60) 「西山眞氏學案」. "百家謹案: 從來西山, 鶴山並稱, 如鳥之雙翼, 車之雙輪, 不獨擧也. …… 然百家嘗聞先遺獻之言曰: [兩家學術雖同出于考亭, 而鶴山識力橫絶, 眞所謂卓犖觀群書者. 西山則依門傍戶, 不敢自出一頭地, 蓋墨守之而已.]" 『黃宗羲全集』, 浙江古籍出版社, 1992年, 제6책, 179쪽.

61) 또한 도통론은 道를 전하여 주고 전하여 받는 사람들 간의 전도 관계에 관한 계통일 뿐만 아니라, 전하여 받은 道의 구체적인 내용인 사상성을 포함하고 있다. 이러한 도통론은 주로 두 측면으로 전개되었는데, 하나는 '성현의 말씀 옹호'라는 점이고, 다른 하나는 老 佛로 대표되는 '이단사설 배척'이다.

62) 『大學衍義』, 卷2, 「帝王爲學之本」(堯舜禹湯文武之學), "大禹謨 ……"조. "朱熹曰: 上古聖人, 繼天立極, 而道統之傳, 有自來矣." 『大學衍義(一)』(孔子文化大全本), 81쪽.

'유도(儒道)의 원류의 바름'[63]을 통하여 성현 도통 전수의 구체적인 내용을 설명하고 동시에 외부적으로는 주자학과 구별되는 여러 이단사설에 대한 비판을 전개하고 있다. 불교와 도가에 대한 비판은 당시 주자학자의 공통된 입장이자, 진덕수의 『독서기』를 통하여서도 그 내용을 확인할 수 있다.[64] 조선 초 배불론을 주장한 정도전의 「불씨잡변」 역시 『대학연의』로부터 영향을 많이 받았다.[65]

2) '사서'를 중심으로 하는 유가 경전 연구의 심화

경원 시기의 주자학 탄압은 오히려 학자들이 정치를 떠나 서원을 찾아 학문을 연마하게 된 계기가 됨으로써 서원(書院) 발전의 시발점이 되었으며, 더 나아가 학문의 내실화도 이루어지게 되었다. 서원의 건립과 서원에서의 주자학 강의는 정치와 교육이라는 두 가지 측면, 즉 '진퇴지절(進退之節)'로 말할 수 있는 주자학파의 현실 참여 방법 중 교육을 통한 현실 참여이다. 비록 현재는 유가의 도(道)가 실현되는 사회가 아니어서 직접적인 정치 참여는 불가능하나[退], 후일 유가의 교육을 받은 인재들이 정치에 참여하여[進] 사회를 변혁함으로써 유학의 도(道)가 실현되는 사회를 건립하기 위한 기초적인 토대를 만든다는 의미가 있다. 서원 교육의

---

63) 『大學衍義』, 卷11, 「格物致知之要一」, '明道術', '吾道源流之正' 참조.

64) 明・鮑寧, 『天原發微』, 「天原發微問答節要」. "眞西山讀書記第二十卷, 極字條中, 辨析甚明老釋之學."

65) 「불씨잡변」 중의 '佛法入中國', '事佛得禍', '含天道而談佛果', '事佛甚謹年代尤促' 편 등은 모두 『대학연의』 권13-1에 있는 이단론과 역사적 사례를 그대로 인용한 것이다. 또한 맨 마지막의 '闢異端之辨'은 『대학연의』와 똑같지는 않지만 내용상으로 상당히 일치하고 있다. 김인호, 「여말선초 군주수신론과 『대학연의』」, 『역사와 현실』, 29권, 한국역사학회, 1998, 96~97쪽.

취지와 목표는 경세제민(經世濟民)에 있었으며, '사서'를 중심으로 하는 광범위한 서원 교육으로 말미암아 주자학은 점차 관학의 실질적인 내용이 되어갔다. 따라서 정치의 '치(治)'와 '난(亂)'에 따르는 '진(進)'과 '퇴(退)' 즉, '행도(行道)'와 '수교(垂敎)'라는 주자학자들의 현실참여 방법은 더 이상 양자택일의 문제로만 남지는 않았다. 주자의 후학들은 낮에는 관료로서 그리고 밤에는 주자학자로서 부단한 노력을 기울였다. 서원 교육에서의 중심 텍스트는 유가의 경전이었으며, 그중 특히 '사서'를 가장 중요시하였다. 주자의 후학들은 주자가 유가 경전을 연구한 것은 바로 성현의 도통을 밝히는 것으로, 주자의 학문은 특히 '사서'에 관한 주해 속에 잘 드러나 있다고 여겼다. 그들의 도통론에서도 기본 입장이 잘 나타나 있듯이, 전도의 사명을 완수할 수 있는 첫걸음이 되는 것은 바로 '사서'를 중심으로 하는 주자의 도(道)를 분명히 이해하는 것이었다. 이렇듯이 주자의 후학들은 '사서'에 관한 많은 주해와 주해 자료를 남김으로써 주자의 도통을 이은 주자학자의 면모를 갖추게 되었다.

손선영(孫先英)은 『대학연의』의 판본에 관한 연구를 통하여, 다양한 판본의 출현은 학술의 발전과도 밀접한 관계가 있다는 측면에서 송 · 원 · 명 · 청 시기의 성리학의 흥망성쇠를 언급하고 있다. 즉, 남송 시기 진덕수와 위료옹의 학문적 노력으로 말미암아, 남송 시기 '경원학금'이라는 성리학 압제의 풍토가 일신되고 쇄신되어 성리학이 학문적 정통의 자리를 차지할 수 있게 되었으며, 특히 이후 원 · 명 시대에 『대학연의』의 판본 역시 다양하게 출현하고 있는 점은 바로 성리학의 발전과 그 궤를 같이하고 있다는 것이다.[66] 성리학 서적의 유통과 출판은 학술상의 발전과

66) 이에 관하여는 孫先英, 「從歷代書目的目錄看『大學衍義』的文獻價値」, 『西南民族大學學報(人文社會板)』, 2004年 第4期 참조.

밀접한 관계가 있기 때문이다.

비록 진덕수가 "문호에 의지하여 감히 자신의 뛰어난 견해를 제시하지 않았으니 대체로 묵수하였을 뿐이다."[67]라는 평가를 받기는 하지만, 해설서의 형태로서 충실한 의미를 발휘하는 것을 취지로 하여 저술되는 '연의(衍義)'라는 형식을 통하여 성리학의 발전에 지대한 공헌을 하였다. 이는 다소 어렵게 느껴지는 성리학의 순수철학적인 면모를 해설과 자료를 통하여 독자들에게 보다 친절하게 접근함으로써 학문의 대중화에 그가 기여한 점이기도 하다. 이러한 학문적 전통은 후대의 학자들에게도 이어졌다.[68]

3) 통치철학으로서의 제왕의 학문

『대학연의』는 제왕학의 기초로서 역대 왕들에 의하여 존중되고 선양되었다. 송(宋)의 이종(理宗)은 "임금이 되기 위한 궤범"이라고 하였고, 원(元)의 무종(武宗)은 "천하를 다스리는 데에는 이 책 한 권이면 족하다."고 하였고, 명(明)의 태조(太祖)는 "『대학연의』가 제왕지학의 요체임을 알고 전(殿)의 양쪽 벽에 크게 게시하도록 하여 틈나는 대로 보았다."[69] 명(明)

67) 「西山眞氏學案」, "百家謹案: 從來西山, 鶴山並稱, 如鳥之雙翼, 車之雙輪, 不獨擧也. 鶴山之誌西山, 亦以司馬文正, 范忠文之生同志, 死同傳相比, 後世亦無敢優劣之者. 然百家嘗聞先遺獻之言曰: [兩家學術雖同出于考亭, 而鶴山識力橫絶, 眞所謂卓犖觀群書者 ; 西山則依門傍戶, 不敢自出一頭地, 蓋墨守之而已.]" 『黃宗羲全集』, 浙江古籍出版社, 1992年, 제6책, 179쪽.

68) 明代의 대표적인 서적으로는 楊廉의 『大學衍義節略』, 邱濬의 『大學衍義補』, 徐栻의 『大學衍義補纂要』 등이 있으며, 한국에서도 李石亨이 편찬한 『大學衍義輯略』, 正祖가 편찬한 『大學類義』 등 관련 서적이 출간되었다.

69) 明 · 胡世寧 撰, 『胡端敏奏議』, 卷3, 「畧陳治要以獻愚忠疏」. "昔宋儒眞德秀作大學衍義一書, 我太祖高皇帝知其爲帝王爲學之要, 大書兩廡之壁, 時睇觀之." 및 卷1, 「計開」. "一勤

의 세종(世宗)은 특별히 사례감(司禮監)에 명을 내려 『대학연의』를 중각(重刻)하게 하였고, 아울러 자신이 친히 서문을 썼다. 청(淸)의 건륭(乾隆) 황제는 『대학연의』가 "진덕수가 평생 힘을 들인 저서"라고 하고는, 아울러 "여러 책 중의 집대성이며, 도(道)에 들어가는 표본이 되는 과정"이라고 하였다. 이렇듯이 『대학연의』는 군주가 참고하여야 할 치국의 방책이자 명체실용(明體實用)적인 제왕의 학이라고 할 수 있다.[70]

학문을 통한 군주의 도덕성 함양을 표방하는 성리학적 군주 수신론은, 유학의 이상적 지도자상인 성군을 표방함으로써 유학 정치의 진면모를 현실 정치에 관철하고자 하는 것으로, 군주가 자신의 마음과 몸을 수양함으로써 성리학을 학문적 기반으로 하는 관료층이나 사대부의 지지를 얻는 길이기도 하다. '군주 수신론은 군주로서 갖추어야 할 도덕성은 물론, 더 나아가 구체적인 통치 방법에 대한 논의까지 포괄하여 체계화된 것으로, 군주의 역할과 위상에 대한 요구는 군주가 취해야 할 규범과 밀접히 관련될 수밖에 없다. 또한, 군주와 신하 간의 사회적 관계 및 정치적 역할까지도 새롭게 규정되는 것으로, 군주 수신론은 성리학을 이념적 기초로 하여 하나의 정치 이념으로 발전한 것이다.'[71] 이러한 군주 수신서로서의 『대학연의』의 성격은 "성리학과 집권군주제와의 간격을 좁히고, 군주권의 전제화에 일정한 제동을 거는 역할을 함과 동시에, 성리학을 비현실적인 공소한 이상주의에서 벗어나게 하여 그 실천주의를 발휘할 수 있는 정

學問, 我祖宗列聖, 皆日御經筵講讀經史. 至於大學衍義一書, 我太祖高皇帝因問宋濂知其爲帝王爲學之要, 特命大書揭於兩廡之壁, 時睇觀之."

70) 眞采, 「西山眞夫子年譜」, 『眞文忠公全集』, 臺灣文友書店, 1974. 孫先英, 「從歷代書目的目錄看『大學衍義』的文獻價値」, 『西南民族大學學報(人文社會板)』, 2004年 第4期 재인용.

71) 김훈식, 「여말선초 군주수신론의 성격」, 서울대학교 석사학위논문, 1984; 김인호, 「여말선초 군주수신론과 『대학연의』」, 『역사와 현실』, 29권, 한국역사학회, 1998, 79쪽 재인용.

치적인 기반을 획득하게 하였다고 평가할 수 있다."[72]

우리나라도 고려 후기에 주자학 서적이 보급됨에 따라서 『대학연의』도 자연스럽게 학자들에게 소개되었다. 공민왕(恭愍王) 시대의 윤택(尹澤)이 경연(經筵)의 진강(進講) 교재로 『대학연의』를 사용하였다는 사실은 이러한 하나의 예로 거론된다. 새로운 군주상을 요구하던 고려 후기의 사대부들은 주자 성리학을 바탕으로 한 군주의 도덕성 함양과 주자 성리학을 현실의 통치에 적용할 수 있는 구체적인 방법을 찾고자 하였으며, 이러한 시대적 요구는 당시의 사대부들이 『대학연의』에 주목하게 된 자연스러운 계기가 되었다.

이렇듯이, 고려 후기 사대부들은 국가 운영 체제의 개혁을 위한 이념적 기초로 성리학을 이용하면서 이를 군주 수신론에도 적용하게 되었다.'[73] 따라서 군주 중심의 수련 체계를 뒷받침하고 있는 『대학연의』는 이 때문에 주목받게 된 것이다. 이러한 군주의 도덕성과 정치론을 강화시켜 주는 제도적 장치가 경연(經筵)이며, 아울러 통치 행위에 대한 검증을 담당하는 사간원의 성립이 이루어질 수 있는 근거가 마련되었다. 조선 초기에 『대학연의』가 중시된 점은 군주의 학문 수련과 통치를 일치시키기 위한, 즉 궁리정심의 학문과 수기치인의 방법을 통합적으로 실현하기 위해서 만들어진 경연의 교재였다는 사실로 이해할 수 있다.[74] '성리학을 통치 이념으로 하였던 조선 초기에는 국왕이 반드시 익혀야 할 책으로 흔히 『대

72) 이범학, 「진덕수 경세이학의 성립과 그 배경」, 『한국학논총』, 20집, 국민대학교 한국학연구소, 1997, 175쪽.

73) 김훈식, 「여말선초 군주수신론의 성격」, 서울대학교 석사학위논문, 1984; 김인호, 「여말선초 군주수신론과 『대학연의』」, 『역사와 현실』, 29권, 한국역사학회, 1998, 79쪽 재인용.

74) 김인호, 「여말선초 군주수신론과 『대학연의』」, 『역사와 현실』, 29권, 한국역사학회, 1998, 96~99쪽.

학연의』가 첫 손에 꼽히곤 하였으며, 조선 초기의 정치사상을 이해하는 데에 필수적이라고 할 수 있다.'[75] 조선조 성리학의 황금기인 16세기 퇴계 이황 등이 강조하는 군주성학론 역시 이러한 맥락에서 이해할 수 있다.

5. 맺는말

『예기(禮記)』 중의 한 편이었던 「대학」은 시대를 거치면서 많은 학자들에게 주목을 받아왔으며, 송대에 이르러 '사서'로 편입하게 된다. 비록, 『대학』에 관한 이해가 시대와 인물에 따라 다양하게 전개되어 왔기는 하지만, '수기'와 '치인'이라는 중심 개념을 통하여 알 수 있듯이, 『대학』은 유학자의 수양서로서 혹은 제왕의 정치철학으로서 그 기능을 담당해 왔다고 할 수 있다. 특히, 『대학』에서 표방하는 8조목은 이러한 인격 형성을 위한 방법론적인 접근 단계를 의미하고 있을 뿐만 아니라, 개인윤리와 사회윤리를 포괄하는 이른바 실천적 윤리 생활을 종합적으로 반영하고 있다.

진덕수 역시 이러한 유학의 입장에서, 『대학』을 지성인이 갖추어야 하는 수양론의 기초로 이해하고 있으며, 개인의 인격적 수양을 통한 정치의 도리를 밝히고 있다. 그는 적극적으로 정치에 참여하여 사회 개혁에 관한 혁혁한 치적을 올렸으며, 물러나서는 서원 교육을 통하여 향촌의 교화에 힘씀으로써 현실적인 시대의 문제를 타개하여 갔다. 특히, '사서' 연구 그리고 이단 비판이라는 측면은 주자의 도통을 이은 주자학자의 면모를 유

75) 尹澤은 『대학연의』를 우리 역사상 가장 먼저 국왕에게 진강하였던 인물이다. 이는 그가 『대학연의』의 전문가로 공인된 최초의 유학자이자, 성리학적인 정치사상이 조선에 뿌리내리는 데 크게 기여한 선구자라고 할 수 있다. 이에 관하여는 변동명, 『고려후기 성리학 수용 연구』, 일조각, 1995, 179~188쪽 참조.

감없이 보여 주고 있다.

진덕수는 원리로서의 리(理)와 실용으로서의 용(用)을 통합적으로 구현하고자 하였으며,[76] 학용일치 또는 지행일치를 주장함으로써 이상과 현실이 융합되는 측면을 강조하였다.[77] 그는 주자학의 발전이라는 측면에서 주자의 체용관, 태극, 인학(仁學), 심학 등의 이론을 심화시켰다.[78] 특히, 그는 도기설(道器說)과 리일분수설(理一分殊說) 등을 통하여 도덕적 실용성을 강조하였다.[79] 실천적이며 현실적인 유학의 도(道)를 진작하는 것을 자신의 임무로 삼은 진덕수는 위학(僞學)으로 금지되었던 성리학을 해금시키는 데에 많은 노력을 하였으며,[80] 후세에 적지 않은 학문적 영향을 주었다. "실로 진덕수의 『대학연의』는 고금과 경사(經史)를 관통하고 다스림과 학문을 위한 요체이다."[81] 『대학연의』는 고려 후기에 도입되어 경연(經筵)에서 강의되는 등 막대한 영향력을 발휘하면서 『대학』을 제왕의 학문으로 위치시켰으며, 당시까지 『정관정요』가 차지해 오던 제왕학의 위치를 점점 대체함으로써 조선 초기의 정치철학에도 많은 영향을 끼쳤다.

진덕수의 『대학연의』가 성리학의 역사적 전개 속에서 갖는 위치는, 비

---

76) 『西山文集』 卷三十六, 「題跋」, 「跋劉彌邵讀書小記」. "理必達於用, 用必原於理, 又非二事也. …… 不知理卽用, 用卽理, 非混融貫通, 不足以語學之成."

77) 『西山文集』 卷三十一, 「問答」, 「問太極中庸之義」. "又必合所知所行爲一致, 講貫乎此, 則必踐履乎此, 而不墮於空談無實之病."

78) 朱人求, 「眞德秀思想研究述評」, 『哲學動態』, 2006年 第6期 참조.

79) 陳其芳, 「朱子學的發展階段及其派別」, 鄒永賢 主編, 『朱子學研究』, 厦門, 厦門大學出版社, 1989, 26~28쪽.

80) 「西山眞氏學案」. " …… 黨禁既開, 而正學遂明于天下後世, 多其力也." 『黃宗羲全集』, 浙江古籍出版社, 1992年, 제6책, 179쪽.

81) 明 · 胡世寧 撰, 『胡端敏奏議』, 卷8, 「計開」. "宋儒眞德秀所編大學衍義一書, 乃貫古今經史, 而一之爲治爲學之要." 및 "大學衍義一書, 最切於人君爲治爲學之要."

록 "그 형식에서 여타 『대학』에 관한 주석서와 달리 경문(經文)에 대한 주소(註疏)를 거의 가하지 않았다고 해서 『대학』과의 관련성을 결코 소홀히 해서는 안 되며, 오히려 사상적으로나 실천적인 방면에서 『대학』의 기본 관념과 취지를 창조적으로 계승 · 발전시킨 것으로 볼 수 있다." 『대학연의』는 군주론의 핵심을 성리학의 심성론이나 도덕론으로 설명하지만, 실제의 정치나 역사적 사례를 들 때에는 성리학적인 입장 이외에 유용성의 논리를 기초로 하는 공리주의적 입장까지도 포괄하는 다양한 접근을 시도하고 있다. 따라서 진덕수는 성리학의 기본 골격을 유지하고는 있지만, 사변적인 측면보다는 당면한 시대의 입장에서 군주론을 중심으로 하여 현실적인 경세주의적 측면에서 이학적 경세주의를 구현하고 있다. 이는 '남송 후기 이학의 종합 · 절충적 경향이 이에 반영된 것'으로 이해할 수 있다.[82)]

주자학은 역사 속에서 각 시대마다 사회적인 조건과 상황에 따라 응용되고 분화되고 발전되었다. 주자학은 현실에 관한 긍정적인 인식을 출발점으로 삼기 때문에, 시대의 변천에 따른 각 시대의 사회적 과제에 대한 기능을 능동적으로 발휘할 수 있었다.

■ **참고 문헌**

『西山文集』

『四書集編』

『大學衍義』

---

82) 이범학, 「진덕수 경세이학의 성립과 그 배경」, 『한국학논총』 20집, 1997, 157쪽 및 167~175쪽 참조.

『西山讀書記』
『大學』
『宋史』
『黃宗羲全集』, 杭州, 浙江古籍出版社, 1992年.
高令印・陳其芳, 『福建朱子學』, 福州, 福建人民出版社, 1986年.
陳榮捷, 『朱子門人』, 台北, 學生書局, 民國71年.
陳榮捷, 「朱熹集新儒家之大成」, 『朱學論集』, 臺北 學生書局, 民國71.
鄒永賢 主編, 『朱子學研究』, 厦門, 厦門大學出版社, 1989年.
侯外廬 等, 『宋明理學史』, 北京, 人民出版社, 1980年.
劉樹勛 主編, 『閩學源流』, 福州, 福建教育出版社, 1993年.
朱人求, 「眞德秀思想研究述評」, 『哲學動態』, 2006年 第6期.
김인호, 「여말선초 군주수신론과 『대학연의』」, 『역사와 현실』, 29권, 한국역사학회, 1998.
박지훈, 「남송말기 진덕수의 대외관」, 『경기사학』, 3집, 경기사학회, 1999.
이범학, 「진덕수의 민중교화책」, 『한국학논총』, 21집, 국민대학교 한국학연구소, 1998.
이범학, 「진덕수 경세이학의 성립과 그 배경-남송 후기 이학의 관학화와 그 의의」, 『한국학논총』, 20집, 1997.
지두환, 「조선전기 군자소인 논의-『대학연의』 왕안석론을 중심으로」, 『태동고전연구』 9, 1993.
지준호, 「주자학의 사상적 분화와 전개양상에 관한 연구」, 『한국철학논집』 23, 2008.
지준호, 「黃榦 체용론의 구조와 전개」, 『동양철학연구』, 28집, 2002.
지준호, 「성리학의 발전에 있어서 『대학연의』의 사상사적 위치」, 『동양고전연구』, 45집, 2011.
지준호, 「주자학과 진덕수의 『대학』 이해」, 『한국철학논집』, 33집, 2012.

왕수인의 대학관 연구
-「대학문(大學問)」을 중심으로

임홍태 (영산대학교 학술연구교수)

1. 들어가는 말

역사상 사서 중에서 논쟁의 소지가 가장 많은 것은 아마 『대학』일 것이다. 『대학』의 위상 변화, 단행본으로 간행된 과정, 작자에 대한 고증 및 개본의 원류 등 외적인 문제뿐만 아니라 내용에 관한 해석 등 어느 한 가지도 격렬한 논쟁을 일으키지 않은 것이 없다.[1)]

왕수인 철학의 개념과 구조는 『대학』과 밀접한 관계를 맺고 있다. 왕수인의 대학관은 주자로부터 많은 영향을 받았다. 주희철학은 그 방법론에서 『대학』의 8강령 가운데 '격물치지'를 중시하였다. 왕수인이 주자의 개본『대학』을 부정하고 고본『대학』의 원의를 따르는 입장을 견지하게 된 것은 주자의 『대학』 '격물치지'에 대한 해석에 수긍하지 못한 결과이다. 왕수인은 젊은 시절 주자학에 심취하여 주자의 '격물치지'에 대한 해석에 열중하였다. 그러나 주자의 가르침대로 물에 대한 이치를 탐구하였으

1) 『대학철학』, 저자 서문 중에서.

나 끝내 내 마음과 물의 이치가 합치되지 않았다. 그 결과 그는 주자학을 등지고 정신적인 방황을 하기 시작한다. 방황의 끝에 그는 마침내 내 마음과 물의 이치가 하나임을 깨닫고 이후 주자학과는 달리 고본『대학』을 기반으로 『대학』을 새롭게 해석하기에 이른다. 이렇듯 그가 해결하고자 시도한 문제와 그의 철학 체계를 구성한 맥락도 여전히 『대학』을 벗어나지 않았다.

왕수인은 고본『대학』에 대해, 문장과 의리가 창통하고 원만하여 부족함이 없으므로 문사를 바꿀 필요가 없을 뿐만 아니라 장구를 다시 편찬할 필요도 없다고 생각하였다. 이러한 왕수인의 견해는 대체로 『대학』의 강령과 조목에 대한 해석에서 드러난다.

그는 말년에 「대학문」이라는 글을 통해 대학의 3강령 8조목에 대해 자신의 기본적인 견해를 비교적 상세하게 표현하고 있다. 「대학문」과 더불어 왕수인의 대학관에 대해 알 수 있는 자료로는 「대학고본방석」, 「대학고본원서」, 「대학고본서」, 「전습록」의 사구교 사상 등이 있다. 이 가운데 정해년 9월에 제시된 사구교 사상은 「대학문」과 더불어 왕수인 말년의 『대학』에 대한 견해를 알 수 있는 중요한 자료이다. 사구교 사상은 대학문을 제시한 시기(8월)와 비교해 거의 같은 시기에 해당하는 것으로 「대학문」에 대한 이해를 높이는 데 도움이 될 것이다.

따라서 본문에서는 「대학문」 이전과 「대학문」 이후의 자료를 비교 분석하여 왕수인의 대학관이 어떠한 변화 과정을 거치고 있고, 각 과정에서의 공부의 중점은 어디에 있으며, 이는 왕수인 사상의 변화 과정 가운데 어떠한 의미를 가지고 있는지 등에 대해 살펴보기로 하겠다.

2. 고본『대학』에 관한 왕수인의 견해

주지하다시피 『대학』은 본래 『예기』 제42편의 내용으로 실려 있던 것을 주자가 『대학』과 『중용』을 떼어 『논어』·『맹자』와 함께 사서로 합성하고, 장구를 나누고 주석을 붙여 개편한 후에야 비로소 독립적인 위상을 갖게 되었다. 『대학』은 이정(二程) 형제에 의하여 크게 표창되었으며, 주자에 이르러 이정의 학문을 계승하여 『대학』을 힘써 제창하였을 뿐만 아니라 분장하고 절구를 나누어 주석을 붙여 집주를 편찬하였다. 주자는 『대학장구』를 찬술하면서 『대학』을 경 1장과 전 10장으로 나누어 개본하였다. 주자가 장구를 나눈 『대학』 개정본은 정현이 주석한 대학고본에 상대하여 '신본'(또는 개본)으로 불리게 되었으며, 이는 송말 이후 가장 널리 알려진 판본으로 보편적인 권위를 갖게 되었다.

주자의 『대학장구』가 크게 유행하기 이전에 일반인들이 읽은 『대학』은 『예기』에 실려 있는 고본『대학』이었다. 주자 이전에 유학자들이 『대학』을 해석할 때 근거로 삼은 것이 바로 고본『대학』이며, 주자 이후에 주자의 개본『대학』을 수용하지 않은 유학자들도 고본『대학』을 근거로 『대학』을 해석하였다.[2] 주자의 『대학』은 그의 개본과 「격치보전」을 기초로 삼고, 후대의 『대학』 연구자들은 대부분 주자의 개본과 격치보전이 『대학』의 원의에 합치하지 않는다는 불만을 느끼고 연구에 착수하였다.

왕수인 또한 주자의 신본에 대해 한결같이 고본이 옳다는 입장을 취하고 있다. 문인 서애는 「전습록」의 인언(引言)에서 "선생님은 대학의 격물 등 여러 논의에 대해 모두 구본이 바르다고 하셨는데, 이는 선유들이 잘못된 판본이라고 한 바로 그 판본이다. 나는 처음 이 말을 듣고 놀랐고 이

2) 『대학철학』, 169쪽.

어서 의문을 품었다. 그 뒤 심혈을 다해 사색하고 여러 방향으로 비교 검토하고서 선생님께 질정한 뒤에야 선생님의 이론이 물의 차가움과 같고 불의 뜨거움과 같아서, 확실히 백세 이후의 성인을 상대해도 궁지에 몰리지 않을 것이라는 확신을 하게 되었다."[3]라고 말하고 있다. 왕수인의 고본『대학』에 대한 신념은 고본『대학』에는 경과 전의 구분이 없고 빠진 글도 없고 뒤섞인 글도 없으며, 그 글이 본래 정확하므로 통하지 않는 부분이 없다는 확신에서 말미암는다.

> 대학고본은 곧 공자의 문하에서 전해져 온 구본이다. 주자는 그것에 탈자·오자가 있지 않을까 의심하여 수정하고 보완 편집하였으나, 나는 거기에 본래 탈자·오자가 없다고 여기므로 모두 구본대로 따를 뿐이다.[4]

연보 정덕 13년(1518, 47세), 「대학고본방석(大學古本旁釋)」 간행에 관한 조에는 다음과 같이 기술되어 있다.

> 선생께서 용장에 계실 때 주자의 『대학장구』는 성문의 본지가 아닌 듯하다고 의문을 품고서 고본을 직접 쓰고 침잠하여 읽으며 정밀하게 사색하셨다. 그리하여 비로소 성인의 학문이 본래 간이하고 명백하므로 그 책은 단지 한 편으로 구성되어 있어서 본래 경과 전의 구분이 없는 것이라고 확신하셨다. 또한, 격물치지는 성의에 근본을 두므로 본래 보충해야 할 결전이 없다고 보셨다.[5]

---

3) 『王陽明傳習錄詳注集評』, 徐愛錄. "先生於大學格物諸說 悉以舊本爲正 蓋先儒所謂誤本者也 愛始聞而駭 旣而疑 已而殫精竭思 參互錯綜以質於先生 然後知先生之說 若水之寒 若火之熱 斷斷乎百世以俟聖人而不惑者也."

4) 『王陽明傳習錄詳注集評』, 173조목. "大學古本乃孔門相傳舊本耳, 朱子疑其有所脫誤而改正補輯之, 在某則謂其本無脫誤, 悉從其舊而已矣."

그 결과 「대학고본방석」을 통해 장구로 나누고 문장을 옮기고 전을 보충한 주자에게서 벗어나 정현이 사용하던 고본의 본 모습을 회복하였다. 아울러 정현의 판본을 근거로 삼아 중요한 어구와 단락에 대해 간명한 해석을 덧붙이고 있다. 이에 대해 「대학고본서」에는 다음과 같이 언급되고 있다.

> 그런데 구본이 쪼개지자 성인의 뜻이 잊혀졌다. …… 나는 학문이 지선으로부터 나날이 멀어지는 상황을 걱정하여 장구로 나눈 것을 없애서 구본을 회복하고 옆에 주석을 달아 그 의미를 이끌어 내었다. 이제 거의 성인의 마음을 다시 드러내게 되었고 그것을 구하는 이가 그 요체를 갖게 되었다.[6]

주자가 『대학』을 경과 전으로 나누어 설명하면서부터 성인의 본래 뜻이 사라지게 되었고 학문 또한 지선한 경지에서 멀어지게 되어 배우는 이들이 그 요점을 잃어버리게 되었다. 이러한 폐단을 극복하기 위하여 왕수인은 고본『대학』의 회복을 주장하고 나선 것이다.

3. 왕수인 공부론의 변천 과정

『대학』의 공부 방법에 대한 해석을 둘러싸고 당시의 학자들은 각자의

---

5) 『王陽明全集』, 권32, 「年譜」, 戊寅條. "先生在龍場時疑朱子大學章句非聖門本旨, 手錄古本, 伏讀精思, 始信聖人之學本簡易明白, 其書止爲一篇, 原無經傳之分, 格致本於誠意, 原無缺傳可補."

6) 『王陽明全集』, 권7, 「文錄四 · 大學古本序」, 戊寅. "舊本析而聖人之意亡矣 …… 吾懼學之日遠於至善也, 去分章而復舊本, 傍爲之釋, 以引其義. 庶幾復見聖人之心, 而求之者有其要."

독특한 견해를 피력하고 있다. 그들은 모두 공부를 통하여 성인의 경계를 추구한다는 동일한 목적의식이 있었음에도 불구하고, 이러한 성인의 경계를 추구하는 구체적인 공부 방법에서 서로 차이를 보이고 있다. 그중에서도 이들이 중점적으로 논란의 대상으로 삼고 있었던 것은 수기(修己)·안인(安人)의 선행 조건인 '정심·성의·치지·격물'이라는 네 가지 항목이다.

주지하다시피 왕수인의 사상은 『대학』 공부론을 둘러싸고 끊임없이 변화 발전하고 있다. 『대학』에 대한 왕수인의 해석 가운데서 주자와 기본적으로 차이가 나는 것은 성의와 치지를 특히 중시한 점이다. 『대학』 공부론에 대한 왕수인 사상의 변화 과정을 살펴보면 대체로 격물 중심에서 성의 중심으로, 다시 치지 중심으로 옮겨감을 알 수 있다. 이는 왕수인 공부론의 내재화 과정으로 표현된다.

왕수인은 청년 시기에 『대학』의 격물을 가장 중시했는데, 정덕 3년 귀주 용장에서 도를 깨우친 뒤로는 격물에 대해 주자학과 다른 자신의 해석 체계를 세우는 동시에 『대학』의 중점을 성의로 이동하였다. 한편 치지는 주신호의 반란을 평정한 뒤 제기된 것으로, 이를 계기로 왕수인이 진정으로 『맹자』와 『대학』 사상을 결합한 이론 형식을 찾아내었고, 대학의 논리 구조에서 성의에서 치지로 그 중점이 바뀌었다.

1) 격물

왕수인의 초기 사상을 살펴보면 그의 관심은 온통 『대학』 격물의 문제에 집중되어 있음을 알 수 있다. 초기 왕수인의 사상은 기본적으로 주자학의 영향아래 있었으며 그의 격물에 대한 이해 역시 주자 철학에 따르고 있었다. 주자의 격물설은 사물에 나아가 사물의 이치를 궁구한다는 것이다. 철저하게 주자의 격물설에 따라 외재 사물의 이치를 궁구하던 왕수인의 격물 공부는 정덕 3년(1508년, 37세)의 용장오도를 통하여 하나의 전환점을 맞게 된다.

> 문득 한밤중에 격물치지의 의미를 크게 깨달았다. …… 비로소 성인의 도가 나의 성 속에 자족되어 있는 것이어서 예전에 사물에서 이치를 구하던 태도가 잘못인 것을 알게 되었다.[7]

용장의 깨달음을 통해 이전의 외재 사물에서 이치를 구하던 주자학적 격물 해석에서 벗어나 심즉리설에 바탕을 두어 마음속에 내재되어 있는 이치를 구하는 방향으로의 전환이 시도된다.

'격' 에 대해 왕수인은 다음과 같이 언급하고 있다.

> 격물에서의 격은 『맹자』의 '대인격군심' 의 격과 같다. 마음의 바르지 못한 부분을 제거하여 그 본체의 바름을 온전히 회복하는 것이다.[8]

> 격은 바로잡음이다. 바르지 못한 부분을 바로잡아 바른 상태로 돌아가게 하는 것이다.[9]

격의 의미는 바르지 않은 부분을 바로잡아 본래의 바른 모습으로 되돌리는 것이다.

---

7) 『王陽明全集』, 권32, 「年譜一」, 武宗正德三年戊辰先生三十七歲在貴陽春至龍場. "忽中夜大悟格物致知之旨 …… 始知聖人之道吾性自足, 向之求理於事物者誤也."

8) 『王陽明傳習錄詳注集評』, 7조목. "格物如孟子大人格君心之格, 是去其心之不正, 以全其本體之正."

9) 『王陽明傳習錄詳注集評』, 7조목. "格者, 正也. 正其不正以歸於正也."

이상과 같은 '격'의 해석에 비추어 볼 때, 왕수인에게 있어 물의 개념 또한 내 마음 밖에 있는 외재 사물이 아니라 주체 자신과 관계하는 대상일 수밖에 없다.

> 의의 소재가 바로 물이다. 예컨대 의가 부모를 섬기는 데 있으면 부모를 섬기는 것이 하나의 물이고, 의가 부모를 섬기는 데 있으면 임금을 섬기는 것이 바로 하나의 물이며 …… 의가 보고 듣고 말하고 행동하는 데 있으면 보고 듣고 말하고 행동하는 것이 바로 하나의 물이다.[10)]

의의 소재로서의 물은 다름 아닌 도덕적인 행위[事]를 가리킨다. 왕수인에게 있어서 물은 나 자신의 의지와는 무관하게 외재하여 있는 것이 아니라 나와 관계 맺고 있는 행위 그 자체를 의미한다. 그러므로 격물은 의의 소재인 물을 바로잡는다는 것이다. 마음의 본체는 본래 바르지 않은 부분이 없지만 일반인의 마음은 현실적인 외부 제약으로 말미암아 이미 마음의 본체를 보존하지 못하게 되었다. 이러한 사람 마음의 바르지 않은 부분을 바로잡아서 본체의 원래 바른 상태를 회복시키는 것이 바로 격물이다.

2) 성의

『대학』에 대한 왕수인의 해석 가운데 주자와 기본적으로 차이가 나는 것은 성의와 치지를 중시한 점이다. 정덕 3년 용장에서 도를 깨우친 뒤로는 격물에 대해 주자학과 다른 자신의 해석 체계를 세우는 동시에 『대학』

---

10) 『王陽明傳習錄詳注集評』, 6조목. "物意之所在便是, 如意在於事親, 卽事親便是一物. 意在於事君, 卽事君便是一物 …… 意在於視聽言動, 卽視聽言動便是一物."

의 중점을 성의로 이동하였다.

정덕 13년(1518), 왕수인은 47세의 나이로 민(閩)·광(廣)의 폭동을 평정하고 대첩을 아뢴 뒤 「대학고본방석」을 간행하였는데 연보의 이해 7월 조에서는 다음과 같이 말하고 있다.

> 성의를 위주로 하여 치지격물의 공부를 하므로 경이라는 한 글자를 첨가할 필요가 없다. 양지라는 말로 지선의 본체를 나타내므로 견문을 빌릴 필요가 없다. 이제 이것을 기록하고 판각하여 책을 만들고 옆에 주석을 단 뒤 간략히 소개하는 글로 서문을 갈음한다.[11]

이에 앞서 정덕 9년(1514)에 왕수인은 왕승유(王承裕)에게 답하는 편지에서는 다음과 같이 말하고 있다.

> 군자의 학문은 성의를 목적으로 삼는데, 격물치지가 바로 성의의 공부이다. 이는 곧 굶주린 자는 배부르게 되는 것을 목적으로 삼는데 먹고 마시는 것이 배부르게 되는 구체적 방법인 것과 같다.[12]

왕수인이 치양지설을 제창하기 이전 왕수인 사상에서 가장 중요한 개념은 성의로서, 이는 『대학』 사상의 핵심이며 이른바 격물치지는 성의를 실현하기 위한 여러 구체적인 방법을 가리킨다. 그렇다면 무엇이 성의인가?

---

11) 『王陽明全集』, 권32, 「年譜」, 戊寅條. “以誠意爲主而爲致知格物之功, 故不必添一敬字, 以良知指示至善之本體, 故不必假於見聞. 至是錄刻成書, 旁爲之釋, 而引以爲序.”

12) 『王陽明全集』, 권4, 「答天宇」. “君子之學以誠意爲主, 格物致知者, 誠意之功也. 猶餓者以求飽爲事, 飮食者求飽之事也.”

학문 공부에는 깊고 얕음이 있다. 초기에 만일 실제로 충실하게 마음을 쏟아서 선을 좋아하고 악을 싫어하지 않으면 어떻게 선을 행하고 악을 제거할 수 있겠는가? 이렇게 실제로 충실하게 마음을 쏟는 것이 바로 성의이다.[13)]

마음이 발동하면 불선이 없을 수 없다. 그러므로 이 부분에 대해 힘을 쏟아야 한다. 이것이 바로 성의이다. 선을 좋아하는 생각이 하나 일어나면 정말 착실하게 선을 좋아해야 하고, 악을 미워하는 생각이 하나 일어나면 정말 착실하게 악을 미워해야 한다.[14)]

이렇듯 성의란 마음이 발동한 상태에서 실제로 충실하게 마음을 쏟아 선을 좋아하고 악을 미워하여 선을 행하고 악을 제거하는 일체의 행위를 가리킨다. 그러나 성의라는 행위가 실행되기 위해서는 우선 무엇이 선하고 무엇이 악한가를 알아야 한다. 즉 무엇이 선하고 무엇이 악한가를 판단할 수 있는 기준이 있어야 그 기준에 따라 올바르게 선을 좋아하고 악을 싫어할 수 있기 때문이다. 이러한 기준이 없으면 어떤 생각이 마땅히 선을 좋아하고 악을 미워할 때에는 문제가 없지만, 만약 선을 악으로 생각하여 미워하고 악을 선으로 여겨 좋아할 때에는 어떻게 될 것인가.

의념이 발동할 때 내 마음의 양지가 이미 그것이 선인 줄 알더라도 만약 실제로 그것을 좋아하지 못하고 다시 등져 버리면, 선을 악으로 여기게 되어 스스로 선을 아는 양지를 어둡게 만들게 된다.[15)]

---

13) 『王陽明傳習錄詳注集評』, 119조. "爲學工夫有淺深, 初時若不着實用意去好善惡惡, 如何能爲善去惡? 這着實用意便是誠意."

14) 『王陽明傳習錄詳注集評』, 317조목. "心之發動不能無不善, 故須就此處著力, 便是在誠意. 如一念發在好善上, 便實實落落去好善, 一念發在惡惡上, 便實實落落去惡惡."

그러므로 무엇이 선하고 무엇이 악한가를 판단할 수 있는 판단 기준이 요구되는데, 이것이 바로 양지이다.

> 지금 양지에 의해 선이나 악으로 판단된 것에 대해 그것을 참으로 좋아하거나 참으로 싫어하지 않는 경우가 없게 된다면, 자신의 양지를 속이지 않게 되어서 의가 참되어질 수 있다.[16)]

선과 악을 판단하는 기준인 양지에 의해 무엇이 선이고 무엇이 악인가를 알아서 이를 진실로 좋아하고 싫어하게 된다면, 이것이 바로 양지의 발현이자 성의인 것이다. 그러므로 성의의 실현은 양지에 의해 완성된다. 이런 과정을 거쳐 성의 중심의 공부론은 치양지설로 변환하게 된다.

3) 치지

왕수인은 강서(江西)에서 번왕(藩王)의 반란을 평정하던 시기를 전후하여, 그 이전에는 줄곧 성의를 중심으로 격물을 이해했으나 이후로는 치지를 종지로 삼아 자신의 철학 체계를 세웠다. 정덕 13년(1518)에 이루어진 「대학고본원서」에서는 아직 치양지 사상이 제출되지 않았다. 나흠순(羅欽順)의 『곤지기(困知記)』에 실린 기록에 따르면, 정덕 13년 대학고본이 처음 판각되었을 때의 원래 서문에는 치지에 관한 내용이 없었고, 왕수인이 정덕 15년에 대학고본을 나흠순에게 보낼 때도 아직 서문이 수정되지

---

15) 『王陽明全集』, 권26, 「大學問」. "意念之發, 吾心良知旣知其爲善矣, 使其不能誠有以好之而復背而去之, 則是以善爲惡而自昧其知善之良知矣."

16) 『王陽明全集』, 권26, 「大學問」. "今於良知所知之善惡者, 無不誠好而誠惡之, 則不自欺其良知, 而意可誠矣."

않은 상태였다.

이것이 그 전문(무인년 7월에 지은 것)인데, 처음부터 끝까지 수많은 말 가운데 치지에 관한 언급은 한마디도 없다. 근래에 왕수인 문록의 「대학고본서」를 보니 거기에 비로소 치지로 입설하기 시작했고, 격물에 대해서는 더 이상 제기하지 않았다. 그 결어에는 "치지의 관건은 심에 있나니 치지를 깨달음이 지극한 것이다."라고 하였다. 왕수인의 학문은 양지를 큰 요체로 삼는데, 어찌하여 대학고본에 처음 서문을 쓸 때는 주자가 지리한 공부에 주력했다는 것을 명백히 배척하면서도 도리어 큰 요체를 버려두었는가. 아마 그 이론이 아직 정립되지 않았던 탓이리라.[17)]

나흠순에 의하면, 원래의 서문과 개정 서문의 근본적인 차이는 개정 서문에 치지를 근본으로 삼는 사상이 추가되었다는 데 있다. 그러므로 현존하는 『왕양명전집』 중에 실려 있는 「대학고본서」는 무인년(戊寅年, 정덕 13, 1518년, 왕수인 47세) 7월에 처음 간행된 것이 아니고 그 후 몇 번의 수정 과정을 거쳐 완성된 것임을 알 수 있다. 이러한 수정 과정을 알 수 있는 글로 가정 3년(1524) 왕수인이 그의 나이 53세 때에 황성증(黃省曾)에게 대답한 편지글이 있다.

고본에 주석을 단 것은 부득이해서였다. 그렇지만 감히 많은 말을 하지는 않았다. 이는 넝쿨이 얽히게 되면 가지와 줄기가 도리어 그늘지게 된다는 것을

17) 『困知記續上』. "此其全文也, 首尾數百言, 竝無一言及於致知, 近見陽明文錄有大學古本序, 始改用致知立說, 於格物更不提起, 其結語云, 乃若致知則存乎心, 悟致知焉盡矣. 陽明學術以良知爲大頭腦, 其初序大學古本, 明斥朱子傳注爲支離, 何故却將大頭腦遺下, 豈其擬議之未定歟."

두려워했기 때문이다. 짧은 서문도 이전에 초고를 세 번이나 고쳐서 마지막 것을 석각하여 이제 각각 하나씩 보내니, 초년의 견해를 정론으로 규정해서는 안 된다는 것을 잘 알 수 있으리라.[18]

왕수인은 정덕 13년(1518)에 대학고본을 간행한 후 서문의 초고를 세 번에 걸쳐 고쳤음을 말하고 있다. 그렇다면 초고본 대학고본과 수정본 대학고본의 내용에 있어 가장 큰 차이점은 무엇인가?「대학고본서」의 전반부에는 "대학의 요체는 성의일 뿐이다. 성의의 공부는 격물일 뿐이다. 성의의 궁극은 지선에 자리 잡음일 뿐이다. 지선에 자리 잡는 방법은 치지일 뿐이다. 정심은 그 체를 회복하는 것이고 수신은 그 용을 드러내는 것이다. 자신에 대해 말하면 명명덕이고 남에 대해 말하면 친민이며 하늘과 땅 사이의 존재들에 대해 말하면 모든 것이 다 포괄된다. 그러므로 지선이란 마음의 본체이다. 움직인 뒤에 불선이 생기지만 본체의 지는 앎의 능력을 잃은 적이 없다. 의는 그 움직임이고 물은 그 일이다. 그 본체의 지를 다하면 움직임에 있어 불선이 없게 된다. 그러나 그 일에 나아가 바로잡지 않으면 그 앎을 다할 수가 없다. 그러므로 치지는 성의의 근본이고 격물은 치지의 실질적인 내용이다. 물이 바로잡히게 되면 지가 전부 발현되고 의가 성실하게 되어 그 본체를 회복한다. 이런 상태를 지선에 자리 잡음이라고 한다."[19]라고 하여 성의를 부각시켜 성의공부를 대학의 중심

---

18)『王陽明全集』, 권5,「與黃勉之」. "古本之釋, 不得已也, 然不敢多爲辭說, 正恐葛藤纏繞則枝干反爲蒙翳耳. 知序亦嘗三易其稿, 石刻其最後者, 今各往一本, 亦足以知初年之見未可据以爲定也."

19)『王陽明全集』, 권7,「文錄四 · 大學古本序」, 戊寅. "大學之要, 誠意而已矣. 誠意之功, 格物而已矣. 誠意之極, 止至善而已矣. 止至善之則, 致知而已矣. 正心復其體也, 修身著其用也. 以言乎己謂之明德, 以言乎人謂之親民, 以言乎天地之間則備矣. 是故至善也者, 心之本體也. 動而後有不善, 而本體之知未嘗不知也. 意者其動也, 物者其事也, 致其本體之知而動

으로 삼고 있다. 하지만 후반부에서는 “치지의 관건은 심에 있거니와 치지를 깨달으면 모든 조건이 다 갖추어진다.”[20]라고 하여 치지를 부각시키고 있다. 이것이 바로 이전의 성의 중심의 공부에서 치지 중심의 공부로의 변환이다.

원본 「대학고본서」와 수정본 「대학고본서」의 차이점은 다음과 같다.(밑줄 친 부분 참조)

원본 대학고본서 (『困知記三續』, 20장)	수정본 대학고본서 (『王陽明全集』, 卷7, 「文錄(四)」)
大學之要, 誠意而已矣. 誠意之功, 格物而已矣. 誠意之極, 止至善而已矣. 正心, 復其體也. 修身, 著其用也. 以言乎己, 謂之明德. 以言乎人, 謂之親民. 以言乎天地之間, 則備矣. 是故至善也者, 心之本體也, 動而後有不善. 意者, 其動也. 物者, 其事也. 格物以誠意, 復其不善之動而已矣. 不善復而體正, 體正而無不善之動矣, 是之謂止至善. 聖人懼人之求之於外也, 而反覆其辭. 舊本析, 而聖人之意亡矣. 是故, 不本於誠意, 而徒以格物者, 謂之支. 不事於格物, 而徒以誠意者, 謂之虛, 支與虛, 其於至善也遠矣 …… 罪我者, 其亦以是矣.	大學之要, 誠意而已矣. 誠意之功, 格物而已矣. 誠意之極, 止至善而已矣. 止至善之則, 致知而已矣. 正心, 復其體也. 修身, 著其用也. 以言乎己, 謂之明德. 以言乎人, 謂之親民. 以言乎天地之間, 則備矣. 是故至善也者, 心之本體也. 動而後有不善, 〈而本體之知, 未嘗不知也.〉 意者, 其動也. 物者, 其事也. 至其本體之知, 而動無不善. 然非卽其事而格之, 則亦無以致其知. **故致知者, 誠意之本也. 格物者, 致知之實也.** 物格則知致意誠, 而有以復其本體, 是之謂止至善. 聖人懼人之求之於外也, 而反覆其辭. 舊本析, 而聖人之意亡矣. 是故, 不務於誠意, 而徒以格物者, 謂之支. 不事於格物, 而徒以誠意者, 謂之虛; **〈不本於致知, 而徒以格物誠意者, 謂之妄.〉** 支與虛與妄, 其於至善也遠矣 …… 乃若致知, 則存乎心. 悟致知焉, 盡矣.

無不善. 然非卽其事而格之, 則亦無以致其知. 故致知者誠意之本也, 格物者致知之實也. 格物則知致意誠而有以復其本體, 是之謂止至善.”

20) 『王陽明全集』, 권7, 「文錄四 · 大學古本序」, 戊寅. “乃若致知則存乎心, 悟致知焉盡矣.”

4. 본체와 공부의 합일로서의 「대학문」

왕수인의 공부론은 소위 '용장오도(龍場悟道)'를 전후하여 각각 세 번의 변화 과정을 거쳐 점차 성숙하고 있으며, 또한 시기마다 중점으로 삼고 있는 가르침이 달라지고 있다. 공부론의 중점은 격물 중심에서 성의 중심으로, 성의 중심에서 치지 중심으로 옮겨 간다. 왕수인은 청년 시기에 『대학』의 격물을 가장 중시하였는데, 용장에서 도를 깨우친 뒤로는 격물에 대해 주자학과 다른 자신의 해석 체계를 세우는 동시에 대학의 중점을 성의로 바꾸었다. 주신호의 반란을 평정한 이후 강우(江右)에서 치양지를 공부의 중심으로 삼아 이로써 성의공부를 대신하고 있다. 이때에 이르러 왕수인은 치양지로써 이전 각 단계의 강학 종지를 융합 · 관통시키고 있다.

「대학문」은 가정(嘉靖) 정해년(丁亥年, 1527년, 왕수인 56세) 8월 사전을 정벌하러 출발하기에 앞서 제자들에게 행한 왕수인의 가르침을 전덕홍이 기록한 것으로, 왕수인 철학 체계의 강령이다. 이 글은 왕수인이 학생들을 가르친 입문서이자 그의 마지막 저작으로서 사구교와 더불어 『대학』의 본체공부론에 대한 그의 철학적인 최후 견해를 대표한다. 여기에서 왕수인은 『대학』 팔조목에 대해 총체적으로 상세하게 해석하고 있다.

1) 「대학문」 출간의 배경

「대학문」 서두와 말미에서 전덕홍은 「대학문」이 나오게 된 배경에 대해 다음과 같이 언급하고 있다.

> 우리 선생께서는 처음 만나는 선비들을 접할 때 반드시 『대학』과 『중용』의

첫 번째 장을 빌려서 성학의 온전한 공로를 가리켜 보이시고 좇아 들어갈 길을 알게 하셨다. 선생께서 광서성의 사은과 전주를 정벌하러 떠나실 즈음에 먼저 「대학문」을 가르쳐 주셨고, 덕홍이 받아서 그것을 기록하였다.[21]

「대학문」은 선생 문하에 교육의 기본이 되는 전적이다. 배우는 자가 처음 문하에 들어오면 반드시 먼저 이 뜻을 전수하여 사람들이 듣고 말하는 사이에 곧 이 마음의 앎이 백성의 떳떳함과 사물의 법칙에서 벗어나지 않고, 앎을 실현하는 공부가 몸을 닦고 집안을 가지런히 하고 나라를 다스리고 천하를 평안하게 하는 범위를 벗어나지 않게 하였다. 배우는 자는 참으로 실제로 공부할 수 있어서 한 번 가르침을 들으면, 한 번 친절하게 되었다. 스승께서는 항상 다음과 같이 말씀하셨다. "나의 이런 생각은 곧바로 승낙할 수 있으니, 단지 이런 수양만으로 곧바로 성인의 경계에 이를 수 있다. 경전에 참고해서 합하지 않음이 없으니, 많이 듣고 많이 아는 가운데서 구할 필요가 없다." 문인 가운데 기록하여 책을 만들 것을 청하는 자가 있었다. 선생께서 말씀하셨다. "이것은 제군들이 입에서 입으로 전해야 한다. 만약 글로 쓴다면 사람들에게 하나의 문자로 여겨져서 보탬이 없을 것이다." 가정 정해년 8월에 선생께서 사은과 전주를 정벌하러 떠나실 때, 문인들이 다시 청하자, 선생께서 그것을 허락하셨다.[22]

---

21) 『王陽明全集』, 권26, 「大學問」. "吾師接初見之士, 必借學庸首章以指示聖學之全功, 使知從入之路. 師征思田將發, 先授大學問, 德洪受而讀之."

22) 『王陽明全集』, 권26, 「大學問」. "大學問者, 師門之教典也. 學者初及門, 必先以此意授, 使人聞言之下, 卽得此心之知, 無出於民彝物則之中, 致知之功, 不外乎修齊治平之內. 學者果能實地用功, 一番聽受, 一番親切. 師常曰, "吾此意思有能直下承當, 只此修爲, 直造聖域. 參之經典, 無不脗合, 不必求之多聞多識之中也." 門人有請錄成書者. 曰, "此須諸君口口相傳, 若筆之於書, 使人作一文字看過, 無益矣." 嘉靖丁亥八月, 師起征思田, 將發, 門人復請. 師許之."

이상에서 알 수 있듯이 왕수인의 「대학문」은 부득이하게 세상에 나오게 되었다. 원래 왕수인은 자신의 가르침을 글로 표현하기를 극도로 꺼렸으나 제자들의 끊임없는 간곡한 부탁으로 말미암아 할 수 없이 허락하게 된다. 이렇게 하여 「대학문」이 가정 정해년 8월에 세상에 나오게 된다. 왕수인의 만년 정론이라 할 수 있는 「대학문」은 사구교와 더불어 대학의 공부론에 대한 그의 견해를 종합적으로 보여 주고 있는 자료이다. 사구교는 같은 해 9월 월성을 출발하기에 앞서 왕수인의 양대 제자인 왕기와 전덕홍에게 가르친 내용으로 「대학문」과는 표리 관계에 있다고 하겠다.

2) 「대학문」의 체제와 내용 분석

「대학문」의 체제는 대체로 다음과 같은 3부분으로 구성되어 있다.

① 서론 부분에서는 전덕홍이 왕수인의 가르침을 받아 「대학문」을 기록하였음을 밝히고 있다.

② 본문 부분에서는 『대학』의 3강령 8조목에 대한 왕수인의 해석에 대해 언급하고 있다.

③ 결론 부분에서는 「대학문」의 성격과 「대학문」이 기록되어 책으로 나오게 된 배경, 후학에 대한 왕수인의 당부 등이 언급되고 있다.

이하에서는 왕수인의 본체공부론과 관련하여 「대학문」 본문에서 언급되고 있는 주요 내용인 대학의 3강령 8조목 가운데 특히 8조목을 중심으로 살펴보기로 하겠다.

왕수인은 「대학문」에서 대학의 중심 내용이자 공부론을 둘러싸고 논란이 지속되었던 정심 · 성의 · 치지 · 격물에 관해 일관성 있게 총체적으로 언급하고 있다. 왕수인은 심 · 의 · 지 · 물과 정 · 성 · 치 · 격의 관계를 하나의 조리와 공부로 파악하고 있다. 이를 통해 왕수인은 격물에서 성의로, 성의에서 치지로의 공부론의 변화 과정을 거쳐 말년에 이르러서 공부의 합일을 주장하기에 이른다.

> 대개 몸 · 마음 · 뜻 · 앎 · 물은 공부가 쓰이는 조리로서, 비록 각각 자기의 자리가 있지만 실제로는 단지 하나의 물이다. 격 · 치 · 성 · 정 · 수는 그 조리가 쓰이는 공부로서, 비록 모두 그 이름이 있지만 실제로는 단지 한 가지의 일이다.[23)]

조리로서의 신 · 심 · 의 · 지 · 물은 본래 동일한 사물의 다른 표현이고, 공부로서의 격 · 치 · 성 · 정 · 수 역시 동일한 행위의 다른 표현일 따름이다. 왕수인이 말하는 이른바 '단지 한 가지의 일'이라는 것은 격 · 치 · 성 · 정 · 수가 모두 '선을 행하고 악을 제거하는' 공부라는 것을 가리킨다. 이하에서는 조리와 공부에 대해 조목별로 살펴보기로 하겠다.

(1) 수신재정심(修身在正心)

> 무엇을 몸이라고 하는가? 마음의 형체 운용을 말한다. 무엇을 마음이라고 하는가? 몸의 영명한 주재를 말한다. 무엇을 수신이라 하는가? 선을 행하고 악을 제거하는 것을 말한다. 내 몸이 스스로 선을 행하고 악을 제거할 수 있는가? 반드시 그 영명한 주재자가 선을 행하고 악을 제거한 뒤에야 그 형체를 운용하

23) 『王陽明全集』, 권26, 「大學問」. "盖身心意知物者, 是其工夫所用之條理, 雖亦各有其所, 而其實只是一物. 格致誠正修者, 是其條理所用之工夫, 雖亦皆有其名, 而其實只是一事."

> 는 자가 비로소 선을 행하고 악을 제거할 수 있다. 그러므로 그 몸을 닦고자 하는 자는 반드시 먼저 그 마음을 바르게 하는 데 달려 있다.[24)]

이 부분은 『대학』의 '수신재정심(修身在正心)'에 대한 설명이다. 몸과 마음의 관계는 운용과 주재로, 수신과 정심공부는 모두 선을 행하고 악을 제거하는 것으로 설명하고 있다. 즉 내 몸이 선을 행하고 악을 제거하는 공부는 영명한 주재자인 마음의 위선거악 공부를 통하여서 가능하다.

> 마음의 본체는 곧 본성이다. 본성은 선하지 않음이 없으니, 마음의 본체는 본래 바르지 않음이 없다.[25)]

> 지극히 선한 것은 마음의 본체이다. 마음의 본체에 어찌 선하지 않은 것이 있겠는가? 이제 마음을 바르게 하고자 한다면 본체의 어느 곳에서 공부할 수 있겠는가?[26)]

'수신재정심' 부분에서 수신은 정심을 통하여서 가능하다고 하였으나, 본연의 양지[27)]인 마음은 본래 순선무악한 존재로서 바르게 하는 공부가 필요하지 않다. '정'은 인간의 각종 경험적 의식이나 정감을 바로잡는 데

---

24) 『王陽明全集』, 권26, 「大學問」. "何謂身? 心之形體運用之謂也. 何謂心? 身之靈明主宰之謂也. 何謂修身? 爲善而去惡之謂也. 吾身自能爲善而去惡乎? 必其靈明主宰者欲爲善而去惡, 然後其形體運用者始能爲善而去惡也. 故欲修其身者, 必在於先正其心也."

25) 『王陽明全集』, 권26, 「大學問」. "心之本體則性也. 性無不善, 則心之本體本無不正也."

26) 『王陽明傳習錄詳注集評』, 317조목. "然至善者, 心之本體也.心之本體, 那有不善? 如今要正心, 本體上何處用得功?"

27) 『王陽明傳習錄詳注集評』, 137조목. "心者身之主也, 而心之虛靈明覺, 卽所謂本然之良知也."

만 사용될 뿐으로, 이런 경험적 · 현상적 의식은 왕수인 철학에서는 '의(意)'로 통칭되며 '심(心)'이 아니다.[28] 사구교에서는 이 부분을 '무선무악심지체(無善無惡心之體)'로 설명하고 있다. 여기에서 말하고 있는 '무선무악'이란 상대적인 선악개념을 초월한 심체의 절대지선함[29]을 가리킨다. 그러므로 정심공부는 성의에 의해서만 가능할 수 있다.

(2) 정심재성의(正心在誠意)

> 대저 마음의 본체는 본래 바르지 않음이 없으나, 그 의념이 발동한 뒤에 바르지 않음이 있다. 그러므로 그 마음을 바르게 하고자 하는 자는 반드시 그 의념이 발한 것에 나아가 바로잡아야 한다. 무릇 한 생각이 발동하여 선하다면 그것을 좋아하기를 참으로 아름다운 여색을 좋아하듯이 하고, 한 생각이 발동하여 악하다면 그것을 싫어하기를 참으로 악취를 싫어하듯이 하면 의념이 성실하지 않음이 없어서 마음이 바르게 될 수 있다.[30]

이 부분은 '정심재성의(正心在誠意)'에 대한 설명이다. 왕수인 철학에서 볼 때 도덕 수양의 기본 내용은 천리를 보존하고 인욕을 없애는 것이고, 천리를 보존하고 인욕을 없앤다는 것은 주로 인간의 동기 구조 즉 의식 · 정감에 대해 말하는 것이다. 그는 보존이나 없앰 같은 실천 행위는 단지 현상 의식의 차원에서 적용될 수 있을 뿐 본체의 차원에서는 적용될

---

28) 『양명철학』, 267쪽.

29) 『王陽明傳習錄詳注集評』, 91조목. "至善者性也. 性元無一毫之惡, 故曰至善."

30) 『王陽明全集』, 권26, 「大學問」. "蓋心之本體本無不正, 自其意念發動而後有不正. 故欲正其心者, 必就其意念之所發而正之. 凡其發一念而善也, 好之眞如好好色, 發一念而惡也, 惡之眞如惡惡臭, 則意無不誠, 而心可正矣."

수 없다고 보았다.[31] 심체는 비록 지선하지만 심체가 발동한 상태인 의념에는 바른 상태도 있을 수 있고 바르지 않은 상태도 있을 수 있다. 만약 의념이 지선한 마음의 본체에 따라 발현된다면 선하여질 수 있지만, 의념이 발현될 때 사욕이나 물욕에 가리어지게 된다면 이때의 의념에는 선과 악이 있게 된다. 사구교에서는 이를 '유선유악의지동(有善有惡意之動)'으로 표현하고 있다. 그러므로 마음을 바르게 하는 정심공부는 다만 내 마음의 발현으로서의 의념을 성실하게 하는 성의에 의해 가능하게 된다. 따라서 왕수인은 『대학』공부가 성의에 이르러서야 비로소 구체적인 내용을 가진다고 했다.

(3) 성의재치지(誠意在致知)

> 의념이 발하는 데 선이 있고 악이 있으니, 그 선과 악의 구분을 밝히지 않으면 또 참과 거짓이 뒤섞여서 비록 성실하고자 하더라도 성실할 수 없다. 그러므로 그 뜻을 성실하게 하려는 것은 반드시 치지에 달려 있다. '치'란 '지극한 데 이름'이니 …… '치지' 운운하는 것은 후세의 유학자들이 말하는 것처럼 지식을 넓힌다는 것이 아니라, 내 마음의 양지를 실현하는 것일 따름이다.[32]

그렇다면 이러한 성의공부는 무엇에 의거하여 가능한 것인가? 다시 말하여, 유선유악한 의념을 어떻게 하면 성실하게 하여 본래의 지선한 마음

31) 『王陽明傳習錄詳注集評』, 317조목. "如一念發在好善上, 便實實落落去好善; 一念發在惡惡上, 便實實落落去惡惡. 意之所發, 旣無不誠, 則其本體如何有不正的? 故欲正其心在誠意. 功夫到誠意, 始有着落處."

32) 『王陽明全集』, 권26, 「大學問」. "意之所發, 有善有惡, 不有以明其善惡之分, 亦將眞妄錯雜, 雖欲誠之, 不可得而誠矣. 故欲誠其意者, 必在於致知焉. 致者, 至也 …… 致知云者, 非若後儒所謂充廣其知識之謂也, 致吾心之良知焉耳."

상태를 회복할 수 있을까? 왕수인은 '성의재치지(誠意在致知)' 부분에서 이에 대한 해답을 제시하고 있다.[33] 발현된 의념을 성실하게 하자면 우선 무엇이 선이고 무엇이 악인지를 판단할 수 있는 근거가 필요한데, 이것이 바로 양지이다.[34] 사구교의 세 번째 구절 '지선지악시양지(知善知惡是良知)'가 바로 이것이다. 왕수인은 양지에 대해 다음과 같이 언급하고 있다.

> 양지라는 것은 맹자의 이른바 "시비지심은 사람들이 모두 지니고 있다"는 것이다. 시비지심은 사려를 기다리지 않고도 알고 배우지 않고도 능한 것이니, 그런 까닭에 그것을 일컬어 양지라고 한다. 이것이 바로 하늘이 명령한 본성이고, 내 마음의 본체로서 자연히 영명하고 밝아서 환하게 깨닫는 것이다. 무릇 의념의 발현은 내 마음의 양지가 스스로 알지 못하는 것이 없다. 그것이 선이라도 오직 내 마음의 양지가 스스로 그것을 알며, 그것이 불선이라도 오직 내 마음의 양지가 스스로 그것을 알고 있으니, 이것은 모두 타인에게는 관여하는 것이 없다.[35]

선악을 분별하여 그 뜻을 성실히 하고자 한다면 오직 그 양지를 실현하여야 한다. 양지는 맹자가 말하는 시비지심이고 하늘이 명령한 본성이며 내 마음의 본체이다. 이러한 양지는 외부적인 학습이나 경험을 통해서 습득되는 것이 아니라 성인이나 범인을 막론하고 동일하게 가지고 있는 선

---

33) 『王陽明傳習錄詳注集評』, 317조목. "誠意之本, 又在於致知也."

34) 『王陽明全集』, 권6, 「答魏師說」, 丁亥. "意與良知當分別明白. 凡應物起念處, 皆謂之意. 意則有是有非, 能知得意之是與非者, 則謂之良知. 依得良知, 卽無有不是矣."

35) 『王陽明全集』, 권26, 「大學問」. "良知者, 孟子所謂是非之心人皆有之者也. 是非之心, 不待慮而知, 不待學而能, 是故謂之良知. 是乃天命之性, 吾心之本體, 自然靈昭明覺者也. 凡意念之發, 吾心之良知無有不自知者. 其善歟, 惟吾心之良知自知之, 其不善歟, 亦惟吾心之良知自知之, 是皆無所與於他人者也."

천적인 앎[36]이다. 그렇지만 모든 사람이 양지의 본래 모습을 자각하여 실현할 수 있는 것은 아니다. 성인은 타고난 본성으로서의 양지를 자각하여 실현할 수 있지만 범인은 후천적으로 양지의 본래 모습을 가리는 사욕의 장애가 많으므로 쉽게 양지를 실현할 수 없다. 따라서 양지를 실현하는 치지공부에는 두 가지 방법이 있다. 그 하나는 본래 자신에게 내재되어 있는 양지를 확충하는 것이고, 나머지 하나는 후천적인 공부를 통하여 양지본체를 회복하는 것이다. 왕수인은 치양지 공부의 중요성에 대해 다음과 같이 결론지어 언급하고 있다.

> 이제 선악을 분별하여 그 뜻을 성실하게 하고자 한다면 오직 그 양지가 아는 것을 실현하는 데 있다. 무엇 때문인가? 의념이 발할 때 내 마음의 양지가 그것이 선임을 이미 알았으나, 가령 능히 정성껏 그것을 좋아하지 않고 다시 그것을 등져 버린다면, 이것은 선을 악으로 생각하여 스스로 그것이 선임을 아는 양지를 어둡게 하는 것이다. 의념이 발할 때 나의 양지가 그것이 불선임을 이미 알았으나, 가령 능히 정성껏 그것을 싫어하지 않고 다시 그것을 밟아 행한다면, 이것은 악을 선으로 생각하여 스스로 그것이 악임을 아는 양지를 어둡게 하는 것이다. 이와 같다면 비록 알았다고 말하더라도 알지 못한 것과 같으니, 뜻이 어찌 성실해질 수 있겠는가! 이제 양지가 알고 있는 선악에 대해 이것을 정성껏 좋아하거나 정성껏 싫어하지 않음이 없다면, 그 양지를 스스로 속이지 않아서 뜻이 성실해질 수 있다.[37]

---

36) 『王陽明傳習錄詳注集評』, 179조목. "良知之在人心, 無間於聖愚, 天下古今之所同也."

37) 『王陽明全集』, 권26, 「大學問」. "今欲別善惡以誠其意, 惟在致其良知之所知焉爾. 何則? 意念之發, 吾心之良知既知其爲善矣, 使其不能誠有以好之, 而復背而去之, 則是以善爲惡, 而自昧其知善之良知矣. 意念之所發, 吾之良知既知其爲不善矣, 使其不能誠有以惡之, 而復蹈而爲之, 則是以惡爲善, 而自昧其知惡之良知矣. 若是, 則雖曰知之, 猶不知也, 意其可得而誠乎! 今於良知所知之善惡者, 無不誠好而誠惡之, 則不自欺其良知而意可誠也已."

(4) 치지재격물(致知在格物)

그렇다면 치지공부는 또한 어떠한 과정을 통하여 실현되는가? 이 부분에 대한 설명이 바로 '치지재격물(致知在格物)' 이다. 왕수인은 '치지재격물' 에 대해 다음과 같이 해석하고 있다.

> 내가 말하는 치지격물은 내 마음의 양지를 각각의 사물에 실현하는 것이다. 내 마음의 양지가 바로 이른바 천리이다. 내 마음 양지의 천리를 각각의 사물에 실현하면 각각의 사물이 모두 그 이치를 얻게 된다. 내 마음의 양지를 실현하는 것이 치지이고, 각각의 사물이 모두 그 이치를 얻는 것이 격물이다.[38)]

> 양지를 실현하려고 하면서 또 어찌 근거 없이 흐리멍덩하고 공상에 사로잡혀서 실질이 없는 것이겠는가? 이는 반드시 실제로 그 일이 있다. 그러므로 치지는 반드시 격물에 달려 있다.[39)]

사람에게는 습심이 있기 때문에 본체가 가려지게 된다. 그러므로 치지하기 위해서는 실제로 선을 행하고 악을 제거하는 공부가 필요하다. 단지 근거 없이 본체만을 공상한다면 일체의 일들이 모두 현실적인 성과를 얻기 어렵다. 그러므로 내 마음의 양지를 실현하는 치지공부는 반드시 실질적인 행위상에서 이루어져야 하고, 실질적인 행위가 정당함을 확보했을 때에만 비로소 격물이 이루어지는 것이다.

---

38) 『王陽明傳習錄詳注集評』, 135조목. "鄙人所謂致知格物者, 致吾心之良知於事事物物也. 吾心之良知, 卽所謂天理也. 致吾心良知之天理於事事物物, 則事事物物皆得其理矣. 致吾心之良知者, 致知也. 事事物物皆得其理者, 格物也."

39) 『王陽明全集』, 권26, 「大學問」. "欲致其良知, 亦豈影響恍惚而懸空無實之謂乎? 是必實有其事矣. 故致知必在於格物."

물이란 일이다. 무릇 의념이 발한 것에는 반드시 그 일이 있으니, 의념이 있는 곳의 일을 물이라고 한다. 격이란 바로잡는다는 것으로, 그 부정한 것을 바로잡아 바른 것으로 돌이키는 것을 말한다. 그 부정한 것을 바로잡는다는 것은 악을 제거하는 것을 의미하며, 바른 것으로 돌이킨다는 것은 선을 행하는 것을 의미한다. 대저 이것을 '격'이라고 한다.[40)]

왕수인은 의념의 소재와 의념의 작용으로써 물을 설명하고 있다. 다시 말하여, 물이란 내 마음이 발현된 의념과 관계하는 행위로서의 사를 지칭한다. 예를 들어, '어버이에게 효도한다'고 할 때의 '친'은 왕수인이 말하는 물이 아니며, '효친'하는 전체의 의념이나 행위가 바로 물이 되는 것이다. 이렇듯 물이란 의념이 관계하는 행위를 의미하므로 의념에 선과 악이 있다면 의념의 지향물인 물에도 또한 선악이 있을 수밖에 없다. 그러므로 선을 행하고 악을 제거하는 '격'물 공부가 요구되는 것이다. 사구교의 네 번째 구절 '위선거악시격물(爲善去惡是格物)'이 이에 해당한다.

(5) 본체와 공부의 합일

이상에서 왕수인은 『대학』의 심·의·지·물과 정·성·치·격의 관계에 대해서 일관성 있게 설명한 후에 「대학문」의 마지막 단락에서 다음과 같이 언급하고 있다.

양지가 알고 있는 선을 비록 정성껏 좋아하고자 하더라도, 진실로 그 의념이 있는 곳의 물에 즉하여 실제로 그것을 행하지 않는다면, 이 물은 아직 바르지

40) 『王陽明全集』, 권26, 「大學問」. "物者事也, 凡意之所發必有其事, 意所在之事謂之物. 格者正也, 正其不正以歸於正之謂也. 正其不正者, 去惡之謂也. 歸於正者, 爲善之謂也. 夫是之謂格."

> 못한 것이 되고, 그것을 좋아하는 의념은 오히려 성실하지 못하게 된다. 양지가 알고 있는 악을 비록 정성껏 싫어하고자 하더라도, 진실로 그 의념이 있는 곳의 물에 나아가 실제로 그것을 제거하지 않는다면, 그 물은 아직 바르지 못한 것이 있고, 그것을 싫어하는 의념은 아직 성실하지 못하게 된다. 이제 양지가 알고 있는 선을 그 의념이 있는 곳의 물에 나아가 실제로 그것을 행한다면 다하지 않음이 없을 것이며, 양지가 알고 있는 악을 그 의념이 있는 곳의 물에 즉하여 실제로 그것을 제거한다면 다하지 않음이 없을 것이다.[41]

여기에서 다루고 있는 것은 성의 · 치지 · 격물의 정의와 관계에 대해서이다. 왕수인이 정심공부에 대해서 언급하지 않는 이유는 앞에서 설명한 바와 같이 왕수인에게 있어서 마음을 바르게 하는 정심공부는 의미가 없기 때문이다. '양지가 알고 있는 선'은 양지를, '정성껏 좋아하고 싫어하고자 하는 것'은 성의를, '그 의념이 있는 곳의 물에 나아가 실제로 그것을 행하는 것'은 격물을 가리킨다. 이러한 성의 · 치지 · 격물은 하나의 공부이다. 치지는 격물을 통해서 가능하며, 격물을 통해 치지할 수 있다면 성의공부 또한 가능해지는 것이다. 다시 말하자면, 지선지악(知善知惡)하여 호선오악(好善惡惡)하고 위선거악(爲善去惡)하는 공부가 시간적인 순서에 의해 뒤따라오는 것이 아니라 동시적으로 이루어지는 하나의 공부인 것이다.

왕수인은 이상에서 정심 · 성의 · 치지 · 격물의 관계를 설명한 다음 마

41) 『王陽明全集』, 권26, 「大學問」. "良知所知之善, 雖誠欲好之矣, 苟不卽其意之所在之物而實有以爲之, 則是物有未格, 而好之之意猶爲未誠也. 良知所知之惡, 雖誠欲惡之矣, 苟不卽其意之所在之物而實有以去之, 則是物有未格, 而惡之之意猶爲未誠也. 今焉於其良知所知之善者, 卽其意之所在之物而實爲之, 無有乎不盡. 於其良知所知之惡者, 卽其意之所在之物而實去之, 無有乎不盡."

지막으로 이를 본체와 공부의 관계로 결론지어 언급하고 있다.

> 생각건대, 그 공부의 조리가 비록 선후의 순서가 있다고 말할 수 있지만 그 본체가 오직 하나임은 실제로 선후의 순서를 구분할 수 없으며, 그 조리의 공부가 비록 선후의 순서를 구분할 수 없다고 하더라도 그 작용의 오직 정밀함은 진실로 조금이라도 빠뜨릴 수 없다. 이 격치성정의 학설은 요순의 바른 전수를 천명한 것이며, 공자가 마음으로 인증한 것이다.[42]

이는 앞에서 심 · 의 · 지 · 물을 공부가 쓰이는 조리로, 격 · 치 · 성 · 정을 조리가 쓰이는 공부로 설명하며 모두 하나의 물이요 한 가지 일이라 한 것과 마찬가지로 정 · 성 · 치 · 격으로 표현되는 일련의 과정이 동시적으로 이루어지는 것임을 강조하고 있다.

> 무릇 정심 · 성의 · 치지 · 격물은 모두 몸을 닦는 길이고, 그 가운데 격물은 그런 공부의 실제 내용입니다. 그러므로 격물은 그 심의 물을 바로잡는 것이고 그 의의 물을 바로잡는 것이며 그 지의 물을 바로잡는 것입니다. 정심은 그 물의 마음을 바르게 하는 것이고 성의는 그 물의 의를 성실하게 하는 것이며 치지는 그 물의 지를 다하는 것입니다. 여기에 어찌 안팎, 이것저것의 구분이 있겠습니까? 이치는 하나일 따름입니다. 그 이치가 응취된 것으로 말할 때는 성이라 하고, 그 응취의 주재로 말할 때는 심이라 하며, 그 주재의 발동으로 말할 때는 의라고 하고, 그 발동할 때 존재하는 명각으로 말할 때는 지라고 하며, 그 명각의 감응으로 말할 때는 물이라고 합니다. 그러므로 물에 대해서는 격이라

---

42) 『王陽明全集』, 권26, 「大學問」. "蓋其功夫條理雖有先後次序之可言, 而其體之惟一, 實無先後次序之可分. 其條理功夫雖無先後次序之可分, 而其用之惟精, 固有纖毫不可得而缺焉者. 此格致誠正之說, 所以闡堯舜之正傳而爲孔氏之心印也."

고 하고, 지에 대해서는 치라고 하며, 의에 대해서는 성이라고 하고, 심에 대해서는 정이라고 하는 것일 뿐입니다. 정은 바로 이것을 바르게 하는 것이고, 성은 이것을 성실하게 하는 것이며, 치는 이것을 다하는 것이고, 격은 이것을 바로잡는 것입니다.[43]

정심·성의·치지·격물은 한 가지 일의 서로 다른 표현으로서 모두 선을 행하고 악을 제거하는 공부이다. 이 공부는 양지의 측면에서 보면 곧 치지이고, 주어진 일이나 대상에 따라서 공부한다는 점에서 말하면 곧 격물이며, 의념이 실제로 선을 좋아하고 악을 싫어해야 하는 것이라는 측면에서 말하면 곧 성의이다.

5. 나오는 말

왕수인 심학의 체계성은 『대학』에서 언급하고 있는 심·의·지·물이라는 네 가지 개념의 관계상에서 구축된 것으로, 「대학문」은 사구교와 마찬가지로 『대학』의 8조목 가운데 특히 심·의·지·물이라는 네 개의 개념을 체계로 하는 일련의 공부 과정이다.

왕수인은 「대학문」에서 『대학』의 정심·성의·치지·격물에 대한 해

43) 『王陽明傳習錄詳注集評』, 173조목. "夫正心誠意致知格物皆所以脩身, 而格物者, 其所用力日可見之地. 故格物者, 格其心之物也, 格其意之物也, 格其知之物也. 正心者正其物之心也, 誠意者誠其物之意也, 致知者致其物之知也. 此豈有內外彼此之分哉! 理一而已. 以其理之凝聚而言則謂之性, 以其凝聚之主宰而言則謂之心, 以其主宰之發動而言則謂之意, 以其發動之明覺而言則謂之知, 以其明覺之感應而言則謂之物. 故就物而言謂之格, 就知而言謂之致, 就意而言謂之誠, 就心而言謂之正. 正者正此也, 誠者誠此也, 致者致此也, 格者格此也."

석을 통해 심 · 의 · 지 · 물을 하나의 물로, 정 · 성 · 치 · 격을 하나의 일로 파악하고 있다. 그에게 있어서 심 · 의 · 지 · 물과 정 · 성 · 치 · 격은 다만 하나의 사물을 서로 다른 측면에서 규정한 것으로써 이 네 가지 개념은 분리할 수 없는 것이다. 심 · 의 · 지 · 물이란 하나의 물건의 서로 다른 측면을 말하는 것으로 행위의 주체로부터 말한 것이고, 격치성정이란 일관된 하나의 공부 방법으로 심 · 의 · 지 · 물의 본래 상태를 유지하기 위한 도덕 주체의 활동 작용으로부터 말한 것이다.

『대학』 공부론에 대한 왕수인의 사고를 더듬어 보면, 초기의 격물 중심에서 성의에로, 다시 성의에서 치지로 그 공부 방법이 바뀌어 감을 알 수 있다. 이는 그의 사상의 심화 과정이자 교학 사상의 변화 과정을 말해 주는 것이다. 이는 또한 왕수인 공부론의 내재화 과정이기도 하다. 왕수인은 초기에 주희의 격물론에 심취하여 내 마음 밖에서 이치를 구하는 방법을 추구하였다. 이러한 외향적인 공부 방법은 이후 용장오도를 통해 '심즉리'를 주창하면서 점차 내향적인 방법으로 전환하기에 이른다.

이와 같이 왕수인의 공부론은 각 시기에 따라 격물에서 성의로, 다시 성의에서 치지로 변화를 거듭하고 있다. 이러한 공부론의 변화 과정을 「대학고본방석」, 「대학고본원서」, 「대학고본서」를 중심으로 살펴보았다.

또한 『대학』의 공부론에 대한 왕수인의 최종적인 견해를 알 수 있는 자료인 「대학문」과 사구교를 비교 분석하여 양자가 표리 관계를 이루고 있음을 살펴보았다. 정해년 9월에 제시된 사구교 사상은 「대학문」과 더불어 왕수인 말년의 『대학』에 대한 견해를 알 수 있는 중요한 자료이다.

이 글을 통해 「대학문」 이전과 「대학문」 이후의 자료를 비교 분석하여 왕수인의 대학관이 시기에 따라 어떻게 변화하고 있고, 각 과정에서의 공부의 중점은 어디에 있으며, 이는 왕수인 사상의 변화 과정 가운데 어떠한 의미를 가졌는지 등에 대해 살펴보았다. 이를 통해 왕수인의 대학관에 대한 전반적인 조명이 가능하리라 생각한다.

참고 도서

王守仁 撰, 『王陽明全集』, 上海古籍出版社, 1995년
羅欽順 著, 『困知記』, 中華書局, 1990년
陳榮捷, 『王陽明傳習錄詳注集評』, 學生書局, 1998年 2月 修訂版
陳來, 『有無之境』, 人民出版社, 1991년
진래 지음, 『양명철학』, 전병욱 옮김, 예문서원, 2003년
岑溢成 지음, 『대학철학』, 황갑연 옮김, 서광사, 2000년
왕양명 지음, 『전습록』, 정인재, 한정길 역주, 청계, 2001
임홍태, 「왕양명의 본체공부론-사구교 분석」, 『한국철학논집』, 제13집, 2003년.

왕부지의 『대학』 이해

임옥균 (성균관대학교 유학·동양학부 연구교수)

1. 서론

신중국의 성립 이후 유물사관이 중국의 학문계에 큰 영향을 끼침으로써 여러 가지 변화들이 나타났는데, 그중의 하나는 이전에 주목을 받지 못했던 학자들 중의 여러 사람들이 유물론의 선구자로 치켜세워졌다는 것이다. 왕부지도 그중의 한 사람이다. 물론 철학사를 유심론과 유물론으로 나누어 기계적으로 서술하는 철학사 서술은 지금은 지양되고 있다고 할 수 있지만, 신중국 이후의 평가를 떠나서도 왕부지는 주희(朱熹) 이래로 거대한 철학적 체계를 세웠던 철학자였던 것만큼은 부인할 수 없는 사실이다.

어떤 영향이었건 간에 왕부지에 대한 연구는 1960년대 이래로 활발하게 이루어지고 있다. 다만 필자로서 아쉬운 점은 그의 경학에 대한 연구가 선행되지 않고 있다는 것이다. 그의 『주역내전』, 『주역외전』을 중심으로 한 연구는 활발하지만, 기타의 경학에 대한 연구는 그가 많은 업적을 남겼음에도 불구하고 제대로 이루어지지 않았다.

그 가장 큰 원인은 그의 글이 어렵다는 데 있다. 청대 고증학자들의 글이 까다롭기로 유명하지만 왕부지의 글은 다른 청대의 학자들보다 한층 더 까다롭다. 이것은 그가 명조의 회복을 열망하다가 실패한 이후, 즉 30대 이후로는 거의 숨어 살면서 저술에 힘썼기 때문에 당시의 학계의 공통적인 언어와는 격절되어 있다는 것도 한몫하였다.

이런 결과로 중국에서는 물론 한국, 일본에서도 그의 저술에 대한 번역이 나오지 않고 있다. 다만 원문에 주석 붙인 형태의 주석서만 몇 권 나와 있을 뿐이다. 필자는 왕부지사상연구회의 일원으로 왕부지의 『독사서대전설』을 읽기 시작하여 지금 『대학』, 『중용』, 『논어』 부분을 끝내고 『맹자』를 읽는 중이다. 『대학』을 읽는 데만 5년을 소비하였으며, 그것을 출판하기 위해 우리 글로 번역하고 다듬고 해설하는 데 또 5년, 모두 10년의 세월을 소비하였다. 그만큼 왕부지의 글이 까다롭고 난해하였다.[1)]

그러나 필자의 생각으로 왕부지의 경학에 대한 연구가 선행되지 않고는 왕부지 사상을 제대로 연구할 수 없다. 특히 그중에서도 그가 『사서대전』을 읽고 노트한 형태로 그의 생각을 피력한 『독사서대전설(讀四書大全說)』에 대한 연구는 왕부지 사상을 이해하기 위해 반드시 선행되어야 할 연구이다.

이 글에서 필자는 왕부지의 『독사서대전설』 중 『대학』 부분에 대한 연구를 진행한다. 『독사서대전설』이 주희와 그 이후의 학자들의 설을 종합해 놓은 것이기 때문에 자연 왕부지는 『독사서대전설』을 주희와 그 이후 학자들의 설을 때로는 받아들이고 때로는 비판하는 형식을 서술하고 있다. 그러나 역시 왕부지의 논란의 초점은 주희에게 있다. 다른 사람들에

1) 왕부지의 『독사서대전설-대학』은 왕부지사상연구회의 번역으로 소나무출판사에서 출판되었다. 『왕부지, 대학을 말하다』, 소나무, 2005.

대한 언급은 부수적이다. 그러므로 이 글에서는 주희의 『대학장구』에 대한 왕부지의 검토를 중심으로 『독사서대전설-대학』에 나타난 그의 『대학』 이해를 살펴보고자 한다.

2. 『대학』을 보는 눈: 리일분수(理一分殊)

주희는 "대상을 궁구하는 것과 앎을 이루는 것은 단지 하나의 일이지, 오늘은 대상을 궁구하고 내일은 또 앎을 이루는 것이 아니다."[2]라고 말했다. 그가 앎을 완성하는 것과 뜻을 정성스럽게 하는 것의 순서만을 논하고 있지만, 『대학』의 8조목 전체의 순서도 그렇다고 할 수 있을 것이다.

왕부지도 주희와 마찬가지로 치지(致知)와 성의(誠意)의 전후를 말할 필요가 없다고 하면서 『대학』 8조목의 관계에 대해서 "경은 선후를 말했지 전후를 말하지 않았다."[3]고 명쾌하게 결론을 내리고 있다. 왕부지의 해석에 의하면 전후는 시간적 순서이며 선후는 완급의 순서이다.[4] 즉, 시간적으로 전에 하고 후에 하는 문제가 아니라, 중요도에 따라 우선 급하게 하고 천천히 하는 문제라는 것이다. 물론 왕부지의 말에도 문제가 있다. 급하게 하는 것이 결국 시간적으로도 앞에 오지 않겠는가? 그러나 왕부지가 강조하고자 하는 것은 『대학』의 8조목을 엄격하게 시간적으로 전후로 해석해서는 안 된다는 것이다.

---

2) 黎靖德, 『朱子語類5』, 山東, 友誼書社出版, 1992, 卷120, 4738쪽. "致知格物只是一事, 非今日格物, 明日又致知."

3) 王夫之, 『讀四書大全說』, 臺北, 河洛圖書出版社, 1974(이하 『讀大學』으로 생략함), 18쪽. "經言先後, 不言前後. 前後者, 昨今之謂也, 先後者, 緩急之謂也."

4) 『讀大學』, 18쪽. "前後者, 昨今之謂也, 先後者, 緩急之謂也."

사실 『대학』의 8조목을 엄격하게 시간적으로 전후로 해석해서 한 조목이 끝나야 또 한 조목의 공부를 시작할 수 있다고 한다면 『대학』은 불가능한 책이 될 것이다. 대상을 궁구하는 것만으로도 시간이 부족하지 않겠는가? 그러므로 사실상 대학의 8조목은 동시에 추구해 나가야 하는 덕목들이라고 볼 수 있다.

그러나 동시에 일어나는 일이더라도 분명 경계가 다르니만큼 한 단계의 완성이 다른 단계들의 완성을 보장해 주는 것은 아니다. 예를 들어, 대상을 궁구했다고 해서 앎이 저절로 완성되는 것은 아니다. 그렇게 생각한다면 "앎을 이룬다(致知)."라고 할 때의 "이루는(致)" 공부를 생략해 버리는 결과를 가져오게 된다는 것이 왕부지의 생각이다.[5] 작용이 하나라고 하면서 "대상을 궁구하는 것 = 앎을 이루는 것"이라고 한다면, "앎을 이루는 것은 대상을 궁구하는 것에 있다"고 한 말이 결국 동어반복에 불과한 말이 되고 만다는 것이다. 그렇게 되면 8조목을 나누어 놓은 의미가 전혀 없게 될 것이다.

결국 『대학』 8조목의 상호 관계에 대한 왕부지의 결론은 '리일분수'라는 것이다. 하나의 이치로 꿰뚫은 수 있는 것이지만 하나가 다른 하나를 저절로 보장해 주지는 않으며 또 다른 차원의 공부와 일을 포함하고 있다는 것이다. 이렇듯 8조목의 관계를 파악하고 있으므로 왕부지는 『대학』 전체를 '리일분수'로 파악하고 있다고 할 수 있다. 이하에서 검토해 보기로 하겠다.

5) 『讀大學』, 10쪽. "竟云格物則知自至, 竟刪抹下「致」字一段功夫矣."

3. 명덕의 문제

『대학』은 "대학의 도는 명덕(明德)을 밝히는 데 있으며, 백성을 새롭게 하는 데 있으며, 지극한 선에 머무는 데 있다."[6]는 말로 시작하고 있다. 우선 명덕의 문제부터 다루어 보기로 하자. 주희는 명덕에 대해 『대학장구』에서 다음과 같이 설명하였다.

> 명(明)은 밝힌다는 것이다. 명덕이라는 것은 사람이 하늘로부터 얻어서 텅 비고 신령스러우며 어둡지 않아 뭇 이치를 갖추고 만사에 응하는 것이다. 다만 기품(氣稟)에 얽매이고 인욕에 가리면 때때로 어둡게 된다. 그러나 그 본체의 밝음은 그친 적이 없으므로 배우는 사람이 마땅히 발하는 바에 따라 밝혀서 처음 상태를 회복해야 한다.[7]

우선 주희는 명덕의 명에 대해 "명은 밝힌다는 것이다."라고 풀이하였다. 그런데 왕부지는 한 걸음 더 나아가 명(明)과 광(光)이라는 것 두 가지를 구분하고 있다. 명은 내적인 밝음을, 광은 외적인 밝음을 말한다. 예를

---

6) 胡廣(簒), 『四書大全』, 山東, 友誼書社出版, 1992(이하 『四書大全』으로 생략함), 34쪽. "大學之道, 在明明德, 在新民, 在止於至善." 『고본대학』에는 이 문장의 "신민(新民)"이 "친민(親民)"으로 되어 있는데 주희는 정자(程子)의 설을 받아들여 "친민"을 "신민"으로 바꾸었다. 이 경우 사대부로서 백성을 새롭게 할 대상으로 보는 입장을 더 확연하게 드러낸 것이라고 할 수 있다. 왕양명은 주희의 설을 반대하고 『고본대학』에서처럼 "친민"으로 보아야 한다고 주장하였다. 이에 대한 논의는 이 논문의 주제가 아니므로 생략하고, 일단 이 논문에서는 주희와 왕부지를 비교하고 있는 만큼 주희의 『대학장구』를 기준으로 삼아 『대학』을 인용하기로 하겠다.

7) 『四書大全』, 34~35쪽. "明明之也. 明德者, 人之所得乎天而虛靈不昧, 以具衆理而應萬事者也. 但爲氣稟所拘, 人欲所蔽, 則有時而昏. 然其本體之明, 則有未嘗息者, 故學者當因其所發而遂明之, 以復其初也."

들어 거울은 내적인 밝음을 갖고 있지만, 밖으로 빛을 발하는 것은 아니다. 반면에 불은 밖으로 빛을 발하지만, 그 내부 자체에 밝음을 갖고 있지는 않은 것이라고 왕부지는 본다.[8] 그러므로 명덕은 내적인 밝음(순수함)을 가진 것이며, 그것이 앎을 이룬다고 할 때의 앎에 이르러 작용을 더하게 되어 대상을 밝게 해 주는 빛의 의미가 있게 된다고 한다.[9] 즉, 명덕은 개인의 마음의 상태인데 그것이 앎을 이루는 단계에 와서야 다른 대상에 영향을 미칠 수 있다는 것이다.

또 왕부지에 의하면 『대학』은 어디까지나 개인의 수신에 관한 것이지 다른 사람을 다스리는 것에 대한 것이 아니다. 현대적인 말로 하면 도덕 교과서이지 정치학 교과서가 아니다. 그러므로 천하에 명덕을 밝힌다는 말도 명덕을 일반 백성들에게 밝힌다는 뜻으로 해석해서는 안 된다고 본다.[10] 명덕을 널리 밝힌다는 정도로 해석해야 한다는 것이다.[11]

다음으로 위에 인용한 주희의 인용문에 따르면 주희는 명덕을 "텅 비고 신령스러우며 어둡지 않아 뭇 이치를 갖추고 만사에 응하는" 마음으로 파악하고 있다. 주희의 이 주장을 왕부지는 기본적으로 받아들이고 있다. 왕부지 역시 명덕을 마음으로 파악하는 것이다.

왕부지는 마음을 우리 몸이 가지는 모든 작용이라고 본다. 손이 잡을 수 있는 능력을 갖추고 있는 것, 그것이 바로 마음이라는 것이다.[12] 이는

---

8) 『讀大學』, 3쪽. "如鏡明而無光, 火光而不明, 內景外景之別也."

9) 『讀大學』, 3쪽. "明德只是體上明, 到致知知字上, 則漸緜體達用, 有光義矣."

10) 『讀大學』, 13쪽. "固如朱熹所云規模須如此, 亦自我之推致而言, 非實以其明明德者施教於民也."

11) 구체적으로는 효도, 공손, 자애를 가정에서 가르치듯이 국가에서도 널리 가르친다는 것이다. 6장 참조.

12) 『讀大學』, 3쪽. "此處說心, 則五臟五官, 四肢百骸, 一切虛靈不昧底都在裏面. [如手能持等.]" ([ ]로 표시한 것은 왕부지 자신의 주석이다.)

현대에 와서 사고 작용을 두뇌와만 연결시켜 생각하는 사고방식과는 다르다. 그러므로 왕부지의 견해대로라면 몸을 떠난 마음은 있을 수 없다. 또 몸과 마음이 분리될 수 있는 것은 아니지만, 어디까지나 몸이 일차적인 것이다. 어떤 구체적인 사물을 떠난 기능을 생각할 수 없듯이 몸을 떠난 마음은 생각할 수 없기 때문이다.

그러나 왕부지는 이 마음은 "마음을 바르게 한다(正心)."고 할 때의 마음과는 의미가 다르다고 본다.[13)] 바르게 해야 하는 대상으로서의 마음이 아니라 바로 그것을 기준으로 해서 바르게 하는 마음이라는 것이다. 그러므로 왕부지는 이 명덕이야말로 사람이 몽매한 동물들과는 다르다는 점을 보여 주는 것이라고 강조한다. 사람이 명덕을 가지고 있어야 비로소 사람이라고 할 수 있다는 것이다.[14)] 왕부지는 바로 "이 명덕을 가지고 있기 때문에 앎은 이룰 만한 것을 이루고 의는 속일 수 없는 것이 있어서 반드시 정성스럽고 마음은 바름의 기준을 취하여 바르게 될 수 있다."[15)]고 말하고 있다.

결국, 왕부지는 명덕이 본성이 아니고 마음이라는 것은 인정하지만, 주희처럼 만사에 응하는 마음이 아니고 최고의 상태로 밝혀진 마음이라고 할 수 있다. 따라서 그 마음은 항상 공부를 통해서 밝혀야만 하는 마음인 것이다.

그러므로 왕부지는 명덕을 결코 성(性)과 동일시해서는 안 된다고 주장한다. 명덕은 사람만이 갖고 있으므로 '성'이라고 할 수 없다는 것이 왕부

13) 『讀大學』, 2쪽. "緣德上著一明字, 所以朱熹直指爲心. 但此所謂心, 包含極大, 託體最先, 與正心心字固別."

14) 『讀大學』, 2쪽. "此則合得停勻, 結得淸爽, 終留不失, 使人別於物之蒙昧者也."

15) 『讀大學』, 3쪽. "繇有此明德, 故知有其可致而致之, 意有其不可欺而必誠焉, 心有所取正以爲正."

지의 주장이다. 왜냐하면, 성이란 음양오행이 묘합하고 응결해서 이루어진 것인데, 그것은 자연이 사람에게 부여한 것을 통틀어 가리키는 이름이기 때문이라는 것이다.[16] 즉, 왕부지는 자연이 사람에게 부여한 마음을 갈고 닦아서 얻게 되는 그것을 명덕이라고 표현하고 그것이 사람을 동물과 달리 사람답게 만들어 주는 것이라고 보고 있는 것이다. 성이라는 측면에서만 보면 사람이나 동물이나 똑같이 자연으로부터 부여받는 것이기 때문이다.

왕부지는 명덕이 성일 수 없는 이유에 대해서 이렇게 설명하고 있다. 사람의 본성은 얽매거나 가릴 수 없어서 어떤 형식으로든 드러나기 마련이다. 맹자는 사람이 누구나 측은하게 여기는 마음을 갖고 있다는 예로 우물에 빠지려는 아이를 보면 누구나 순간적으로 측은하게 여기게 된다는 예를 들었다. 그것은 바로 인한 본성이 측은한 감정으로 발로된 것이라고 할 수 있다. 그것은 인위적으로 어찌할 수 없는 것이다.[17] 또 『대학』에서 명덕을 밝힌다고 말하고 있는데, 성은 밝히는 공부를 더 할 수 있는 것도 아니다.[18] 그러므로 명덕을 결코 성이라고 볼 수 없다는 것이다. 그래서 왕부지는 얽매고 가릴 수 있는 것은 마음이며, 또한 격(格)·치(致)·성(誠)·정(正)의 공부를 통해서 원래의 밝음을 회복할 수 있는 것도 마음이라고 말하고 있다.

주희는 명덕을 "허령불매(虛靈不昧)"하다고 표현했는데, 왕부지는 허(虛)를 사욕이 없는 것으로, 령(靈)을 모두 선한 것으로 풀이하였다. 마음

16) 『讀大學』, 2쪽. "性是二氣五行妙合凝結以生底物事, 此則合得停勻, 結得清爽, 終留不失, 使人別於物之蒙昧者也."

17) 『讀大學』, 3쪽. "性自不可拘蔽. 儘人拘蔽他, 終奈他不何, 有時還迸露出來. [如乍見孺子入井等.]"

18) 『讀大學』, 3쪽. "旣不可拘蔽, 則亦不可加以明之之功."

이 대상을 갖지 않고 텅 비어 있다든가 기민하다고 해석해서는 안 된다는 것이다.[19] 이것을 보면 그가 마음이라는 것을 매우 가치론적으로 파악하고 있음이 드러난다. 또 어둡지 않다는 것도 처음에 얻은 것을 끝까지, 외부에서 얻은 것을 내부까지 동일하게 유지한다고 풀고 '항상 깨어 있다(常惺惺)'라는 식으로 불교적으로 해석해서는 안 된다고 말하고 있다.[20] 이러한 왕부지의 해석을 참조해서 명덕을 풀이해 본다면 사실 명덕은 밝은 덕이라기보다는 순수한 덕으로 풀어야 할 것이다.

주희는 명덕이 "기품에 얽매이고 인욕에 가리면 때때로 어둡게" 되므로 공부를 통해서 "처음 상태를 회복해야 한다."고 설명하였다. 그러나 왕부지는 "사람이 원래 태어날 때는 밝은 명(命)을 하늘로부터 부여받았는데, 살아가는 과정에서 외부의 영향으로 어둡게 된다. 그러므로 그것을 밝히는 노력을 게을리해서는 안 된다."는 식으로 생각하지 않는다. 그렇게 되면 본래면목을 찾는 것을 수양의 목표로 삼는 불교와 다를 바가 없게 된다고 왕부지는 강조한다. 오히려 밝은 명(命)이란 과거에 놓여 있는 것이 아니라 미래에 놓여 있는 것이다. 그러므로 끊임없이 추구해야 한다고 이해한다.

그런 의미에서 왕부지는 성선설을 주장하면서 처음의 선으로 돌아갈 것(復初)을 주장하는 맹자보다는, 성악설을 주장하면서 선을 쌓아서 이룰 것(積致)을 주장하는 순자에 가깝다. 사실 왕부지는 성(性)도 한 번 태어날 때 받고 마는 것이 아니라 매일매일 얻어 가는 것으로 생각하고 있다. 그는 다음과 같이 말하고 있다.

---

19) 『讀大學』, 3쪽. "虛者, 本未有私欲之謂也. [不可云如虛空.] 靈者, 曲折洞達而咸善也. [『尙書』靈字, 只作善解, 孟子所言仁術, 此也. 不可作機警訓.]"

20) 『讀大學』, 3쪽. "不昧有初終表裏二義, 初之所得, 終不昧之, 於表有得, 裏亦不昧. [不可云常惺惺.]"

> 나는 『주역상서전의(周易尙書傳義)』 가운데서, 태어난 처음에 천명이 있고 그 뒤부터 나날이 모두 천명을 갖게 되며, 천명을 성이라 한 것도 역시 나날이 이루어져 성이 된다고 말하였는데, 그 설이 선유와 합치되지 않은 것 같다고 생각했다. 지금 주희의 "어느 때고 날마다 쓰는 사이에서 발현되지 아니함이 없다"라는 한 구절을 읽어 보니, 다행히 내 마음이 그렇게 생각하는 것을 주희가 앞서서 터득하였던 것이다.[21]

왕부지가 본체보다는 작용을, 고요함보다는 움직임을 강조한 철학자임을 잘 드러내 주는 구절이다. 본성이라는 것도 태어날 때 일정하게 주어지는 것이 아니라 날마다 움직이는 가운데 형성된다는 것이 그의 생각이다. 본성이란 고정된 어떤 것이 아니다. 이는 본성을 둘러싸고 그동안 벌어졌던 수많은 논쟁을 무색하게 만드는 발언이며, 최소한 그것들과 동등한 하나의 성론이라고 부를 만하다.

4. 지와 행의 관계

1) 가치론 중심의 인식론: 앎은 선악을 아는 것이다

주희가 말하는 지(知)는 경험적 지가 아니라 "어버이를 사랑할 줄 알고 형을 공경할 줄 알며 굶주리면 먹기를 구할 줄 알고 목마르면 마시기를 구할 줄 아는"[22] 본래 가지고 있는 앎이다. 격물을 통해서 천하의 만물이

21) 『讀大學』, 13쪽. "愚於周易尙書傳義中, 說生初有天命, 向後日日皆有天命, 天命之謂性, 則亦日日成之爲性, 其說似與先儒不合. 今讀朱熹無時而不發現於日用之閒一語, 幸先得我心之所然."

인의예지의 도리를 가지고 있음을 확인하고 그것이 내 마음에도 존재함을 알아 실천해 나가는 것이 주희의 치지(致知)라고 할 수 있다.[23]

왕부지에 의하면 앎에는 두 가지가 있는데, 하나는 대상을 아는 것이며 하나는 선악을 아는 것이다. 앞서 주희가 말한 앎은 전자가 아니고 후자를 지칭한다. 대상을 객관적으로 아는 것은 직접 자신의 행위와 관련되지 않고, 오직 대상의 연구를 통해 선악을 알고 행위의 준칙을 얻어 가는 것이 주희의 앎이라고 할 수 있다. 그런데 후세의 학자들이 주희를 해석하면서 두 가지 앎을 혼동해서 이야기함으로써 혼란을 초래하게 되었다고 왕부지는 비판한다.

왕부지는 주희의 앎을 철저히 선악을 아는 가치론적으로 풀어야 하는 것임을 강조하고 있다. 주희가 말하는 앎이 대상을 연구해서 아는 존재론적인 것이 아니라는 것이다. 그러므로 주희의 격물도 대상을 연구하는 것이기는 해도 객관적이고 과학적으로 인식해 들어가는 것은 아니다. 주희뿐만 아니라 동양 사상 일반의 특징이라고 할 수도 있겠다. 그것이 어떤 결과를 가져왔고 어떤 영향을 끼쳤는가는 또 다른 문제이다.[24]

---

22) 『朱子語類1』, 卷15, 539~540쪽. "知愛其親 ; 及其長也, 知敬其兄 ; 以至於飢則知求食, 渴則知求飮."

23) 임옥균, 『대진 : 청대중국의 고증학자이자 철학자』, 성균관대학교 출판부, 2000년, 29쪽 참조.

24) 일반적으로 존재론을 가치론으로 환원시키는 동양적 사유가 과학적 사유의 결여로 이어지고 그것이 현대에 와서 서양에 뒤떨어지는 결과를 가져왔다고 이야기하지만, 윤리적인 검토는 일체 없이 다만 "있는 그대로(wie es eigentlich gewesen)"를 밝히기만 하면 된다는 듯이 내달리는 현대의 과학과 의학이 어떤 파멸을 가져올지 모른다는 점을 생각해 본다면, 모든 걸 가치와 연결하는 동양적 사유의 역할도 간과할 수 없을 것이다. 위에서 인용한 "있는 그대로"라는 말은 독일의 유명한 사학자 랑케의 말이다. 그가 살던 당시는 인류가 희망에 부풀어 있던 시기였다. 그래서 역사학에서도 과거의 사실을 있는 그대로 밝혀낼 수 있다고 보고 그것을 그의 학문의 모토로 삼은 것이다.

주희의 지를 선악을 아는 가치론적인 것으로 풀어야 한다고 강조하는 데서 알 수 있듯이, 왕부지 자신의 지도 당연히 선악을 아는 것이다. 그러나 왕부지가 말하는 앎이 대상에 대한 객관적 앎이 아니더라도, 왕부지는 대상에 대한 객관적 앎이 바로 선악을 아는 것일 경우가 있을 수 있는데, 그것은 바로 선악이 대상에 관련되어 있을 때라고 본다. 왕부지가 드는 예는 바로 나쁜 사람을 사귀면 안 된다든가 나쁜 약을 먹어서는 안 된다는 것을 아는 경우이다. 이런 경우는 나쁜 것이 대상에 있으므로 대상에 대한 궁구가 앎을 이루게 해 준다. 그러나 내 마음에 나쁜 생각이 일어나는 것은 결코 대상에서 궁구해서 알 수는 없는 것이며, 자기 자신에게서 구해야만 알 수 있는 것이다. 과식이 나쁘다는 것을 아는 것도 마찬가지로 자기 자신이 직접 경험해서 알 수 있는 일이다.[25] 그러나 결국 대상에 있는 선악을 아는 것이건 나에게 있는 선악을 아는 것이건 왕부지가 말하는 "앎은 선악을 아는 것"이라고 결론지을 수 있다.

2) 지행병진

주희는 지와 행이 반드시 다 필요함을 비유하여 "눈만 있고 발이 없으면 걷지 못하고, 발만 있고 눈이 없으면 보지 못하는 것과 같다."[26]고 하였다. 즉 우리가 어느 곳을 목표로 정해서 가고자 할 때, 눈으로 방향, 거리 등은 살피고 발로 실제로 가야만 거기에 도달할 수 있고, 어느 것 하나

25) 『讀大學』, 10~11쪽. "且如知善知惡是知, 而善惡有在物者, 如大惡人不可與交, 觀察他擧動詳細, 則雖巧於藏奸, 而無不洞見. 如砒毒殺人, 看本草, 聽人言, 便知其不可食, 此固於物格之而知可至也. 至如吾心一念之非幾, 但有媿於屋漏, 則卽與蹠爲徒, 又如酒肉黍稻本以養生, 只自家食量有大小, 過則傷人, 此若於物格之, 終不能知, 而唯求諸己之自喩, 則固分明不昧者也."

26) 『朱子語類1』, 卷9, 309쪽. "如目無足不行, 足無目不見."

만으로는 목표에 도달할 수 없듯이, 지와 행은 모두 필요하다는 것이다. 주희는 호남에서 한 선생이 행만을 가르친다는 말을 제자에게서 듣고 "의리가 분명하지 않은데 어떻게 행한다는 말인가?"[27]라고 반문하였다. 지가 앞서야 한다는 말이다.

그러나 다른 한편으로 보는 것만으로 목표에 도달할 수 없고 실제로 발로 가야 하는 것처럼, 지만으로는 학문이라고 할 수 없고 행이 더해져야 한다. 따라서 주희는 지가 행을 위한 것임을 인정하고 행의 중요성을 강조하였다. 결론적으로 그는 "선후를 논하면 지가 선(先)이 되고 경중을 논하면 행이 중(重)이 된다."[28]고 언급하였다. 주희의 지와 행의 관계에 대한 설명은 한마디로 '지선행중(知先行重)'이라고 할 수 있을 것이다.[29]

그런데 왕부지는 지와 행은 함께 가는 것이기 때문에 지가 행에 앞서는 것이라고 할 수 없다고 주희를 비판하고 있다. 지와 행은 긴밀하게 연결되어 있으므로 시간적으로 선후를 말할 수 없다는 것이 왕부지의 입장이다. 앎을 이룬 다음에 행동에 옮기는 것이 아니라는 것이다.

예를 들어 『대학』에서 말하는 정함 · 고요함 · 편안함 · 생각함은 논리적인 순서이지, 시간적인 순서가 아니다. 그것은 차례로 진행되는 것이 아니라 동시에 서로 관련이 있으면서 진행되는 것이다. 그러므로 정함이 끝나고 고요함을 새로 공부하기 시작하는 식으로 진행되는 것이 아니다. 그래서 왕부지는 이들 각각을 다시 시작하는 데 힘들일 필요가 없다고 말한다.[30] 그렇게 공부해 나가서 조리를 얻게 되면 비로소 독실히 행하는 일의 한 단계를 마무리 짓고 다른 일로 향하게 된다는 것이다.

---

27) 『朱子語類1』, 卷9, 315~316쪽. "義理不明, 如何踐履?"

28) 『朱子語類1』, 卷9, 309쪽. "論先後, 當以致知爲先; 論輕重, 當以力行爲重."

29) 이상 주희의 지행 관계에 대한 설명은 임옥균, 『대진』, 41~42쪽을 참조하였다.

30) 『讀大學』, 8쪽. "定靜安慮相因之際, 不無相長之功, 而不假更端之力."

오히려 왕부지의 입장에서 보면 조리를 얻어 행하는 것이 아니고, 행함으로써 조리를 얻는 것이다. 즉, 실천하는 과정에서 이론을 터득한다는 것이다. 모택동의 실천론도 이 연장선상에 있다고 할 수 있다. 따라서 신중국 성립 후에 왕부지가 새롭게 조명을 받게 된 데에는 이러한 왕부지의 실천관이 큰 영향을 주었다고 할 수 있다.

왕부지의 생각에 의하면 우리가 알아야 하는 대상은 한이 없으므로 그 대상을 다 알 수도 없고 그럴 필요도 없을 뿐만 아니라, 또 충분히 대상에 대해 알았다고 하더라도 그것을 행동에 옮겼을 때에 반드시 옳음을 보장해 줄 수 없다. 다음 문장을 보자.

> 세상의 일은 미리 짐작할 수 있기는 하지만 먼저 모든 것을 다 알고 난(知) 뒤에라야 비로소 행동할 수 있다는 법이란 없다. 그렇다면 일이 막상 몸에 이르렀을 때 자연스럽게 앎을 이룰 수 없음은 물론, 내내 한가하여 10여 년 동안을 궁구한다 하더라도 사용할 때에 이르러서는 상응하지 않는 것이 많을 것이다.[31]

바로 이런 부분에서 유학의 공부가 이단인 불교의 참선과는 다르다고 왕부지는 주장한다. 불교도들이 그런 식으로 참선하여 앎을 이루었다고 하더라도 실제적인 행동에 옮길 때에는 잘못이 있을 수밖에 없다는 것이 왕부지의 생각이다. 앎의 최고 경지에 오르기 위해서는 끊임없이 평생 연구해야 한다. 그러나 그렇더라도 행동을 뒤로 미루어 놓는 것은 아니며 계속되는 행동을 통해서 앎을 검증하고 앎을 이루어 나가야 한다는 것이다.

---

31) 『讀大學』, 17쪽. "蓋天下之事, 固因豫立, 而亦無先知完了方纔去行之理. 使爾, 無論事到身上, 繇你從容去致知不得. 便儘有暇日, 揣摩得十餘年, 及至用時, 不相應者多矣."

그러므로 앎을 이루는 공부도 행하는 공부와 병행되어야만 참으로 앎을 이루는 공부가 된다고 왕부지는 주장한다. 예를 들어 보자. 우리는 어릴 때 효도에 대해 배운다. 가장 흔하게 듣는 말 하나는 '겨울에는 따뜻하게 해 드리고 여름에는 서늘한가 살펴 드려야 한다'는 것이다. 그러나 그것은 효도의 원리가 아니고 하나의 예에 불과하므로 그것으로 효도를 다했다고 할 수 없다. 다른 행동 지침도 마찬가지이다. 만약 "이런 때는 이렇게 하라."는 식으로 효도의 지침을 세운다면 한이 없을 것이다. 또 아무리 효도에 대해 많이 배웠다고 한들 그것을 행동에 옮기지 않으면 참으로 효도하는 사람이라고 할 수 없다. 효도하려는 사람은 반드시 마음을 다해 부모님의 마음을 살피고 부모님과 관계되는 일들에 주의를 기울여 자신의 최선을 다하면 된다. 그때에 자신이 아는 효도에 대한 지식이 하나의 지침이 될 수 있다. 그러나 그것이 효도에 대한 모든 것을 알려줄 수 있는 것은 아니다. 그러므로 왕부지의 말대로라면 효도하려는 사람은 반드시 효도에 대해 아는 것에 만족하지 말고 행동으로 옮겨야만 한다. 그래야만 앎도 참된 앎이 될 수 있다. 왕부지는 이것을 "지 가운데도 행이 있는 것"[32]이라고 말하고 있다.

효도뿐만 아니라 세상의 모든 인간관계나 일도 마찬가지이다. 어떻게 모든 구체적인 상황에 대해 그 행동 지침을 일일이 내놓을 수 있겠는가? 그러나 사람의 인식 능력은 모든 대상이나 일을 궁구하지 않아도 그 중요한 일부를 궁구함으로써 보편적인 원리를 깨우칠 수 있다. 이것이 바로 주희가 말한 '활연관통(豁然貫通)'이라는 말이다.

위의 경우와는 반대로 뜻을 정성스럽게 하는 일로부터 천하를 평화롭게 하는데 이르기까지, 주희는 그것을 행에 포함했지만, 역시 그 가운데

32) 『讀大學』, 17쪽. "是知中亦有行也."

에도 지의 영역이 있을 수 있다.[33] 무조건 정성스럽게 한다고 해서 모든 일이 다 제대로 되는 것이 아니고 반드시 미리 알아서 해야 하는 일이 있는 것이다. 예를 들어 국가를 다스리는 일이 최선을 다한다고 해서 최선의 결과를 가져올 수는 없다. 반드시 국가를 다스리는 방법이라든가 국가가 당면한 현재의 상황이라든가 등등을 알아야만 올바른 판단을 내릴 수 있고 올바른 행동을 해 나갈 수 있는 것이다. 그러므로 왕부지는 행동에도 앎이 절대적으로 필요하다고 하는 것이다.

이처럼 왕부지의 사상에서 지와 행은 딱 잘라서 분리되는 것이 아니고 하나로 결합하여 있는 것이다. 실천을 통해 이론을 검증하고 이론을 통해 실천의 지침을 마련한다는, 거칠게 요약한 변증법의 이론과 실천 논리에 가장 근접한 생각을 내놓은 사람이 동양의 사상가 중에서는 왕부지라고 할 수 있다.

5. 성의의 문제

1) 스스로를 속이지 말라

『대학』의 본문에 "뜻을 정성스럽게 한다고 말하는 것은 스스로를 속이지 말아서 나쁜 냄새를 싫어하듯, 예쁜 여자를 좋아하듯 하라는 것이니, 이것을 스스로 만족함이라고 한다. 그러므로 군자는 반드시 홀로 있을 때를 삼간다."[34]고 하였다.

---

33) 『讀大學』, 3쪽. "知此, 則誠意以下亦有知之之功, 亦可知矣."

34) 『四書大全』, 79쪽. "所謂誠其意者, 毋自欺也, 如惡惡臭, 如好好色, 此之謂自謙. 故君子必愼其獨也."

그런데 왕부지는 스스로를 속이지 말라는 것은 성의를 정의한 것이 아니고, 오히려 그 반대의 측면을 이야기함으로써 성의를 드러내려 했다고 해석하고 있다. 스스로를 속이는 사람의 폐단을 말함으로써 거꾸로 성의를 형용하려 했다는 것이다.[35] 우리가 A는 B이다. 라고 이야기하지 않고 A는 C가 아니고 D가 아니고 E가 아니다. 라고 이야기해서 A를 드러내려 하는 것과 같다. 공자도 인을 이야기할 때 인이란 이런 것이다. 라고 말하지 않고 이런 것은 인이 아니다. 라고 하여 간접적으로 인을 드러내려 하였다.

그러므로 왕부지는 스스로를 속이지 말라고 했다고 해서 그것을 바로 성의의 정의라고 생각하여 성의를 부정적인 측면에서 무엇을 단속하는 것으로 생각해서는 절대 안 된다고 강조하고 있다. 성의란 뜻을 오직 한군데 쏟아붓는다는 것이지, 그 뜻을 단속한다는 것이 아니다. 뜻은 또 단속할 수 있는 것도 아니다. 정성스럽지 못하면 마음속에 어떤 주관도 성립되지 못한다. 그것을 『중용』에서는 "정성스럽지 않으면 아무 것도 없다(不誠無物)." 고 표현하였다. 오직 뜻을 정성스럽게 할 때에만 마음속에 주관이 뚜렷하게 서서 행동이나 말의 지침으로 삼을 수 있다. 그렇지 못하면 실제로 말하거나 행동할 때 아무런 도움도 주지 못하게 된다.

그래서 왕부지는 스스로를 속이지 말라는 것을 "마음에 꽉 찬 것이 조그마한 데까지 도달하여 한결같이 정성스럽게 하여 중간에 스스로를 속이는 일이 일어나지 않도록 하는 것을 곧 '스스로를 속이지 않는 것'이라 이른다."[36]고 정의하고, 계속해서 성의에 대해

35) 『讀大學』, 18쪽. "傳文原非以「毋自欺」爲「誠其意」硬地作註脚, 乃就意不誠者轉念之弊而反形之."

36) 『讀大學』, 18~19쪽. "如此撲滿條達, 一直誠將去, 更不敎他中間招致自欺, 便謂之毋自欺也."

> 뜻을 정성스럽게 하는 공부는 이미 알고 있는 이치를 뜻이 발하는 시기에 작동하게 하여 그것이 마음에 꽉 차도록 하는 것이다. 그리고 나의 본래 바른 마음이 내가 응대하는 일과 대상을 투철하게 꿰뚫어서 철저히 부합하여, 그 상면으로부터 내 뜻이 발하여 나오도록 하는데, 죽순이 돋아 나오는 것과 같이 해서 처음부터 끝까지 그런 모습을 지니도록 하는 것이다.[37]

라고 말하고 있다. 왕부지가 말하는 성의는 결국 이미 알고 있는 이치가 마음에 꽉 차도록 해서 대상을 투철하게 꿰뚫어 그로부터 뜻이 나오도록 하는 것이라고 요약할 수 있겠다.

이처럼 성의란 부정적 측면에서 무엇을 단속하거나 억제하는 것이 아니라, 반대로 긍정적 측면에서 넘쳐 나도록 해야 하는 것이다. 이것을 왕부지는 다음과 같은 예로 비유한다. 즉, 성의란 가난한 집에서 무엇이 모자라는가 항상 신경을 쓰는 것과 같은 것이 아니라 부잣집에서 넘치는 것을 자유롭게 쓰는 것과 같다는 것이다.[38] 삼간다고 해서 몸조심을 하는 정도로 성의를 생각해서는 안 된다는 것이다. 정성스러운 뜻을 마음에 꽉 차게 해서 그것이 몸에 배어 자연스럽게 행동할 수 있을 때 그것을 성의라고 할 수 있다는 것이다.

정성스러움을 자연스럽게 드러내는 경지는 금방 되는 것이 아니고 공부를 통해서 어느 정도의 경지에 도달했을 때 가능한 것이다. 처음부터 나쁜 냄새를 싫어하고 예쁜 여자를 좋아하듯이 하려 한다면 불가능하다. 나쁜 냄새를 싫어하고 예쁜 여자를 좋아하는 것은 자연스러운 것이므로

37) 『讀大學』, 18쪽. "要此誠意之功, 則是將所知之理, 遇著意發時撞將去, 教他喫個滿懷. 及將吾固正之心, 喫緊通透到吾所將應底事物上, 符合穿徹, 教吾意便從者上面發將出來, 似竹笋般始終是者個則樣."

38) 『讀大學』, 20쪽. "若誠其意者, 須是金粟充滿, 而用之如流水, 一無吝嗇, 則更不使有支撐之意耳."

성의의 단계가 그런 정도에 이른 사람은 저절로 그렇게 되기 마련이다.[39] 그러나 그렇지 못한 사람이 억지로 그렇게 할 수 있는 것은 아니다. 한편으로 전혀 뜻을 정성스럽게 하려는 노력조차 안 하는 사람은 환관이나 코가 막힌 사람과 같아서 예쁜 여자를 좋아할 줄도 모르며 나쁜 냄새를 싫어할 줄도 모른다.[40]

그런데 뜻을 정성스럽게 한다는 것은 공부에 관한 설명이므로 어머니가 자식을 정성껏 보살피는 것과는 다르다고 한다. 어머니가 자식을 정성껏 보살피는 것은 천성이므로 공부가 필요 없이 저절로 된다.[41] 그러나 뜻을 정성스럽게 하는 것은 속임을 경계하고 겸손을 구하며 홀로 아는 것을 삼가는 공부를 반드시 필요로 한다. 이처럼 '성(誠)'이라는 같은 글자라고 해도 전혀 다른 이치를 갖고 있는데, 글자가 같다고 해서 전후 문맥을 살피지 못하고 동일한 이치를 갖는 것으로 파악하는 것을 왕부지는 극력 비판하고 있다. 그것은 글자를 이용한 내기에서 글자의 이치는 상관없이 글자의 외형적인 모습만 고려하는 것과 다를 바 없다는 것이다.[42]

2) 자겸(自謙), 호호색(好好色), 오악취(惡惡臭)는 공부가 아니라 심체(心體)에 대한 표현

주희는 『대학』 본문의 자겸(自謙)에 대해서 "악을 싫어하기를 나쁜 냄새를 싫어하듯, 예쁜 여자를 좋아하듯 하여 모두 흔쾌히 제거하기를 힘쓰고(務), 반드시 얻기를 구해서(求) 스스로 자기에게 쾌족하게 하는 것이

39) 『讀大學』, 20쪽. "好好色惡惡臭, 已然則不可按遏, 未然則無假安排, 是以得謂之誠."
40) 『讀大學』, 20쪽. "其不爾者, 如閹宦之不好色, 鼽窒人之不惡臭, 豈有所得用其力哉?"
41) 『讀大學』, 39쪽. "凡母之於子, 性自天者, 皆本無不誠, 非以誠字爲功夫語."
42) 『讀大學』, 39쪽. "此如拈字酒令, 搭著卽與安上, 更不顧理."

다."[43]라고 주석하였다.

그런데 왕부지는 『대학』에서 스스로 만족함이라고 표현한 것은 공부하는 과정을 표현한 것이 아니라 공부를 통해서 얻은 마음의 상태를 표현한 것이라고 본다. 그러므로 주희가 『대학장구』에서 힘쓴다(務), 구한다(求)는 식으로 표현한 것은 잘못이라고 한다.[44] 왜냐하면, 그것은 공부하는 과정을 표현하는데 적절한 말이지, 그 과정을 통해 얻어진 마음의 상태를 표현하는 말이 아니기 때문이다.

『맹자』「공손추상」에 보면 벼가 자라는 것을 돕는다고 벼를 잡아 뽑아 죽게 한 사람의 이야기가 나온다.[45] 그러한 일은 벼가 자라는 것을 돕는 것이 아니라 벼를 죽이는 것이다. 왕부지는 주희가 성의를 설명하면서 "과감하게 제거하기를 힘쓰고 반드시 얻기를 구한다."라고 설명한 것은 바로 그러한 일과 같은 종류라고 비판한다. 주희의 이 설명은 성의를 제대로 파악하지 못하게 할 뿐만 아니라 오히려 처음 배우는 사람들은 오도하고 있다는 것이 왕부지의 생각이다. 좋아하는 것은 반드시 얻기를 구하고 싫어하는 것은 제거하기를 힘쓰는 것은 결코 성의 공부가 될 수 없다는 것이다. 또한, 스스로를 속이지 말라는 것도 성의의 반면을 보인 것이지 그것을 구체적인 공부 방법으로 제시한 것은 아닌데 주희가 그것을 잘못 파악했다고 보는 것이다.

그래서 왕부지는 오히려 『대학장구』에서 '자겸'을 적적히 표현한 말은 "안팎이 환하게 빛나고 겉과 속이 맑게 뚫린다."라는 말이라고 한다.[46] 그

43) 『大學章句』, 79쪽. "使其惡惡則如惡惡臭, 好善則如好好色, 皆務快去而求必得之, 以自快足於己."

44) 『讀大學』, 20쪽. "傳云此之謂自謙, 明是指點出誠好誠惡時心體, 非用功語. 章句中務字求字, 於語勢旣不符合."

45) 『四書大全』, 2217쪽. "宋人有閔其苗之不長而揠之者, 芒芒然歸, 謂其人曰, 今日病矣, 予助苗長矣. 其子趨而往視之, 苗則槁矣."

것이야말로 마음의 상태를 형용하는 말이기 때문이라는 것이다.

또 왕부지에 의하면 호호색(好好色), 오악취(惡惡臭)의 주체도 의(意)가 아니고 마음이다.[47] 왜냐하면 '의'란 능동적이어서 내 생각을 대상에 투영하는 것이지만, 마음이란 수동적이어서 대상을 그대로 받아들일 뿐이기 때문이다.[48] 그래서 왕부지는 '호호색'이나 '오악취'라는 것은 호오라는 내 생각을 호색과 악취라는 대상에 투영하는 것이 아니라 호색과 악취가 대상으로서 나에게 다가올 때 그것을 호오로 받아들일 뿐이기 때문에 그것은 '의'에 속하는 것이 아니고 마음에 속하는 것이라고 보는 것이다.

그렇다면 왕부지는 '의'와 마음의 관계를 어떻게 파악하고 있기에 이렇게 말하는 것일까? 아래에서 그것을 좀 더 자세히 살펴보도록 하겠다.

『대학』의 본문은 성의-정심-수신을 말하고 있고 따라서 그것을 시간적 순서가 아닌 논리적 순서로 보더라도 '의'가 마음에 앞서는 것이며 '의'를 본체로, 마음을 작용으로 보는 것이 일반적이다. 그러나 왕부지는 『대학』의 이 순서에 현혹되어서 판단을 그르쳐서는 안 된다고 한다.

'의'와 마음은 서로 체용이 되고 서로 내외가 된다는 것이 왕부지의 독특한 주장이다. 즉, '의'가 본체, 마음이 작용이 될 때도 있고, 마음이 본체, '의'가 작용일 될 때도 있으며, '의'가 안, 마음이 밖일 때도 있고, 마음이 안, '의'가 밖일 때도 있다는 것이다.

그리고 정심(正心)이라고 할 때의 마음은 지(志)에 가깝다는 것이 왕부지의 생각이다. 왕부지는 "주희는 이 '심(心)'이라는 글자에 대해서 아직 그 본뜻을 정확하게 찾을 수 없었던 것 같으니, 정자(程子)가 전혀 거리낌 없이 곧바로 '지(志)'라는 글자가 거기에 해당한다고 여긴 것만 같지 못하

---

46) 『讀大學』, 21쪽. "其云內外昭融, 表裏澄徹, 正是自謙時意象"

47) 『讀大學』, 23쪽. "且以本傳求之, 則好好色 · 惡惡臭者, 亦心而已."

48) 『讀大學』, 23쪽. "意則起念於此, 而取境於彼. 心則固有焉而不待起, 受境而非取境."

다."[49]고 주희를 비판하고 있다.

'지'와 '의'의 관계를 논해 보면, 우선 왕부지는 '지'가 본체요, '의'가 작용이 된다는 것을 다음과 같이 논하고 있다.

> '지' 라는 것은 감응하는 것이 있어서 '의' 가 발하여도 '지' 가 본래 있고, 감응하는 것이 없어서 '의' 가 발하지 않아도 그 '지' 는 또한 일찍이 있지 않은 적이 없어, 은연중에 보지도 듣지도 못하는 사이에 할 수 있는 것을 하고자 하는 하나의 본체를 가지게 되는 것이다.[50]

이 문단에 근거해서 말해 본다면 '지'는 본체며 '의'는 그 작용이다. 왕부지가 보기에 우리가 어떤 '지'를 갖고 있을 때 그것이 '의'로 밖으로 드러난다고 보는 것이다. 그래서 왕부지는 성의하고 정심해야만 그걸 바탕으로 수신, 제가, 치국, 평천하까지 나아갈 수 있는데, 정심하지 않으면 성의한다 하더라도 항상성을 기대할 수 없고, 따라서 그 이후의 일을 진행할 수 없게 된다고 말한다. 정심이라는 기본이 되어 있지 않기 때문이다.[51]

그러나 또한 왕부지는 "그러나 '의'가 다 마음으로 인하여 일어나지는 않으니, '의'는 본래 스스로 본체가 되어 감통하는 것을 원인으로 삼아 일어나기도 한다. 그러므로 마음은 스스로 마음의 작용을 하고 있고, 뜻은 스스로 뜻의 본체를 가지고 있다."[52]고 하여 뜻이 본체가 되고 마음이 작

49) 『讀大學』, 30쪽. "朱熹於此心字, 尙未的尋落處, 不如程子全無忌諱, 直下志字之爲了當."

50) 『讀大學』, 8~9쪽. "惟夫志, 則有所感而意發, 其志固在, 無所感而意不發, 其志亦未嘗不在, 而隱然有一欲爲可爲之體, 於不睹不聞之中."

51) 『讀大學』, 9쪽. "不於此早授之以正, 則雖善其意, 而亦如雷龍之火, 無恒而易爲起滅. [故必欲正其心者, 乃能於意求誠.] 乃於以修身, 而及於家 國 天下, 固無本矣."

52) 『讀大學』, 26쪽. "然意不盡緣心而起, 則意固自爲本體, 而以感通爲因. 故心自有心之作用, 意自有意之本體." 그러나 한편으로는 意란 항상된 본체를 갖고 있는 것은 아니기 때

용이 될 수도 있음을 논하고 있다. 이와 같이 왕부지는 『대학』을 이해하면서 '지'와 '의'의 관계가 서로 바뀔 수 있는 것으로 생각한다. 둘의 관계가 서로 바뀔 수 있다고 보는 데에 왕부지의 생각의 독창성이 있다.

또 마음과 '의'의 내외 문제에 대해서도 왕부지는 일률적으로 마음이 안이고 '의'가 밖이라거나 마음이 밖이고 '의'가 안이라고 말할 수 는 없고, 때로는 마음이 안이고 '의'가 밖이며 때로는 마음이 밖이고 '의'가 안이라고 말할 수 있는 것이라는 독특한 주장을 펴고 있다.

우선 왕부지는 마음은 고요하고 '의'는 움직이며, 마음으로 인하여 '의'가 발한다는 측면에서 보면 마음이 속에서 본체가 되고 '의'가 발하여 작용이 된다는 말이 맞는다고 인정한다.[53] 그러나 또 다른 측면에서 보면, 다른 사람이 알지 못하는데 자기만 아는 것이 '의'인 반면에 마음은 자기가 알건 모르건 상관없이 다른 사람이 훤히 꿰뚫어 보게 되므로, 오히려 다른 사람에게 숨겨진 '의'보다도 마음이 더 외적으로 드러나기 때문에 '의'가 안이고 마음이 밖이라고도 할 수 있다고 한다.[54] 그래서 왕부지는 결국 마음과 '의'는 서로 내외가 될 수 있다고 주장하고 있는 것이다.

6. 가정과 국가

『대학』 제9장 「제가장」에서 『서경』 「강고」의 말을 빌려 "「강고」에 '어

문에, 본체라는 측면에서 意-마음-몸의 순서로는 볼 수 없다고 한다.

53) 『讀大學』, 25쪽. "自一事之發而言, 則心未發, 意將發, 心靜爲內, 意動爲外. 又以意之肖其心者而言, 則因心發意, 心先意後, 先者爲本體於中, 後者發作用於外, 固也."

54) 『讀大學』, 26쪽. "人所不及知而己所獨知者, 意也. 心則己所不睹不聞而恒存矣. 乃己之睹聞, 雖所不及而心亦在. 乃旣有其心, 如好惡等 皆素志也. 則天下皆得而見之, 是與夫意之爲人所不及知者較顯也. 故以此言之則意隱而心著故可云外."

린아이를 보호하듯이 하라(如保赤子)'고 했다. 마음으로 정성스럽게 구하면 비록 맞지 않더라도 멀리 벗어나지는 않는다. 어린아이를 기르는 것을 배운 이후에 시집을 가는 사람은 없다." 고 했다. 왕부지는 여기에서 '듯이(如)'라고 표현한 것은 가정을 가지런히 하고 국가를 다스리는 것은 서로 통하는 이치가 있으므로 가정을 벗어나 따로 하나의 가르침을 세우는 것이 아니라 다만 미루고 넓히는 데 있을 뿐이라고 강조했다고 풀이한다.[55)]

위의 「강고」의 말에 대해 주희는 "이는 『서경』을 인용하여 풀이하고, 또한 가르침을 세우는 근본은 억지로 하는 것이 아니라 그 단서를 알아서 미루어 넓혀가는 것뿐(推廣之耳)임을 분명하게 한 것이다."라고 주석하였다. 왕부지는 주희의 이 주석에서 눈여겨보아야 할 것은 "뿐이다(耳)"라는 말이라고 하여, 이 주석을 세밀하게 관찰할 것을 요구하고 있다. "뿐이다"라고 하면 한정하는 말로서 "미루어 넓힐 뿐이다"라고 하면 그것에 한정된다는 것이다. 또 미룬다는 것은 가정에서 하듯이 국가에서 행하는 것이 아니라는 것이다. 다만 가르침의 근본을 세우는 것을 밝힌다고 말했기 때문에 가정에서 가르치는 것을 미루어 넓혀 국가에서도 동일한 내용을 가르칠 뿐이라는 것이다.

동양의 전통 사회에서 가정과 국가를 동일시해서 말하는 경우가 많았다. 즉, 군주를 아버지에 비유하고 신하와 백성들을 자식에 비유하는 등이다. 그런데 왕부지에 의하면 이러한 생각은 잘못된 것이다. 미룬다는 것은 아버지가 가정에서 자녀들에게 자애롭게 대하는 것을 미루어 임금이 국가에서 신하와 백성들을 자애롭게 대한다는 것이 아니라, 단지 아버

55) 『讀大學』, 38쪽. "所引書詞, 斷章立義. 但据一[如]字, 明二者之相如. 而教有通理, 但在推廣, 而不待出家以別立一教."

지가 가정에서 자녀들에게 가르치는 내용을 임금이 국가에서 신하와 백성들에게도 가르쳐야 한다는 것이다.[56] 즉, 가정에서 효도, 공손, 자애를 가르치며 국가에서도 효도, 공손, 자애를 가르칠 뿐이다.[57] 왕부지는 다음과 같이 반문하고 있다.

> 『장구』의 뜻을 이해함이 밝지 못해서 군자는 자기 가정을 자애롭게 대하는 은혜를 미루어 나라를 자애롭게 대한다고 말들을 하는데, 그렇다면 경과 전의 '제(齊)'와 '치(治)'라는 두 글자에 대해서는 어떻게 설명할 것인가?[58]

즉, 만약 군자가 자기 가정을 자애롭게 대하는 은혜를 미루어 나라를 자애롭게 대한다고 말한다면, 가정과 국가의 차이가 없어지게 되는데, 그렇다면 가정을 가지런히 하고 나라를 다스린다고 가정과 국가를 나누어 말한 것이 전혀 의미가 없게 된다는 것이다. 그럴 경우에 단지 가정과 나라를 가지런히 한다거나 가정과 나라를 다스린다고 말하면 충분하지 않았겠는가? 그러나 『대학』 본문에서 가정은 가지런히 한다고 말했고 나라는 다스린다고 말했으니 둘 사이에는 분명 차이가 있다고 보아야 정확한

---

56) 『讀大學』, 38쪽. "所謂推者, 乃推敎家以敎國也, 非君子推其慈於家者以使國之衆也."

57) 이 효도, 공손, 자애와 명덕의 관계에 대한 왕부지의 생각을 요약하면 다음과 같다 : 명덕을 밝히는 일은 격물, 치지, 성의, 정심, 수신을 다 이루어야 가능한 것이다. 그러나 효도, 공손, 자애는 그렇지 않다. 효도, 공손, 자애가 명덕을 밝히는 일처럼 그렇게 높은 수준을 요구한다면 영원히 불가능한 일이 될 것이다. 한편 효도, 공손, 자애가 바로 명덕을 밝히는 일이라면 대부분의 사람들이 이미 명덕을 밝혔다고 인정해야 할 것이다. 그러나 격물, 치지, 성의, 정심, 수신을 다 이루어야 가능한 명명덕을 어떻게 대부분의 사람들이 이미 이루었다고 할 수 있겠는가? 그러므로 효도, 공손, 자애를 바로 명덕을 밝히는 일이라고 인정할 수는 없다.

58) 『讀大學』, 38쪽. "認章句之旨不明, 乃謂君子推其慈家之恩以慈國, 其於經傳「齊」「治」二字何與?"

이해가 된다고 왕부지는 보는 것이다. 그러므로 가정을 가지런히 하는 것을 미루어 나라를 다스릴 수는 없고, 다만 가정 사람들을 가르치는 내용을 미루어 나라 사람들도 가르침으로써 다스릴 뿐이라는 것이다.

가정과 국가의 관계를 논하는 왕부지의 논의에서 엿볼 수 있듯이, 왕부지가 『대학』을 해석하면서 계속 강조하는 것은 리일분수(理一分殊)이다. 개인, 가정, 국가, 세계가 하나의 이치로 통하지만, 또 각각 다른 차원의 것이기 때문에 각각의 이치를 갖게 된다는 것이다. 그러므로 왕부지는 한 개인이 덕을 밝힌다고 해서—그것이 심지어 임금일지라도—그것이 바로 나라가 다스려지는 것으로 연결되지는 않는다고 본다. 나라를 다스리는 것은 개인의 수양과는 다른 차원의 다스리는 이치가 필요하기 때문인 것이다. 따라서 왕부지 이전의 많은 선배 학자들이 그랬던 것처럼 적이 쳐들어오고 있는 상황에서도 임금에게 몸과 마음을 바르게 가지라고 다그쳤던 것은 왕부지가 보기에는 전혀 '리일분수'의 이치를 모르는 사람들의 어리석은 행동으로 볼 수밖에 없는 것이다.

7. 결론

필자는 이 글에서 왕부지의 경학을 이해하는 첫걸음으로 그의 『독사서대전설』을 중심으로 『대학』에 대한 그의 이해를 검토해 보았다.

왕부지는 『대학』의 팔조목의 관계에 대해서 『대학』이 선후를 말했지 전후를 말하지 않았다고 하면서 그 관계는 동시에 추구해 가면서 완급을 가릴 뿐이라고 보았다. 따라서 팔조목의 상호 관계를 '리일분수'로 요약하였다.

『대학』은 "대학의 도는 명덕을 밝히는 데 있다."는 말로 시작하고 있다. 왕부지는 명덕이란 공부를 통해 최고로 밝혀진 마음이며, 성(性)이라고 할 수는 없다고 본다. '성'이란 밝히는 공부를 더 할 수 없기 때문이라는 것이다.

왕부지는 지(知)를 두 가지로 나누는데 하나는 대상을 아는 것이고 하나는 선악을 아는 것이다. 그는 주희가 말하는 '지'는 철저히 선악을 아는 '지'로 풀어야 한다고 강조하고 있다. 따라서 당연히 왕부지도 '지'란 선악을 아는 것이라고 이해한다. 지와 행의 관계에 대해 주희는 '지선행중(知先行重)'을 주장했는데, 왕부지는 지행병진을 주장했다고 할 수 있다. 그는 지와 행은 근본적으로 분리할 수 없으며, 지에도 행이 필요하고 행에도 지가 필요하다고 역설한다.

왕부지에게 성의란 부정적인 측면에서 무엇을 단속하거나 억제하는 것이 아니라, 반대로 긍정적 측면에서 넘쳐 나도록 해야 한다. 이미 알고 있는 이치를 마음에 꽉 차도록 해서 대상을 투철하게 꿰뚫어 그로부터 의(意)가 나오도록 하는 것이다. 그것은 천성적으로 되는 것이 아니고 억지로 되는 것도 아니며 공부를 통해서 경지에 도달했을 때 자연스럽게 가능한 것이다.

또 왕부지는 자겸(自謙), 호호색(好好色), 오악취(惡惡臭)는 주희의 설명처럼 의(意)에 대한 설명이 아니고 마음에 대한 설명이라고 하면서 '의'와 마음의 관계에 대해서 '의'와 마음은 서로 체용이 되고 내외가 되며 정심이라고 할 때의 마음은 바로 지(志)라는 독특한 주장은 펴면서 주희가 마음을 제대로 이해하지 못했다고 비판하고 있다.

동양의 전통 사회에서 군주를 아버지에 비유하고 신하와 백성들은 자식에 비유해서 가정과 국가를 동일시하는 경향이 있었다. 그래서 아버지가 가정에서 자녀들에게 자애롭게 대하는 것처럼 국가에서 군주가 신하와 백성들을 자애롭게 대해야 한다는 논리였다. 그러나 왕부지는 그렇게 해서는 안 된다고 주장한다. 그렇게 관련시키면 국가와 가정에 차이가 없어진다는 것이다. 둘 사이에는 통하는 이치도 있지만, 엄연히 가정은 가지런히 한다고 표현했고 국가는 다스린다고 표현했으므로 차이가 있다는 것이다. 그래서 왕부지는 미룬다는 것은 가정에서 자애롭게 하는 것을 미루어 국가에서도 자애롭게 하는 것이 아니라 가정에서 가르치는 교육 내용을 미루어 국가에서도 가르칠 뿐이라고 해석하고 있다. 그가 『대학』을 철저하게 교육을 위한 책이라고 파악하고 있음을 알 수 있다.

■ 참고 문헌

黎靖德(纂), 『朱子語類』, 山東, 友誼書社出版, 1992.
王夫之, 『讀四書大全說』, 臺北, 河洛圖書出版社, 1974.
胡廣(纂), 『四書大全』, 山東, 友誼書社出版, 1992.
임옥균, 『대진 : 청대중국의 고증학자이자 철학자』, 성균관대학교 출판부, 2000.

3부

한국적 전개

大學

회재(晦齋) 이언적(李彦迪)의 『대학』 해석

서근식 (한림대학교 강사)

1. 머리말

회재 이언적(晦齋 李彦迪, 1491~1553)[1)]은 16세기를 대표하는 사상가 가운데 한 명이다. 고려 말 원나라로부터 주자학을 수입하기는 하였지만, 조선 초까지 여전히 성리학적 학풍보다는 사장학이 우세하였다. 이러한 학풍은 16세기에 새롭게 변모하게 되는데, 회재와 망기당 조한보(忘機堂 曺漢輔, ?~?) 사이에 벌어졌던 태극논쟁(太極論爭)은 주자성리학이 조선에 정착하는 데 커다란 역할을 하였다.[2)] 또한, 회재는 지치주의(至治主義)의 이론적 체계를 확립한 학자이기도 하다. 회재는 『대학』과 『중용』이 유학의 대강령인 수기치인의 이념을 체계적으로 진술하고 있다고 여겨 『대

1) 本貫은 驪州, 字는 復古, 號는 晦齋 · 紫溪翁, 諡號는 文元이다. 원래 이름은 迪이었으나 中宗의 명령으로 彦迪으로 고쳤다.

2) 太極論爭은 朱熹와 陸九淵 사이에 벌어졌던 鵝湖論爭에 비견되는 論爭으로 周敦頤 「太極圖說」의 첫 구절인 '無極而太極' 의 해석에 관한 論爭이었다. 晦齋와 忘機堂 사이에 벌여졌던 太極論爭은 朱子性理學이 조선에서 꽃피게 되는 계기가 되었다는 점에서 意義가 크다.

학』과 『중용』에 담긴 지치주의 이념을 군왕에게 제시하려고 하였다. 이러한 그의 견해는 『대학장구보유(大學章句補遺)』, 『중용구경연의(中庸九經衍義)』 등의 저술로 나타난다.3) 이 글은 그의 저술 가운데 『대학』에 대한 해석인 『대학장구보유』와 『속대학혹문(續大學或問)』을 중심으로 회재의 사상을 살펴보도록 하겠다. 『대학장구보유』와 『속대학혹문』라고 제목만을 보면 주자(朱子, 1130~1200)의 『대학』 해석을 수용하고 있는 것처럼 보이지만 실제로는 주자의 견해와 다른 독창적인 해석을 제시하고 있다.

기존의 연구로는 이동희의 「회재 이언적의 경학사상-『대학장구보유』의 분석」(『한국학논총』, 제11집, 계명대학교 한국학연구소, 1985)와 이지형의 「회재의 경학사상-『대학장구보유』·『중용구경연의』를 중심으로」(『이회재의 사상과 그 세계』, 성균관대학교 대동문화연구원, 1992)와 이지경의 「회재 이언적의 『대학장구보유』에 관한 연구-주자의 『대학장구』 해석에 대한 근원적 비판을 중심으로」(『사회과학논총』, 제16집, 청주대학교 사회과학연구소, 1997. 02)와 최석기의 「회재의 『대학장구』 개정과 후대의 논변」(『정신문화연구』, 21권 2호(통권 71호), 한국정신문화연구원, 1998. 06)과 김교빈의 「회재철학의 특성에 관하여-『대학장구』의 개정을 중심으로」(『회재 이언적의 철학과 정치사상』, 묵민기념사업회, 박영사, 2000)와 이지경의 「주자의 『대학장구』편차해석에 관한 이언적의 비판」(『동양정치사상사』, 제1권 2호, 한국동양정치사상사학회, 2002. 09)과 조창렬의 「회재 이언적의 경학사상 연구-주자의 『대학』·『중용』주석과의 비교를 통하여」(성신여자대학교 박사학위논문, 2003(이 논문은 『회재 이언적의 경학사상』이라는 제목으로 2008년 한국학술정보에서 출판

3) 그의 글은 『晦齋全書』로 출판되었다. 본 논문에서는 1989년 成均館大學校 大東文化研究院에서 影印한 『晦齋全書』를 참고하였다.

되었음.))와 조창렬의 「회재의 『대학』주석에 관한 연구」(『한국사학사학보』, 제8집, 한국사학사학회, 2003. 09) 등이 있다.

2. 『대학장구보유』의 편차와 그 의미

회재는 『대학』에 관한 저술의 제목을 『대학장구보유』와 『속대학혹문』으로 하였다. 제목만 보면 그의 『대학』에 대한 저술은 주자의 『대학장구(大學章句)』와 『대학혹문(大學或問)』에 대한 보완으로 보인다.[4] 그러나 『대학장구보유』와 『속대학혹문』은 오히려 주자 『대학』 해석의 핵심인 '격물치지(格物致知)'를 부정하고 자신의 입장을 드러내고 있다. 『대학장구보유』의 체계는 대부분 주자의 주석을 그대로 인용하는 것으로 되어 있고, 주자와 견해가 다른 부분에만 자신의 견해를 덧붙이고 있다. 『속대학혹문』은 『대학혹문』의 형식을 빌려 자신의 주장 근거를 제시하는 형식으로 되어 있다.

『대학장구보유』에서 회재가 주자와 견해를 달리한 부분은 크게 두 부분이다. 첫 번째는 주자의 『대학장구』에서는 전4장에 해당하는 '聽訟' 절을 『대학장구보유』에서는 경1장의 마지막에 배치했다는 점이다.[5] 이 과정에서 전4장이 없어지게 되었고, 『대학장구보유』는 경 1장 · 전 9장의 체계가 되었다. 두 번째는 주자는 『대학장구』에서 전5장에 해당하는 격물

4) 李彦迪의 號 晦齋는 晦庵 朱熹의 號에서 연유한 것이다. 이런 점만으로도 晦齋가 朱子를 얼마나 尊崇하였고 본받으려고 하였는지 알 수 있다.

5) 『古本大學』의 입장에서 보면 『大學』을 經과 傳으로 나누는 것은 의미 없는 분류이다. 그러나 晦齋가 이미 朱子가 『大學章句』에서 분류한 經1章 · 傳10章의 體系를 기본 전제로 하고 있으므로, 본 논문에서는 經과 傳으로 나누어 보는 입장을 따르도록 하겠다.

치지 장에 빠진 부분이 있다고 하여 이른바 「격물치지보망장(格物致知補亡章)」이라고 하는 134자를 보충하였는데, 회재는 『대학장구보유』에서 이러한 주자의 견해를 비판하고 경1장에 있던 "物有本末 事有終始 知所先後 則近道矣. 知止而后有定 定而后能靜 靜而后能安 安而后能慮 慮而后能得."을 '격물치지'를 해석한 것으로 보았다. 이 과정에서 경1장의 일부가 '격물치지'를 설명한 전4장[6]으로 이동하게 되었다.

회재가 『대학장구보유』에서 주자의 『대학장구』를 비판한 이유는 무엇인가? 이것이 회재의 『대학』 해석을 이해하는 데 가장 중요한 부분이다. 이 문제를 해결하기 위해 먼저 『대학장구』의 핵심이 무엇인지부터 살펴보아야 한다. 주자의 『대학장구』에서 가장 핵심 부분은 역시 '격물치지'에 관한 것이다. 주자는 경전에 134자를 보충하는 희생을 감수하면서 '격물치지'에 관한 부분을 보충하였다. 즉, 주자에게 「격물치지보망장」에 해당하는 134자는 반드시 필요한 부분이다. 회재가 주자의 『대학장구』를 비판하는 핵심은 바로 여기에 있다. 회재로서는 경전에 없는 부분을 가지고 '격물치지'를 해석한 주자의 견해에 동의할 수 없었던 것이다. 회재는 다음과 같이 말한다.

> 주자가 결어 일구를 얻어 그것이 '격물치지'의 뜻을 해석한 줄 알았으나, 그 본문을 얻지 못하여서 드디어 정자(程子)의 뜻을 취하여 그것을 보충하였다. …… 그러나 내가 전에 『대학』을 읽다가 여기에 이르러서는 매번 본문을 볼 수 없는 것을 한탄하였다. …… 이에 감히 나의 억견으로 경문 가운데 두 구절을 취하여 '격물치지'의 본문으로 삼고 반복하여 음미하여 보았더니, 글도 만족스럽고 뜻도 분명하여 경문에 흠도 없고 전의 글에도 보충됨이 있으며 상하의

6) 『大學章句』에서는 傳5章에 해당된다.

> 문의(文意)도 맥락이 통하니 비록 주자가 다시 태어나더라도 또한 혹 여기에서 취함이 있을 것이다.[7]

주자는 '此謂知之至也.'라는 결구에 해당하는 부분만으로 '격물치지'를 해석할 수 없었기 때문에 134자를 보충하였다. 그러나 회재는 경문 가운데 두 구절을 취하여 주자가 해결하지 못했던 문제를 해결하려고 하였다. 즉, 주자는 '격물치지'에 관한 전문을 찾을 수 없다고 여겼고, 회재는 경문에 해당하는 두 구절이 '격물치지'를 해설하는 전문으로 해석하였던 것이다. 『대학장구보유』의 내용을 보면 거의 대부분이 주子의 주석을 재인용하여 주자의 해석에 동의하였음에도 불구하고, 회재가 『대학장구보유』를 저술하게 된 가장 큰 이유는 바로 주자의 「격물치지보망장」을 인정할 수 없었기 때문이다. 회재가 "주자가 태어나더라도 여기에서 취함이 있을 것이다."라고 한 것을 보면 자신의 견해에 매우 자신감이 있었음을 알 수 있다. 회재가 주자의 '격물치지'를 비판했다는 것은 『대학』의 핵심과 『대학장구』에 대해 충분히 이해하고 있었기에 가능한 일이었다.

회재는 『대학장구』의 전4장에 해당하는 '聽訟'을 경1장의 결어로 보아 『대학장구보유』는 경 1장 · 전 9장의 체계로 되었다. 회재는 무슨 이유로 '聽訟' 절이 전4장에 해당될 수 없다고 여긴 것일까? 회재는 다음과 같이 말한다.

> 또 살펴보건대 '聽訟' 한 구절은 지금 전3장의 뒤에 있지만, 글의 뜻이 이어

---

7) 『大學章句補遺』, 「大學章句序」, 5右. "朱子得其結語一句 知其爲釋格物致知之義 而未得其文 遂取程子之意以補之. …… 然愚嘗讀至於此 每歎本文之未得見. …… 乃敢以臆見 取經文中二節 以爲格物致知章之文 旣而反覆叅玩 辭足義明 無欠於經文 而有補於傳義 又與上下文義 脈絡貫通 雖晦庵復起 亦或有取於斯矣."

지지 않아서 의심나는 것이 있었다. 이에 정자가 바로잡은 것에 의거하여 경문 아래로 옮겼다.[8]

회재는 '聽訟' 절이 전3장과 전5장을 이어 주기에 부적합하다고 생각하였다. 『대학장구』에서 전1장에서 전3장까지는 삼강령에 대한 설명이고 전5장에서 전10장까지는 팔조목에 대한 설명이다. 전4장은 '본말(本末)'에 대한 설명이다. 회재는 삼강령과 팔조목을 설명하는 사이에 '본말'에 대한 설명이 들어가 있기 때문에 글의 뜻이 이어지지 않는다고 보았다. '본말'을 설명하는 전4장이 빠져야만 전문이 경문의 삼강령·팔조목만을 설명하는 구조가 된다. 그러나 회재가 직접 언급하지는 않았지만 '聽訟' 절을 경문 아래로 옮긴 것에는 더욱 중요한 의미가 있다. 주자가 '聽訟' 절을 전4장에 둔 것은 경문에 나오는 '본말'을 설명하기 위해서였다. 즉, "物有本末 事有終始 知所先後 則近道矣."라는 경문의 문장을 설명하기 위해 전4장을 둔 것이다. 그러나 회재는 경문의 이 구절을 '격물치지'의 설명으로 보았다. "物有本末 事有終始 知所先後 則近道矣."를 경문이 아니라 '격물치지'를 설명한 것으로 본다면 전에서 다시 '본말'에 대해 설명할 필요가 없어진다. 이런 점에서 본다면 '聽訟' 절의 문제는 간접적으로 '격물치지'와 연결된다고 할 수 있다. 회재의 견해에 따르면 주자가 『대학장구』의 전4장으로 본 '聽訟' 절은 삼강령 혹은 팔조목을 설명하는 것이거나 경문에 해당하는 것이어야 한다. 회재는 이를 경문에 해당하는 것으로 보았다. 따라서 삼강령과 팔조목을 설명하는 데 불필요한 『대학장구』의 전4장을 제외함으로써 『대학장구보유』는 경 1장·전 9장의 체계로 되었다.

---

8) 『大學章句補遺』, 「大學章句序」, 5右~左. "又按聽訟一節 今在傳三章之後 文義不屬 有可疑者. 乃依程子所定 置於經文之下."

회재의 『대학장구보유』는 주자의 『대학장구』에서 많은 부분을 수용하고 있다. 그러나 『대학장구』의 핵심인 '격물치지'에 대해서는 주자의 견해를 수용하지 않는다. 회재는 주자와 같이 「격물치지보망장」 134자를 보충하는 것을 비판하고, 경문의 두 구절을 취하여 '격물치지'를 해석한 것으로 보았다. 또, 『대학장구』의 전4장에 해당하는 '聽訟' 절을 경문 아래로 옮겼는데, 이것 역시 '본말'에 해당하는 경문을 '격물치지'를 설명하는 것으로 보았기 때문이다. 이런 점에서 본다면 주자의 『대학장구』와 회재의 『대학장구보유』의 가장 큰 차이점은 '격물치지'에 대한 설명이 빠져있느냐 아니면 포함되어 있느냐의 차이이다. 주자는 '격물치지'의 대한 설명이 빠져 있기 때문에 보충해야 한다고 입장이고, 회재는 경문 가운데 포함되어 있으므로 보충할 필요가 없다는 입장이다. 『대학장구』와 『대학장구보유』의 가장 큰 변별점이 '격물치지'이므로 '격물치지'에 대한 부분부터 살펴보도록 하겠다. 『속대학혹문』은 『대학혹문』의 형식을 빌려 『대학장구보유』로 수정한 이유를 보충 설명함으로써 『대학장구보유』의 수정 이유를 보다 풍부하게 하고 있으므로 적절히 인용하도록 하겠다.

3. '격물치지'에 대한 해석

주자는 『대학장구』에서 '격물치지'를 설명한 전문이 빠져 있기 때문에 정자(程子)의 뜻에 따라 134자를 보충한다고 하였다. 이것이 이른바 「격물치지보망장」이다. 그러나 회재는 주자의 견해를 비판하고 경문 가운데 두 구절을 취하여 '격물치지'를 설명한 것이라고 하였다. 회재가 『대학장구보유』에서 '격물치지'를 설명한 전4장으로 여긴 경문은 다음과 같다.

物有本末 事有終始 知所先後 則近道矣. 知止而后有定 定而后能靜 靜而后能安 安而后能慮 慮而后能得.(물(物)에는 본(本)과 말(末)이 있고 사(事)에는 종(終)과 시(始)가 있으니, 먼저 하고 뒤에 할 것을 알면 도에 가까울 것이다. 그칠 데를 안 뒤에 정함이 있으니, 정한 뒤에 고요할 수 있고, 고요한 뒤에 편안할 수 있고, 편안한 뒤에 생각할 수 있고, 생각한 뒤에 얻을 수 있다.)

경문 가운데 두 구절이 '격물치지'를 해석하는 전문으로 옮겨 감으로써 경문은 삼강령과 팔조목만으로 이루어지게 되었다. 이것은 주자가 『대학장구』에서 대학의 도를 삼강령과 팔조목으로 나눈 것을 보다 강조한 것이다. 『대학장구』에서는 삼강령과 팔조목 사이에 본말(本末)·종시(終始)에 관한 부분이 포함되어 있다. 회재는 『대학장구보유』를 통해 이질적인 부분을 '격물치지'에 관한 전문으로 옮김으로써 경문은 오로지 삼강령과 팔조목만을 언급하는 것으로 바뀌게 되었다. 전체적인 체계에서도 경문에서 말한 삼강령과 팔조목을 전문을 통하여 설명하는 형식을 갖추게 되어 경문과 전문이 꼭 들어맞게 되었다.

회재는 경문의 두 구절을 취하여 '격물치지'를 설명한 것으로 해석하였는데, 본래 경문의 순서와 바뀌어 있다. 즉, 『대학장구』의 경문에서는 '物有本末' 절이 '知止' 절보다 뒤에 있다. 회재가 '知止' 절보다 '物有本末' 절을 앞에 둔 이유는 무엇인가? 회재는 다음과 같이 말한다.

삼가 살펴보건대, 대학의 가르침은 '격물치지'에서 시작하여 천하의 만물·만사가 '본말'과 '종시'가 있지 아니함이 없으니, 그 '본말'과 '종시'의 이치를 궁구하여 선후완급을 알 수 있으면 진덕수업이 가지런한 순서가 있어 도에 이름이 멀지 않을 것이라는 것이다.[9]

천하의 사물은 '본말'과 '종시'가 없는 것이 없다. …… 그러므로 대학에서 처음 가르칠 적에 반드시 학자로 하여금 모든 천하의 사물에 나가서 그 '본말'·'시종'의 이치를 궁구하여 이르지 않는 곳이 없게 하였고, 궁구함에도 반드시 중한 것을 먼저 하고 가벼운 것을 뒤에 하며 급한 것을 먼저 하고 급하지 않은 것을 뒤에 하면 진덕수업이 가지런한 순서가 있어 도에 이름이 멀지 않을 것이다.[10)]

회재는 '격물'을 도에 나가는 시작으로 보고 있는데, 여기서 중요한 것은 회재가 물(物)을 어떻게 이해하는가이다. 주자는 모든 사물에는 '리(理)'가 있다고 하였는데, 회재는 모든 사물에는 '본말'과 '종시'가 있다고 하였다. 주자에게 있어서 궁구의 대상은 사물의 '리'이지만 회재에게 있어서 궁구는 대상은 만물·만사의 '본말'·'종시'이다. 즉, 주자와 회재는 그 궁구해야 할 대상이 다른 것이다. 궁구해야 할 대상이 다르므로 '격물치지'에 대한 견해도 다른 것이다. 주자는 사물의 '리'를 궁구해야 한다는 것을 『고본대학(古本大學)』에서 찾을 수 없었기 때문에 「격물치지보망장」을 통해 보충하려고 하였고, 회재는 '본말'·'종시'의 중요성을 강조한 부분을 『고본대학』에 찾을 수 있었기 때문에 주자의 「격물치지보망장」을 비판하고 '物有本末' 절과 '知止' 절을 제시한 것이다. 회재가 생각하기에 도에 나가기 위해 첫 번째로 해야 하는 것은 '격물'이다. 즉, 사물의 '본말'·'종시'를 궁구하는 일이다. 이러한 이유 때문에 '物有本末' 절

9) 『大學章句補遺』, 傳四章, 8右. "謹按大學之敎 始於格物致知 而凡天下萬物庶事 莫不有本末終始 能窮其本末終始之理 而知所先後緩急 則進德修業 循循有序 而其至於道也 不遠矣."

10) 『續大學或問』, 4右~左. "天下之物 莫不有本末終始. …… 故大學始敎 必使學者 卽凡天下之事物 莫不窮其本末終始之理 無所不至 而其窮之也 亦必先其重 而後其輕 先其所急 而後其所緩 則進德修業 循循有序 而其至於道也 不遠矣."

이 '知止' 절보다 앞에 오게 된 것이다.[11] 또, '본말' · '종시'의 중요성을 다음과 같이 말한다.

> 대개 학자가 '격물치지'에 뜻을 두면서도 물리(物理)의 '본말' · '종시'가 있음을 알지 못한다면 그의 앎과 전수가 혹 그 경중의 차례와 선후의 순서에서 시작하지만 끝내 도에 들어가지는 못할 것이다. 지금 세상에서 학문을 강구하지 않으므로 도가 밝지 못하여 학문을 하고 정치를 하고 충성을 하고 효도를 하는 자가 혹은 '본'을 버리고 '말'을 일삼으며 혹은 '시'는 있어도 '종'은 없으며 혹은 그 '본말' · '종시'의 소재를 완전히 잃어버려 마침내 패란에 이르는 자가 많을 것이니 이 장[12]의 뜻을 밝히지 않은 것에서 기인한 것이다.[13]

학자들은 '격물치지'의 중요성에 대해 잘 알기 때문에 '격물치지'에 뜻을 둔다. 그러나 '격물치지'에 뜻을 두지만 '본말' · '종시'가 있음을 알지 못한다면 도에는 들어가지 못할 것이라고 회재는 강조하였다. 즉, 회재가 보기에 학자들이 '격물치지'에 뜻을 두면서도 도에 들어가지 못하는 것은 '본말' · '종시'가 있음을 알지 못하기 때문이다. 사물에 '본말' · '종시'가 있다는 것은 '격물'에서 가장 중요한 부분이다. 만약 학자들이 '격물치지'에 뜻을 두지만, 사물의 '리'를 궁구하는 것에만 몰두하고 사물의 '본말' · '종시'를 궁구하는 것에 힘쓰지 않는다면 도에 들어갈 수 없게 된

---

11) '物有本末' 節이 '知止' 節 보다 앞에 오게 된 것에는 또 하나의 이유가 있는데, 뒤에 '知止' 節을 설명하면서 언급하도록 하겠다.

12) 『大學章句補遺』의 傳4章으로 格物致知를 설명한 章이다.

13) 『續大學或問』, 7右~左. "蓋學者 有志於格物致知 而不知物理之有本末終始 則其所知所傳或始輕重之倫 先後之序 而終無以入於道矣. 今世學不講 而道不明 爲學爲治爲忠爲孝者 或遺本而事於末 或有始而無其終 或專失其本末終始之所在 而卒至於敗亂者 多矣 由其不講乎此章之義故也."

다. 회재는 주자의 「격물치지보망장」과 같이 즉물궁리(卽物窮理)만으로 '격물치지'를 해석한다면 끝내 도에 들어갈 수 없음을 강조하고 있다. 즉물궁리보다 중요한 것은 사물에 '본말'·'종시'가 있음을 아는 것이다. 즉, 회재에게 있어서 '격물치지'를 설명한 장에서 중요한 것은 즉물궁리가 아니라 '본말'·'종시'를 궁구하는 것이다. 회재가 「격물치지보망장」을 인정하지 않은 것도 이러한 이유이다.[14] '격물치지'는 물(物)에 관한 것이 주이므로 '物有本末'이 '격물치지'를 설명한 것이라는 점은 이해되지만, '事有終始'도 물과 관련된다고 하는 것은 무슨 이유인가? 회재는 이에 대해 다음과 같이 말한다.

> 천(天)에 근본을 두고 말한다면 물(物)이라고 하고 인(人)에게 행하는 것으로 말한다면 사(事)라고 하며 상대적으로 말하면 물은 물이고 사는 사이지만 물만 말하여도 겸하여 사도 그 가운데 있으니, 군신·부자·부부·곤제·붕우는 물이요 군신의 의(義)·부자의 친(親)·부부의 별(別)·곤제의 애(愛)·붕우의 신(信)은 물의 리로서 사에 나타난 것이다. …… 그렇다면 '物有本末 事有終始'의 의미가 매우 광범위하게 갖추어졌는데, 주자는 다만 '명덕(明德)'·'신민(新民)'으로 물의 '본말'을 삼고 '지지(知止)'·'능득(能得)'으로 사의 '종시'로 삼았으니 그 뜻이 편협하고 면밀하지 못하였다.[15]

14) 晦齋는 理를 매우 중시하지만 현실에 근거하지 않은 理는 高遠한 것이라고 비판한다. 晦齋가 忘機堂과의 太極論爭을 벌이면서 下學而上達을 강조한 이유도 여기에 있다. 上達이라는 形而上學的 측면도 중요하지만, 上達에 도달하기 위해서는 반드시 下學이라는 形而下學的 측면을 거쳐야만 한다. 晦齋는 八條目 가운데 첫 번째 단계인 格物에서부터 理를 窮究하는 朱子의 주장은 下學의 단계를 거치지 않고 바로 上達을 추구하는 것으로 여겼던 것이다. 따라서, 朱子가 格物致知에 대한 해석으로 보충한 「格物致知補亡章」을 인정할 수 없었던 것이다.

15) 『續大學或問』, 4左~5左. "以其本於天者而言之 則謂之物 以其作於人者而言之 則謂之事 對言則物是物事是事 獨言物則兼事在其中 如君臣夫子夫婦昆弟朋友 物也 君臣之義 夫子

주자는 '物有本末 事有終始'에 대해 "'명덕(明德)'은 본(本)이 되고 '신민(新民)'은 말(末)이 되며, '지지(知止)'는 시(始)가 되고 '능득(能得)'은 종(終)이 된다."[16]라고 하였다. '명덕'과 '신민'은 물(物)에 해당하고 '知止'부터 '能得'까지는 사(事)에 해당한다. 이에 대해 회재는 물만을 말하여도 사의 의미가 그 가운데 포함하기 때문에, '격물치지'에서 물만을 말하였지만 사도 포함한다고 주장한다. 회재의 주장을 따르면 천하의 모든 물은 사를 포함하고 있다. 즉, 회재가 보기에 물에는 사의 의미도 포함되어 있기 때문에 '物有本末 事有終始'는 만물 · 만사에 모두 적용되는 일이다. 그러나 주자는 이를 삼강령과 '知止'부터 '能得'까지의 일에만 적용했다. 회재는 주자의 이러한 견해를 편협한 견해라고 비판하였다. 주자와 회재의 견해가 다른 이유는 주자는 '物有本末 事有終始'를 '격물치지'를 설명한 것이 아니라 경문이라고 생각했고, 회재는 '物有本末 事有終始'를 '격물치지'를 설명하는 전문으로 생각했기 때문에 발생한 것이다. 주자의 입장에서는 '격물치지'를 설명한 것이 아니기 때문에 '物有本末 事有終始'의 대상이 만물 · 만사일 필요가 없었던 것이다. 반면 회재의 입장에서는 '격물치지'를 설명한 것이기 때문에 '物有本末 事有終始'의 대상이 만물 · 만사이어야 하는 것이다. 결국 '격물치지'의 대상을 어떻게 보느냐에 따라 주자와 회재의 입장이 차이가 나타나게 되는 것이다.

'物有本末 事有終始'는 '격물치지'와 관련되지만 '知止'부터 '能得'까지의 구절은 어떻게 '격물치지'와 관련되는 것인가? 회재는 다음과 같이 말한다.

之親 昆弟之愛 朋友之信 物之理 而著於事者也. …… 然則物有本末事有終始之意 所該甚廣 朱子獨以明德新民 爲物之本末 知止能得 爲事之終始 其意偏而不周矣."

16) 『大學章句』, 經1章, 註. "明德爲本 新民爲末 知止爲始 能得爲終."

정자는 "'격물'이란 도에 나가는 시작이니 '격물' 하고자 생각했다면 진실로 도에 가까울 것이다."라고 하였고, 또 "'치지'의 요점은 '지선(至善)'의 소재를 아는 것이니 예를 들어 부모는 자애로움에 그치고 자식은 효도에 그치는 종류와 같은 것이다."라고 하였다. 주자도 "'지지'라고 말한 것은 '물격지지(物格知至)' 하여 천하의 일에 모두 그 '지선'의 소재를 아는 것이다."라고 하였으니, 정자와 주자도 이 두 구절로 '격물치지'의 뜻을 삼은 것이 명백하다. 다만 '知止' 절이 '止於至善'의 아래에 이어졌으므로 선유가 경문이라고 여기고 감히 옮겨 바꾸지 못하였다.[17]

회재는 정자와 주자도 '知止'부터 '能得'까지의 구절을 직접 옮겨 바꾸지는 않았지만, 간접적으로 '知止'부터 '能得'까지의 구절이 '격물치지'에 해당함을 언급하였다고 한다. 그렇다면 왜 선유들은 '知止' 절을 경문으로 여기고 '격물치지'를 설명하는 전문으로 옮기지 못한 것일까? 특히 주자의 경우 「격물치지보망장」 134자를 보충하면서까지 '격물치지'를 설명하려고 노력했음에도 불구하고 '知止' 절을 '격물치지'의 설명하는 전문으로 옮기지 않은 것일까? 그 이유는 '知止而后有定'이라는 구절이 바로 '止於至善' 아래에 연결되기 때문이다. 즉, '知止'의 지(止)를 '止於至善'의 지(止)로 여겼기 때문이다. 이렇게 하면 경문의 문맥이 자연스럽게 연결되기 때문에 선유들은 '知止' 절을 경문의 내용으로 생각했던 것이다. 그렇다면, 회재는 무슨 근거로 '知止' 절을 '격물치지'에 대한 전문으로 본 것일까? 회재가 근거로 삼은 것은 '격물치지'가 '지선(至善)'의 소재를 아

17) 『續大學或問』, 3右~左. "程子言 格物者 適道之始 思欲格物 則固已近道矣 又曰致知之要 當知至善之所在 如父止於慈 子止於孝之類. 朱子又云 知止云者 物格地至 而於天下之事 皆有以知其至善之所在也 則程朱 亦以此兩節 爲格物致知之意 明矣. 但其知云者 屬於止於至善之下 故先儒 意其爲經文 而不敢移易也."

는 것에 있다고 한 정자와 주자의 말이다. '격물치지'는 도에 나가는 시작으로서 '지선'의 소재를 아는 것이다. '知止而后有定'에서 '知止'는 '격물치지'를 통하여 '지선'의 소재를 아는 것이다. 회재가 "'知止'는 물이 이르러 앎이 지극하게 되어 천하의 일에 모두 '지선'의 소재를 아는 것이다."[18]라고 '知止'를 해석한 것도 이 때문이다. '知止' 절을 '止於至善'을 설명하는 딸림 말로 보느냐 '격물치지'를 설명하는 말로 보느냐의 차이에 따라 주자와 회재의 견해가 달라진다. 회재는 '知止' 절을 '止於至善'을 설명하는 딸림 말로 보면 문의(文意)가 통하지 않는다고 보고 이를 '격물치지'를 설명하는 전문으로 옮긴 것이다. 이 '知止' 절은 『대학장구』의 경문에서는 '物有本末' 절보다 앞에 배치되었는데, 이는 '知止' 절을 '止於至善'에 이어지는 말로 보았기 때문이다. 『대학장구보유』에서는 '知止' 절을 '物有本末' 절 뒤에 배치하였는데, 이는 '격물치지'에 있어서 만물·만사에 '본말'·'종시'가 있음을 아는 것이 먼저이고 이를 통하여 '지선'의 소재를 알아가야 하기 때문이다. 즉, '격물치지'에도 '본말'·'종시'가 있기 때문에 '物有本末' 절을 '知止' 절 앞에 배치한 것이다. 회재가 '知止' 절을 '격물치지'를 설명하는 전문으로 옮긴 것에는 또 하나 중요한 이유가 있다. 회재는 다음과 같이 말한다.

> '정(靜)'이라고 하고 '안(安)'이라고 하고 '려(慮)'라고 한 것은 모두 심(心)에 나아가 말한 것으로 아래 장의 '성의(誠意)'·'정심(正心)'의 공(功)을 일으킨다.[19]

18) 『大學章句補遺』, 傳四章, 8左. "知止者 物格知至 而於天下之事 皆有以知其至善之所在也."
19) 『大學章句補遺』, 傳四章, 9右. "曰靜 曰安 曰慮 皆就心上說 以起下章誠意正心之功."

'知止' 절에 나오는 '정(靜)' · '안(安)' · '려(慮)'는 모두 심(心)과 관련된 말들이다. 마음에 대한 언급이라면 이는 '성의(誠意)' · '정심(正心)'과 연결된다. 즉, '격물' · '치지'로부터 자연스럽게 '성의' · '정심'으로 연결되는 것이다. 회재가 '知止' 절을 '격물치지'를 설명하는 전문으로 옮기면 상하 문맥이 잘 연결된다고 한 이유도 여기에 있다. 주자는 삼강령과 팔조목의 단계적 설명을 매우 중요시하였지만 '격물' · '치지'로부터 '성의' · '정심'으로 연결되는 부분에 대한 설명은 부족하다. 즉, 「격물치지보망장」을 통해 '격물치지'에 대한 보충을 시도하였지만 결국 '격물' · '치지'로부터 '성의' · '정심'으로 이어지는 부분에 대한 설명은 없다. 반면 회재는 '知止' 절을 '격물치지'를 설명하는 전문으로 삼아 '격물' · '치지'로부터 '성의' · '정심'으로 이어지는 맥락을 자연스럽게 연결시켰다. 회재는 경문 가운데 '物有本末' 절과 '知止' 절을 '격물치지'를 설명하는 전4장으로 옮김으로써 삼강령과 팔조목에 집중할 수 있는 기반을 마련하였을 뿐만 아니라, 경문과 전문이 모두 삼강령과 팔조목의 단계를 맥락이 자연스럽게 연결될 수 있도록 보완하였다.

회재는 주자가 제시한 「격물치지보망장」을 비판하고 '物有本末' 절과 '知止' 절로써 '격물치지'를 설명하는 전문으로 삼았다. 이 두 학자의 차이는 주자는 '격물치지'의 대상을 사물의 '리'로 본 반면, 회재는 만물 · 만사의 '본말' · '종시'를 대상으로 보았기 때문에 나타나게 된 것이다. 회재는 '物有本末' 절과 '知止' 절을 전4장으로 삼음으로써 경전에 새로운 것을 보충해 넣는다는 비판을 피할 수도 있었으며, 주자가 제시한 삼강령 · 팔조목의 단계적 설명을 보다 명확하게 할 수 있었다. 회재의 이러한 주장이 '격물치지'를 이해하는 데 있어 기여를 한 점은 적지 않다.

4. '청송(聽訟)' 절에 대한 견해

'聽訟' 절은 『대학장구』에서는 '본말'을 설명하는 전4장으로 삼은 것이었다. 『대학장구보유』에서는 이를 경문의 말미로 옮겨 전문이 아닌 경문으로 삼았다. 회재는 다음과 같이 그 이유를 말한다.

> 삼가 살펴보건대 경문은 대개 증자(曾子)가 공자(孔子)의 뜻을 기술하여 가르침을 세운 것이다. 그러므로 장의 끝에 공자의 말을 인용하여 그 글을 끝맺은 것이다.[20)]

> 증자가 『대학』을 기술할 적에 경문의 장의 끝에 공자의 말을 인용하여 글을 끝맺은 것도 또한 이러한 뜻이요, 전문을 깊이 음미하여 보면 문리가 이어지지 않는 곳이 없고 맥락이 관통되지 않는 것이 없으니, 홀로 이 한 구절을 전3장의 뒤에 놓으면 상하의 문의가 전혀 이어지지 않는다. 또, 『대학』의 글은 처음에 '명명덕'·'신민'·'지지선'을 말하여 한 편의 강령으로 삼고, 다음에 팔조목을 말하여 삼강령의 뜻을 밝히고, 또 전의 뜻을 만들어 삼강령·팔조목의 뜻을 발휘하였으니, 그 중간에 별도로 한 장을 경문의 결어인 '본말'의 뜻을 해석하였다 함은 합당하지 못하다. 이제 정자가 정한 바에 의거하여 경문 아래에 놓으니, 이 일 절은 경문의 결어가 된다.[21)]

---

20) 『大學章句補遺』, 經1章, 4右. "謹按經文 蓋曾子述夫子之意而立敎 故章末 引夫子之言 以結之."

21) 『續大學或問』, 2右~左. "曾子述大學 經文章末 引孔子之言 以結之者 亦此意也 且深味傳文 未有文理不屬而脈絡不貫者 獨此一節 置於傳三章之後 與上下文義 都不相屬. 又見大學之書 首言明明德新民止至善 以爲一篇之綱領 次言八條目 以明三綱領之義 又爲傳義 以發揮三綱領八條目之意 不應其間別爲一章 以釋經文結語本末之義也. 今依程子所定而置於經文之下 則此一節 爲一章之結語."

회재는 주자의 견해를 비판하고 정자의 견해를 따르고 있다. '聽訟' 절은 『고본대학』에서는 '止於信' 아래에 있었던 것을 정자가 이곳으로 옮겼고, 주자가 『대학장구』에서 다시 전4장으로 옮겼다. 회재가 '聽訟' 절을 경문의 말미로 옮긴 이유는 두 가지이다. 하나는 다른 여러 경전을 보더라도 말미에 공자(孔子)의 말을 인용하여 끝맺은 경우가 많다는 점이고, 다른 하나는 '聽訟' 절만을 따로 독립시키면 상하의 문의가 통하지 않는다는 점이다. 먼저 첫 번째 이유부터 살펴보자. 회재는 경문이 공자의 뜻을 증자(曾子)가 기록한 것이므로 반드시 공자의 말을 인용하여 글을 맺었을 것으로 생각하였다. 회재는 『속대학혹문』을 통해 장의 끝에 공자의 말을 인용하여 끝맺은 여러 예를 들고 있다. 특히, "이에 정자가 정한 바에 의거하여 경문 아래에 옮겨 그 뜻을 자세히 음미하여 보니, 『중용』의 마지막 장인 '予懷明德 不大聲以色 子曰 聲色之於以化民 末也 奏假無言 時靡有爭 不賞而民勸 不怒而民威於鈇鉞'의 뜻과 부합한다."[22]라고 하여 『중용』도 역시 공자의 말을 인용하여 끝맺고 있으므로 『대학』의 경문 역시 공자의 말을 인용하여 끝맺었을 것이라고 하였다. 두 번째 이유는 전체 체계에 관련된 문제이므로 첫 번째 이유보다 중요하다. 겉으로 드러난 문제는 '聽訟' 절을 전문으로 삼았을 경우 문의가 통하지 않는다는 것이지만, 보다 중요한 문제는 『대학장구보유』에서는 '본말'에 대해 설명한 필요가 없다는 점이다. 『대학장구』에서 '聽訟' 절은 '본말'을 설명하는 전4장에 배치되었지만, 『대학장구보유』에서는 삼강령과 팔조목을 설명하는 전문만 필요하므로 '聽訟' 절이 필요 없게 되었다. 이것은 회재가 경문 가운데 '物有本末' 절과 '知止' 절을 '격물치지'는 설명하는 전문으로 옮겼기 때

22) 『大學章句補遺』, 「大學章句序」, 5左. "乃依程子所定 置於經文之下 詳味其義 與中庸卒章 予懷明德 不大聲以色 子曰 聲色之於以化民 末也 奏假無言 時靡有爭 不賞而民勸 不怒而民威於鈇鉞之意合."

문이다.[23] 따라서, '聽訟' 절은 더 이상 삼강령과 팔조목을 설명하는 사이에 전문으로 들어갈 필요가 없게 되었다.

'聽訟' 절이 전문의 역할을 할 필요가 없어졌으므로 다른 곳으로 옮겨야 하는데, 반드시 경문의 말미로 옮겨가야 하는 이유는 무엇인가? 회재는 다음과 같이 말한다.

> '使無訟' 이라는 것은 인심(人心)을 감동시킨 효험이다. …… 이는 대개 옛 성인의 '치국(治國)' · '평천하(平天下)' 의 긴요한 도인 것이다. 그러므로 경문의 팔조목 아래에 '본말' 의 소재를 말하고 공자의 말을 인용하여 맺었으니 그 뜻이 의미심장하다.[24]

회재는 '聽訟' 절을 '치국(治國)' · '평천하(平天下)' 를 통해 나타난 효험으로 보고 있다. 즉, '격물' · '치지' 로부터 시작하여 '치국' · '평천하' 에 이르게 되면 송사가 없어서 인심(人心)이 감동하게 된다고 본 것이다. 경문에서 삼강령과 팔조목에 관해 말하고, 그 뒤에 삼강령 · 팔조목이 이루어졌을 때 얻을 수 있는 효험을 말한 것으로 이해하였다. 결국 '聽訟' 절 자체가 삼강령 · 팔조목에 해당하는 것은 아니지만, 그로부터 얻을 수 있는 효험이라고 본다면 경문의 말미로 옮길 수 있다. 또, 공자의 말을 인용하고 있으므로 경문을 끝맺기에도 적당하다. '聽訟' 절이 경문으로 옮김으로써 전문은 9장이 되고, 오로지 삼강령과 팔조목을 설명하는 체계로 되었다.

---

23) 이런 점에서 본다면 '聽訟' 節의 문제도 '格物致知' 에 관한 見解의 연장선에 있다고 할 수 있다.

24) 『續大學或問』, 2左~3右. "使無訟者 乃所以感人心之效也. …… 此蓋古昔聖人 治國平天下之要道也. 故經文八條目之下 旣言本末之所在 而引孔子之言 以結之 其旨深矣."

'聽訟' 절은 『대학장구』에서는 삼강령과 팔조목 사이에서 '본말'을 설명하는 전문이었다. 회재의 『대학장구보유』에서는 '본말'을 설명하는 전문이 필요 없으므로 이를 경문으로 옮겼다. 이는 '聽訟' 절이 팔조목의 효험을 말하고 있기 때문에 경문의 말미로 옮겨지기에 충분하였기 때문이다. 또, 공자의 말을 인용하고 있기 때문에 경문을 끝맺기도 적당하였기 때문이다.

5. 회재가 희망한 '평천하'의 세계

'평천하'에 대한 설명은 회재의 지치주의 이념이 가장 잘 나타나 있는 부분이다. 회재의 저술에는 『대학장구보유』 외에 『중용구경연의』가 있는데, 『중용구경연의』는 『중용』 20장에 나오는 '구경(九經)'에 대해 설명한 것이다. 『속대학혹문』에 나오는 '평천하'에 대한 설명은 『중용구경연의』와 더불어 그의 지치주의 이념을 잘 보여 준다.

팔조목 가운데 '평천하'는 삼강령의 '지어지선'과 통한다. 회재는 '지어지선'을 '윤집궐중(允執厥中)'[25]과 같은 것으로 해석하였다.[26] 회재는 그 이유를 다음과 같이 말한다.

> 그렇다면 정자와 주자가 비록 '집중(執中)'을 '지지선(止至善)'이라고 명백하게 말하지는 않았지만 이른바 '극(極)'이라는 것은 '중(中)'의 리(理)이니 천

25) 允執厥中은 『書經』, 「大禹謨」의 "人心惟危 道心惟微 惟精惟一 允執厥中."이라는 말에서 나왔다.

26) 止於至善이 允執厥中과 같다는 解釋은 『大學章句補遺』에는 나오지 않고 『續大學或問』에서만 나오는 설명이다.

하의 '지선'이 '중'보다 나은 것이 있겠는가? …… 또, 『중용』에서 중용(中庸)을 택하라고 말한 것은 모든 이치를 변별하여 그 '지선'의 소재를 구하라는 말이다. …… 택선(擇善)·명선(明善)이 모두 이 뜻이므로 '중'이 '지선'이 됨은 더욱 명백하다. 대개 '중'과 '지선'은 명칭은 비록 다르나 이치는 하나이니 학자가 알지 않으면 안 되는 것이다.[27]

'중(中)'을 잡고 '중'을 택하는 것은 '지선'의 소재를 구하라는 말과 같다고 회재는 주장한다. 어떤 상황에 중용(中庸)을 지킬 수 있다면 이는 곧 '지선'에 해당한다. 회재는 어떤 상황에 가장 최적의 상태(極)를 '중'이라고 하고 그것이 '지어선(止至善)'과 같은 것이라고 주장한다. 이는 '평천하'가 이루어지면 모든 사람이 중용을 행할 것이고, 그 '중'은 곧 '지선'과 같은 것이 됨을 의미한다. 즉, 중용을 지키려는 노력은 택선(擇善)·명선(明善)과 같은 의미로 '지선'의 소재를 찾는 노력과 같은 것이고, '평천하'의 경지에 이르면 '지선'의 소재를 모두 구할 수 있음을 의미한다. 회재는 '평천하'를 통해 모든 것이 '지선'해지기를 희망하고 있다.

회재는 '평천하'의 근본으로 '인(仁)'을 제시하였다. 선유들은 '평천하'의 근본을 '인'이라고 하지 않았는데, 회재가 '인'을 '평천하'의 근본으로 삼은 근거는 무엇인가? 회재는 옛 성현의 말을 인용하여 다음과 같이 말한다.

공자의 문하에서 사람을 가르칠 때에 오로지 '인'을 구하는 것으로써 근본

---

27) 『續大學或問』, 9右~左. "然則程朱 雖不明言執中之爲止至善 而所謂極者 中之理也 天下之至善 孰有過於中者乎. …… 且中庸所謂擇乎中庸者 言辨別衆理 而求其至善之所在也. …… 其言擇善明善 皆此意也 中之爲至善 益明矣. 盖中與至善 名雖異 而理則一 學者不可不知也."

> 을 삼았고 증자의 학문도 '인' 을 자신이 임무로 삼았으니, 어찌 성현이 글을 짓고 가르침을 세워 '치국' · '평천하' 의 도를 밝히고 만세의 준칙을 세우시는데 '인' 으로 근본을 삼지 않았겠는가?[28]

회재는 공자와 증자의 학문은 '인'을 근본으로 하고 있으므로, 공자와 증자의 뜻으로 만들어진 『대학』 역시 '인'을 근본으로 하고 있음은 당연하다고 여겼다. 즉, 선유들이 비록 '평천하'의 근본이 '인'이라고 말하지는 않았지만, 공자와 증자의 학문이 '인'을 근본으로 하고 있으므로 『대학』 역시 '인'을 근본으로 하는 것은 당연하다는 것이다.[29] 그렇다면, '인'은 어떻게 행해야 하는가? 회재는 다음과 같이 말한다.

> '인' 이 '치국' · '평천하' 의 근본이고 '인' 을 베푸는 요점은 혈구(絜矩)임을 볼 수 있다. 반드시 효(孝) · 제(弟) · 자(慈)를 우선으로 삼은 것은 효 · 제 · 자가 '인' 을 행하는 근본이기 때문이니, 근본이 섬에 미루어 백성들에게까지 미쳐서 천하 사람들로 하여금 각각 그 부모를 친애하고 그 어른을 공경하고 그 자식을 자애하게 한다면, 만방(萬邦)이 화합하고 백성들이 화평해져 천하가 태평하게 될 것이다. 이미 '인' 과 '불인(不仁)' 이 흥망의 기틀임을 말하였고 또 요순(堯舜)과 걸주(桀紂)의 정사에 대해 말하여 만세에 경계를 베푸셨으니 성현의 뜻을 결단코 알 수 있다.[30]

---

28) 『續大學或問』, 11右~左. "孔門敎人 專以求仁爲本 而曾子之學 又以仁爲己任 安有聖賢 著書立敎 以明治國平天下之道 以爲萬世準則 而不以仁爲本者乎."

29) 晦齋는 仁에 대한 중요성을 인식하고 『大學章句補遺』를 완성한 다음 해인 1550년에 『求仁錄』을 저술하였다. 이는 孔門의 가르침이 仁을 구하는 데 있음을 表彰한 것이다.

30) 『續大學或問』, 12左. "可見仁爲治國平天下之本 而施仁之要 又在於絜矩也. 必以孝弟慈爲先者 盖孝弟慈者 所以行仁之本也 本立而推以及人 使天下之人 各親其親 各長其長 各慈其幼 則萬邦協和 黎民於變時雍 而天下平矣. 旣言仁與不仁 興喪之機 又言堯舜桀紂之事 以垂

회재는 '인'을 행하는 요점은 혈구지도(絜矩之道)에 있고, 효(孝)·제(弟)·자(慈)를 최우선으로 하여야 함을 강조하였다. 즉, '평천하'의 근본은 '인'이고, '인'을 행하는 근본은 효·제·자라는 것이다. 효·제·자는 가장 기본적인 도리이지만 이 기본적인 도리가 확립되지 않고는 '평천하'를 이룰 수 없다. '평천하'를 이룩하기 위해서는 먼저 '평천하'의 근본이 되는 것이 무엇인가를 알아야 하며, 또한 그 근본을 행하는 데 가장 중요한 것이 무엇인가도 알아야 한다. 회재는 '평천하'를 이룩하기 위해서는 효·제·자라는 것이 가장 근본이 되어야 한다고 하였다. 효·제·자라는 근본이 잘 세워지면 이를 통해 점점 넓혀 가서 '평천하'까지 이룰 수 있게 된다. 만약 효·제·자라는 근본이 바로 서지 못하면 '평천하'도 보장받을 수 없게 된다. 또, '인'을 구하는 공부로써 혈구지도를 제시하였는데, 이는 '인'이 다른 사람과의 관계 속에서 이루어지는 것임을 말한 것이다. 혈구지도는 '서(恕)'와 같은 것으로서 자신과 다른 사람과의 관계를 통해 '인'을 이루어야 함을 말한 것이다.[31] 이는 효·제·자를 통한 '평천하'가 자기 자신만으로 이루어지는 것이 아니라 다른 사람과의 관계 속에서 이루어짐을 의미하는 것이다. 이러한 증거는 이미 요순(堯舜)과 걸주(桀紂)에서 나타난다. 요순은 '인'하였기 때문에 '평천하'를 이룰 수 있었지만, 걸주는 '불인(不仁)'하였기 때문에 '평천하'를 이룰 수 없었다. 회재가 "진실로 이 글을 읽는 자로 하여금 천하와 국가의 치란·흥망과 천명(天命)과 인심(人心)의 거취(去就)·이합(離合)이 한결같이 군주의 '인'하고 '불인'한 것에 매여 있음을 두려운 듯 경계하고 살펴서 항상 마음속에 간직하고 잃지 않게 하였다면 어찌 환란과 패망이 여기에까지 이르렀겠

戒萬世 聖賢之意 斷可知矣."

31) 이러한 晦齋의 見解는 仁을 개인의 측면이 아닌 관계의 측면에서 解釋하려는 입장을 잘 보여 준다.

는가?”[32]라고 탄식하였듯이 군주가 ‘평천하’를 이루기 위해서는 반드시 ‘인’에 근본으로 삼아야 한다. 그러나 수많은 군주들이 『대학』을 읽었지만 ‘평천하’의 근본이 ‘인’에 있음을 깨닫지 못하고 패망에 이르렀다. 회재는 수많은 군주가 지치(至治)에 뜻을 두었지만, 그 근본이 ‘인’에 있음을 깨닫지 못했기 때문에 패망하게 되었다고 여긴 것이다. 즉, 회재는 ‘인’을 통해 그의 지치주의 이념을 실현하려고 한 것이다. 이런 점에서 본다면 『구인록(求仁錄)』을 저술한 것도 지치주의 이념을 실현하기 위한 것으로 볼 수 있다.

6. 맺음말

회재는 『대학』을 해석하면서 주자의 『대학장구』를 상당 부분 수용하고 있다. 그러나 ‘격물치지’에 관해서 주자의 「격물치지보망장」을 부정하고 새로운 견해를 제시하였다. 주자와 견해를 달리하는 부분을 제외하고는 모두 주자의 주석을 그대로 인용하고 있는 것을 보면, 회재는 주자의 견해를 일정 부분은 수용하고 일정 부분을 비판하고 있다는 것을 알 수 있다. 주자의 견해를 수용한 부분은 삼강령 · 팔조목에 대한 강조로, ‘本末’장을 제거함으로써 경문과 전문을 모두 삼강령 · 팔조목으로 구성하려는 노력에 잘 나타나 있다. 주자의 견해를 비판한 부분은 ‘격물치지’에 관한 것으로, ‘物有本末’ 절과 ‘知止’ 절이 ‘격물치지’를 설명한 전문으로 해석하였다. “그러므로 성현이 조술(祖述)하고 지어 경전(經傳)이 되었더라도

32) 『續大學或問』, 14右. “誠使讀是書者 深明天下國家之理亂興喪 天命人心之去就離合 一繫於人君之仁與不仁 惕然戒省 常存此心而不失 則安有禍敗之至此乎.”

앞뒤의 제유(諸儒)들이 다시 서로 연역함을 기다린 후에 그 뜻이 구비되는 것이다." 33)라는 회재의 말처럼 주자의 미비점을 자신이 바로잡았음을 강조하였다.

'격물치지'에 대한 주자와 회재의 차이는, 주자는 '격물치지'의 대상을 사물의 '리'로 보았지만, 회재는 만물 · 만사의 '본말' · '종시'를 대상으로 보았기 때문에 나타나게 된 것이다. 회재는 '物有本末' 절과 '知止' 절을 '격물치지'에 대한 설명으로 삼음으로써 경전에 새로운 것을 보충해 넣는다는 비판을 피할 수도 있었으며, 주자가 제시한 삼강령 · 팔조목의 단계적 설명을 보다 명확하게 할 수 있었다. '聽訟' 절 문제도 '격물치지'의 연장선에 있다. '物有本末' 절과 '知止' 절을 '격물치지'에 대한 설명으로 삼은 회재는 경문의 '본말'에 대한 전문인 '聽訟' 절을 전문으로 독립시킬 필요가 없어졌다. 이에 경문의 말미로 옮긴 것이다.

회재는 『속대학혹문』을 통해 자신의 지치주의 이념을 제시하였다. 회재는 평천하를 이룩하기 위해서는 '인'을 근본으로 삼아야 함을 강조하였다. 즉, 그의 지치주의 이념은 '인'을 중심으로 이루어지는 것이다. '평천하'의 근본인 '인'은 효 · 제 · 자라고 하는 가장 기본적인 것으로부터 시작하여야 함을 강조하였다. 또, '인'을 구하는 공부로서 혈구지도를 제시하여, '인'이 자기 자신만으로 이루어지는 것이 아니라 다른 사람과의 관계 속에서 이루어지는 것임을 강조하였다. 그가 『대학장구보유』를 저술한 다음 해에 『구인록』을 저술한 이유도 '인'이 지치주의 이념을 실천하는 근본이기 때문이다.

회재의 『대학』 해석은 상당 부분 주자의 『대학』 해석을 따르고 있지만 '격물치지'에 대한 자신의 독창적인 견해를 제시함으로써 주자의 견해를

---

33) 『續大學或問』, 15左. "故聖賢述作 爲經傳者 必待前後諸儒 更相演繹而後 其義乃備."

비판하였다. 이는 회재가 주자를 맹신한 것이 아니라 비판적으로 수용하고 있다는 점을 보여 주는 것이다. 또한, 『속대학혹문』에 나타난 그의 지치주의 이념은 『대학』을 실제 정치에 접목하려는 노력으로 보인다.

■ 참고 문헌

李彦迪, 『大學章句補遺』, 『晦齋全書』, 成均館大學校 大東文化研究院 影印本, 1989.

李彦迪, 『續大學或問』, 『晦齋全書』, 成均館大學校 大東文化研究院 影印本, 1989.

朱熹, 『大學章句』, 『朱子全書』(全27册), 上海古籍出版社, 2002.

成均館大學校 大東文化研究院 編, 『李晦齋의 思想과 그 世界』, 成均館大學校 大東文化研究院, 1992.

趙昌烈, 『회재 이언적의 경학사상』, 한국학술정보, 2008.

趙昌烈, 「晦齋 李彦迪의 經學思想 研究-朱子의 『大學』·『中庸』註釋과의 比較를 通하여」, 誠信女子大學教 博士學位論文, 2003.

姜敬林, 「晦齋 李彦迪의 哲學思想 研究」, 成均館大學校 博士學位論文, 2008.

李東熙, 「晦齋 李彦迪의 經學思想-『大學章句補遺』의 分析」, 『韓國學論叢』, 第11輯, 啓明大學校 韓國學研究所, 1985.

李篪衡, 「晦齋의 經學思想-『大學章句補遺』·『中庸九經衍義』를 중심으로」, 『李晦齋의 思想과 그 世界』, 成均館大學校 大東文化研究院, 1992.

李志慶, 「晦齋 李彦迪의 『大學章句補遺』에 관한 연구-朱子의 『大學章句』 해석에 대한 근원적 비판을 중심으로」, 『社會科學論叢』, 第16輯, 清州大學校 社會科學研究所, 1997. 02.

崔錫起, 「晦齋의 『大學章句』 改訂과 後代의 論辨」, 『精神文化研究』, 21권 2호(통권 71호), 韓國精神文化研究院, 1998. 06.

金教斌, 「晦齋哲學의 特性에 관하여-『大學章句』의 改訂을 중심으로」, 『晦齋 李彦迪의 哲學과 政治思想』, 默民記念事業會, 博英社, 2000.

趙昌烈, 「晦齋의 『大學』註釋에 관한 研究」, 『한국사학사학보』, 第8輯, 한국사학사학회, 2003. 09.

율곡 이이의 『대학』 해석[1)]

–『성학집요』로의 학문적 심화

신창호 (고려대학교 교수)

1. 서언

『대학』은 성학(聖學)을 지향하던 조선 사회에서 유교의 핵심 경전으로 자리매김되었다. 조선 건국의 주역이었던 권근이나 정도전은 『대학』 분석을 통해 성학을 이해하였고, 『조선왕조실록』에서는 수시로 제왕학(帝王學)으로서 『대학』의 중요성을 언급하고 있다. 사림이 본격적으로 등장하기 시작하던 16세기 전반부터, 『대학』은 조선 지성들 사이에 본격적인 관심의 대상이 되었다. 유숭조의 『대학삼강팔목』, 박영의 『대학도』, 『대학경일장연의』, 이언적의 『대학장구보유』, 『속대학혹문』 등 『대학』을 재해석한 논의들이 다양하게 진행되었다. 그것은 제왕학[성학]의 기본서로서 『대학』을 이해하는 일련의 지적 탐구였다. 그 탐구와 재해석의 정점은

1) 본고는 「修己의 측면에서 본 『大學』에서 『聖學輯要』로의 학문적 심화」(동양고전학회, 『동양고전연구』, 34집, 2009. 3)와 「治人의 차원에서 본 『大學』에서 『聖學輯要』로의 학문적 심화」(동양고전학회, 『동양고전연구』, 36집, 2009. 9)에 발표한 논문을 재정리한 것이다.

성학을 구체적으로 지시하면서 등장한 퇴계의 『성학십도』와 율곡의 『성학집요』다.

특히 율곡의 『성학집요』는, 율곡 자신이 서문에서 밝히고 있듯이,[2] 『대학』을 기본으로 저술한 조선 성학의 모델이다. 『대학』의 재해석이나 확장과 관련하여 나름대로 조선 사회에 영향력을 미쳤던 진덕수의 『대학연의』에 대해 율곡은 비판적 입장을 취하며 자신의 주장을 당당히 제시한다. 그리하여 『성학집요』는 『대학』을 토대로 찬술한 성학, 군주학의 교과서로 조선 성리학의 완결본으로 인식되었다. 숙종 때부터는 공식적으로 국왕에게 진강하게 되었고, 영조에 이르러서는 국왕의 정치적 사고에 직접적 영향력을 미쳤다.[3]

본고는 『대학』의 재해석이자 학문적 확장으로 볼 수 있는 『성학집요』의 특성을 고찰하고, 『대학』의 한국적[조선적] 수용 양상을 탐구한다. 유교의 대원칙인 수기치인의 차원에서 『성학집요』 제2편의 「수기」, 제3편의 「정가」, 제4편 「위정」에 담긴 부분을 개괄적으로 검토한다. 그것은 중국 유교와 조선 유교의 특징을 검토하는 장이 될 것이며, 조선 민족의 정치와 교육의 특성을 이해하는 기준을 살펴보는 데 도움을 줄 것이다.

---

2) 율곡은 당시의 제왕 선조에게 『성학집요』를 지어 올리면서 그 서문에 다음과 같이 밝히고 있다. "사서와 육경이 이미 밝고 또 구비되었으니, 글로써 도를 구하면 이치가 나타날 것입니다. 걱정되는 것은 모든 책이 아득하여서 요령을 얻기가 어려우니, 먼저 표장을 바르게 하여 『대학』으로 규모를 잡았습니다. 성현의 천 가지 계책과 만 가지 교훈이 모두 여기에 벗어나지 아니하니, 이것이 요령을 알게 하는 법입니다."

3) 윤정, 「英祖의 『聖學輯要』 이해와 君師 이념」, 『역사와 경계』 66, 부산경남사학회, 2008, 55~56쪽.

2. '수기(修己)'의 확장

율곡은 『대학』의 경1장에 『중용』의 머리 장을 추가하여 「통설」을 설정하고, 성학의 총론을 구상한다. 그것은 체(體)와 용(用)의 관계로 성학의 길을 온전하게 구축하려는 의도이다. 율곡은 "성현의 학문은 몸을 닦고 사람을 다스리는 데 지나지 않는다. 성학의 핵심으로 『중용』과 『대학』의 첫 장의 설을 엮었는데, 이는 실제로 표리 관계에 있고, 몸을 닦고 사람을 다스리는 도가 모두 갖추어져 있다."[4]고 말한다. 이런 사유의 길은 이어지는 「수기」와 「정가」, 「위정」을 통해 세밀하게 제시된다.

1) 학문의 시작: 입지(立志)

『대학』에서 제시한 수기의 이치는 명명덕과 격물-치지-성의-정심의 수신이다. 이는 『성학집요』에서 총론과 12가지의 구체적인 양식으로 확장된다. 율곡이 밝히고 있듯이 그것은 "지식을 넓히는 것도 있고, 실천하는 것도 있다. 지식은 착한 것을 밝히는 작업이고, 실천은 몸을 성실하게 하는 일이다. 그리하여 궁극적으로 몸을 닦는 공부는 거경(居敬)과 궁리(窮理), 역행(力行)의 세 가지를 벗어나지 않는다."[5]

여기에서 율곡은 뜻을 세우는 일인 '입지'를 배움의 최우선 과제로 내세웠다. 입지를 하지 않고서는 공업을 이룰 수 없다고 보았다. 『대학』에서는 이 대목이 누락되어 있다. 어떤 중간 장치도 없이 곧바로 격물치지

4) 「제1統說」. "聖賢之學, 不過修己治人而已. 今輯中庸大學首章之說, 實相表裏而修己治人之道, 無不該盡."

5) 「제2修己」, 總論. "修己工夫, 有知有行. 知以明善, 行以誠身. 修己之功, 不出於居敬窮理力行三者."

가 제시되었다. 이 지점에서 율곡은 학문의 시작 단계, 혹은 삶의 첫 단추를 끼우는 과정에서, 자기 다짐을 보완할 이론적 장치를 고민했던 것 같다. 왜냐하면, 입지는 자기의식에서 출발한 참된 주체로서 자기 자신을 가다듬는 힘이 되는 동시에 학문에 나아가게 하는 동력이기 때문이다. 입지는 자기 지향성이나 목적 지향성으로서 학문의 이상을 포괄하고 있다.[6] 이에 율곡은 공자가 말한 "도에 뜻을 두어야 한다."는 대목을 끌어들이고, "뜻은 마음이 가는 것을 말하고 도는 인륜 · 일용 사이에 마땅히 행해야 할 것"이라는 주자의 해석을 적극적으로 제시한다.[7]

율곡은 입지의 절목으로 장횡거의 말을 인용한다. "세상을 위하여 마음을 세우고, 백성을 위하여 길을 세우며, 옛 성인의 끊어진 학통을 잇고 지속되어야 할 세상을 위하여 태평을 여는 데 바쳐야 할 열정."[8] 그것은 인(仁)을 실천하려는 의지와 실현을 통해 효과를 발휘한다. 그러나 맹자가 말한 것처럼, '자포자기'하는 인간은 결코 입지를 할 수 없다.[9] 그러므로 이를 철저히 경계해야 한다.

2) 학문의 과정: 수렴(收斂) · 궁리(窮理)

입지가 되었다면 이제 본격적으로 배움에 들어간다. 그것은 유교의 핵심인 '경(敬)'에서 시작된다. 경은 성학의 시작이고 끝이다. 그러기에 율곡은 「궁리」에 들어가기에 앞서 「수렴」을 놓고 소학의 공부에 대처하려고 하였다.[10] 용모, 행동거지, 언어와 마음의 수렴에 대한 강조를 통해 하

6) 손인수, 『율곡사상의 교육이념』, 문음사, 1997, 257쪽.

7) 「제2修己」, 立志. "子曰, 志於道. 朱子曰, 志者, 心之所之之謂, 道則人倫日用之間, 所當行者, 是也."

8) 「제2修己」, 立志. "爲天地立心, 爲生民立道, 爲去聖繼絶學, 爲萬世開太平."

9) 「제2修己」, 立志. "孟子曰, 自暴者, 不可與有言也. 自棄者, 不可與有爲也."

학(下學) 공부를 꾀하였던 것이다. 특히, 방탕한 마음을 거둬들이는 작업을 학문의 기초로 삼았다. 이는 맹자의 '구방심(求放心)'과 동일한 맥락이다.[11] 율곡은 "옛사람은 스스로 밥 먹고 말할 수 있을 때부터 바로 가르쳐서 행동마다 잘못이 없게 하고, 생각마다 지나친 것이 없게 하여 그 양심을 기르고 그 덕성을 높였는데, 어느 때 어느 일이거나 그렇지 않은 것이 없었다."는 『소학』의 자세를 근거로 내세워 『대학』의 격물치지 공부가 여기에 의거함을 밝혔다.[12]

「수렴」으로부터 율곡의 학문론은 서서히 질적 승화를 거듭한다. 「수렴」 다음에 있는 「궁리」는 『대학』의 '격물치지'에 해당한다. 『대학』에 관한 인식론의 차원을 결정하기도 하는 '격물치지'에 대한 이해는 「전5장」에 제시되어 있으나, 안타깝게도 그 자세한 내용이 남아 있지 않다. 율곡은 이 점을 분명히 간파했다. 그리고 격물치지의 방식을 매우 구체적이고 체계적으로 제시한다. 그것은 '궁리'라는 짜임새로 드러난다.

율곡은 먼저, 정자의 말을 통해 궁리 공부의 의의를 제시한다. "대개 한 가지 사물에는 한 가지 이치가 있는데 그 이치를 궁리하여 제대로 알아야 한다. 궁리하는 데도 여러 가지 실마리가 있는데, 책을 읽어 의리를 깨치기도 하고 고금의 인물을 논평하여 그 시비를 분별하기도 하며, 사물을 경험하고 체험하여 어떠한지를 파악하여 처리하는 것이 모두 궁리이다."[13]

---

10) 「제2修己」, 收斂. "敬者, 聖學之始終也. …… 今取敬之爲學之始者, 置于窮理之前, 目之以收斂, 以當小學之功."

11) 『孟子』, 「告子」 上. "學問之道, 無他, 求其放心而已矣."

12) 「제2修己」, 收斂. "收放心, 爲學問之基址. 蓋古人自能食能言, 便有教, 動罔或悖, 思罔或逾, 其所以養其良心, 尊其德性者, 無時無事而不然. 故格物致知工夫, 據此有所湊泊."

13) 「제2修己」, 窮理. "凡一物上有一理, 須是窮致其理. 窮理亦多端, 或讀書講明義理, 或論古今人物而別其是非, 或應接事物而處其當否, 皆窮理也."

이런 '격물치지-궁리'의 구체적인 방법으로, 독서법을 비롯하여 학문의 전체적 규모를 제시한다. 글을 읽으면 실제 쓰임이 있다는 독서의 의미, 일상생활의 윤리 도덕을 체득해야 하는 소학 공부, 사서 육경이 주는 철학 공부, 사기를 통해 역사의 교훈을 배워야 하는 이유 등 독서를 통해 궁리하는 법을 일러 준다. 다음으로 천지와 인물, 이치에 대한 탐구를 통해, 하늘과 땅, 인간과 만물, 그 법칙을 파악하여 우주의 본질과 세상을 이해하도록 권고한다. 그리고 만물 중에서도 사람이 가장 귀하다는 인간의 지위 규정을 통해 인문 세계로 돌아오고, 다시 인간의 본연의 성과 기질의 성을 이해하도록 순서를 정하여, 인간의 심성과 정감의 문제를 유기적 연관하에서 인식한다. 이런 개별 인간의 이해를 전제로 벌어지는 정치적 행위를 왕도와 패도의 입장에서 상징적으로 보여 준 후, 학문적 이단의 폐해를 구체적 근거를 들어 설명하고 있다.

이러한 궁리 과정에서 율곡은 세 가지 요법을 일깨워 준다.[14] 궁리에 대한 율곡의 요령과 방법은 세상과 사물을 이해하는 방식이다. 그것은 첫째, 한번 보고도 바로 알 수 있는 직독직해(直讀直解)의 파지이고, 둘째, 제대로 체득하지 못한 사안에 대해 끊임없이 노력하는 중습치지(重習致知)의 학습이며, 셋째, 다른 사물을 통해 우회적으로 깨우치는 전이자득(轉移自得)의 깨달음이다.

14) 「제2修己」, 窮理. "① 今遇事理會, 及看聖賢之語, 若心慮澄然, 略綽一見, 便會於心, 無少可疑, 則此一思便得者也. ② 或思而未得, 則傳心致志, 抵死血戰, 至忘寢食, 方有所悟. ③ 或苦思之久, 終未融釋, 心慮窒塞紛亂, 則須是一切埽去, 使胸中空無一物, 然後却擧起精思, 猶未透得, 則且置此事, 別窮他事. 窮來窮去, 漸致心明, 則前日之未透者, 忽有自悟之時矣."(번호는 편의상 논자가 붙임.)

3) 학문의 목적: 성실(誠實)·교기질(矯氣質)·양기(養氣)·정심(正心)·검신(檢身)

이러한 궁리의 과정을 거칠 때, 일상에서 몸소 실천할 힘이 생긴다. 그것은 반드시 진실한 마음을 통해야 삶의 도리를 다할 수 있는 구체적 효험으로 드러날 수 있다. 따라서 성실은 행위 실천의 근본이 된다. 이는 『대학』의 "뜻을 성실하게 한다는 것은 스스로를 속이지 않는 것"을 바탕으로 공자의 충(忠)과 신(信)의 덕목, 나아가 주돈이의 "성실이란 성인의 근본이다."는 언표에서 확인된다. 그러기에 율곡은 뜻을 성실하게 하는 작업을 수기와 치인의 근본으로 보고, 『성학집요』의 모든 장에서 그것을 강조하였다.[15)]

배움을 성실히 하였다면, 무엇을 해야 하는가? 율곡의 학문 심화는 여기에서 보다 두드러진다. "배움을 성실히 하였다면 반드시 한쪽으로 치우친 기질을 고쳐서 본연의 성으로 회복하여야 한다. 그 때문에 장자는 학문하는 데 큰 도움이 되는 것은 기질을 변화시키는 데 있다고 하였다."[16)] 『대학장구』「서」에는 기질을 받은 것이 동일하지 않다는 언급은 있으나, 그 변화의 중요성을 구체적으로 논의하지는 않았다. 그런데 율곡은 기질이 같지 않음과 그것을 교정하는 데도 각각 다른 방법이 있음을 자세하게 구명하고 있다. 그것은 구체적으로 '극기(克己)'와 '면강(勉强)'의 방식이다.[17)] 기질은 바꿀 수 있다! 끊임없는 연습과 노력을 통해 누구나 바른 자

15) 「제2修己」, 誠實. "窮理既明, 可以躬行, 而必有實心, 然後乃下實功, 故誠實爲躬行之本. 子曰, 主忠信. …… 周子曰, 誠者, 聖人之本."

16) 「제2修己」, 矯氣質. "既誠於爲學, 則必須矯治氣質之偏, 以復本然之性. 故張子曰, 爲學大益, 在變化氣質."

17) 신창호, 『수기, 유가교육철학의 핵심』, 원미사, 2005, 140~144쪽, "건전한 인격과 기질의 변화" 참고.

리에 설 수 있다. 율곡은 기질의 교정이 가능하다는 철학적 근거를 들고,[18] 기질의 변화 가능성을 배움의 근거로 마련한다.

율곡은 그 후속 조치로 「양기」를 제시한다. 양기는 기를 기르는 작업이다. 기는 사람의 생명 의식과 직접적 연관을 맺고 있기에, 그것을 "고쳐 다스리는 것은 극진하여야 하고 보양하는 것은 치밀해야 한다. 따라서 정기를 보양하는 것이 객기를 고쳐 다스리는 방법이 된다."[19]

기를 기르는 방법의 문제는 『대학』에서 구체적으로 언급되지는 않는다. 그러나 율곡은 이를 '지기(志氣)'를 기르는 일과 '혈기(血氣)'를 기르는 작업으로 재차 강조한다. '지기를 기르는 일'은 맹자의 양심(養心)과 과욕(寡慾), 그리고 호연지기(浩然之氣)와 지언(知言) 등으로 설명된다. '혈기를 기르는 일'은 군자의 세 가지 경계, 이른바 '색(色)과 투(鬪), 득(得)'의 혈기에 대한 경계로 서술한다. 왜냐하면, 마음을 기르는 일과 기를 기르는 일은 실제로는 한 가지 일이다. 따라서 양심이 날로 생장하면서 상하고 해가 되는 것이 없게 되어, 마침내 그 가려진 것을 모조리 다 없애 버리면, 호연의 기가 성대하게 흐르고 통하여, 사람이 천지와 한 몸이 될 수 있기 때문이다.[20] 이와 같이 양심과 양기의 문제는 마음을 바르게 하는 공부에서 완성된다.

『대학』에서는 정심의 문제가 분치, 공구, 호요, 우환 등의 유무와 연관된다.[21] 따라서 마음의 쓰임에 따라 그 바름과 비뚤어짐이 결정된다. 그러

---

18) 「제2修己」, 矯氣質. "一氣之源, 湛然淸虛, 惟其陽動陰靜, 或升或降, 飛揚紛擾, 合而爲質, 遂成不齊. 物之偏塞, 則更無變化之術, 惟人則雖有淸濁粹駁之不同, 而方寸虛明, 可以變化. …… 若勉於躬行, 必誠必篤, 則行可立而柔者强矣. 質粹而氣濁者, 能行而不能知. 若勉於問學, 必誠必精, 則知可達而愚者明矣. 且世間衆技, 孰有生知者哉."

19) 「제2修己」, 養氣. "矯治固當克盡, 而保養不可不密. 蓋保養正氣, 乃所以矯治客氣也."

20) 「제2修己」, 養氣. "養心養氣, 實是一事, 良心日長, 而無所戕害, 終至於盡去其蔽, 則浩然之氣, 盛大流行, 將與天地同其體矣."

나 율곡은 정심을 함양과 성찰의 문제로 심화하여 내면을 다스리는 덕목으로 삼았다.

율곡은 선현들의 말을 인용하면서 고요한 때의 공부를 논할 적에 존양과 함양을 말한다는 데 동의한다.[22] 그것은 '미발(未發)'의 상태에서, "경으로 함양한다는 것은 정적하여 염려가 생기지 않게 하고, 늘 깨어 있는 듯이 조금도 혼매하지 않게 하는 작업이다."[23] 성찰도 함양과 유기적 관계 가운데 재차 강조된다. 돌아보고 살핀다는 것은 일상 행위에서의 조심이다. 율곡은 주자의 말을 인용하여 성찰의 문제를 일러 준다. "마음을 잡는다는 말은 여기에 있다는 것이요, 그것을 놓는다는 것은 잃어버린다는 말이다. 그 나가고 들어가는 데 정한 때가 없고 정한 곳도 없으면 위태롭게 움직이고 안존하기가 어렵다."[24] 마음을 잡는다는 것은 마음이 세계를 향해 펼쳐나갈 때의 일이다. 즉 '이발(已發)'의 상황에서 살피는 문제로 인식된다.

이와 같은 함양과 성찰은 경과 의의 체용 관계를 통해 통일성을 기하게 된다. 율곡은 "경은 체이고 의는 용이다. 그것을 내외로 나눈다 하더라도 실제로 경이 의를 겸비하고 있기 때문에 안을 곧게 하는 경은 공경으로 존심하는 것이고, 밖을 방정하게 한다는 의는 공경으로 일에 응대하는 것이다."[25]라고 인식하고, 함양과 성찰의 문제를 유기적으로 관계 맺었다.

---

21) 『大學章句』, 「傳7章」. "所謂修身在正其心者 身有所忿懥 則不得其正 有所恐懼 則不得其正 有所好樂 則不得其正 有所憂患 則不得其正"

22) 「제2修己」, 正心. "但先賢論靜時工夫, 多以存養涵養爲言."

23) 「제2修己」, 正心. "未發之時, 此心寂然, 固無一毫思慮. 但寂然之中, 知覺不昧, 有如沖漠無朕, 萬象森然已具也. 此處極難理會, 但敬守此心, 涵養積久, 則自當得力. 所謂敬以涵養者, 亦非他術, 只是寂寂不起念慮, 惺惺無少昏昧而已."

24) 「제2修己」, 正心. "言心操之則在此, 捨之則失去. 其出入無定時, 亦無定處, 危動難安如此."

25) 「제2修己」, 正心. "敬體義用, 雖分內外, 其實敬該夫義. 直內之敬, 敬以存心也, 方外之義, 敬以應事也."

주목할 부분은 '부념(浮念)'에 대한 이해이다. 율곡은 함양과 성찰을 통한 '마음을 바로잡는 일'은 부념을 없애는 데 있다고 파악했다. 부념은 '들뜬 생각'이다. 인간에게서 사고에 헛바람이 들어간 상황은 마음을 어지럽히는 병통 중의 핵심이다.[26] 마음의 내면적 작용인 사고에는 나쁜 생각[惡念]도 있고 착한 생각[善念]도 있다. 착한 생각은 그대로 실천하면 자연스럽게 선의 밑거름이 된다. 악념의 경우도 성실하게 선을 실천하는 데 뜻을 둔다면 고치기가 쉽다. 그러나 부념은 선도 아니고 악도 아닌,[27] 들뜬 생각이 끊임없이 일어나는 사태이다. 따라서 인간은 공부를 통해 그런 마음을 바로잡아야 한다.

그리하여 공부의 일단락은 이와 같은 부념을 본래 착한 마음을 회복하려는 데 집중된다. 그것이 성학의 핵심이다. 성선이나 선단을 근원으로 하는 유교의 복기초(復其初), 혹은 복기성(復其性)의 의식이다.[28] 이처럼 율곡의 『성학집요』에서 경 공부는 「수렴」에서 시작하여 「정심」에서 마무리되면서, 내면 공부를 완성한다.[29]

주자는 『대학장구』에서 정심을 수신의 근본으로 파악한다. 마음이 보존되지 못하면 몸을 단속할 수 없다고 보았다. 동시에 경으로 마음을 곧게 하고 보존하여 몸을 닦을 것을 강조한다. 율곡은 그것을 확충 심화하여 "「정심」은 안을 다스리는 공부, 「검신」은 밖을 다스리는 공부"로 나누어 이해했다. 그러나 이 둘은 실제로는 내외의 통합을 통해 동일성을 실천하는 작업이다. 그러기에 오늘 정심하고 내일 검신하는 일로 나누어지

26) 「제2修己」, 正心. "心之本體, 湛然虛明, 如鑒之空, 如衡之平, 而感物而動, 七情應焉者, 此是心之用也. …… 亂之病有二, 一曰惡念, 謂誘於外物, 計校私欲也. 二曰浮念, 謂掉擧散亂, 相續不斷也."

27) 「제2修己」, 正心. "此念, 非善非惡, 故謂之浮念."

28) 『大學章句』, 「序」. "敎之以復其性."

29) 「제2修己」, 正心. "收斂, 敬之始也. 此章, 敬之終也."

지 않는다. 공부의 내면과 외면의 구별을 설명하기 위한 것일 뿐이다.[30] 율곡은 몸을 단속하는 방법으로, 몸을 공경하고 예법을 조심하고, 위의와 용지에 대한 규칙을 익히며, 경계하고 다듬어 게으름이 없게 하는 일상적 작업을 진행할 것을 권고한다.

4) 학문의 심화와 효과: 회덕량(恢德量) · 보덕(輔德) · 돈독(敦篤) · 공효(功效)

그런 다음 율곡은, 몸을 단속하는 방식을 넓히고 보태고 돈독하게 만들기 위해 「회덕량」 · 「보덕」 · 「돈독」을 설정하고, 「공효」에서 그 지속과 효과를 논의한다. 그것은 학문의 심화 노력이자 삶의 질을 담보하는 학문의 궁극처가 된다. 『대학』에서는 이 부분에 대한 언급이 미약하다.

「회덕량」에서는 덕을 나아가게 하는 도량을 확장하고, 무리를 용납하는 도량과 공평하게 하는 도량을 넓히는 공부에 힘쓴다. 「보덕」에서는 바른 선비를 친근히 하고, 간언을 좇으며, 허물을 고치는 방법을 체득하려고 애쓴다. 그리고 「돈독」에서는 꾸준한 공부를 통해 끝을 돈독히 하고, 나태함의 병폐를 어떻게 척결할 수 있는지 고심한다. 그것은 군자가 배움을 대할 때의 의무, 성학의 책무성으로 이어진다.[31]

---

30) 「제2修己」, 檢身. "正心, 所以治內, 檢身, 所以治外. 實是一時事, 非今日正心, 明日檢身也. 第其工夫有內外之別."

31) 「제2修己」, 檢身. "君子之學, 誠篤而已. 任重道遠, 不進則退. 若非誠篤, 何能有成. 孔子曰, 先難後獲, 功至則效必臻, 何可預期乎. 今人患在先獲, 惟其預期而功不至, 故行之未幾, 厭倦之心生焉. 此學者之通病也. 行遠者, 非一步而可到. 必自邇而漸往. 升高者, 非一超而可詣, 必自卑而漸登. 人情各有所樂, 其不能以學爲樂者, 必有所蔽故也. 知其所蔽, 而用力以袪之. 蔽於聲色者, 務放聲而遠色, 蔽於貨利者, 務賤貨而貴德, 蔽於偏私者, 務捨己而從人. 凡有所蔽, 莫不務絶其根本, 實用其功, 不計難易, 勇趨力進, 喫緊辛苦, 斷然不退, 用功之狀, 初甚險塞, 而後漸條暢, 初甚棼亂, 而後漸整理, 初甚艱澁, 而後漸通利, 初甚澹泊, 而

여기까지가 『대학』의 '명명덕-격물치지와 성의·정심·수신'에 대해 율곡이 『성학집요』에서 「수기」로 새롭게 해석하며 엮어 낸 내용의 대강이다. 그렇다면 그 지어지선의 세계는 어떤 모습으로 드러나는가?

율곡은 그것을 「공효」로 구상하여 용공과 효험으로 그려 내었다. 공효를 다하되, 지와 행을 겸비하고 표리가 하나로 되면, 성인의 경지인 지어지선에 들어갈 수 있게 된다. 그 구체적 방식으로 첫째, 지를 거쳐서 행에 도달하는 효험, 둘째, 행을 거쳐서 지에 도달하는 효험, 셋째, 리를 경유하여 표로 나타내는 효험, 넷째, 지와 행, 리와 표가 합하여 얕은 데부터 깊은 데 이르는 것과 성스럽고 신비스러운 것의 극치에 도달하면서, 마지막으로 성과 신, 그리고 성인의 길을 제시한다. 그 핵심은 인간의 자기 파악과 노력 자체에 달려 있을 뿐이다.[32]

3. '정가(正家)'의 실천

1) '정가'의 내면적 기초: 효경(孝敬)·형내(刑內)·교자(敎子)

율곡은 『성학집요』에서, 『대학』의 '제가(齊家)'를 '정가(正家)'로 바꾸었다. 『주역』「가인」괘를 인용하여, 정가의 근본을 '정명(正名)'에 있다고 보았다. 그것은 부모에서 부부에 이르기까지 가족 구성원들의 '답게' 실천을 통해 가정의 윤리를 바로잡는 작업인 동시에 은의를 돈독하게 만드

後漸有味, 必使情之所發, 以學爲樂."

32) 「제2修己」, 功效. "始自可欲之善, 終至於參天地贊化育, 只在積知累行. 以熟其仁而已. …… 萬善備於性, 而不假外求. 積功由於己, 而不資他力. 濟世仁民, 亦在於我, 而莫之敢禦. 如是而不事乎學, 以臻昭曠, 乃事乎欲, 以究汚下. 噫, 亦不思之甚也."

는 일이다.[33] 여기에서 『대학』 "제가"의 '제(齊)'와 『성학집요』 "정가"의 '정(正)'이 어디에 강조점을 두는지를 통해 율곡의 사유를 감지할 수 있다. '제'는 '가지런하다, 고르다, 같게 하다'는 의미가 강하다. 그러나 '정'은 '바르게 하다, 바로잡는다, ~답게 하다'는 뜻이 강조된다. 따라서 정가는 집안을 집안답게, 바르게 하거나 바로잡는 작업이다.

그런데 '제'는 『대학』에서 언급한 것처럼, '치우침[辟]'과 연관된다.[34] '치우쳐 있음[편벽됨]'으로 인해, 『대학』은 혼미한 데서 범하는 무지에서 벗어나기를 염원한다. 그것은 혼미한 마음, 그 치우친 부분을 치우치지 않고 고르게 만드는 작업에 무게 중심을 둔다. 그러나 율곡은 『성학집요』에서 '정(正)'을 내세움으로써 '반듯하게, 바르게 하다'라는 행위의 실제를 부각한다. 바르게 하는 일은 '올바르지 않고 비뚤어져 있다', 혹은 '제대로 실천하지 못하다'라는 부정이 전제된다.

부정의 문제는 '관계의 일탈'에서 비롯된다. 집안의 차원에서 보면 가문의 복잡성에 기인한다. 가문의 세포인 가족은 그 핵심 단위가 부부이다. 부부로부터 비롯되는 가족 관계는 다시 부모 자식 사이, 친척 간의 관계로 확장되면서 인간관계의 문제를 어떻게 조화시킬 것인가를 삶의 관건으로 내놓는다.[35] 율곡이 정가를 논의의 수면으로 올린 이유가 여기에 있다. 율곡은 정가의 실마리를 『맹자』에서 찾는다.[36]

정가는 몸소 도를 실천하는 직접적 행위에서 찾아진다. 근본의 단정함

---

33) 「第3正家」, 總論. "父父, 子子, 兄兄, 弟弟, 夫夫, 婦婦, 而家道正. …… 正倫理, 篤恩義, 家人之道也."; 장숙필, 『栗谷 李珥의 聖學硏究』, 고대민족문화연구소, 1992, 149쪽.

34) 『大學章句』, 傳8章. "所謂齊其家, 在修其身者, 人之其所親愛而辟焉, 之其所賤惡而辟焉, 之其所畏敬而辟焉, 之其所哀矜而辟焉, 之其所敖惰而辟焉. 故好而知其惡, 惡而知其美者, 天下鮮矣."

35) 조남국, 『율곡의 사회사상』, 양영각, 1985, 247쪽.

36) 「第3正家」, 總論. "孟子曰, 身不行道, 不行於妻子, 使人不以道, 不能行於妻子."

과 마음의 정성스러움, 법도의 선함이라는 수기에서 치인의 입구를 안내한다. 핵심은 가족 윤리의 기초인 효·제·자다.[37] 가족 내에서의 부모-자식 관계인 효-자, 형제자매 관계인 제라는 집안 내의 수직적·수평적 쌍무 질서의 본분을 통해, 집안을 다스리는 지도자는 자신에게 맞는 길을 직접 실천해야 한다. 그것이 효경이다.

율곡은 이를 집안 내에서의 효도와 공경을 바탕으로 아내와 자식 교육으로 심화하여 그 실천 양식을 구체적으로 제시한다. 유교에서 효도는 모든 행동의 핵심이다. 따라서 집안을 올바르게 다스리는 길은 효도와 공경하는 일이 첫 번째 자리한다.[38] 이어 율곡은 부모님을 섬기는 도리, 살아계실 때와 돌아가셨을 때, 돌아가신 이후 제사의 도리 등을 세부적으로 언급하고, 효로써 몸을 지키고, 효로서 천하를 미루어 보는 자세에 대해, 여러 성현의 말을 인용하여 강조하고 있다.

아울러 집안을 다스리는 주요 요건으로 '아내를 바르게 하는 일[刑內]'임을 지적한다.[39] 집안의 한 기둥인 아내는 '선을 본받고 악을 경계해야 한다!' 여기에서 율곡이 제시하는 여성교육은 여성인 아내를 통제하고 감시하며 학대하는 차원에서 엄하게 다스리라는 의미가 아니다. 아내로서의 도리와 역할을 다할 수 있도록 '모범을 보일 것'을 강조한다.[40] 율곡은 그 근거로 『주역』「가인」괘와 정자의 말을 인용한다. "여자는 안에서 그 위치를 바르게 해야 하고 남자는 밖에서 그 위치를 바르게 해야 한다! 존비와 내외의 도가 바르게 되어야 천지음양의 대의에 맞게 된다."[41] 이런

37) 『大學章句』, 傳9章. "所謂治國, 必先齊其家者, 其家, 可敎, 而能敎人者無之. 故君子, 不出家而成敎於國. 孝者, 所以事君也. 弟者, 所以事長也. 慈者, 所以使衆也."

38) 「第3正家」, 孝敬. "孝爲百行之首. 故正家之道, 以孝敬爲先."

39) 「第3正家」, 刑內. "治家必先正內."

40) 황준연, 『율곡철학의 이해』, 서광사, 1995, 177~178쪽 참조.

41) 「第3正家」, 刑內. "女正位乎內, 男正位乎外, 男女正, 天地之大義也. 尊卑內外之道正, 合

형처(刑妻)의 도리는 궁극적으로 자신의 몸을 닦는 일, 한집안의 모범이자 사표가 되는 데서 찾아진다.

아내 교육에 이어 율곡이 강조한 부분은 자식 교육이다[教子]. 그것은 태교를 비롯하여 입교의 체계를 구체적으로 제시한 데서 확인할 수 있다. 태교에서 출생 이후, 자식이 먹고 말할 수 있을 때부터 70세에 치사(致仕)에 이르기까지, 율곡은 『예기』를 참고로 유교의 전 교육 과정을 적시했다.

『대학』의 제가 부분을 다루는 「전8장」에는 자식 교육에 대한 언급이 없다. 율곡의 학문적 심화와 실천의 강화는 이런 지점에서 확연하게 드러난다. 유교의 교육은 정치와 유기적 연관을 맺는다. 그것은 수기치인 · 내성외왕 · 성기성물의 전 과정에 스며 있다. 교육을 통해 내면적 충실화를 도모하고, 정치는 그것을 담보로 외면적 배려를 실현한다. 율곡은 그런 유교적 지향을 『대학』에서 언급한 것보다 훨씬 심도 있고 구체적으로 그려 냈다.

성학의 차원에서, 자식 교육에 대해 빠뜨릴 수 없는 것이 세자 교육이다. 세자 교육은 왕실에 국한되는 특수 교육이지만, 정가의 입장에서 보면, '부모가 모범이 되어 자식에게 건전한 영향을 주어야 집안이 바르게 된다'는 논리를 바탕으로 전개된다.[42]

2) '정가'의 외면적 구현: 친친(親親) · 근엄(謹嚴) · 절검(節儉)

정가의 핵심 축인 자식이 '공경하는 것'과 '두려워하는 것'은 부모이다. 자식은 부모를 공경하는 동시에 두려워하면서 삶의 모델로 삼는다.

天地陰陽之大義也."

42) 「第3正家」, 教子. "人有所敬而不肆, 有所畏而不放, 然後能動心忍性, 進學修德焉."

이런 부모를 가문 전체로 확장하면 집안의 어른에 해당한다. 집안 교육은 궁극적으로 부모와 자식 간의 관계 문제이며, 그것을 집안사람인 친척들에게 확장하는 작업이다. 그것이 친친(親親)이다.

『대학』에서는 한쪽으로 치우침에 대한 경계나 깨달음은, "사람들이 제 아들의 잘못을 알지 못하고 제 밭의 농사가 잘된 줄은 알지 못한다."[43]라는 비유 하나로 대변된다. 『대학』의 논리는 바로 자식을 사랑하듯 그런 치우친 사랑에 빠지고, 농사에 비유했듯이, 왜곡된 물욕과 같은 탐욕스런 마음에 치우쳤을 때, 집안의 가지런함을 도모할 수 없다는 데 대한 충고이다.

율곡의 사유와 실천 방법의 제시는 여기에 머물지 않는다. 그런 행위를 적극 수정하고 보완할 구체적 실천 양식을 찾는다. 그것이 바로 공평무사의 객관성을 주장하는 근엄이요, 절약과 검소이다. 특히 치우치거나 편벽되기 쉬운 주변의 인물들에 대한 근엄함은 올바른 집안의 다스림이 무엇인지, 현대적 차원에서도 시사점이 많다. 부부 사이, 친근한 사람, 적첩에 대한 분별, 태자를 정하고 친척을 다스리며 환관내시를 대하는 데 무엇보다도 편벽됨이 없어야 한다. 주변에 있는 친한 사람에게 치우칠 경우, 모든 일은 일그러진다. 때문에 '예의의 엄정함'이나 마음의 '공평함'과 같은 윤리 문제가 중시된다.[44]

율곡은 『대학』에서 말한 편벽됨을 제어할 수 있는 가장 확실한 방법을 예의의 엄정함에서 찾았다. 어떤 일에서건 친소의 구별 없이 지위와 역할

---

43) 『大學章句』, 傳8章. "人莫知其者之惡, 莫知其苗之碩."

44) 「第3正家」, 謹嚴. "蓋辨別內外, 閑以禮法, 則男女得其正. …… 其綱在於閑以禮, 莅以公耳, …… 所謂禮之嚴者, 宮壺整肅, 尊卑長幼, 秩然有序, 莫敢踰分, 戚屬謹飭, 不敢私通請謁之謂也. 所謂心之公者, 一視內外, 少無偏繫, 內庭之作善爲惡者, 戚黨之輸忠犯科者, 皆付有司, 論其刑賞, 一裁以正之謂也."

에 맞게 공평하게 결재하는 일. 그것이야말로 집안을 바르게 하는 핵심 요소이다. 율곡의 이런 태도는 다른 것이 아니라, 유교의 본분론에 의거한다.

그런데 율곡은 모든 양식 중에서 절검의 생활 태도를 매우 강조한다. 왜냐하면, 정가는 궁극적으로 절검의 체득에서 온전해질 수 있기 때문이다. 그것은 집안을 바르게 하는 삶의 실천 행위가 절제와 검소에 있다는 의미이다. 유교에서 지도자들이 기본적으로 고민해야 할 안민의 차원에서 볼 때, 절검과 검소는 근본에 해당한다. 그러기에 율곡은 「만언봉사」에서도 '절제와 검소'의 중요성을 강조하며 백성의 경제력이 충만하기를 요청했다. 또한, 율곡이 『논어』에서 "우임금은 조금도 흠잡을 데가 없다. 먹는 음식은 간소하였지만 귀신에게는 효성을 다하였고, 의복은 허름했으나 불의와 면관은 아름답게 하였으며, 궁실은 허술했으나 봇도랑에는 힘을 다했다."[45]는 공자의 말이나, 『주서』의 "문왕은 허름한 옷을 입고 정사를 하면서도 백성들을 편안하게 먹고살 수 있게 하였다."[46]는 언급을 예로 든 것은, 정가에서 절검이 기본이라는 말이다.[47]

집안을 바르게 다스리는 지도자의 삶은 자기 충실이라는 수양은 물론 타자 배려를 지향한다. 우임금과 문왕의 사례에서도 보았듯이, 자신의 일에는 아주 박하면서도 백성을 위한 일에는 전력을 다한다.[48] 실제로 집안

---

45) 「第3正家」, 節儉. "子曰, 禹, 吾無間然矣. 菲飮食而致孝乎鬼神, 惡衣服而致美乎黻冕, 卑宮室而盡力乎溝洫, 禹, 吾無間然矣."

46) 「第3正家」, 節儉. "周公曰, 文王, 卑服, 卽康功田功."

47) 「第3正家」, 節儉. "儉, 德之恭也. 侈, 惡之大也. …… 必也自上以帝堯茅茨土階爲心, 內殿以馬后躬服大練爲法, 節損宮中用度, 儉約之制, 始于掖庭\, 使土大夫家, 觀感取則, 達于庶民, 然後錮習可革, 天財不流, 民力漸舒矣."

48) 김익수, 「栗谷의 正家論」, 『栗谷學』, 제5집, 사단법인 율곡사상연구원, 1992, 172~174쪽 참조.

의 실권을 쥐고 있으면서도 개인적으로 물건을 쓰지 않은 공평무사한 정신을 지니고 있다. 그러할 때, 그 효과는 집안의 교화로 드러난다.

정가의 근본은 뜻을 정성스럽게 하고 마음을 바르게 가다듬은 데서 나온다. 그러기에 주자는 "뜻을 정성스럽게 하고 마음을 바르게 가다듬는 공적이 쉬지 아니하고 오랫동안 계속된다면, 그 훈증한 것이 몸에 투철하고 그 융액이 두루 퍼져서, 저절로 그만두지 못하게 된다. 이는 지적 능력으로 미칠 수 있는 바가 아니다."라고 하였다. 뜻을 정성스럽게 하지 않거나 마음을 바르게 가다듬지 않았기 때문에 정가하는 데까지 미루어 나갈 수 없는 것이다. 집안이 바르지 아니하기 때문에 치국하는 데까지 미루어 나갈 수가 없는 것이다. 진실로 뜻을 정성스럽게 하여 마음을 바르게 가다듬을 수 있다면 집안과 나라는 다스리기 쉽다.[49]

이런 차원에서 율곡이 추구하는 정가의 궁극 목적은 뜻을 정성스럽게 하고 마음을 바르게 가다듬는 일이다. 그것은 『대학』에서 "몸을 닦아 집안을 가지런히 한다."는 말의 심화 확장이다.

4. '위정(爲政)'의 양식

1) '위정'의 실천적 기초: 용현(用賢) · 취선(取善) · 식시무(識時務) · 법선왕(法先王) · 근천계(謹天戒)

『대학』에서 정치는 치국과 평천하를 다루는 「전9장」과 「전10장」에서

49) 「第3正家」, 功效. "推原其本, 則是文王意誠心正之功. 故朱子曰, 意誠心正之功, 不息而久, 則其熏蒸透徹, 融液周徧, 自有不能已者, 非智力之私所能及也. 惟其章不誠, 心不正. 故不能推以正家, 家不正. 故不能推以治國, 苟能意誠而心正, 則家國在擧而加之耳."

집중적으로 논의된다. 그것은 앞에서 언급한 효·제·자라는 가정 윤리의 사회적 확장을 통해 구현된다. 즉, 수신에서 제가-치국-평천하의 과정이 '수신-제가'를 바탕으로 한 치국평천하의 정치 원리로 자연스럽게 이어진다. 이때 구체적 실천의 힘은 '인(仁)'이다. 인은 『논어』의 언급처럼 "사람을 사랑하는 일"로, 타자를 향해 열려 있는 마음[open mind]이자 포용력으로 상징된다. 따라서 인간의 관심이자 이해이며 배려와도 통한다. "한 집안이 어질면 온 나라에 어진 기풍이 일어나고 한 집안이 겸양하면 온 나라에 겸양의 기풍이 일어난다. …… 요임금과 순임금이 세상을 어짊으로써 다스리니 백성들이 그를 따랐다."[50)]

이러한 인은 이어서 등장하는 '혈구(絜矩)'의 도로 드러난다.[51)] 혈구는 '자로 재어 보고 헤아리는 마음'이다. 공자의 일관된 길인 충서(忠恕)의 개념에서 보면, 추서(推恕)로 표현된다. 이때 혈구는 인을 행하는 실천 방식으로, 나의 마음을 접어 주는 데서 미루어 보는 타자에 대한 양보이자 이타심의 발현이다. 혈구의 도는 자기를 중심으로 상하 전후좌우에 대해 길고 짧고 넓고 좁고 크고 작고 할 것 없이 하나같이 공평하게 하는 작업이다. 이런 마음의 헤아림을 통해 상하 사방이 고르고 가지런하며 방정해져서 남거나 부족한 곳이 없게 만든다.

율곡은 혈구의 도를 기본으로 하여 『성학집요』에서 '치국평천하'를 「위정」으로 재편하며, 그 사유와 행위를 구체적이고 체계적이며 현실적으로 그려 낸다. 그런 차원에서 『대학』이라는 어른의 학문, 성학의 이론

50) 『大學章句』, 傳9章. "一家仁, 一國興仁. 一家讓, 一國興讓. …… 堯舜帥天下以仁而民從之."

51) 『大學章句』, 傳10章. "所謂平天下, 在治其國者, 上老老, 而民興孝, 上長長, 而民興弟, 上恤孤, 而民不倍. …… 所惡於上, 毋以使下, 所惡於下, 毋以事上, 所惡於前, 毋以先後, 所惡於後, 毋以從前, 所惡於右, 毋以交於左, 所惡於左, 毋以交於右. 此之謂絜矩之道也."

체계에만 머물지 않고, 현실적 역동성을 지닌 정치의 실천성을 확보했다.

율곡은 먼저, 정치를 왜 하는지 그 근본을 밝힌다. 그것은 "천지는 만물의 부모이고 임금은 백성들의 부모"[52]라는 언급에 의지한다. 정치의 근본은 임금이 덕을 닦는 일이다. 임금의 직분은 백성의 부모와 같다는 점에서 그 본분과 행위의 기준을 확보해야 한다.[53] 그리고 백성을 위해 인을 행해야 한다. 이런 정치는 "백성이 많고 부유한 뒤에 가르쳐야 한다."는 대강의 체계와 과정을 재확인한다. 다스릴 대상[노동력]의 확보, 즉 경제 생산력의 증대와 교육 시스템의 구축을 고려한다. 그것은 '안민(安民)-부민(富民)-교민(敎民)'의 유교 체계이다. 천시를 따르고 지리에 말미암아 양민의 도구를 만들고, 인심에 말미암고 천리에 근본하여 교화의 도구를 만들며, 인정을 조절하고 시무를 헤아려 손익의 법규를 만드는 성인의 정치다.[54] 이때 가르치는 내용은 다름 아닌 구경이다.[55]

율곡은 정치에서 무엇보다 어진 사람의 등용을 중요하게 여겼다. 그것은 공자의 다음과 같은 언표를 기준으로 삼는다. "정치하는 데 인재를 얻는 것이 중요하다. 어진 이를 기용하지 않고 정치를 잘하는 이는 없다." 임금과 신하가 서로 잘 만나야 정치를 잘할 수 있기 때문에 임금의 직책은 오직 어진 이를 알아서 잘 맡기는 것이 우선순위다.[56] 어진 사람을 제대로 등용하기 위해서는 '사람 보는 방법'을 알아야 한다. 때문에 율곡은

52) 「第4爲政」, 總論. "天地爲萬物之父母, 元后爲斯民之父母. 此言甚切矣."

53) 「第4爲政」, 總論. "人君修德, 是爲政之根本, 而先知君職在於父母斯民, 然後建中建極, 以爲表準, 則其效若衆星拱之矣."

54) 이상익, 「『성학집요』를 통해 본 율곡의 정치학적 기획」, 『율곡학연구』, 제1집, 한림대 한림과학원 율곡학연구소, 2005, 175쪽.

55) 「第4爲政」, 總論. "富庶而敎, 爲政之規模也. 九經之事, 爲政之節目也."

56) 「第4爲政」, 用賢. "孔子曰, 爲政在於得人, 不用賢, 而能致治者, 未之有也. 君臣相得, 乃可有爲, 人君之職. 惟以知賢善任爲先務."

"소행이 착할지라도 명예를 좋아하고 벼슬을 좋아하는 생각이 마음에 있다면, 그 하는 일이 착하지 못하다"고 보고, 이런 부류의 사람을 경계했다.[57] 이외에도 '군자의 행실', '소인의 간사함을 구별하는 방법', '군자와 소인에 대한 통론', '등용과 불등용의 편의', '어진 이를 구하는 방법', '임용의 도', '예경 친신의 도', '소인을 멀리하는 방법' 등을 자세하게 제시하며 훌륭한 사람, 이른바 지도성을 구비한 인격자를 갈구했다.[58]

임금과 신하의 관계가 자연스럽고 적절하게 맺어지면, "반드시 그 사람의 착한 점을 취하여 모든 계책을 하나도 빠짐없이 들어서 시행하여야만 정치를 온전하게 할 수 있다."[59] 착함을 취한다는 것은 무엇일까? 사람은 제각기 지혜를 지니고 있다. 때문에 어리석은 사람일지라도 한 가지 지혜는 있다. 여러 지혜를 모두 취하여 하나의 지혜로 합하고 나를 골고루 살피고 정밀하게 밝히어 적절함을 얻는다면,[60] 그것은 정치에서 훌륭한 지혜의 보고를 움켜쥔 셈이다.

그리하여 율곡의 사유는 현실 인식으로 들어간다. 일종의 '시대정신'이다. 그것은 유명한 '창업(創業)-수성(守成)-경장(更張)'의 논리로 정돈된다. "지혜로운 이는 알려고 하지 않는 것이 없다. 마땅히 힘써야 할 것에 우선순위를 두고 실천하고, 여러 계책이 모였더라도 반드시 먼저 이 시대에 절실한 것을 취해야 한다!"[61] 창업은 개혁할 세태를 당하여 천리

---

57) 「第4爲政」, 用賢. "所行雖善, 若有好名好爵之念在心, 則所由不善矣."

58) 「第4爲政」, 用賢. "賢人者, 有國之器用也. 求治而不求賢, 猶捨舟楫而求濟川也. …… 人君必先窮理知言, 權度不差, 然後可以識賢矣. 知之甚明, 肺肝洞照, 然後可以相信矣. 信之甚篤, 如合左契, 然後可以相悅矣. 悅之甚親, 恩如父子, 然後可以委任矣. 任之甚專, 不貳不參, 然後可以行道致治. 惟意所欲, 而陶甄一時, 垂裕萬世矣. 君臣相遇, 豈偶然哉."

59) 「第4爲政」, 取善. "君臣旣相得矣. 而必須取人之善, 羣策畢擧, 然後可以致治."

60) 「第4爲政」, 取善. "人各有智. 故愚者亦有一得. 苟能悉取衆智, 合爲一智, 而在我衡鑑, 精明得中, 則天下雖廣, 運之掌上, 事機雖煩, 決之建瓴矣."

61) 「第4爲政」, 識時務. "智者, 無不知也. 當務之爲急, 羣策雖集, 必先取其切於時務者."

와 인사에 순응하여 실행하는 것이고, 수성은 성스러운 임금과 어진 재상을 통해 법을 창제하여 정치 기구를 모두 베풀고, 예악을 융성하게 하여, 후세의 임금과 후세의 어진 이는 다만 그 이룬 것을 법규에 따라 가만히 준수하는 일이다. 경장은 개혁과 같은 의미이다. 나라가 극성하면 그 가운데가 미약해지고, 법이 오래되면 폐가 생기며, 마음이 안일에 젖으면 고루한 것에 인습되고, 여러 제도가 해이해지면 나날이 어긋나서 나라를 다스릴 수 없다. 때문에 이때에는 반드시 현명한 임금과 신하가 개연히 일어나 근본을 붙들어 혼탁한 것을 다시 일으키고 묵은 인습을 깨끗이 씻어 숙폐를 개혁하며 선왕의 뜻을 이어 일대의 규모를 새롭게 해야 한다.[62]

율곡은 16세기 후반 당시 조선이 처한 사회 현실을 보면서, 크게 변혁하면 이익이 되고, 적게 변혁하면 그만큼 손해가 된다고 인식했다. 이른바 '경장'의 시대로 접근한 것이다.[63] 경장은 보민과 안민이라는 유교적 이상 정치의 이념을 실현하기 위한 방법이다.[64] 그런 시대 인식이 『대학』에서 말하는 '혈구지도'의 수준에서, 현실 정치를 논의할 수 없게 만들었으리라.

이렇게 시무를 제대로 한다고 해도, 과거 태평성대를 이룬 선왕의 정치를 하기는 쉽지 않다. 왜냐하면, 세상의 속된 무리들이 고질병처럼 득실거리기 때문이다. 그러므로 선왕을 모범으로 하여 시무를 돌아보아야 한다. 이것이 바로 선왕을 모범으로 하는 법선왕이다. 법선왕은 중국 고대

62) 「第4爲政」, 識時務. "創業之道, 非以堯舜湯武之德, 値時世改革之際, 應乎天而順乎人, 則不可也, 此無以議爲. 若所謂守成者, 聖君賢相, 創制立法, 治具畢張, 禮樂濟濟, 則後王後賢. 只得按其成規, 垂拱遵守而已. 所謂更張者, 盛極中微, 法久弊生, 狃安因陋, 百度廢弛, 日謬月誤, 將無以爲國, 則必有明君哲輔, 慨然興作, 扶擧綱維, 喚醒昏惰, 洗滌舊習, 矯革宿弊, 善繼先王之遺志, 煥新一代之規模, 然後功光前烈, 業垂後裔矣."

63) 황의동, 「栗谷의 爲政論」, 『栗谷學』, 제5집, 사단법인 율곡사상연구원, 1992, 208쪽.

64) 장숙필, 「율곡 경장론의 특징과 그 현대적 의의」, 『栗谷思想硏究』, 사단법인 율곡학회, 제10집(2003), 34쪽.

의 태평성대의 시대인 하은주 삼대를 모델로 한다. 그러기에 앞의 우임금과 문왕의 사례에서 언급했듯이, 어진 신하를 구해서 정사를 맡기면 그들은 작록을 보존하지 않으리라고 기대했다. 아울러 기강을 통할한다면 그들이 권세를 굳게 할 수 없을 것이고, 조정이 청명하다면 뇌물을 받을 수 없을 것이며, 예의로 풍속을 이루면 음란하고 사치스러움을 홀로 할 수 없을 것이고, 공업을 살펴서 내친다면 오래도록 안일할 수 없을 것[65]으로 보았다.

이러한 이해에 기초하여 율곡은 인간의 삶과 세상의 이치에 대해 의미를 부여한다. 그것은 '착한 일에는 복을 내리고, 음탕한 일에는 화를 내린다.'라는 일반적인 논리이다. 이는 "도를 따르면 길하고 도를 거슬리면 흉하다."[66]는 우임금의 언표에 기인한다. 그러므로 '재앙을 만났을 때 수신하는 방법'이나 '환란을 만났을 때 예방하는 방법'을 구체적으로 제시하고, 이를 터득하여 정사에 임할 것을 권고한다.[67]

이런 세상의 이치를 파악하고, 삼가고 조심하며 정사를 도모하는 작업이 바로 근천계다. 그것은 철저하게 진실한 마음으로 진실한 덕을 닦을 때 효과를 볼 수 있다.[68] 여기까지가 정치를 행하는 근본과 정치를 행하기 위해서 무엇을 갖추어야 하는지에 대한 기초 작업이다.

---

65) 「第4爲政」, 法先王. "誠使人主有志於復三代之治, 而求賢委任, 則其爵祿不可保也. 摠攬綱紀, 則其權勢不可固也. 朝廷清明, 則賄賂不可受也. 禮義成俗, 則奢淫不可獨也. 考績黜陟, 則安逸不可恒也."

66) 「第4爲政」, 謹天戒. "惠迪吉, 從逆凶."

67) 「第4爲政」, 謹天戒. "第於其間, 有常有變, 善之致祥, 惡之致災, 理之常也. 善不見祥, 惡不見災者, 數之變也. 聖賢之君, 因災修省, 則災變爲祥, 庸暗之主, 狃於無災, 則反招殃禍. 此必然之勢也."

68) 「第4爲政」, 謹天戒. "大抵應天以實, 不以文, 誠以實心修實德, 則危可使安. …… 此以實心修實德之效也."

2) 위정의 실제적 구현: 입기강(立紀綱) · 안민(安民) · 명교(明敎)

이제 구체적으로 정치를 실천하는 일은 기강의 확립에서 시작된다. 기강은 그물의 윗부분 벼리와 아랫부분 추의 작용으로 그물을 활짝 펴게 하여, 그물의 역할을 제대로 하게 만들어 준다. 그것은 어진 사람과 어질지 못한 사람을 분별하여 상하의 역할을 구분하고, 공과 죄를 밝혀 상벌 시행을 공정히 하는 작업이다. 달리 말하면 인간과 모든 사물의 본분과 역할, 이치에 맞게 실천되어야 하는 당위법칙이자 삶의 표준이다. 율곡은 기강의 근본으로 "사심이 없는 것"을 내세웠고, 기강을 세우는 법으로 "공정한 상벌"을 기준으로 했다.[69]

나라의 기강이 섰다면, 이제 백성을 다스리는 일이 남았다. 정치 기구가 정해졌으므로 그 혜택을 백성들에게 돌려야 한다. 임금이 백성을 다스리는 길은 다양하다. 그중에서도 임금과 백성이 서로 따르는 일이 가장 중요하다. 여기에서 율곡은 백성을 사랑하는 길, 백성을 두려워하는 길, 백성을 헤아리는 길, 세금을 적게 거두는 길, 부역의 방법, 형벌의 방법, 의리를 판별하는 길, 절약하고 재산을 만드는 법, 백성들이 먹고살게 하는 길, 군정을 닦고 밝히는 법 등 구체적인 정치의 길을 제시했다. 왜냐하면, 국가가 효과적인 정치를 하느냐 그렇지 않느냐의 문제는 기강의 확립 정도에 달려 있기 때문이다. 율곡은 당시 조선 사회를 매우 걱정스러운 눈으로 직시하고 있었다. 왕조는 기강이 서지 않고, 관료 계층은 사사로

69) 「第4爲政」, 立紀綱. "紀綱者, 國家之元氣也. 紀綱不立, 則萬事頹墮. …… 夫爲政而能立紀綱, 如學者集義以生浩然之氣也. …… 必也君志先定, 典學誠身, 發號擧事, 莫不粹然一出於大公至正之道, 使羣下咸得仰睹君心. 如青天白日, 觀感興起, 然後尊賢使能, 黜憸去邪, 考績核實, 信賞必罰, 施爲注措, 無不順天理合人心. 大服一世, 則紀綱振肅, 令行禁止, 天下之事, 將無往而不如意矣."

운 정에 매여 불법을 하고 공적인 것을 무시하며, 직분에 따라 맡은 일을 제대로 하지 않아 부패가 끊이지 않고, 타락하여 무능하였다.[70] 이에 율곡은 기강 확립이라는 정치 구현의 일보를 통해 조선 사회의 개혁을 꾀하였다. 그것은 『대학』에서 구체적으로 제시하지 못한 정치의 실제를 『성학집요』에서 명시한 것으로 이해된다.

물론 이것은 『대학』에서 혈구의 도와 연관하여 덕(德)과 재(財)의 관계로 설명된다. 즉 "덕성은 근본이고 재물은 말단이니, 근본을 가볍게 여기고 말단을 중시하면 백성을 다투게 하여 빼앗는 짓을 가르치게 된다." 또는 "지도적 인사들이 재물을 모으면 백성은 흩어지고, 지도적 인사들이 재물을 나누어 주면 백성은 모이게 된다."[71]라는 지도자의 정치 스타일에 주목했다. 지도자는 높은 도덕성이 있게 마련이다. 도덕성이 있으면 사람이 있게 되고, 사람이 있으면 땅이 있게 되며, 땅이 있으면 재물이 있게 되고, 재물이 있으면 쓰임이 있게 된다. 도덕성이 있게 되면 세상 사람들의 마음에 감동을 주어 사람들이 모이게 되고, 사람이 모이면 덕 있는 임금의 땅은 사람이 모인 만큼 넓어진다. 그리고 땅이 있으면 땅을 맡겨서 공물을 받게 될 것이니 그것이 바로 재물이 된다. 그 재물은 이제 나라를 운용하는 경비의 원천이 되어, '쓰임'이 있게 되는 것이다.

율곡이 말한 백성을 다스리는 길은 다름 아닌 『대학』에서 언급한 재물의 올바른 쓰임을 정돈한 것이다. 기강을 세우는 일은 재물의 바른 쓰임 가운데 있다. 달리 말하면 그것은 민생의 안정을 위한 제도적 장치의 마련과 실현이다. 여기에서 『대학』의 혈구 정신과 재물의 사용을 기강 확립

70) 林堅, 「栗谷實學思想及其啓迪」, 『栗谷思想硏究』, 제15집, 사단법인 율곡학회, 2007, 141쪽.

71) 『大學章句』, 傳10章. "德者本也, 財者末也. 外本內末, 爭民施奪, 是故財聚則民散, 財散則民聚."

으로 한 차원 끌어 올렸다고 볼 수 있다.

이제 율곡은 유교의 가르침에 충실하여 정치 실천의 마지막에 교육을 배치한다. 『대학』의 치국평천하를 논의한 부분에서 백성의 교육이나 교화에 대한 언급은 없다. 어떤 측면에서 보면, 교육의 역할을 밝히는 『성학집요』의 "명교" 부분은 『대학』에는 전혀 언급되지 않는 조선 유교의 특징일 수 있다. 그만큼 교육을 강조하는 사고가 조선 유교에 담겨 있다고 판단된다. 율곡은 맹자의 사고처럼, 정치의 시작을 민생의 안정에 두었다. 그리고 교육을 통한 윤리의 정립을 정치의 완성으로 보고 있다. 그것은 유교가 경제와 교육[윤리]을 양 축으로 하여 정치를 전개하고 있다는 의미이다.[72] 유교는 백성이 모이고 배부르면 가르친다는 것을 기본으로 한다.

율곡의 교육을 향한 열정은 조선 사회의 현실과 직결된다. 사람이 모이고 어느 정도의 경제력이 달성되었다면 가르쳐야 한다는 유교적 신념에서 볼 때, 당시 조선 사회는 전반적인 부분에서 불완전했다고 판단된다. 율곡이 당시를 '경장'의 시대로 본 이유도 같은 맥락이다. 그런데 율곡이 교육을 정치의 종점에 놓은 것은 보다 유교의 이념을 충실하게 이행하려는 의도로 이해된다. 즉 임금 자신이 실천궁행하고 백성들의 의식주와 삶의 다양한 고충을 제거해 준 다음, 학교를 설립하여 가르치고, 예를 제정하여 질서를 생활화하며, 선을 권하고 악을 징계하여 인간의 올바른 변화를 고민했던 것이다.[73]

율곡은 교육을 일으켜야 하는 근거를 공자에게서 찾는다. "법령으로 인도하고 형벌로 다스리면 백성들이 수치스러움을 느끼지 못하고 그것을 모면하려고만 한다." 때문에 "덕으로 인도하고 예로 다스려 수치스러움

72) 황의동, 위와 같은 논문, 221쪽.
73) 황의동, 위와 같은 논문, 223쪽.

을 알고 또 착한 데로 나아가게 해야 한다." 이를 구현하기 위해 『성학집요』에서는 '입교의 절목'과 '학교를 일으켜 선비가 익히는 것'에 대해 얘기하고, 이어서 '선악을 분별하여 풍속을 바르게 하는 법'을 말하여 교육을 정치의 근본에 두었다. 그것은 유교 문화에서 일종의 책임감의 발로이며,[74] 학자이자 공직자, 사회 지도층으로서의 책무성의 발현이다.

5. 결어

율곡의 『성학집요』의 학문 과정은 어찌 보면, 매우 간단하다. 그러나 그 속살을 깊이 들여다보면 매우 복잡하면서도 난해하다. 그것은 『대학』을 축으로 『성학집요』를 엮어 내는 과정에서 다양한 이론과 실제의 연관을 일상에서 고민하였기 때문이다. 특히 제왕학[성학]의 학문 시스템 제시이기에 더욱 그러하다.

『대학』에서 『성학집요』로의 심화 내용을 수기의 차원에서 의미를 부여하면, 다음과 같다.

첫째, 『대학』의 '삼강령'은 『성학집요』에서 「수기총론」으로 정리되면서 학문적 심화를 예고한다. 『대학』 「경1장」에서 삼강령이 다루어지고 있다면, 『성학집요』에서는 『중용』 1장을 추가하여 성학을 구축한다. 율곡은 『중용』으로 『대학』을 보완하여 유교를 온전하게 그려 내었다.

둘째, 『대학』의 팔조목 중 수기에 해당하는 부분을 구체적으로 확장하였다. 팔조목 중 수기는 격물-치지-성의-정심-수신의 다섯 조목이다. 이는 궁리와 정심, 검신으로 대체되면서 회덕량과 보덕, 돈독을 통해 더

74) 황준연, 위의 책, 184~185쪽.

욱 보충되는 형태로 발전된다. 즉 격물치지는 궁리로 설명되고, 성의정심은 정심으로 정돈되면서 회덕량과 보덕으로 보완된다. 또한, 수신은 검신으로 확대되어 돈독과 만나면서 학문의 심화를 보인다.

셋째, 『대학』에서 소홀히 한 입지를 중요하게 지적한다. 공자의 "지어도(志於道)"에서 증명되듯이, 입지의 문제는 유교에서 파편적으로 거론되었다. 그런데 『격몽요결』과 『학교모범』 등 율곡의 저술 곳곳에서 입지는 학문의 초두에 핵심으로 자리한다. 그것은 율곡이 강조한 독특한 학문 체계이자 중국 유교와 변별되는 조선 유교의 특성이다.

넷째, 삼강령의 체계에서 지어지선의 경지를 수기의 공효로 풀어내었다. 명명덕과 신민이 기초이자 근본이라면 지어지선은 응용이자 궁극적 목표이다. 율곡은 그것을 공효의 차원으로 정립하면서 수기론을 체계화했다.

이러한 수기론을 바탕으로 율곡은 수기치인의 유교 논리에 충실하여, 치인을 정가와 위정으로 심화시켰다. 정가의 근본은 정명(正名)에 있다. 그 내면적 성찰의 기초는 몸소 도를 실천하는 직접적 행위를 통해 수기에서 치인으로 유기체처럼 연결된다. 그 핵심은 가족 윤리의 기초인 효·제·자다. 이는 아내와 자식 교육으로 이어져 궁극적으로 부모와 자식 간의 관계 문제를 바르게 하고, 그것을 집안사람인 친척들에게 확장한다. 정가의 외면적 구현은 공평무사의 객관성을 주장하는 근엄과 절검에서 시작된다. 이때 본분론에 의거하여 절검하는 생활 태도가 매우 강조된다. 여기에서 율곡이 요청한 정가의 궁극 목적은 뜻을 정성스럽게 하고 마음을 바르게 가다듬는 일로, 『대학』에서 "몸을 닦아 집안을 가지런히 한다."는 사유의 심화이다.

위정의 경우, 율곡은 먼저 정치의 근본이 지도자가 덕을 닦는 데 있음을 밝힌다. 그리고 그것을 실현하기 위한 일차적 작업으로 어진 사람의 등용을 고려한다. 특히, 착한 사람을 취하여 쓰면서, 시대를 인식하고, 역대의 훌륭한 모범적 지도자들의 정치를 본받으며, 세상의 이치를 파악하고, 삼가고 조심하며 정사를 도모해야 한다고 주장했다. 그리하여 위정의 실제 구현은 기강을 세우고, 백성들을 편안하게 잘 살게 하며, 궁극적으로는 교육을 통해 백성들의 비뚤어진 마음이나 어긋난 생각들을 바로잡는 데 두었다.

총괄해 보건대, 율곡의 『성학집요』는 『대학』에 드러난 단순 차원의 수기치인을 매우 구체적인 인생의 실천 지침으로 발전시켰다고 판단된다. 특히 모호한 의미를 지닌 유교의 이념을 실제적 삶의 현실로 드러내어, 조선 유교를 체계화하였다. 그것은 올바름[正]을 핵심으로 하는 정치로 드러나고, 지속적인 삶의 교정이라는 교육을 지향한다.

■ 참고 문헌

『聖學輯要』
『擊蒙要訣』
『大學章句』
『中庸章句』
『孟子集註』
『論語集註』
『朱子語類』
『大學衍義』
『入學圖說』
국역『율곡집』, 민족문화추진회 간행.

김기현, 『대학-동아시아적 진보』, 사계절, 2002.
김익수, 「栗谷의 正家論」, 『栗谷學』, 제5집, 사단법인 율곡사상연구원, 1992.

來可泓,『大學直解 中庸直解』, 上海, 夏旦大學出版社, 1998.
리기용,「『聖學輯要』를 통해 본 聖人의 학문과 정치」,『한국사상과 문화』, 제28집, 한국사상문화학회, 2005.
林　堅,「栗谷實學思想及其啓迪」,『栗谷思想硏究』, 제15집, 사단법인 율곡학회, 2007.
손인수,『율곡사상의 교육이념』, 문음사, 1997.
송석구,『栗谷의 哲學思想硏究』, 형설출판사, 1994.
신창호,「修己의 측면에서 본『大學』에서『聖學輯要』로의 학문적 심화」,『동양고전연구』, 제34집, 동양고전학회, 2009.
신창호,「『大學』의 주요 개념에 대한 교육학적 해석-듀이와 화이트헤드의 교육철학과 연관하여」,『동양고전연구』, 31집, 동양고전학회, 2008.
신창호,「『大學』三綱領을 통해 본 교육의 원리」,『교육문제연구』, 제25집, 고대교육문제연구소, 2006.
신창호,「『大學』八條目의 교육과정과 실천양식」,『교육문제연구』, 제26집, 고대교육문제연구소, 2006.
신창호,『修己, 유가교육철학의 핵심』, 원미사, 2005.
윤　정,「英祖의『聖學輯要』이해와 君師 이념」,『역사와 경계』66, 부산경남사학회, 2008.
이상익,「『성학집요』를 통해 본 율곡의 정치학적 기획」,『율곡학연구』, 제1집, 한림대 한림과학원 율곡학연구소, 2005.
장숙필,『栗谷 李珥의 聖學 硏究』, 고려대 민족문화연구소, 1992.
장숙필,「율곡 경장론의 특징과 그 현대적 의의」,『栗谷思想硏究』, 제10집, 사단법인 율곡학회, 2003.
정재훈,「朝鮮前期『大學』의 이해와 聖學論」,『진단학보』, 86권, 진단학회, 1998.
조남국,『율곡의 사회사상』, 양영각, 1985.
황의동,「栗谷의 爲政論」,『栗谷學』, 제5집, 사단법인 율곡사상연구원, 1992.
황준연,『율곡철학의 이해』, 서광사, 1995.

사계 김장생의 『대학』 이해*

– 『대학변의(大學辨疑)』를 중심으로

김현수 (성균관대 유교문화연구소 연구원)

1. 글머리

본고는 사계 김장생(1548～1631)[1]의 『대학변의(大學辨疑)』[2]를 살피는 것이 목적이다. 『대학변의』란 주자의 『대학장구(大學章句)』의 경문(經文)·주자주(朱子註)·소주(小註)와 『대학혹문(大學或問)』 중 의미가 명확하지 않거나 의심스러운 부분에 대해 고증하거나 비판(小註 부분)한 것이다. 『대학변의』는 사계가 71세(1618)에 완성한 『경서변의(經書辨疑)』의 한 부분으로, 사계의 경학사상 및 리기심성론을 살필 수 있는 중요한 자료이기도 하다.

사계의 『경서변의』는 이전의 저술들이 경전 일부만을 검토·분석했던

---

* 본고는 『동양고전연구』 45집(2011)에 게재된 「沙溪 金長生의 『大學』 이해」를 수정·보완한 글이다.

1) 金長生(1548~1631)의 자는 希元, 호는 沙溪이며, 본관은 光山이다.

2) 본고에서 『大學辨疑』라고 했는데, 정확히 말하면 『經書辨疑·大學』이다. 그리고 현재 일반적으로 통용되는 것은 『沙溪全書』 11卷에 수록된 것이다. 따라서 각주의 서지사항은 『沙溪全書』, 卷11, 「經書辨疑·大學」라고 표기한다.

것과 달리『소학』,『대학』,『논어』,『맹자』,『중용』,『서전』,『주역』,『예기』 등 주요한 유가 경전을 분석 대상으로 삼았다는 점에서 경학사적으로 괄목한 성과라고 할 수 있으며, 17세기 유학이 학문적으로 심화됨을 엿볼 수 있는 지표라고 할 수 있다.

기존의 많은 선행 연구들이『대학변의』 및『경서변의』를 고찰했다. 대체로『대학변의』에 대해 율곡 이이의 리기심성론을 계승하고, 대전(大全) 소주(小註)에 대해 검토했다고 분석했다.[3] 이와 관련 최근에 전제동은 「17세기 율곡학파의『대학』 해석 연구-대전본 소주 분석을 중심으로」에서 사계의 소주 검토가 율곡의 소주 권평(圈評)과 관계되었음을 밝혔다. 즉 16세기 조선의 유교 지식인들은『사서대전』 소주가 많은 문제점이 있음을 인지했고, 이에 율곡이 소주에 대해 기초적 작업(권평)을 시행했으며, 이것이 사계, 초려, 우암 등 율곡학파로 이어졌다고 설명했다.[4] 이 같

---

3) 기존의 사계 김장생의『대학』 관련 연구들은 다음과 같다.(연도순)

오석원, 「사계 김장생의 경학사상-『經書辨疑』를 중심으로」,『동양철학연구』, 10집, 동양철학연구회, 1989.

김용걸 외,『沙溪思想硏究』, 사계 · 신독재양선생기념사업회, 1991.(앞의 오석원 논문 재수록)

안병걸, 「17세기 조선조 유학의 經傳解釋에 관한 연구」, 성균관대 박사학위논문, 1991.

이영호, 「17세기 조선학자들의『大學』 해석에 관한 연구」, 성균관대 박사학위논문, 1999.

이영호, 「『경서변의-대학』을 통해 본 사계 김장생의 경학사상」,『인문과학』, 30집, 성균관대 인문과학연구소, 2000.

우경섭, 「김장생의 경학사상」,『한국학보』 103, 일지사, 2001.

이영호,『朝鮮中期 經學思想硏究: 16~17世紀『大學』註釋書에 대한 分析』, 경인문화사, 2004.(앞의 이영호 논문 재수록)

전제동, 「17세기 율곡학파의『대학』 해석 연구-대전본 소주 분석을 중심으로」,『국학연구』, 16집, 한국국학진흥원, 2010.

4) 전제동, 「17세기 율곡학파의『대학』 해석 연구-대전본 소주 분석을 중심으로」,『국학연구』, 16집, 한국국학진흥원, 2010, 775쪽.

은 분석은 비록 사계가 대전 소주를 검토하게 된 배경을 짐작하게 해 주지만, 사계의 『대학변의』는 소주뿐만 아니라, 또한 주자주 및 경문에 대해서도 살피고 있다. 따라서 그 연관성에 대해 구체적으로 분석할 필요가 있다.

또한, 기존의 『대학변의』의 특징을 주자학의 심층적 이해와 더불어 율곡학파 입장의 확립이라 설명하는데, 리기심성론에 대한 구체적 접근도 필요하다고 본다. 사계의 리기심성론에 대한 몇몇 연구에서, 사계가 율곡의 인심도심설에 대해 비판했다는 등 율곡 리기심성론과 차이가 있음을 지적했다.[5] 이에 대해 만년에 저술한 『대학변의』 등에 나타난 사계의 율곡 리기심성론의 계승 및 이해를 심층적으로 분석할 필요가 있다.

마지막으로 예학적 측면에서 검토할 것이 있다. 바로 자구의 고증 방법이다. 『대학변의』에 『운회(韻會)』가 6회 정도 언급하는데, 이는 『가례집람』에 매우 자주 거론되는 인용서로, 자(字)에 대한 뜻과 음을 풀이하고 있다. 『가례』 주석의 방법론이 『대학』 이해에도 이어졌음을 검토하고자 한다.

---

5) 다음과 같다(연도순).

장세호, 「김장생의 사단칠정설」, 『경성대학교 논문집』, 13집, 1992.

장세호, 「김장생의 이기심성론」, 『철학논총』, 8집, 영남철학회, 1992.

윤용남, 「사계 김장생의 철학사상」, 김용걸 외, 『사계사상연구』, 사계 · 신독재양선생기념사업회, 1991.

윤용남, 「신독재 김집의 心情說-율곡학파 심정설 전개를 중심으로」, 『유교사상연구』, 15집, 한국유교학회, 2001.

황의동, 「사계 김장생의 사상적 연원」, 『유교사상연구』, 15집, 한국유교학회, 2001.

장세호, 「사계의 율곡설 비판적 수용」, 『한국사상과 문화』 55, 한국사상문화학회, 2010.

2. 사계 경학관과 『대학변의』 구조

사서 및 유가 경전에 대한 사계의 기본적 입장은 자구의 훈고에 집중하기보다는 성리학적 의리를 이해하기 위한 것이라 할 수 있다. 이는 「경서변의서(經書辨疑序)」을 통해서 쉽게 알 수 있다.

> 나는 어려서 학문을 하지 않다가 약관(弱冠)에 이르러서야 비로소 『소학(小學)』과 사서(四書) 및 육경(六經)과 정주(程朱)의 여러 책들을 읽게 되었다. 그러나 타고난 성품이 느긋하여 공부하는 데 힘쓰지 않다가 뒤늦게 깨달아 성취하기 어렵다는 탄식을 하게 되었다. 그 읽었던 경전(經傳)에 대해 이해하지 못한 곳이 많았고 또한 여러 노 선생의 설에도 때로 의심나는 것이 있었는데, 감히 억지로 따르지 않고 아울러 모두 즉시 차기(箚記)하여 살펴보고 검토할 수 있는 바탕으로 삼았다.
>
> 어떤 사람이 묻기를 '선정(先正)의 훈해(訓解)를 후학이 마땅히 존신(尊信)해야 하거늘, 감히 그 사이에 논의한다는 것은 아마도 옳지 못한 일이 아니겠는가?'라고 했다. 내가 말하기를 '의리(義理)를 강론하는 것은 곧 천하의 공공(公共)의 일로 선현 또한 일찍이 허락하였으니, 『중용혹문(中庸或問)』과 『대학혹문(大學或問)』에서 볼 수 있다. 어찌 감히 이로써 선정보다 더 훌륭하기를 구하겠는가? 다만 여러분들과 함께 논란(論難)하고 헤아려 그 시비를 바로잡고자 할 뿐이니, 또한 무슨 잘못이 있겠는가?'라고 했다. 인하여 물러나와 이것을 써서 기록한다.[6]

---

6) 『沙溪全書』, 卷5, 「經書辨疑序」, 1~2板. "余少而失學, 及弱冠始獨小學四子, 以及六經程朱諸書. 然而稟性弛緩, 不能著力加工, 有晩悟難成之歎. 其所讀經傳, 多所未解, 且於諸老先生之說, 時有所疑, 不敢强從, 幷皆隨手箚記, 以資省閱. 或問之曰, 先正訓解, 後學所當尊信, 乃敢有論議於其間, 無乃不可乎? 余曰, 講論義理, 乃天下公共之事, 先賢亦嘗許之, 蓋於庸

위의 인용문을 통해, 사계가 경서(經書)에 대해 살피는 것이 의리(義理)를 이해하기 위한 것임을 파악할 수 있다. 특히 '스승의 설 또한 무조건으로 좇지 않았다'는 언급과 '의리를 강론하는 것은 천하의 공공지사'라고 언급한 것은 경학의 목표가 자구의 해석에 머무는 것이 아닌 의리로 나아가기 위함임을 명확하게 드러낸다. 사실 이와 같은 자세는 퇴계나 율곡 등 성리학자들과 크게 차이가 없다. 즉 16~17세기 성리학자들의 『대학』 해석은 성리학의 심층적 이해와 맥을 같이한다. 다만 사계는 『대학』 이해에서 주자 이후 중국 학자들의 견해(즉 소주)와 퇴계 · 율곡 및 당시 여러 학자들의 견해까지 확대하여 검토 · 토론의 대상으로 삼았다는 것이 특징이다.

『대학변의』에서 사계는 주자의 『대학장구』 서문, 경(經)1장, 전(傳)1~10장의 경문, 주자주, 소주 및 『대학혹문』의 순서대로 고찰하고 있으며, 그중 의문이 되는 부분이나 보충이 필요한 부분에 대해 변의를 했다. 대부분은 ㉮ 자전을 통한 음과 뜻을 풀이, 다른 서적에서의 용례 및 풀이('글자, 문구'에 대한 문자적 풀이)와 ㉯ 글자나 문구에 대해 이론적 설명 · 해석으로 나눌 수 있다. ㉮ 의 경우는 『가례』 주석 방법론과 연관 지어서 살펴볼 필요가 있다. 이미 1599년에 사계는 『가례』 주석서인 『가례집람(家禮輯覽)』을 저술했는데, 글자의 음과 뜻에 대해 다양하게 고증한 바가 있다. ㉯의 경우에는 율곡의 견해를 인용할 때가 많다. 단순히 율곡의 견해를 소개하는 경우가 있고, 더불어 자신(사계)의 의견으로 보완 · 설명하는 경우가 있으며, 율곡설에 대해 당시 학자들이 재비판이나 의문을 표시했을 경우에 이에 대해 사계가 반박하거나 율곡설을 보완 · 설명

學或問, 可見矣. 豈敢以是多於先正哉? 只欲於諸公論難商訂, 以正其是非而已, 又何害也? 因退而書之以識焉."

하는 경우 등이 있다. 이것은 또한 소주에 대한 변의일 경우가 주로 나타나며, 율곡의 「기대학소주의의(記大學小註疑義)」, 『대학소주권평(大學小註圈評)』에서 언급된 조목과 일치하는 경우가 많다.(〈표 11-3〉 참조)

변의(辨疑) 조목은 총 73조목으로, 『대학장구』 관련 조목이 59조목이고 『대학혹문』 관련 14조목이다. 세부적으로 살펴보면, 『대학장구(大學章句)』의 서문(6조목), 경(經)1장(12조목), 전1장(1조목), 2장(1조목), 3장(2조목), 4장(1조목), 5장(3조목), 6장(3조목), 7장(4조목), 8장(2조목), 9장(9조목), 10장(15조목), 『대학혹문(大學或問)』(14조목)으로 이루어졌다. 대체로 경1장과 전9~10장, 혹문의 조목이 전체의 68.5%를 차지한다.

〈표 1〉 『대학변의』 조목 (전체 73조목)

	序	經1	傳1	傳2	傳3	傳4	傳5	傳6	傳7	傳8	傳9	傳10	혹문
항목(數)	6	12	1	1	2	1	3	3	4	2	9	15	14
비율	8.2%	16.5%	1.4%	1.4%	2.7%	1.4%	4.1%	4.1%	5.5%	2.7%	12.3%	20.5%	19.2%

그리고 이것을 다시 분량으로 정리해 보면 다음과 같다.

〈표 2〉 『대학변의』 분량 (전체 8751字)

	序	經1	傳1	傳2	傳3	傳4	傳5	傳6	傳7	傳8	傳9	傳10	혹문
분량(字)	215	3829	53	1	144	59	254	362	1068	589	775	537	795
비율	2.5%	43.8%	0.6%	0.8%	1.6%	0.7%	2.9%	4.1%	12.2%	6.7%	8.9%	6.1%	9.1%

『대학변의』의 전체 분량은 『사계전서』 권11의 「경서변의 · 대학」을 기준으로 볼 때 29판(16~44板)인데, 실질적으로 28판(板) 이내의 분량(8751字[7])이다. 이것을 서문, 경1장, 전1~10장, 『대학혹문』으로 나누면 〈표 2〉와 같다. 특히 경1장은 조목의 수뿐만 아니라 분량(3829字, 43.8%)도 다른 장에 비하여 대단히 많음을 확인할 수 있다. 대개 경1장이 성리학의 주

7) 大學, 序, 經一章, 傳一~十章, 或問이라는 언급의 글자 수는 제외했음.

요 개념과 관련된 자구도 많지만, 또한 이와 관련하여 당시 퇴계와 율곡의 차별적 입장과 관계된 부분이 많기 때문이다. 예컨대 재명명덕(在明明德)과 명명덕어천하(明明德於天下) 소주와 격물물격(格物物格) 등에서는 퇴계와 율곡설의 차이와 이를 지지하는 학자와 주장들을 쉽게 확인할 수 있다.

또한 『대학변의』에서 사계는 경문과 주자주 이외에도 소주에 대해서 심도 있게 고찰했다. 〈표 3〉을 살펴보면, 서문(6조목)과 『대학혹문(大學或問)』(14조목)을 제외하고, 53조목 중 경문이 12조목, 주자주가 19조목, 소주가 19조목이며, 1조목은 주자주 · 소주 모두 관련된 것이며, 2조목은 각각 격물 · 물격, 성의에 관련된 것으로 경문에 속한다고 할 수 있지만, 개념적 측면이 강해 구별한다. 소주 변의가 19조목으로, 기존의 다른 『대학』 연구서보다 상대적으로 소주 분석이 많은 것을 살펴볼 수 있다.

17세기 경학적 태도가 주자주에 이의를 제기하기보다는 성리학의 심층적 이해와 더불어 경문과 주자주 이해로 전개되었음을 지적하는데, 사계의 『대학변의』는 이러한 경향을 보여 주는 대표적 경우이다. 경문에 대한 주자 해석이 미흡하거나 분석이 없는 경우, 전후 언급이 다른 경우에 주자주에 대해 검토했는데, 사계는 더 나아가 그 대상으로 주자주의 보충인 소주에 대한 분석까지 범위를 확대했다. 사단칠정 · 인심도심 논쟁 이후 성리학의 심층적 이해가 이루어지고, 이와 더불어 소주에 언급된 여러 학자들의 주장에 대한 체계적 검토도 요구된 것이다. 이것은 또한 율곡의 소주 검토와도 무관치 않다.(이에 대해서는 다음 장에서 자세히 살펴보고자 한다.)

〈표 3〉『대학변의』의 내용 분류[8]

연번	『대학장구』 句節, 註, 小註			내용	비고
1	序		一有聰明의 '一有'	훈(訓)	
2			王宮國都	훈(訓)	
3			書數之文의 '文'	훈(訓)	
4			而各俛焉의 '俛'	훈(訓)	
5			衆技之流의 '流'	훈(訓)	
6			發其歸趣의 '歸趣'	훈(訓)	
7	經1章	小註	在明明德 小註 北溪 陳淳의 理와 氣 언급	해(解) 율곡설 계승 (북계설 비판) 愚伏說 비판 谿谷說 언급	疑義 圈評(黑長抹)
8		小註	在明明德 小註 玉溪 盧孝孫의 虛·靈 언급	해(解) 율곡설 언급 (옥계설 비판)	疑義
9		註	知止而后有定 註 止者 必至於是而不遷之意	해(解)	
10		小註	知止而后有定 小註 新安 吳械의 自散~而已 언급	해(解) 율곡설 언급 (신안설 비판)	疑義 圈評(黑全圈)
11		註	知止而后有定 註 志有定向, 靜謂心不妄動, 安謂所處而安, 慮謂處事 精詳, 得謂得其所止,	훈해(訓解) 율곡설 언급	

8) 〈내용〉 분류는 편의상 「경서변의서」에서 언급된 '訓解' 개념을 기준으로, 訓과 解로 분류하고자 한다. 훈이란 '글자, 문구에 대한 문자적 풀이'에 관련되는 경우를, 해는 '문구에 대한 이론적 설명·해석'과 관련되는 경우로 구분 지었다. 특히 리기심성론과 관계된 조목은 거의 '해'에 포함시켰다. 그리고 〈비고〉란은 율곡설과의 연관성을 구체적으로 나타내기 위해, 그 조목이 율곡의 「記大學小註疑義」에서나 『大學小註圈評』에서 언급했는지를 살폈다. 편의상 「記大學小註疑義」를 '疑義', 『大學小註圈評』는 '圈評'으로 했으며, 권평은 율곡이 문제의 구절로 지목한 경우만 표시했다. 모두 3가지로 黑長抹, 黑圈中小黑圈, 黑全圈이다. 자세한 것은 율곡의 「學庸小註圈評凡例」를 참조하기 바란다.

연번	『대학장구』句節, 註, 小註			내용	비고
12		註	明明德於天下 註 天下之人~明德也	해(解) 율곡설 언급	
13		小註	明明德於天下 小註 雲峯 胡炳文의 情 · 意 등 언급	해(解) 율곡설 언급 (운봉설 비판)	疑義 圈評(黑圈中小黑圈)
14		經文 (개념)	格物, 物格	해(解) 율곡설 계승 우복설 비판 퇴계설 비판	
15		註	物格而后知至 註 修身以上 明明德之事也 齊家以下 親民之事也	해(解)	
16		註	物格而后知至 註 修身以上~親民之事也	해(解) 율곡설 언급 우복설 언급 계곡설 비판	
17		註	自天子以至 註 擧此而措之의 '措'	훈(訓)	
18		小註	其本亂 小註 '正結', '反結'	훈(訓)	
19	傳1章	小註	顧諟天 小註 雙峯 饒魯의 存養, 省察 언급	해(解) 율곡설 언급 (쌍봉설 비판)	疑義 圈評(黑長抹)
20	傳2章	小註	無所不用其極 小註 玉溪 盧孝孫의 언급	해(解) 옥계설 비판	圈評(黑全圈)
21	傳3章	小註	瞻彼淇澳 小註 詩之六義	훈(訓)	
22		註	瞻彼淇澳 註 鑢鍚	훈(訓)	
23	傳4章	註와 小註	聽訟 註와 小註	해(解) 註와 小註의 불일치 의문	圈評(黑圈中小黑圈)
24	傳5章	註	此謂知之至也 註 間嘗竊取程子之意의 '間嘗'	훈(訓)	

연번	『대학장구』 句節, 註, 小註			내용	비고
25		小註	此謂知之至也 小註 人心之靈의 '知' 와 因其已知의 '知' 同異 및 소주	해(解) 소주 비판	
26		小註	此謂知之至也 小註 玉溪 盧孝孫의 表粗=理之用 · 裏精=理之體 언급	해(解) 율곡설 언급 (옥계설 비판)	圈評(黑長抹)
27	傳6章	經文 (개념)	誠意	해(解) 頤窩說[9] 비판 율곡설 언급	
28		註	所謂誠其意者~註 皆務決去 求必得之	해(解) 퇴계설 비판	
29		註	小人閒居 註 重以爲戒의 '重'	훈(訓)	
30	傳7章	小註	所謂修身在正其心~小註 雲峯 胡炳文의 언급	해(解) 운봉설 비판 韓百謙 비판 우복설 언급 계곡설 언급	
31		註	所謂修身在正其心~註 一有之而不能察의 '一有'	해(解) 퇴계설 비판 월천설 비판	
32		註	所謂修身在正其心~註 欲動情勝而其用之所行 或不能不失其正矣의 '或'	해(解) 주자주 비판 (율곡설 언급) 우복설 비판 계곡설 언급	
33		註	心不在焉 註 必察乎此	해(解) 퇴계설 언급 율곡설 언급 우복설 언급 계곡설 언급	

9) 徐起(1523~1591)를 말함. 자는 待可, 호는 頤窩 · 孤青 · 孤青樵老.

연번	『대학장구』 句節, 註, 小註			내용	비고
34	傳8章	小註	之其所傲惰 小註 雲峯 胡炳文의 언급	해(解) 운봉설 비판 퇴계설 비판	圈評(黑全圈)
35		經文	此謂身不修 不可以齊其家	해(解) 陽村說 언급	
36	傳9章	經文	所謂治國 必先齊其家者	해(解) 陽村說 언급	
37		經文	不出家而成敎於國	해(解)	
38		經文	如保赤子	해(解) 우복설 언급 林隱說 언급	
39		小註	如保赤子 小註 玉溪 盧孝孫의 언급	해(解) 율곡설 언급	圈評(黑長抹)
40		小註	如保赤子 小註 朱子의 此且只說動化爲本~	해(解) 율곡설 언급	疑義
41		經文	此謂一言僨事 一人定國	훈(訓)	
42		經文	所藏乎身不恕	훈(訓) 율곡설 언급	
43		經文	其儀不忒의 儀	훈(訓)	
44		小註	此謂治國 小註 仁山 金履祥의 언급	해(解) 율곡설 언급 (인산설 비판)	圈評(黑圈中 小黑圈)
45	傳10章	註	所謂平天下 註 必當因其所同	훈(訓) 율곡설 언급	
46		小註	所謂平天下 小註 雲峯 胡炳文의 언급	해(解) 운봉설 비판	圈評(黑長抹)
47		經文	巖巖	훈(訓)	
48		小註	未喪師 小註 雲峯 胡炳文의 언급	해(解) 운봉설 비판	圈評(黑長抹)
49		經文	有財 此有用	훈(訓) 율곡설 언급 (眉巖說 비판)	
50		註	惟命不于常 註 丁寧	훈(訓)	

연번	『대학장구』句節, 註, 小註			내용	비고
51		小註	一个臣 小註 玉溪 盧孝孫의 언급	훈(訓) 옥계설 비판	圈評(黑長抹)
52		經文	其如有容	훈(訓) 옥계설 비판	
53		經文	不啻若自其口出	훈(訓)	
54		經文	保我子孫黎民	훈(訓) 頤窩說 비판 久菴說 비판	
55		註	見賢而不能擧 註 君子而未仁者	해(解) 朱子註 의문 쌍봉설 비판 우복설 언급 계곡설 언급	
56		註	生財 註 幸位	훈(訓)	
57		註	孟獻子 註 仲孫蔑也	훈(訓)	
58		小註	孟獻子 小註 玉溪 盧孝孫의 언급	훈(訓) 옥계설 비판	圈評(黑長抹)
59		註	長國家 註 重言以結之	훈(訓)	
60		或問	在明明德 단락의 健順	훈(訓)	
61			妙合而凝	훈(訓)	
62			註 俗語云分俵	훈(訓)	
63			古之欲明明德於天下 단락의 各誠其意 各正其心 新安 陳櫟 언급	해(解) 신안설 비판	
64			註 古史	훈(訓)	
65			物格而后知至 註 玉溪 盧孝孫의 언급	해(解) 옥계설 비판	
66			盤銘 단락의 聖敬日躋	해(解) 율곡설 언급	

연번	『대학장구』 句節, 註, 小註			내용	비고
67	⁄		作新民 단락의 小序	훈(訓)	
68			別爲讀書者 단락의 書	훈(訓)	
69			如保赤子	해(解) 林隱說 언급	
70			仁讓 단락의 有諸己~則不可	해(解)	
71			一以自治爲主 一以及人爲主	해(解)	
72			漢之光武~以慰解之	해(解)	
73			仁者以財發身의 商紂以~	해(解)	

3. 변의의 조목과 방법: 자구의 훈해와 소주의 비판

앞서 『대학변의』의 구조 및 대략적 특징을 언급했는데, 의리적 관점에서 해석한 것이 많으며, 경문 · 주자주보다 상대적으로 소주 변의 비율이 높다고 언급했다. 그리고 소주 변의에 있어 율곡설을 자주 인용했다고 지적했다. 이번 장에서는 변의 대상으로 삼았던 경문, 주자주, 소주 조목 및 그 변의(辯疑) 방법에 대해 자세히 살피고자 한다. 대체로 경문과 주자주에 대해서는 비판보다는 고증 및 부연 설명했으며, 소주의 경우는 인용된 남송 · 원대 학자들의 주장을 의심 · 비판하는 측면으로 전개됐다.

1) 자구(字句)의 훈해(訓解) 방법

사계는 경문에 대해서 고증을 위주로 했으며, 주자주는 경문에 대한 해석이 미흡하거나 분석이 없는 경우, 전후 언급이 다른 경우에 검토했다. 예컨대 1, 2, 3, 4, 5, 6, 9, 11, 12, 15, 16, 17, 22, 23, 24, 28, 29, 31, 32, 33, 35, 36, 37, 38, 41, 42, 43, 45, 47, 49, 50, 52, 53, 54, 55, 56, 57, 59(『대학변

의』 조목에 대한 편의성을 위해 〈표 3〉의 연번을 사용하고자 한다)가 해당된다.

경문에 대한 변의는 특히 전9장, 10장에서 자주 보인다. 다음은 전9장의 경문 '소위치국 필선제기가자(所謂治國 必先齊其家者)'와 전10장의 '절피남산 유석암암(節彼南山 維石巖巖)'에 대한 변의이다.

> 【36】 이른바 나라를 다스리려면 반드시 먼저 그 집안을 가지런히 해야 한다. ○ '나라를 다스림은 그 집안을 가지런히 하는 데 있다' 고 하지 않고, 문장을 바꾸어서 '나라를 다스리려면 반드시 먼저 그 집안을 가지런히 해야 한다' 는 것은 제 집안을 가르치지 못하고서 남을 가르칠 수 있는 사람은 없기 때문이다.[10]

> 【47】 암암(巖巖) ○ 『시경』의 주에 '바위가 쌓여 있는 모양이다' 라고 했다.[11]

두 인용문의 변의 방식은 서로 다르다. '36'의 '소위치국 필선제기가자(所謂治國 必先齊其家者)'에서 치국재제기가(治國在齊其家)가 아니라 치국필선제기가(治國必先齊其家)라고 쓴 것에 대한 사계의 해석이다. 이는 경문의 내용 및 그 의도를 설명한 것이다. 하지만 '47'에서는 시경의 주를 인용하여 '암암'의 뜻을 해석했다. 『대학장구』에서 주자는 「소아(小雅)·절남산(節南山)」편의 시라는 언급만 했고, 암암에 대해 특별히 설명하지 않았다. 이에 대해 사계가 그 뜻을 고증한 것이다.

〈표 3〉을 살펴보면, 경문에 대한 변의 12조목 중 훈(訓)이라고 표시한

---

10) 『沙溪全書』, 卷11, 「經書辨疑 · 大學」, 37板. "所謂治國, 必先齊其家者 ○ 不曰, 治國在齊其家, 而變文曰, 治國必先齊其家. 其家不可敎而能敎人者, 無之."

11) 『沙溪全書』, 卷11, 「經書辨疑 · 大學」, 37~38板. "巖巖 ○ 詩註積石也."

부분이 9조목이다. 이처럼 경문에 대해서는 철학적 해석보다 자구를 설명하는 훈고(訓詁)의 방법을 취하고 있다. 이것은 주자주의 경우에도 보인다.

【2】『예기』「왕제(王制)」의 유우씨상상하상(有虞氏上庠下庠)의 주(註)에 '상상은 태학(太學)이니 서교(西郊)에 있고, 하상은 소학(小學)이니 국중(國中) 왕궁(王宮)의 동쪽에 있다' 고 했고, 하후씨동서서서(夏后氏東序西序)의 주에 '동서(東序)는 태학이니 국중 왕궁의 동쪽에 있고, 서서(西序)는 소학이니 서교에 있다' 고 했고, 은인우학좌학(殷人右學左學)의 주에 '우학(右學)은 태학이니 서교에 있고, 좌학(左學)은 소학이니 국중 왕궁의 동쪽에 있다' 고 했고, 주인동교우상(周人東膠虞庠)의 주에 '동교(東膠)는 태학이니 국중 왕궁의 동쪽에 있고, 우상(虞庠)은 소학이니 서교에 있다' 고 했다.[12)]

【11】살펴보건대, '소처이안(所處而安)' 의 처(處) 자는 『운회』에서 머묾이요 정(定)함이라 하였고, '처사정상(處事精詳)' 의 처(處) 자는 『운회』에서 제재(制裁)함이라 하였으니, 또한 분별하여 처리해야 한다.[13)]

'2' 처럼 다른 서책을 참고 · 인용하여 훈고하는 방법은 『가례집람(家禮輯覽)』(1599)에서 쉽게 찾아볼 수 있다. 더욱이 '11' 처럼 『대학변의』에서 글자의 음과 뜻을 설명하는 데 거론된 『운회』는 『가례집람』에서 매우 자

12) 『沙溪全書』, 卷11, 「經書辨疑 · 大學」, 17板. "王制有虞氏上庠下庠註, 上庠大學在西郊, 下庠小學在國中王宮之東. 夏后氏東序西序註, 東序大學在國中王宮之東, 西序小學在西郊. 殷人右學左學註, 右學大學在西郊, 左學小學在國中王宮之東. 周人東膠虞庠註, 東膠大學在國中王宮之東, 虞庠小學在西郊."

13) 『沙溪全書』, 卷11, 「經書辨疑 · 大學」, 21板. "按所處而安之處, 韻會留也, 定也, 處事精詳之處. 韻會制也, 又分別置也."

주 인용된 책이다.

담제(禫祭): 『예기(禮記)』「상복소기(喪服小記)」에 이르기를 '부모와 아내와 장자를 위해서는 담제(禫祭)를 지낸다.' 고 했다.[14]

각(愨): 『운회』에 이르기를 '각(愨)의 음은 극(克)과 각(角)의 반절이고, 삼가는 것이고 정성스러운 것이다.' 고 했다.[15]

위의 경우처럼 다른 책의 언급을 인용한다든지, 『운회』를 통하여 음과 뜻을 설명하는 것은 『가례집람』에서의 대표적 고증 방법인데, 이것이 또한 『대학변의』에도 나타남을 확인할 수 있다.

또한, 사계는 『사성통해(四聲通解)』라는 책을 근거로 『대학장구』(대전본) 주자주의 '석(錫)' 자가 탕(鍚)의 오자(誤字)임을 분석·고증했다.

【22】 여(鑢)는 『사성통해(四聲通解)』에서 '구리와 쇠를 갈아 내는 기구' 라 하였다. 석(錫)은 탕(鍚)자인 듯하니, 『사성통해』에서 '탕이란 대패이다.' 라고 했다. 아마도 요즘 세속에서 사용하는 변탕(邊鍚)인 듯하다.[16]

이처럼 사계는 『가례』 주해의 방법을 『대학변의』에 적용함으로써, 기존의 경학 저술들이 가지지 못한 고증 방법을 통해 경문과 주자주의 뜻을 정확하게 해석하고자 했다. 이러한 사계의 접근 방법은 문자적 해석을 통

14) 『沙溪全書』, 卷30, 「家禮輯覽 · 喪禮」, 禫, 1板. "禫. 小記爲父母妻長子禫."

15) 『沙溪全書』, 卷30, 「家禮輯覽 · 喪禮」, 墓祭, 37板. "愨. 韻會克角切. 謹也, 誠也."

16) 『沙溪全書』, 卷11, 「經書辨疑 · 大學」, 29板. "鑢四聲通解磨瓅銅鐵之器. 錫恐是鍚字. 四聲通解鍚鐪鍚也. 疑如今俗所用邊鍚也."

해서 정확한 의미를 파악함으로써, 결과적으로 의리적 해석의 타당성을 확보하는 데 긍정적 영향을 미쳤다고 볼 수 있다.

또한, 이러한 훈고 및 고증 방법은 『대학』 주해(註解)에 반드시 요구되는 방법론이기도 하다. 당시의 『대학』 이해가 성리학의 심층적 이해 및 의리적 측면에서 전개되었고, 아직까지 『대학』 자체에 대한 전문적 주해서가 나타나지 않았다. 하지만 『주자가례』 연구에서는 이미 16세기 후반에 간재(艮齋) 이덕홍(李德弘)의 『가례주해(家禮註解)』(1570년대 전후), 물암(勿巖) 김륭(金隆)의 『가례강록(家禮講錄)』(1570), 구봉(龜峯) 송익필(宋翼弼)의 『가례주설(家禮註說)』(1590년대), 사계의 『가례집람』(1599) 등의 가례주석서가 등장했다. 따라서 『주자가례』 주해의 문자 해석의 접근 방식이 『대학』 및 『경서변의』에 부분적으로 나타난 것은 『대학』 연구가 『대학』 주해서로 전개됨에 중요한 의미가 있다.

마지막으로 지적할 부분은 비록 일반적 경우는 아니지만, 주자주에 대해서도 문제점을 지적했다는 점이다. 다음은 '23', '32'이다.

【23】 청송(聽訟)의 주에 나오는 '나의 명덕이 이미 밝혀졌다(我之明德旣明).' 라고 했고, 소주에 나오는 '명덕을 밝히는 것이 근본이다(明明德爲本).' 라고 했다. 주에 나오는 '저절로 백성의 마음과 뜻을 두렵게 하여 굴복시킨 것이다(自然有以畏服民之心志).' 라고 했고, 소주에 나오는 '이것이 곧 백성을 새롭게 함이다(此卽新民).' 라고 했다. ○ 살펴보건대, 이는 다음 소주에서 주자가 '백성으로 하여금 송사(訟事)가 없도록 하는 것이 근본이고 송사를 다스리는 것은 지엽적인 것이다.' 라는 것과 같지 않은 듯하니, 다시 자세히 살펴보아야 한

17) 『沙溪全書』, 卷11, 「經書辨疑 · 大學」, 29~30板. "聽訟註我之明德旣明, 小註明明德爲本, 註自然有以畏服民之心志, 小註此卽新民. ○ 按此與下小註, 朱子所謂使民無訟本也, 聽訟爲末, 似不同, 更詳之."

다.[17)]

【32】주(註)에 '욕이 동하고 정이 치우쳐서 그 작용의 행하는 바가 간혹 그 바름을 잃지 않을 수 없다(欲動情勝而其用之所行 或不能不失其正矣).' 고 했다. ○ 살펴보건대, 사람의 욕이 동하고 정이 치우치면 그 행하는 바가 바름을 잃게 되는 것은 필연적이니, 집주에서 혹(或) 자를 쓴 것은 세심하지 못하다. 율곡 선생도 말하기를, '혹(或) 자는 정말로 의심스럽다.' 고 했다.[18)]

비록 일반적 경우는 아니지만, 위의 인용문처럼 사계는 주자주에 문제점이 있음을 지적했다. '23'은 주와 소주가 서로 불일치됨을 지적한 것이고, '32'는 '혹(或)' 자가 필요 없음을 지적한 것이다. 위의 변의는 사계가 무조건 주자를 존신한 것이 아니라, 면밀히 검토 · 고찰했음을 방증하는 예라고 할 수 있다.

2) 소주(小註) 비판과 율곡(栗谷)의 권평(圈評)

앞서 소주 변의에 있어 율곡설을 자주 인용한다고 했다. 예를 들어 경1장에서 가장 먼저 언급된 북계(北溪) 진순(陳淳)의 소주가 그러하다. 북계 진순의 "사람은 태어나면서 천지의 리를 얻고 또 천지의 기를 얻었다. 리와 기가 합하여 허령한 것이다(人生得天地之理, 又得天地之氣, 理與氣合, 所以虛靈)."라는 언급에 대해서 사계는 율곡설을 가지고 비판했다. 73조목 중에 소주와 관련된 것이 19조목이고(7, 8, 10, 13, 18, 19, 20, 21, 25,

18) 『沙溪全書』, 卷11, 「經書辨疑 · 大學」, 33板. "註欲動情勝而其用之所行, 或不能不失其正矣. ○ 愚按夫人欲動情勝, 則其所行之失其正也, 必矣. 註中或字未詳. 栗谷先生亦曰, 或字果可疑."

26, 30, 34, 39, 40, 44, 46, 48, 51, 58), 이 중 율곡의 「기대학소주의의(記大學小註疑義)」, 『대학소주권평(大學小註圈評)』에서 지적한 부분은 15조목이다(7, 8, 10, 13, 19, 20, 26, 34, 39, 40, 44, 46, 48, 51, 58: 黑長抹, 黑圈中小黑圈, 黑全圈의 경우). 무려 소주 중 관계된 수치가 78.9%로, 이는 소주 변의와 율곡의 언급이 매우 밀접하다는 것을 보여 준다.

율곡은 『대학』과 관련하여 『사서언해(四書諺解)』, 「기대학소주의의(記大學小註疑義)」, 『대학소주권평(大學小註圈評)』를 저술했다. 이때 관심이 집중되는 것이 『대학소주권평』이다. 이 책은 『사서대전』 중 『대학』의 소주(小註) 중 문제가 되는 대목을 권주[圈]와 방점(旁點) 등으로 표시한 것으로, 현재 『대학』과 『중용』이 전해진다. 「학용소주권평범례」에서 율곡은 다음과 같이 소주 권평(圈評)에 대해 설명했다.

- 어의(語意)가 요절(要切)한 것은 붉은색으로 전체를 동그랗게 표시한다. (○)
- 전체 단락이 심히 볼 것이 없지만, 그중 어구가 요절한 것은 붉은색으로 방점(旁點)한다. (◌)
- 상고하여 볼 만한 것이 있지만, 심히 요절하지 않는 것은 붉은색으로 중간을 동그랗게 표시한다. (**O**)
- 비록 심히 요절하지 않지만, 의리(義理)가 통하고 병통된 것이 없는 것은 예전대로 검은색으로 동그랗게 표시한다. (○)
- 의리에 해가 되지 않지만, 없어도 상관없는 것은 검은색으로 두 번 동그랗게 표시한다. (◎)
- 전체 단락이 의리에 해가 되지 않지만, 어구에 병통이 있는 것은 검은색으로 길게 긋는다.(長抹) (⦶)
- 어의가 드러나지 않거나 혹 온당하지 않거나 혹 볼 필요가 없는 곳은 검은색

으로 동그랗게 표시한 가운데 작게 검은색으로 동그랗게 표시한다. (◉)

- 어의가 주자의 뜻에 부합되지 않거나 혹 의리에 적절하지 않은 곳은 검은색으로 전체를 동그랗게 표시한다. (●)

예전대로 검은색으로 동그랗게 표시한 조목은 모두 뽑아 기록하지 않았다.[19)]

위의 범례에 의하면 사서대전 소주 중 적절한 부분은 붉은색으로, 의심에 되는 부분은 검은색으로 표시했음을 알 수 있다. 특히 소주 중 문제가 되는 것은 흑장말(黑長抹: ⦶), 흑권중소흑권(黑圈中小黑圈: ◉), 흑전권(黑全圈: ●)이다. 〈표 3〉에서 『대학소주권평』이라 표기한 부분은 모두 위의 3가지 경우에 들어간 경우이다.

율곡이 이처럼 소주에 대해 권평을 한 것은 『사서대전(四書大全)』 형성과 내력이 깊다. 명대 영락제(永樂帝) 때에 편찬된 『사서대전』는 사서에 대한 주자주를 근간으로 하여, 소주에 남송 · 원대의 학자들의 해설을 정리한 경전이다. 그런데 문제는 소주가 경문 및 주자주의 내용을 잘못 해석한 경우가 적지 않다는 점이다. 이 때문에 많은 학자들이 문제점을 지적했으며, 소주를 산정(刪定)하려는 움직임을 보였다는 것이다. 그 대표적 예가 바로 율곡의 『대학소주권평』과 『중용소주권평』이다. 사계에 의해 기록된 율곡의 행장(行狀)을 보면 다음과 같은 언급이 있다.

어느 날 경연에서 선조가 말씀하시기를 '사서소주가 온당치 않은 곳이 많으

19) 宋秉璿 編, 『四書釋義』, 「學庸小註圈評凡例」. "語意要切者, 紅全圈之○. 全段不甚可觀, 而其中語句要切者, 紅旁點之◌. 有可考觀, 而不至甚要切者, 紅間圈之⭘. 雖不甚切, 而義通無病者, 仍舊黑圈之○. 有不害義理, 而有無不關者, 黑重圈之◎. 全段無害義, 而其中語句有病者, 黑長抹之⦶. 語意未瑩, 或未穩當, 或不必觀者, 黑圈中小黑圈之◉. 語意不合朱子之旨 或不中於理者, 黑全圈之●. 仍舊黑圈之條, 俱不抄錄."

니 약간 산정(刪定)하여 편리하게 보고자 하니 옥당에 이것을 맡기고자 한다.' 고 했다. 선생이 아뢰기를 '이것은 신의 학력으로 홀로 감당할 수 없습니다. 학문하는 선비 중에서 그 출신 여부를 논의치 말고 옥당에 참여시켜 다 함께 논의하여 산정해야 합니다.' 라고 했다.[20]

당시 율곡은 선조의 명을 받아 대전 소주의 산정 작업에 주도 혹은 참여했으나, 소주의 산정 작업은 어느 순간에 중단된 것으로 보인다. 그리고 현재 전해지는 『대학소주권평』과 『중용소주권평』에 행한 '소주에 대해 8가지 유형으로 평가 · 분류'는 소주 산정의 기초적 작업에 해당한다고 할 수 있다. 이와 같은 소주의 평가 · 분류는 이후의 율곡학파로 이어진 것으로 파악되는데, 사계의 『대학변의』도 이와 관계된 것이다.[21] 앞서 언급했듯이 사계의 소주 변의가 율곡의 『대학소주권평』에서 문제가 되는 흑장말(黑長抹), 흑권중소흑권(黑圈中小黑圈), 흑전권(黑全圈) 표시 부분과 매우 밀접한 수치를 보여 주기 때문이다. 그리고 다음 장에서 살펴보지만, 사계는 소주 분석에서 율곡설을 기초로 하여 전개되기 때문이다.

4. 변의의 내용과 쟁점: 율곡설의 계승과 퇴계설의 비판

앞서 경문, 주자주, 소주 변의에 대한 사계의 접근 방법에 대해 살펴보

---

20) 『沙溪全書』, 卷7, 「行狀 · 栗谷李先生行狀 下」, 3板. "一日筵中, 上曰, 四書小註, 多有未穩處, 欲稍刪改, 以便觀覽, 玉堂可任此也. 栗谷啓曰, 此非臣學力所能獨當, 學問之士, 不論出身與否, 使參玉堂, 同議刪定."

21) 전제동, 「17세기 율곡학파의 『대학』 해석 연구-대전본 소주 분석을 중심으로」, 『국학연구』, 16집, 한국국학진흥원, 2010, 776~783쪽 참조.

았는데, 이번 장에서는 구체적 내용과 주요 쟁점에 대해 고찰하고자 한다. 특히 리기심성론에 대해 분석할 것이다. 사계의 리기심성론에 대해 율곡과 다른 독자적 특성을 지적하는 경우(율곡의 人心道心相爲終始說 비판 등)가 있는데,[22] 과연 만년에 저술한 『대학변의』에 나타난 견해는 어떠한지 살펴보고자 한다.

먼저 살펴볼 수 있는 것이 리기(理氣)의 관계에 대한 논변이다. 경1장에서 가장 먼저 언급된 부분이다. 소주에서 북계(北溪) 진순(陳淳)은 "사람은 태어나면서 천지의 리를 얻고 또 천지의 기를 얻었다. 리와 기가 합하여 허령한 것이다(北溪陳氏曰 人生得天地之理 又得天地之氣 理與氣合 所以虛靈)."라고 했다. 이에 대해 율곡은 "리(理)와 기(氣)는 원래 서로 분리되지 않으니 합해질 수 있는 것이 아니다(理氣元不相離, 非有合也)."라고 비판했다. 과연 무엇 때문에 율곡은 비판한 것인가?

【7】석계(石溪) 최명룡(崔命龍)이 묻기를 '북계 진순의 설에 대해 율곡 선생이 반박하여 리(理)와 기(氣)는 원래 서로 분리되지 않으니 합해질 수 있는 것이 아니라고 했는데, 제 생각에는 리와 기는 비록 서로 분리되지 않으나 결코 하나의 물건이 아니니, 합해진다는 말에서 병폐를 찾아볼 수 없습니다.' 고 했다. 내가 답하기를, '리와 기는 원래 서로 분리되지 않아 본래 혼융(混融)하여 간격이 없습니다. 만일 북계 진순의 설대로라면, 사람과 만물이 태어나지 않았을 적에는 리와 기가 원래 서로 합해 있지 않다가 태어날 적에 비로소 천지의 리를 얻고 또 천지의 기를 얻어서 더불어 서로 합하여 태어나는 것이 마치 음양과 남녀가 서로 합하여 사람과 만물이 태어나는 것과 같다는 뜻이니, 옳다

22) 김현수, 「畿湖禮學의 形成과 學風」, 『儒學研究』, 25집, 충남대 유학연구소, 2011, 'Ⅲ. 栗谷 · 龜峰의 성리학적 입장과 沙溪와의 연관성' 참고 바람.

하겠습니까. 율곡 선생이 그의 말을 그르게 여긴 뜻은 반드시 이 때문일 것입니다.' 라고 했다. …… ○ 우복(愚伏) 정경세(鄭經世)가 말하기를 '리와 기는 본래 하나의 물건이 아니나, 단 일찍이 서로 분리된 적이 없었습니다. 그러므로 혼융하여 간격이 없다고 말했을 뿐입니다. 간격이 없다(無間)는 두 글자를 자세히 음미해 보면 그것은 두 물건임이 분명합니다. 율곡은 반드시 리와 기를 하나의 물건으로 생각하지 않았을 테니, 고명(高明: 沙溪를 말함)께서 아마도 잘못 기록한 듯 싶습니다. 더구나 '기와 리가 합하여 성을 이룬다' 는 것은 주자의 설로, 북계 진순의 이러한 설은 용이하게 논파할 수는 없습니다. ……' 라고 했다. …… ○ (사계) 또 살펴보건대, '주자가 '리와 기는 앞으로 미루어 보아도 그 애당초 합해진 것을 보지 못하겠고, 뒤로 당겨 보아도 그 끝내 분리되는 것을 보지 못 하겠다' 고 했다. …… 북계 진순은 천지의 리를 얻고 또 천지의 기를 얻어서 기질을 이룬다고 했는데, 그렇다면 사람이 기질이 이루어지기 전에는 리와 기가 서로 분리되어 있다가 기질이 이루어진 후에 다시 합하여 하나의 물건이 되는 것이니, 주자의 말과 어긋나지 않겠는가? 율곡의 말은 본래 리와 기를 하나의 물건으로 본 것도 아니고 리와 기를 두 물건으로 본 것도 아니다. 리와 기는 원래 서로 분리되지 않으니, 하나이면서 둘이고 둘이면서 하나라는 것은 바로 이를 말하는 것이다. 우복(愚伏)은 어째서 율곡의 말을 의심하고서 믿지 않는 것일까? 만일 우복의 말처럼 리와 기가 두 물건으로 나누어져 각기 발동하는 것이라고 한다면, 이는 퇴계의 '리기호발설(理氣互發說)' 인 것이다' 라고 했다.[23]

23) 『沙溪全書』, 卷11, 「經書辨疑 · 大學」, 18板. "崔汝允問, 陳北溪之說, 栗谷先生駁之曰, 理氣元不相離, 非有合也. 竊謂理氣雖不相離, 決非一物, 謂之合者, 未見其有病也. 愚答曰, 理氣元不相離, 本混融無間. 若陳氏之說, 則人物未生時, 理氣元不相合, 至始生時, 得天地之理, 又得天地之氣, 與之相合而生. 如陰陽男女, 相合而生人物, 其可乎? 栗谷先生非之之意, 必以此也. …… ○ 景任曰, 理氣本非一物, 但以未嘗相離, 故謂之混融無間耳. 詳無間兩字, 則其爲二物明矣. 栗谷必不以理氣爲一物, 竊恐高明記得錯耳. 況氣與理合而成性, 乃朱子

주지하다시피 율곡은 기발리승일도설(氣發理乘一途說)을 주장했으며, 리와 기를 나누어 보려는 사유를 비판했다. 북계에 대한 비판도 이와 관계된 것이다. 즉 리와 기를 각각의 일물로 여겨 분리시켜 이해하려는 태도를 비판했는데, 위의 북계의 언급도 이와 같이 해석될 수 있기 때문이다.

이에 대해 당시 최명룡(崔命龍)과 정경세(鄭經世)는 결코 리와 기가 일물(一物)이 아님을 주장하면서 율곡의 비판에 재비판을 하자, 사계는 율곡설을 변호 및 보완하는 동시에 리와 기를 나누어 보려는 사유는 바로 퇴계의 호발설이라 비판했다. 요컨대 '7'을 통해 율곡설을 계승 및 보완하고 퇴계의 호발설을 비판하는 사계의 입장을 읽을 수 있다.

다음으로 정(情)과 의(意)에 대한 논변에 대해 살펴본다. 명명덕어천하(明明德於天下)의 소주에 운봉 호병문이 '『중용』의 성신(誠身)과 『대학』의 성의(誠意)가 다르다고 언급하고, 의(意)는 심(心)이 발한 것'이라고 언급했다.[24] 이에 대해 사계는 아래와 같이 율곡의 설을 인용했다.

【13】율곡이 말하기를 '운봉 호병문의 설은 분명하지 못하다. 성(性)이 발하여 정(情)이 된 것이라 하여 반드시 모두가 선한 것은 아니다. 부중절한 정도 많다. 의(意)란 정으로 인하여 계교(計較)하는 것이니, 단순히 생각에 그치는 것만은 아니다. 운봉의 설은 단지 사단(四端)의 정만을 가리킬 뿐 선악의 정을

之說, 北溪此條, 未可容易攻破也. …… ○ 又按朱子曰, 理氣推之於前, 不見其始之合, 引之於後, 不見於終之離. …… 北溪之言曰, 得天地之理, 又得天地之氣而成質, 然則人未成質之前, 理氣相離, 旣成質之後, 復合爲一物也, 無乃有乖於朱子之言乎? 栗谷之言, 本非以理氣爲一物, 亦非理氣爲二物, 理氣元不相離, 一而二二而一者, 正謂此也. 景任何疑於栗谷之言而不信之乎? 若如景任之言, 以理氣分爲二物而各自發動, 則是退溪理氣互發之言矣."

24) 『沙溪全書』, 卷11, 「經書辨疑・大學」, 22板, 小註. "雲峯胡氏曰, 中庸言誠身, 是兼誠意正心修身而言, 謂身之所爲者實. 此但言誠意, 是欲心之所發者實, 章句所發二字, 凡兩言之. 因其所發而遂明之者, 性發而爲情也, 實其心之所發者, 心發而爲意也. …… 然則性發爲情, 其初無有不善. …… 心發而爲意, 便有善有不善."

통틀어 말한 것이 아닌데, 배우는 사람들이 대부분 이 논의를 잘못 보고서 정에는 불선(不善)이 없다고 여긴다. 진실로 이와 같다면 정이 우세한 대로 내버려 두고 정을 단속하거나 성을 함양하는 공부가 없게 될 것이니, 그 폐해가 적지 않을 것이다' 라고 했다. ○ 또 말하기를 '성이 발하여 정이 되고 심이 발하여 의가 된다는 것은 그 뜻이 각기 따로 있는 것이지, 심과 정을 나누어서 두 가지 작용으로 보는 것은 아니다. 그러나 후세 사람들은 마침내 정과 의를 두 갈래로 생각하게 되었다. …… 기실 성이란 심이 아직 발하지 않은 상태(未發)이고 정과 의는 심이 이미 발한 상태(已發)이다. 따라서 정과 의를 두 갈래로 보는 설은 논변하지 않을 수 없다. …… 그러므로 주자는 '의란 정이 있으므로 인하여 작용하는 까닭에 심이 고요하여 동하지 않는 것을 성(性)이라 하고, 심이 감응하여 마침내 통하는 것을 정(情)이라 하고, 심이 감응하는 바를 따라 실마리를 끌어내어 찾고 생각하여 헤아리는 것을 의(意)라 하니, 심과 성이 과연 두 가지 작용이 있겠으며 정과 의가 과연 두 갈래이겠는가?' 했다. …… '이로써 살펴보면, 심과 성은 두 가지 작용이 없음을 알 수 있다. 심과 성에 두 가지 작용이 없다면 사단과 칠정이 어찌 두 가지 정이겠는가?' 고 했다.[25]

위의 인용문에서 율곡은 두 가지 측면에서 운봉을 비판했다. 하나는 정(情)은 모두 선하다는 것에 대한 비판이고, 다른 하나는 성발위정(性發爲

25) 『沙溪全書』, 卷11, 「經書辨疑 · 大學」, 22~23板. "栗谷曰, 雲峯說未瑩, 蓋性發爲情, 未必皆善. 情之不中節者亦多矣. 意是緣情計較, 不但念頭而已. 雲峯之說, 單指四端之情, 非通論善惡之情, 而學者多誤見此論, 以爲情無不善. 苟如是則任其情勝, 而無約其情養其性之功矣, 爲害不細也. ○ 又曰 性發爲情, 心發爲意云者, 意各有在, 非分心情爲二用, 而後人遂以情意爲二岐. …… 其實, 則性是心之未發者也, 情意是心之已發者也. 情意二岐之說, 不可以不辨. …… 故朱子曰, 意緣有情而用, 故心之寂然不動者謂之性, 心之感而遂通者謂之情, 心之因所感而紬繹思量者謂之意. 心性果有二用而情意果有二岐乎? …… 心性無二用, 則四端七情豈二情乎?"

情), 심발위의(心發爲意)에 대한 비판이다. 특히 두 번째 내용은 그(율곡)의 심성론과 깊이 연관된다. 율곡은 우계 성혼과의 인심도심 논쟁 중에 사단칠정과 인심도심을 다른 차원의 설이라고 보았는데, 사단칠정설은 정(情)에 관계된 문제이며, 인심도심설은 정(情)과 의(意)를 겸한 범주로 이해했다. 또한 정 · 의를 연속선상에서 이해하고, 성과 정, 의를 하나의 과정으로 해명한다. 즉 성에서 정이 발한 후에 계교상량(計較商量)하는 의가 일어나는 일련의 흐름으로 이해했는데, 바로 심성정의일로(心性情意一路)라는 것이다. 이러한 율곡의 성과 정, 의에 대한 이해 및 사단 · 칠정/인심 · 도심의 견해는 사계에서 또한 계승되고 있음을 확인할 수 있다.

다음으로 살펴볼 것은 격물(格物) · 물격(物格)에 대한 논변이다. 여기에서 중요한 논란은 물격에 대한 이해이다. 사계는 다음과 같이 언급했다.

> 【14】 일찍이 율곡 선생에게 묻기를 '물격(物格)이라고 하는 것은 사물의 리(理)가 지극한 곳에 이른 것입니까, 나의 앎이 지극한 곳에 이른 것입니까?' 고 하니, 답하기를 '사물의 리가 지극한 곳에 이른 것이다. 만일 나의 앎이 지극한 곳에 이른다면 그것은 지지(知至)이지 물격이 아니다. 물격과 지지는 하나의 일이다. 사물의 리로 말하면 물격이라 하고, 나의 마음으로 말하면 지지라고 하니, 두 가지 일이 아니다' 라고 했다.[26]

격물(格物)과 물격(物格)에 대한 논의는 『대학변의』 조목 중 가장 많은 분량을 차지한다(1444字/전체: 8751字) 사계는 물격(物格)과 지지(知至)에 대해, 율곡의 언급을 통해서 다만 하나인데 사물에서 볼 때와 사람의 마

26) 『沙溪全書』, 卷11, 「經書辨疑 · 大學」, 23~24板. "格物物格. ○ 嘗問栗谷先生曰, 物格云者, 是物理到極處耶? 吾之知到極處耶? 答曰, 物理到極處也. 若吾之知到極處, 則是知至, 非格物也. 物格知至, 只是一事, 以物理言之, 謂之物格. 以吾心言之, 謂之知至, 非二事也."

음에서 바라볼 때의 개념상의 차이일 뿐이라고 지적한다.

주자는 보망장(補亡章)에서 지지(知至)를 설명하면서 다음과 같이 언급했다.

> 그리하여 힘쓰기를 오래 해서 하루아침에 활연히 관통함에 이르면 모든 사물의 표리(表裏)와 정조(精粗)가 이르지 않음이 없을 것이요, 내 마음의 전체와 대용(大用)이 밝지 않음이 없을 것이니, 이것을 물격(物格)이라 이르며, 이것을 지지지(知之至)라 이른다.[27)]

이때 물격(物格), 지지지(知之至)라는 개념이 나온다. 그리고 이에 대해 어떻게 설명 · 해석할 것인가가 논란이 됐는데, 사단칠정 논쟁 관련 서신에서 퇴계는 다음과 같이 언급했었다.

> 퇴계가 고봉 기대승에게 보낸 서신에서 말하기를, …… 그렇다면 바야흐로 그 격물을 말할 때에는 실로 내가 사물의 리의 지극한 곳을 궁구하여 이른다고 말할 수 있는데, 물격에 대해서는 어찌 사물의 리의 지극한 곳이 나의 궁구한 바를 따라 이르지 않음이 없다고 말할 수 없겠습니까? 이에 정의(情意)도 조작(造作)도 없는 것은 리의 본연한 체(體)이고, 만나는 바에 따라 발현하여 이르지 않음이 없는 것은 리의 지극히 신묘한 작용(用)임을 알 수 있습니다.[28)]

---

27) 『大學章句』, 傳5章. "至於用力之久, 而一旦豁然貫通焉, 則衆物之表裏精粗無不到, 而吾心之全體大用無不明矣. 此謂物格, 此謂知之至也."

28) 『沙溪全書』, 卷11, 「經書辨疑 · 大學」, 26~27板. "退溪與奇高峯書曰, …… 然則方其言格物也, 則固是言我窮至物理之極處, 及其物格也, 則豈不可謂物理之極處. 隨吾所窮而無不到乎? 是知無情意造作者, 此理本然之體也, 其隨遇發見而無不到者, 此理至神之用也."

퇴계의 위의 언급은 리도설(理到說)과 연관된다. 퇴계는 리(理)에는 체(體)와 용(用)이 있음을 지적하면서, 작용적 측면(用)에는 '리 또한 발현하여 이르지 않음이 없다'고 주장했다. 이에 대해 사계는 퇴계의 주장에 대해 다음과 같이 비판했다.

> '만나는 바에 따라 발현하여 이르지 않음이 없는 것은 리의 지극히 신묘한 작용이다.' 라고 말한 것은 더욱 의심스럽다.[29)]

위의 언급은 퇴계의 작용적 측면(用)에는 리(理) 또한 발현하여 이르지 않음이 없다.'에 대해 비판한 것이다. 즉 물격(物格), 지지(至知)란 사물의 이치가 스스로 발현하는 것으로 해석하는 것에 대해 부정적으로 인식하고 퇴계의 주장을 비판한 것이다.

요컨대 만년에 저술한 『대학변의』에서 사계의 입장은 리기(理氣)의 관계, 정ㆍ의, 격물ㆍ물격 해석 등의 측면에서 율곡설을 긍정하고 계승하려는 입장이었다고 정리할 수 있다.

5. 맺음말

『대학변의』는 『경서변의(經書辨疑)』의 한 부분으로, 사계 경학사상 및 리기심성론을 살필 수 있는 중요한 자료이기도 하다. 기본적으로 사계의 『대학변의』는 경학사적으로 중요한 『대학』 연구서이며, 성리학의 심층적

29) 『沙溪全書』, 卷11, 「經書辨疑ㆍ大學」, 27板. "退溪說 …… 至於隨遇發見而無不到, 此理至神之用云者, 尤可疑."

탐구와 맥을 같이한다는 측면에서 17세기 학문적 심화를 보여 주는 자료이다.

구체적으로 『대학변의』의 특징을 요약한다면 다음과 같다. 첫째, 경전 해석에 있어 의리적 관점으로 접근했다는 점을 지적할 수 있다. 자구의 훈고에 집중하기보다는 성리학적 의리를 이해하기 위한 것이다. 그렇지만 경문이나 주자주에 대해서는 『가례』 주석에서의 훈고의 방식을 부분적으로 적용했다. 다음으로 율곡의 대전 소주 산정 및 권평의 영향으로 경문 및 주자주 외에 소주에 대한 접근이 많다는 점을 지적할 수 있다. 명대 영락제 때에 편찬된 『사서대전』 소주에 많은 학자들이 문제를 지적하면서 소주 산정(刪定)의 주장 및 움직임이 나타났는데, 율곡이 그 대표적 학자로 이후 사계 등 율곡학파에 영향을 미친 것으로 분석된다. 이러한 영향은 사계의 『대학변의』 소주 조목에도 적용되는데, 율곡의 『대학소주권평』에서 지적한 소주와의 78.9%의 유사성을 보이기 때문이다. 마지막으로 율곡의 리기심성론의 대해서 존신 및 계승하려는 입장이었다. 리기의 관계, 정과 의에 대한 이해, 격물・물격 등 당시 사단칠정 논쟁이나 인심도심 논쟁에서 핵심적으로 언급됐던 개념 및 이론에 대해서 사계는 율곡설의 긍정하고 계승 및 보완하려는 자세를 자주 볼 수 있기 때문이다.

다만 리기심성론에 대한 언급이 『대학변의』뿐만 아니라, 『중용변의』, 『근사록변의』에서도 자주 언급되므로 추후 이에 대한 분석이 필요하다. 예컨대 『중용변의』의 경우, 리기심성론뿐만 아니라 공부론에 대해서도 다양하게 언급하고 있는데, 여기서는 퇴계의 설을 자주 인용하고 긍정적으로 평가하는 부분이 상대적으로 많다. 따라서 차후 『중용변의』, 『근사록변의』에 대한 심층적 분석이 요구된다.

■ 참고 문헌

『四書或問』, 上海古籍出版社, 2001.

『栗谷全書』, 성균관대 대동문화연구원, 1971.

『沙溪全書』, 光山金氏虛舟公派花樹會, 1978.

『四書釋義』, 宋秉璿 編, 1899, 국립중앙도서관 소장본.

오석원, 「사계 김장생의 경학사상-『경서변의』를 중심으로」, 『동양철학연구』, 10집, 동양철학연구회, 1989.

김용걸 외, 『沙溪思想硏究』, 사계 · 신독재양선생기념사업회, 1991.

안병걸, 「17세기 조선조 유학의 經傳解釋에 관한 연구」, 성균관대 박사학위논문, 1991.

이영호, 「17세기 조선학자들의 『大學』 해석에 관한 연구」, 성균관대 박사학위논문, 1999.

이영호, 「『경서변의-대학』을 통해 본 사계 김장생의 경학사상」, 『인문과학』, 30집, 성균관대인문과학연구소, 2000.

우경섭, 「김장생의 경학사상」, 『한국학보』 103, 일지사, 2001.

최일범, 「沙溪 金長生의 人心道心說에 관한 연구」, 『유교사상연구』, 19집, 한국유교학회, 2003.

이영호, 『朝鮮中期 經學思想硏究: 16~17世紀 『大學』 註釋書에 대한 分析』, 경인문화사, 2004.

장세호, 「沙溪의 栗谷說 비판적 수용」, 『한국사상과 문화』, 55집, 한국사상문화학회, 2010.

전제동, 「17세기 율곡학파의 『대학』 해석 연구-대전본 소주 분석을 중심으로」, 『국학연구』, 16집, 한국국학진흥원, 2010.

백호(白湖) 윤휴(尹鑴)의 『대학』 해석
– 삼강령(三綱領)과 격물치지(格物致知)의 이해를 중심으로

신창호 (고려대학교 교수)

1. 서언

백호 윤휴(白湖 尹鑴, 1617~1680)는 17세기 조선 성리학에서 독특한 존재로 판단된다. 왜냐하면, 당시 『대학』의 정본으로 인정되던 주자의 『대학장구』에 기초하여 『대학』을 이해한 것이 아니라, 『고본대학』을 중심으로 자신의 사유를 드러냈기 때문이다. 그뿐만 아니라 그는 당시 학자들이 크게 주목하지 않았던 『효경』 「내칙」에 주목하고, 『중용』과 『대학』을 표리 관계로 이해하며, 유교의 핵심을 논의했다. 이는 당시의 사서(四書) 중심 유교와는 다른 길이었다. 윤휴는 왜 당대의 주류 학문을 비판했을까? 그것은 그가 느낀 현실과 연관된다.

윤휴는 당대의 학풍이 리기심성(理氣心性)에 대한 이론적 논쟁에 치우치고 실천 행위의 차원이 부족하다고 생각했다. 즉, 학문에 종사하는 존재들이 내면을 채우는 근본 공부는 도외시하고 언어나 문장과 같은 말단에 치중하고 있다고 보았다. 또한, 학문의 과정에서 묻고 답할 때에도, 실천하기 위해 묻는 것이 아니라 단순히 지식을 알려고만 묻는 행태를 보면서, 유교의 근본 목적에 맞지 않다고 인식했던 것이다. 이에 윤휴는 지행합일(知行合一)의 차원에서 유교의 본령과 본지(本旨)를 회복하기 위해 새로운 방안을 모색했다고 볼 수 있다.

이를 구현할 수 있는 핵심 경전이 바로 『효경』을 필두로 하는 『대학』과 『중용』이었다. 특히, 『대학고본별록(大學古本別錄)』과 『대학전편대지안설(大學全篇大旨按說)』, 『대학후설(大學後說)』은 윤휴가 유교의 근본 목적을 실현하는 방법적 특성을 잘 드러낸다. 윤휴는 자신이 『고본대학』에 충실한 이유를 『대학고본별록』에서 분명하게 밝힌다. 공자는 사관이 의심나는 부분은 빼 버리고 쓰지 않았다고 하였다. 『춘추(春秋)』에도 미심쩍은 부분은 미심쩍은 대로 전하고 신빙성 있는 부분은 신빙성 있는 대로 전하는 데 성인의 도가 존재한다고 했다. 공자가 필삭(筆削)을 가한 취지도 바로 거기에 있었다. 『대학』도 전편(前編)의 고문(古文)을 고려해야 한다. 그런데 지금 선유(先儒)들이 토론을 거쳐 서차(序次)를 정해 놓아 그 본래의 뜻을 엿볼 수 없는 경우가 있다. 지금 학자들에게 그 원형을 보여주기 위해 고본(古本) 그대로를 다음과 같이 적고 거기에 약간의 구두와 해석을 가했으며 한두 군데는 주석을 붙이기도 하여 되도록 옛것을 그대로 존속시키면서 색다른 것은 색다른 것대로 적어 두어, 보는 이들에게 참고가 되도록 하였다.[1] 이런 점에서 윤휴는 주자를 비롯한 선유들을 비판하기 위한 목적의식을 가지고 글을 읽은 것이 절대 아니다. 그는 유교 본래의 학문 목적을 찾으려고 노력했을 뿐이다.

그런 의지는 『대학전편대지안설』에서도 드러난다. 성인이 도를 전한

1) 『白湖全書』, 卷37, 「大學古本別錄」. "孔子稱史之有闕文也. 春秋之義, 疑以傳疑, 信以傳信, 聖人之道存. 以考夫子筆削之旨. 則是篇者, 非有古文前編, 亦何以窺先儒討論序第之意哉. 今故第錄因舊本如左, 以視學者, 略又依文句釋, 附註一二餘義, 以存古昔述異聞, 使覽者得考焉." (이하 「別錄」으로 표기함.)

글이면 익숙하게 강론하고 공평하게 논의하여 천 년을 두고 다 함께 공유해야 한다. 지금 내가 고본을 기준으로 그것을 경(經)과 전(傳)으로 분류하고 전문의 뜻을 살펴본 결과, 글의 행간에 은미한 뜻과 진지한 맛이 제대로 드러나고 있어 그것을 없앨 수 없었다. 그 말이 엉성한 듯하지만 그윽하고, 서차가 문란한 것 같지만 정연하며, 말하지 않은 것도 따지고 보면 아주 깊은 말을 하고 있다. 따라서 갑자기 이리저리 바꾸거나 손질을 가하여 옛 분들이 전수한 본래의 뜻을 잊어서는 안 된다.[2] 이런 그의 심경은 유교 본래의 뜻을 밝히려는 데 온 힘을 쏟는 학자다운 태도이다. 이는 고본을 통한 유교의 본지(本旨) 탐구이다.[3]

어떤 연구자들은 윤휴가 『대학고본』을 다루다 보니, 주자의 『대학장구』를 비판했다거나, 왕수인이 『대학고본』을 옹호한 것에 터하여 양명학적 견해나 특성을 지녔다고도 한다.[4] 그러나 나의 견해는 약간 다르다. 윤

---

2) 『白湖全書』, 卷37, 「大學全篇大旨按說」. "聖人傳道之書, 固不厭熱講而公議, 與千歲共之也. 今竊以古本, 分經傳, 考傳義, 則其反復抑揚之際, 淖有微意弘旨, 而不可泯沒焉. 其言似疎而實密, 其序似亂而實整, 其所不言者, 乃所以深言之也. 恐不可遽有所移易損益, 以失前人傳受之意也."(이하 「按說」로 표기함.)

3) 최석기, 「白湖 尹鑴의 經學觀」, 『남명학연구』 8-1, 1998, 참조.

4) 양명학적 견해를 드러내고 있다고 주장하는 대표적인 연구로 다음과 같은 것이 있다. 유명종, 「尹白湖와 丁茶山」, 『철학연구』 27(1979); 안병걸, 「大學古本을 통해본 白湖의 經學思想 研究」, 『민족문화』 11(1985); 유영희. 「白湖 尹鑴 思想 研究」, 고려대학교 박사학위논문(1993); 송석준, 「白湖 尹鑴의 經學思想에 나타난 陽明學的 見解-『大學』의 해석을 중심으로」, 『인문사회과학연구』 11(1996); 송석준, 「한국 양명학의 초기 전개양상-윤휴와 박세당의 『대학』 해석을 중심으로」, 『동서철학연구』 13(1996); 금장태, 「白湖 尹鑴의 性理說과 經學」, 『인문논총』 39(1998); 이영호, 「『讀書記 · 大學』을 통해 본 白湖 尹鑴의 經學思想」, 『한국한문학연구』 25(2000); 강명희, 「백호 윤휴의 격물치지설에 관한 연구」, 성균관대 석사학위논문(2003); 이외에도 몇몇 연구들은 윤휴의 학문을 反朱子學, 혹은 脫朱子學적 경향을 띠고 있다고 주장하기도 하는데, 이 또한 "親民"이나 "格物致知"의 해석과 같은 부분적 측면을 보고 그렇게 주장하는 것으로 판단된다. 이영호는 윤휴의 『대학』에 주자학적 요소와 양명학적 요소가 동시에 존재하면서도 이

휴는 『대학전편대지안설』에서 『대학고본』에 충실한 이유를 다음과 같이 밝힌다. "이 책 장구(章句)는 두 정자(程子)와 주자(朱子) 그리고 후현(後賢)들까지 다 제각기 고친 부분이 있는데 그중에서 주자가 정해 놓은 경전(經傳)이 제대로 되었고 맥락(脈絡)도 분명하여 영구히 고칠 수 없는 천하의 양서이다."[5] 윤휴는 여기에서 분명히 『대학장구』의 장점을 인정한다. 그뿐만 아니라 양명학적 영향을 거부하는 태도는 그의 『대학전편대지안설』의 자문자답에서 분명하게 드러난다. 윤휴는 스스로 묻는다. "그렇다면 전문을 쓴 이가 격물치지에 관해 언급하지 않은 것은 너무 한쪽으로만 치우쳐 근대 육자정(陸子靜) 또는 양명씨(陽明氏)가 덕성을 높일 것만 주장한 설과 같지 않은가?" 아니다. "성의·정심을 하려면 격물치지부터 먼저 해야 한다고 성경(聖經)에 더없이 분명하게 말해 놓았다."[6]

이런 점에서 윤휴가 『대학』을 독해하는 방식은 철저히 유교의 본질에 충실히 하려고 했으며, 육왕학과 유사한 측면이 보이더라도 정주(程朱)의 견해를 자연스럽게 계승했다고 판단된다. 본고에서는 이러한 그의 『대학』 이해를 삼강령(三綱領)과 격물치지(格物致知)를 중심으로 주자의 주석과 비교 검토하고, 특히, 격물치지를 이해하는 독특한 사고를 논의하려고 한다.

를 지양하거나 지향하는 상상적 요소가 있다고 지적한다. 이선아는 송시열에 의해 斯文亂賊으로 지목된 윤휴의 사유를, 송시열계를 朱子 '絶對主義'로 보고 윤휴를 朱子 '相對主義'의 입장에서 이해한다.(이선아, 『윤휴의 학문세계와 정치사상』, 한국학술정보, 2008, 69~74쪽 참조) 그것은 윤휴가 주자의 학문 체계를 벗어났다기보다는, 당시 대부분의 학자들이 주자에 절대적으로 경도되어 있었던 데 비해, 윤휴의 사고는 주자를 옹호하면서도 상대적으로 자유로운 학풍임을 의미한다.

5) 「按說」. "按此篇章句, 兩程子朱子以及後賢, 皆各有更定, 唯朱子所定經傳得所, 而脉絡分明, 足爲天下不刊之書."

6) 「按說」. "然則傳者不言格致, 其無乃偏於一邊, 而若近世陸子靜陽明氏尊德性之說乎. 曰欲誠正者先格致, 聖經之言, 不翅明白矣."

2. '대학'의 의미와 삼강령의 이해

1) '대학지도'의 의미

윤휴는 '대학(大學)'을 주자의 인식과 다른 차원에서 접근한다. 주자는 『대학』을 "옛날 태학(太學)에서 사람을 가르치던 법이다."[7]으로 명시했다. '대학지도(大學之道)'를 '대학(大學)'의[之] '도[道]'로 이해한 것이다. 이는 태학(太學)이라는 교육기관에서 성인을 대상으로 교육하던 내용을 포괄적으로 담고 있으며, '어른들의 학문'으로 규정된다.[8] 윤휴도 그것을 부정하지 않는다. 그러나 『고본대학』에서 말하는 대학의 의미는 그것과 다른 차원임을 지적한다.

> 대학은 옛날 소학(小學)과 대학(大學)으로 나누어 부르던 학궁(學宮)의 이름이다. 이는 배우는 사람이 아동인지 성인인지 또는 익히는 학업이 굵직굵직한 것인지 자질구레한 것인지를 기준으로 한다. 그러나 여기(『고본대학』)에서 말한 대학은 대도(大道)나 대덕(大德)과 같은 말로, 그 도의 큼과 쓰임의 광대함이 소도(小道)나 곡예(曲藝)와 같지 않다는 말이다.[9]

그것은 '소학-대학'의 정교(政敎)를 구상했던 주자와 달리, 유교의 원초적 모습을 찾으려는 윤휴의 시각이 담겨 있다. 성인의 도를 직접 밝혀 보기 위해 『고본대학』 자체의 텍스트 분석에 치중했던 그로서는 이런 이

---

7) 『大學章句』, 「序」. "大學之書, 古之大學, 所以教人之法也."

8) 『大學章句』, 經1章, 註. "大學者, 大人之學也."

9) 「別錄」. "大學, 古者有小學大學學宮之名. 蓋以人之大少, 又以業之鉅細言爾. 此言大學, 猶言大道大德, 言其道之大用之宏, 非若小道曲藝也."

해가 자연스러운. 것이었다고 판단된다. 소학-대학의 학문 단계를 염두에 두지 않고, 원래 『예기』에 있던 「대학」을 검토했으므로, 윤휴는 '대학지도(大學之道)'를 '대(大)'와 '학의 도[學之道]', 즉 "배움의 도가 크다"는 말로 독해하였다. 이때 배움은 '본성을 밝히는 작업'에서 출발한다.[10] 그것은 다음 절에서 다룰 삼강령(三綱領)과 직결된다.

> 대학이란 책은 본성을 밝히는 길을 적은 것이다. 그러므로 명명덕은 자기의 본성을 다하는 일이고, 신민은 타인의 본성을 다하는 일이며, 지어지선은 자기를 완수하고 타자를 완수하는 궁극적 경지라고 했다.[11]

이는 『예기』「학기(學記)」에서 말하는 '대학지법(大學之法)'으로, '배움의 양식이 크다'는 말과 동일한 차원이다.[12] 이런 점에서 『대학』은 지식을 습득하기 위한 이론서가 아니라 실천 주체의 덕성을 자각하고, 이를 확산하여 천하국가에서의 실현을 위한 실천서가 된다.[13] 「학기」에서는 그 배움의 양식을 크게 네 가지로 구분했다. 그것은 예(豫)와 시(時)와 손(孫)과 마(摩)이다.

> 아직 펼쳐지지 않았을 때 금하는 것을 예(豫)라고 하고, 스스로 배움을 구할 때 알려 주고 가르쳐 주는 것을 시(時)라고 하며, 절도를 넘지 않고 베푸는 것을 손(孫)이라고 하고, 서로 학우의 언행을 관찰하게 하고 그 선을 따르며 악을

10) 「別錄」. "學者, 所以明性也."

11) 「別錄」. "大學之書, 明性之道也. 故其曰, 明明德, 盡己之性也. 新民, 盡人之性也. 止至善, 成己成物之極也."

12) 「別錄」. "大學之道, 言學之道大也. 如學記所謂大學之法, 是也."

13) 안병걸, 「白湖 尹鑴의 經學과 社會政治觀」, 성균관대 대동문화연구원, 『제5회 동양학 국제학술회의논문집』, 1995, 246쪽.

물리치게 하는데, 이를 마(摩)라고 한다. 이 네 가지가 가르침을 일으키고 풍성하게 하는 근본이다.[14]

'예'는 배우는 사람에게 나쁜 습관이 발생하지 않도록 미리 예방하기 위해 금지하는 작업이고, '시'는 배우는 사람이 스스로 분발하여 깨우치려고 할 때 그에게 맞게 알려 주고 가르쳐 주는 시의적절함을 의미한다. '손'은 배우는 사람의 자질과 능력에 맞게 그 정도를 넘지 않도록 가르치는 일이고, '마'는 배우는 사람들 상호 간에 말과 행실을 관찰하여 착한 부분은 모범으로 삼고 나쁜 측면은 물리치는 배움의 양식이다. 이는 배움에서 '예방'과 '시의적절함', '인재시교(因才施教)'와 '상호작용'을 통해 성인(聖人)으로 나아가는 작업이다. 윤휴는 그 배움의 길이 크다는 것을 다음과 같이 제시한다.

> 배움은 옛것을 상고하고 남에게서 배우며 참으로 알고 알차게 걸어가서 성현의 경지에 도달하여 자기 성품을 되찾기를 기약하는 일이다. 그것은 큰 덕을 밝혀 그 빛이 사방으로 퍼지고 하늘과 땅에도 이르게 하는 작업이다. 그러므로 큰일이라고 한다.[15]

여기에서 배움의 내용과 방법, 과정과 목적이 지시된다. 배움의 내용은 옛것을 상고하는 계고(稽古)이고, 그 방법은 타자에게서 배우는 취인(取人)이며, 과정은 진정한 지식과 지혜의 터득, 그리고 그것을 일상에서 알

14) 『禮記』, 「學記」. "大學之法, 禁於未發之謂豫, 當其可之謂時, 不陵節而施之謂孫, 相觀而善之謂摩, 此四者, 教之所由興也."

15) 「別錄」. "學者, 稽古取人, 眞知實踐, 期至乎聖賢之域, 以復其天性者也. 明其峻德, 至于光被四表, 格于上下, 故謂之大也."

차게 채우며 밟아 나가는 실천이다. 그 궁극 목적이 성인이나 현인의 경지에 올라 자신의 착한 성품을 밝히는 복기성(復其性)이요 복기초(復其初)이다. 이는 유교의 학문 전통에 매우 충실한 지적 면모를 보여 준다.

2) 삼강령의 독해

윤휴는 유교 본령에 충실하게 『예기』의 『고본대학』을 통해 '대학'을 이해했다. 그런데 주자는 그것을 『대학장구』로 재해석했다. 주자 당대의 시선으로 이른바 『금본대학(今本大學)』을 창출한 것이다. 그렇다고 유교의 본래 취지가 사라진 전혀 다른 텍스트를 창출한 것은 결코 아니다. 공맹(孔孟)을 중심으로 하는 유교의 근본에 가깝게 다가서기 위한 학문적 노력이었다. 윤휴가 『고본대학』을 통해 있는 그대로의 경전을 고찰하겠다는 의도도 이와 다를 바 없다. 그것은 『대학』의 삼강령인 '명명덕(明明德)-친민(親民)-지어지선(止於至善)'을 이해하는 부분에서 확인된다. 주자는 명명덕을 다음과 같이 주석했다.

> 명덕은 사람이 하늘에서 얻은 것으로, 허령불매(虛靈不昧)하여, 온갖 이치를 갖추고 모든 사물에 응한다. 다만 기품(氣稟)에 따라 구애받고 사람의 욕심에 가려지면, 때로는 어두운 적이 있으나 그 본체는 늘 밝음을 지속했다. 그러므로 배우는 사람은 펼치는 바를 따라 밝혀서 그 처음의 본래 마음을 회복하여야 한다.[16)]

---

16) 『大學章句』, 經1章, 註. "明德者, 人之所得乎天而虛靈不昧, 以具衆理而應萬事者也. 但爲氣稟所拘, 人欲所蔽, 則有時而昏, 然其本體之明, 則有未嘗息者. 故學者當因其所發而遂明之, 以復其初也."

명덕은 사람의 마음이다. 그 본래의 상태는 텅 비고 어둡지 않다. 밝다. 그 성질은 모든 것을 갖추고 있기에 모든 일에 응할 수 있다. 그러나 사람에 따라 제각기 다른 욕심으로 인해, 어두움으로 추락할 수 있다. 여기에서 중요한 것은 마음의 본체 자체가 늘 밝은 것이라는 점이다. 그러므로 '밝은 것이 선천적으로 갖춰져 있다'는 의미의 명덕(明德)이라는 표현을 썼다. 윤휴의 주석은 주자에 사유를 보다 구체적으로 보완한다.

> 하늘이 부여하는 것은 명(命)이고 그것을 사람이 받으면 성(性)이 된다. 속에 보존된 것은 심(心)이고 성에 펼쳐진 것은 정(情)이다. 사람이 하늘에서 얻어 광명정대한 것을 명덕이라 한다. 그것은 사람의 마음이 신령하고 밝고 꿰뚫리어 맑아서, 모든 사물의 이치를 훤히 알 수 있음을 말한다. 그것을 밝히는 작업은 본래 밝았던 상태에 근거하여, 기품에 의해 치우친 부분과 물욕에 의해 가려진 부분을 없애는 것이다.[17]

여기에서 윤휴는 명(命)과 성(性), 성(性)과 심(心), 성(性)과 정(情)의 관계를 자세하게 설명하면서 명명덕(明明德)을 정돈한다. 명과 성의 관계는 주자가 주석한 내용과 의미상 다르지 않다. 오히려 그것을 계승하여 풍부하게 하고 있다. "하늘이 사람과 물건에게 부여한 것은 명이고 사람과 물건이 받은 것은 성이다."[18] 이는 『중용』에서 말하는 "하늘이 명한 것을 성이라고 한다."[19]와 동일하다. 이는 유교 형이상학의 기본 언표이다. 형식

17) 「別錄」. "在天曰命, 在人曰性. 存乎中者謂之心, 發乎性者謂之情. 其得於天而光明正大者謂之明德. 蓋指人心之靈, 明同澈, 管乎萬理者而言之. 明之者, 因其本明之天, 而去其氣稟之偏, 物欲之蔽也."

18) 『大學章句大全』, 首章. "天之賦於人物者謂之命, 人與物受之者謂之性."

19) 『中庸章句』, 1章. "天命之謂性."

적으로는 하늘이 인간을 비롯한 만물에게 명령을 내려 본성을 부여한 듯하다. 그러나 상호 주체의 측면에서 대대(待對)적이다. "명(命)은 하늘이 준 것이고 성(性)은 만물이 받은 것이다. 즉 명(命)과 성(性)은 주고받은 차원에서 하나의 이치다. 하늘이 만물에게 주는 측면에서는 명령이고 사람과 물건이 받는 측면에서는 본성이다."[20] 이처럼 주체의 전이를 통해 명(命)과 성(性)은 준 자와 받은 자 사이의 관계망을 형성한다.[21]

윤휴는 성(性)과 심(心)의 관계에서 성 가운데 보존된 것을 심으로 보았다. 성에 펼쳐진 것은 정(情)이다. 따라서 성과 심, 정의 문제는 보존된 것과 펼쳐진 것의 차이일 뿐, 동일한 성의 다른 양상이다. 여기에서 '명덕은 하늘에서 얻어 광명정대한 것'으로 표현된다. '명덕의 광명정대성'이라는 점에서 주자를 그대로 이었다. 주자는 말했다. "한 몸의 주인이 된 것을 심이라 하고, 하늘에서 얻어서 광명정대한 것을 명덕(明德)이라고 한다.[22] 심성정의 관계에서 주자는 심을 한 몸의 주인이라고 분명하게 밝혔다. 따라서 그것이 명덕을 대표할 수 있다. 그러나 윤휴는 명덕이 성인지 심인지는 분명하게 밝히지는 않았다. 어떻게 보면 심과 성을 명확하게 나눌 수 없는 상황에서 심이기도 하고 성이기도 하다. 분명한 것은 기품에 의해 치우치고 물욕에 의해 가린 것을 없애, 본래 밝았던 자연적 심성을 밝히는 작업이다. 그것이 명명덕이다.

다음은 친민(親民)의 해석이다. 주자는 정자(程子)가 친(親)을 신(新)으로 써야 한다는 견해를 적극적으로 받아들였다. 이는 주자가 『대학장구』

20) 『中庸章句大全』, 1章, 註. "天所賦爲命, 物所受爲性, 理一也, 自天所賦予萬物言之謂之命, 以人物所稟受於天言之謂之性."

21) 신창호, 「『중용』 수장(首章)의 교육학적 해석-성(性)·도(道)·교(敎)의 인간학적 관점」, 『교육철학』 34, 한국교육철학회, 2008 참조.

22) 『大學集註大全』, 首章. "主於一身者謂之心, 有得於天而光明正大者謂之明德."

를 편집하면서, 전(傳)2장에 등장하는 "일신우일신(日新又日新)"이나 "기명유신(其命維新)"의 '신(新)'과 논리적 맥락을 갖추기 위한 장치였을 것으로 판단된다. 주자가 신민을 명명덕과 연관하여 다음과 같이 독해한다.

> 신(新)은 옛날의 잘못된 점을 고친다는 것이다. 이미 스스로 그 밝은 마음을 밝혔으면, 또 마땅히 미루어 남에게까지 미쳐서, 그도 또한 옛날에 물든 더러움을 제거함이 있음을 말한 것이다.[23)]

주자는 신(新)을 언급하면서, 옛날의 오류를 고친다는 차원에서 혁신과 개혁을 고려한다. 그것은 나로부터 타인에로, 옛날로부터 지금에로의 점진적 진보를 기준으로 새로움을 추구하는 것이다. 그 전제 조건은 늘 '자신이 새로워져야 하는 것,' 자기 수양과 반성이 우선 된다. 다시 말하면, 수기(修己)라는 철저한 내면의 성찰을 거친 후, 타인을 새롭게 하는 치인(治人)이다. 이 내면적 성찰, 자기 수양이 앞에서 등장했던 명명덕이다.[24)]

주자는 자신의 마음을 밝힘으로써 자신을 새롭게 하고, 타인도 새롭게 해 나가야 한다는 의미로 신민을 상정했다. 그것은 새로움의 끊임없는 활동을 강조한다.

> 진실로 하루에 그 옛날에 물든 더러움을 씻어서 스스로 새로워짐이 있으면, 이미 새로워진 것을 바탕으로 나날이 새롭게 하고, 또 나날이 새롭게 하여, 조금이라도 새롭게 하는 활동이 끊어져서는 안 된다.[25)]

---

23) 『大學章句』, 經1章, 註. "新者, 革其舊之謂也, 言旣自明其明德, 又當推以及人, 使之亦有以去其舊染之汚也."

24) 신창호, 『대학, 유교의 지도자 교육철학』, 교육과학사, 2010, 115~122쪽 참조.

25) 『大學章句』, 傳二章, 註. "誠能一日, 有以滌其舊染之汚而自新, 則當因其已新者, 而日日

이처럼 주자는 끊임없는 자기로부터의 혁명을 제기한다. 윤휴 또한 이를 부정하지는 않는 듯하다. 왜냐하면, 주석을 통해 정자가 신(新)으로 써야 한다는 데 찬동함[26]과 동시에, 자기 개혁과 추기급인(推己及人)에 해당하는 타자 혁신의 의미를 구체적 사례를 통해 내비치고 있기 때문이다.

> 새로워진다는 것은 옛날의 잘못된 습관을 고치고 함께 선한 곳으로 들어가게 하여 그들이 제각기 명덕을 밝히도록 하는 일이다. 그것은 공자가 말한 "자기 몸을 닦고 백성을 편안하게 한다.", 맹자가 말한 "사람들이 제각기 어버이를 어버이로 모시고 어른을 어른으로 대우하면 세상이 태평할 것이다."라는 언급과 같다.[27]

윤휴의 주석이 주자의 『대학장구』에 비해 보다 친절한 부분이 여기에서 드러난다. 주자는 자신의 잘못을 고치고 다른 사람에게 영향을 미쳐 다른 사람도 스스로 잘못을 고치는 차원에서 신민의 주석을 멈추었다. 그러나 윤휴는 잘못된 습관을 고치는 동시에 선한 곳으로 나아가도록 유도하고 있다. 그리고 구체적 사례를 공자와 맹자의 예에서 들고, 타자를 지향하는 마음을 구체적으로 보여 주었다. 그리고 신(新)과 친(親)이 민(民)을 대하는 태도에서 동일한 사안임을 넌지시 제기한다.

新之, 又日新之, 不可略有間斷也."

26) 「別錄」. "親, 程子曰當作新."

27) 「別錄」. "新者, 與之革其舊染, 同入於善, 使之各明其明德也. 孔子所謂修己而安百姓, 孟子所謂人各親其親長其長而天下平, 是也."; 윤휴가 인용한 孔子와 孟子의 말의 출처는 다음과 같다. 『論語』, 「憲問」. "子路問君子, 子曰, 修己以敬. 曰如斯而已乎. 曰修己以安人. 曰如斯而已乎. 曰修己以安百姓. 修己以安百姓, 堯舜 其猶病諸." 『孟子集注』, 「離婁」上. "孟子曰, 道在爾而求諸遠, 事在易而求之難. 人人親其親 長其長而天下平."

> 민(民)은 자신으로부터 바깥으로 미루어 세상 사람들에게까지 나간 것을 말한다. 어진 사람의 마음은 자기가 서고 싶으면 남도 세워 주고 자기가 도달하고 싶으면 남도 도달하게 해 주려고 한다. …… 어떤 사람은 이렇게 말하였다. "대인(大人)의 길은 가까운 사람을 가까이하고 백성을 사랑하여, 나라 전체를 한 사람으로 보고, 세상 전체를 한 가정으로 본다. 그러므로 친(親)이라고 한 것이다."[28)]

민은 나 이외의 모든 존재이다. 그들은 나와 함께하는 또 다른 나이다. 그러므로 사랑으로 대변되는 인(仁)을 개입하여, 사람 사랑과 백성 사랑이라는 인인(仁人)과 인민(仁民)의 문제를 친(親)으로 연결시켰다. '혹왈(或曰)'의 경우, 왕양명의 『대학문(大學問)』이나 『친민당기(親民堂記)』와도 내용상 유사한 측면이 있다.[29)] 그렇다고 윤휴가 신민을 부정하며 친민만을 옹호한 것은 아니다. 더구나 양명학의 영향을 받았다거나 양명학적 경향이 있다고 오해하여서는 곤란하다. 왜냐하면, 서언에서 언급한 것처럼, 윤휴는 주자의 『대학장구』를 최고의 책으로 칭송하며 곳곳에서 정자를 비롯한 선현들의 견해를 반영하고 있기 때문이다.

---

28) 「別錄」. "民者, 自一身以外推之天下也. 仁人之心, 己欲立而立人, 己欲達而達人. …… 或曰, 大人之道, 親親而仁民, 以中國爲一人, 以四海爲一家, 故謂之親."; 仁에 관한 윤휴의 인용은 다음과 같다. 『論語』, 「雍也」. "子貢曰, 如有博施於民而能濟衆, 何如, 可謂仁乎. 子曰, 何事於仁, 必也聖乎. 堯舜, 其猶病諸. 夫仁者, 己欲立而立人, 己欲達而達人. 能近取譬, 可謂仁之方也已"

29) 송석준의 경우, "或曰"을 왕양명의 만물일체사상에 관한 구절, 즉 「大學問」에 나오는 "大人者, 以天地萬物爲一體者也. 其視天下猶一家, 中國猶一人焉"을 인용한 것으로 보고, 윤휴의 『대학』 이해를 양명학적 견해가 담겨 있다고 주장한다. 그러나 그것은 윤휴가 『고본대학』을 이해하는 전체 맥락에서 볼 때, 구체적 근거를 제시하여 논의한 것이라기보다는 논자의 추측에 의한 주장이 강하다고 판단된다. 송석준, 「白湖 尹鑴의 經學思想에 나타난 陽明學的 見解-『大學』의 해석을 중심으로」, 『인문사회과학연구』 11, 1996, 195~197쪽 참조.

세 번째는 지어지선의 독해이다. 주자에 의하면 "지(止)는 반드시 여기에 이르러 옮기지 않는다."는 뜻이고 지선(至善)은 "사리의 당연한 기준이나 표준"이라고 했다.[30] 그리고 부연 설명하기를 "명명덕(明明德)과 신민(新民), 모두를 마땅히 지선의 경지에 멈추어 옮기지 않는 일"[31]이라고 했다. 주자의 언명을 자세히 보면, 명명덕의 지어지선도 있고 신민의 지어지선도 있는 것처럼 보인다. 이런 점에서, 명명덕과 신민의 온전한 실천은 지선의 기본 전제이다. 그것은 천리 자연의 법칙과 기준을 온전히 하는 데 있고, 아무리 사소할지라도 개인적인 욕심이 없어야 한다.[32] 명명덕을 지속하는 동시에 신민을 지속하여 자기 개혁과 타인의 혁신에 최선을 다하는 상황이다.

윤휴는 이런 해석에 동의하면서도, 명덕을 지선의 최고 상황으로 지목한다. 아울러 성현들이 이룬 지선의 사례를 적시한다.

> 지(止)는 '이르다', '서다'와 같다. 지선에서는 명덕이 지선의 극치이다. 이른바 인(仁)은 요임금과 같고, 지(知)는 순임금과 같으며, 학(學)은 공자와 같아야 한다는 것이 이를 가리킨다. 지어지선의 경우, 그 가운데를 잡아라, 너의 그칠 자리를 편안히 하라, 황극을 세우라는 말들과 같다. 이는 학문으로서 최고의 경지이고, 본성의 기능을 다하는 일이며, 자기를 완성하고 남을 완성시키는 길이다.[33]

주자는 지(止)를 '여기에 이르러 옮기지 않는' 불천(不遷)을 강조한다.

---

30) 『大學章句』, 經一章, 註. "止者, 必至於是而不遷之意. 至善, 則事理當然之極也."

31) 『大學章句』, 經一章, 註. "明明德, 新民, 皆當止於至善之地而不遷."

32) 『大學章句』, 經一章, 註. "必其有以盡夫天理之極, 而無一毫人欲之私也."

33) 「按說」. "止猶至也立也. 至善者, 明德至善之極也. 所謂仁必如堯, 知必如舜, 學必如孔子, 是也. 止於至善, 猶曰執厥中, 安汝止, 建皇極. 此學問之極功, 盡性之事, 成己成物之道也."

윤휴의 경우, '이르다', '서다'라는 과정에서의 자기 노력을 중시한다. 주자가 명명덕과 신민에 머물러 지속하는 일관성을 강조한다면, 윤휴는 명명덕과 친민에 이르거나 설 수 있는 과정적 노력과 목표 도달 자체를 중시하는 듯하다. 때문에 윤휴는 지선의 극치를 명덕에 두었다. 친민이 아니다. 여기에서 자기 수양의 극치로서 요순과 공자의 어짊과 지혜, 학문을 예로 들었다.

그뿐만 아니라, 윤휴가 지목한 지어지선을 상징하는 『서경』의 언표들은, 하나같이 자신을 다스리는 명명덕의 사례이다. "그 가운데를 잡아라."는 언표는 "인심은 오직 위태롭고 도심은 오직 미미하니 오직 정밀하고 오직 한결같이 해야 진실로 그 중용의 도를 붙잡을 것이다."[34]라는 16자 심법을 말한 것, "너의 그칠 자리를 편안히 하라."는 우임금이 순임금에 "자리에 계실 때에 조심하십시오." "임금님께서 가만히 계실 때 마음을 편안하게 가지십시오. 오직 조짐을 살펴 대처하시며 건강하십시오."[35]라는 정사의 핵심을 고려할 때 나온 말이다. "황극을 세우라."는 말은 "황극은 임금이 그 모교로 삼을 진리의 삶을 확립하는 것이니 이 다섯 복을 수렴하여 여러 백성들에게 펼쳐 주면 이 여러 백성들이 그대가 세운 진리의 삶을 따르고 그대와 하나가 되어 그 진리의 삶을 보존할 것이다."[36]에서 나온 정사와 삶의 표본 제시이다. 이는 명덕을 지닌 자신의 주체 의식을 기반으로 전개된다.[37] 즉 명덕 · 신민의 실천자로서 수신이 근본임을 인지하고, 지어지선인 성기성물의 궁극처에 이른다는 실천지향의 자세이다.

34) 『書經』, 「大禹謨」. "人心惟危, 道心惟微, 惟精惟一, 允執厥中, 無稽之言勿聽, 弗詢之謨勿庸."

35) 『書經』, 「益稷」. "禹曰, 都, 帝, 愼乃在位. 帝曰, 兪. 禹曰, 安汝止. 惟幾, 惟康."

36) 『書經』, 「洪範」. "皇極, 皇建其有極, 斂時五福, 用敷錫厥庶民, 惟時厥庶民, 于汝極, 錫汝保極."

37) 안병걸, 앞의 논문, 1985, 79~80쪽 참조.

3. '격물치지' 이해의 독특성

1) 격물: 사물의 이치를 감통하는 도

『대학고본』에 의거한 윤휴의 대학 이해는 격물치지의 해석에서 주자와 다른 독특성을 드러낸다. 주자는 격물-치지-성의-정심-수신-제가-치국-평천하의 학문 과정을 설정하고 격물을 학문의 선행 단계로 자리매김한다. 특히, 격물치지(格物致知)에 대한 주자의 구체적인 훈고(訓詁)는 "치지재격물(致知在格物)"의 주석에서 확인된다.

주자는 '격(格)'을 '이르다[至]'로 풀이하였다. 그리고 물(物)은 사(事)와 같다고 했다.[38] 여기서 '이르다[至]'는 의미는 단순하게 물리적으로 어떤 지점에 미치거나 닿는다는 의미를 넘어서 있다. 또한 물(物)은 명사적 의미의 단순한 물건[things]은 물론 행위의 차원까지 포괄하고 있다. 이런 점에서 격물(格物)은 문자적으로 '사물(事物)에 이른다'는 의미로 해석된다. 치(致)의 경우, '미루어서 지극히 하는 일'이고 지(知)는 '인식하는 작업'으로 해석하였다.[39] 이는 치(致)를 끝까지 파고들거나 탐구하는 자세로 이해한 것이고, 지(知)는 일반적인 의미에서 '마음이나 인지적으로 이해하는 지식' 정도로 볼 수 있다. 그러므로 치지(致知)는 '지식을 끝까지 미루어서 밝혀낸다'는 의미로 설명할 수 있다. 이는 주자 철학의 분수령을 이루는 「격물보전」에서 다음과 같이 구체화 과정을 거친다.

> 이른바 '앎을 지극하게 이룸이 사물의 이치에 이르는 데 있다'고 하는 것은

38) 『大學章句』, 經一章, 註. "格, 至也. 物, 猶事也."

39) 『大學章句』, 經一章, 註. "致, 推極. 知, 猶識也."

나의 앎을 지극하게 이루려고 한다면 사물에 나아가 그 이치를 끝까지 캐들어 가는 데 있다는 말이다. 대개 인간의 마음의 신령함은 모두 앎을 지니고 있고, 천하의 사물은 모두 이치가 있다. 하지만 오직 이치를 끝까지 다 캐들어 가지 못한 곳이 있기 때문에, 그 앎이 다하지 못함이 있는 것이다. 이 때문에 대학을 처음 가르칠 때에 반드시 배우는 이들에게 세상의 여러 가지 사물에 나아가 그가 이미 아는 이치를 따라서 끝까지 캐물어 들어가서 모두 이르도록 하는 것이다. 그와 같이 공부에 힘을 씀이 오래되어서 하루아침에 훤하게 꿰뚫어 보게 되는 데까지 이르게 되면, 모든 물건의 겉과 속, 그리고 세밀한 곳과 거친 곳에 앎이 이르지 않는 곳이 없고, 내 마음의 전체와 큰 작용이 밝지 않은 곳이 없을 것이다. 이것을 일러 '사물이 이치에 이르렀다' 고 하며, '앎이 지극해졌다' 고 한다.[40]

주자가 강조하는 격물치지는 인식의 주관과 객관을 분리하여 이해한다. 즉 인식 주관인 인간이 인식 대상인 사물에 다가가 사물의 이치를 끝까지 파악하고, 모든 의문을 없애는 탐구 과정을 보여 준다.[41] 이때의 격물은 사물 하나하나에 대한 구체적이고 자세한 구명을 말하고, 치지는 전체를 거시적으로 아는 것으로 마음에서 포괄적으로 이해하는 문제이다.[42]

그런데 윤휴의 격물치지에 대한 이해는 주자의 그것과 상당히 다른 뉘

40) 『大學章句』, 傳五章, 「格物補傳」. "所謂致知在格物者, 言欲致吾之知, 在卽物而窮其理也. 蓋人心之靈, 莫不有知, 而天下之物, 莫不有理, 惟於理有未窮. 故其知有不盡也, 是以大學始敎, 必使學者, 卽凡天下之物, 莫不因其已知之理而益窮之, 以求至乎其極, 至於用力之久而一旦豁然貫通焉, 則衆物之表裏精粗, 無不到, 而吾心之全體大用, 無不明矣. 此謂物格, 此謂知之至也."

41) 정인재, 「유학의 실재관」, 『동서양의 실재관』, 정신문화연구원, 1994.

42) 『大學章句大全』, 經一章, 註. "格物, 只是就一物上窮盡一物之理. 致知, 便只是窮得物理盡後, 我之知識, 亦無不盡處."

앙스를 풍긴다. 윤휴는 자신이 읽은 '격물(格物)'의 문제를 다음과 같이 밝힌다.

> 격은 면밀한 뜻이 느껴 통하는 것을 이르는데, 앞 문장의 학(學) 자를 좇아서 나온 말이다. 학문을 시작할 때, 진실함과 깨달음으로 힘을 쏟고, 생각하고 분변함을 다하여, 사물의 이치가 마음에 느껴 통하도록 하기를, 제사 때 공손하고 삼가하여 신명에 통하는 듯이 하라는 것과 같다. 그러므로 그것을 격이라고 했다.[43)]

윤휴는 격(格)을 주자가 해석한 '이르다[至]'와는 다르게 해석했다. 그 핵심은 '느껴서 통함'이라는 감통(感通)이다. 감통은 사물과 내가 둘로 나누어지지 않고 고심하며 애써 찾는 폐단도 없다. 그것은 여유 있게 노닐면서도 깊게 젖어 들어 깨닫고 느끼며 통하는 묘미가 있다.[44)] 다시 말하면 격은 "정성이 지극한 끝에 통한다."는 의미이다.[45)] 이러한 격의 과정, 즉 감통에 성경(誠敬)과 사변(思辨)이 개입한다. 성경(誠敬)은 유교가 추구하는 학문(學問)의 종시(終始)를 관통하는, 이른바 알파와 오메가이다.[46)] 사변은 『중용』의 신사(愼思)·명변(明辨)으로 학문의 과정을 점점 심화하는 작업이다. 윤휴는 그것을 다음과 같이 구체적으로 제시한다.

> 격(格)이라는 말은 바로 『대학』에서 처음 가르치는 존심(存心)·양지(養知)

---

43) 「別錄」. "格, 精意感通之謂, 從上文學字而來. 學問之始, 誠敬之力, 思辨之功, 使物理感通於心, 如齋祀之格於神明也. 故謂之格."

44) 「按說」. "無與物爲二, 苦心力索之弊, 而有優游浸灌發悟感通之妙也."

45) 『白湖全書』, 卷37, 「大學後說」. "格者, 誠至而通也." 이하 「後說」로 표기함.

46) 「別錄」. "聖學之所以成始而成終者也."

의 일이며, 학문 · 사변(思辨)의 본체이다. 그래서 주자가 말한, "하루아침에 탁 트이면 모든 사물을 다 알게 되고 마음이 남김없이 밝아진다."는 것이 여기에 달려 있다.…… 그것은 자기를 돌아보고 살피며 참으로 오랫동안 힘을 쌓아 나간다는 의미이지, 뜻을 고달프게 부리고 마음을 마구 놓아 버리는 입으로 내뱉고 귀로 듣기만 하는 그런 배움을 말하는 것이 아니다.[47]

이런 점에서 격은 '이르다'라는 의미의 완료형이기보다는 학문을 진행해 나가는, 일종의 과정으로 생각된다. 무엇보다도 오랫동안 힘을 쌓아 나가는 그런 과정이다. 그 학문의 대상이 다름 아닌 물(物)이다. 이때 물은 모든 사물을 지칭하기보다는 『대학』에서 가장 중요한 인간의 길로 제시했던 명덕(明德)과 신민(新民)의 일을 말한다.[48] 그것은 모든 인간의 자기 삶의 문제와 직결된다. 때문에 윤휴는 다음과 같이 물을 이해한다.

물은 앞 문장의 "물건에는 근본과 말단이 있다[物有本末]."라는 대목을 좇아서 나온 글자로, 자기의 몸을 본체로 근본에 힘쓰고 가까운 것과 내면의 문제에 몰입한다는 의미이다. 모든 사물을 대강 보고서 마음을 공허하고 요원한 곳으로 치달려, 급하게 먼저 할 것을 하지 않음을 이르는 것이 아니다.[49]

이는 윤휴의 물에 관한 인식이 무엇보다도 인간의 문제로 회귀했음을 보여 준다. 그러므로 물이라고 할 때, 그것은 다음과 같은 특성을 지닌다.

47) 「按說」. "格之爲言, 正大學施教存心養知之事, 學問思辨之體, 而朱子所謂一朝豁然, 物無不盡而心無不明者, 固在是也. …… 有反己存省, 眞積力久之意, 非役志放心出口入耳之謂."

48) 「別錄」, 「按說」, 「後說」. "物者, 明德新民之事也."

49) 「按說」. "物者, 從上文物有本末之言而來, 有體己務本便僻近裏之意, 非泛觀萬物, 馳心虛遠, 不急先務之謂."

물은 사물에 나아가 이치를 파악하고, 드러나 있는 것을 통하여 드러나지 않은 것을 살필 수 있다. 사물을 벗어나 이치를 구하다 보니 노력은 했으나 아무런 이익이 없는 것이 아니니다.[50]

윤휴는 이런 인식하에 격물의 방법을 두 가지로 제시한다.

하나는 놓친 마음을 거둬들여 잡고 보존하며 공손하고 엄숙하며 고요하고 한결같이 하여 본원이 훤하게 밝혀져서, 물이 다가오면 지혜를 통해 알게 되는 것이다. 다른 하나는 자세하게 따져 묻고 깊이 생각하며 연구에 연구를 거듭하여 참으로 오랫동안 힘을 쌓은 끝에 완전히 마스터하는 경지에 들어가는 것이다. 이 모두가 사물의 이치를 느껴 통하는 길이다.[51]

이런 점에서 격물은 사물과 감통하고, 궁리 명선하는 학문의 방식이다. 이는 궁리(窮理)와 거경 함양(居敬 涵養)의 양면을 포함하는, 이른바 덕성 함양과 이론 공부를 동시에 추구하는 작업이다.[52] 존심양성(存心養性)과 학문사변(學問思辨)하는 두 가지 공부를 모두 포괄한다.[53] 다시 말하면, 윤휴는 격물을 통해 주자의 학문론인 존덕성(尊德性)과 도문학(道問學)을 계승하면서 그것을 전체 학문의 구도에서뿐만 아니라 격물에 투영하여 덕성 함양과 이론 학습의 본말 관계를 한층 강화시켰다.[54]

---

50)「按說」. "謂之物則所以能卽物觀理, 因顯察微, 而又非有外事求理, 而勞而無益之失焉."

51)「按說」. "一則欲收放操存齋莊靜一, 而使本原昭曠, 而物來知知. 一則欲審問精思, 硏幾極深, 使眞積力久, 而入於神化, 此皆物理感通之道也."

52) 금장태, 앞의 논문, 247쪽 참조.

53) 안병걸, 앞의 논문, 1985, 81쪽.

54) 유소영,「白湖 尹鑴의『大學』해석의 실천 지향적 성격 연구-格物致知說을 중심으로」, 고려대학교 석사학위논문, 2010, 58~59쪽.

2) 치지: 박학 · 심문 · 심사 · 명변

앞에서 언급한 것처럼, 주자는 치(致)를 '미루어서 지극히 하는 일'이고 지(知)를 '인식하는 일'로 이해하였다. 윤휴도 이를 충실히 이어받고 있다.

> 치는 내가 알고 있는 것을 바탕으로 최고의 경지까지 미루어 올라가는 것이고, 지는 사리를 분별할 수 있는 마음의 지각이다. 다시 말하면, 치는 끝까지 미루어 도달하는 것으로, 사물의 이치가 마음에 감통되면 마음이 아는 것이 이르는 바에 따라 그 역량을 모두 발휘하게 된다.[55]

치지는 사물에 대한 가치판단이 확실히 되는 상태인 동시에 인식에서 정의적 요소가 적극적으로 개입되어 있다.[56] 다시 말하면, 치지는 나의 선한 마음을 온전하게 넓혀 충실하게 한다는 의미를 지니고 있다. 이는 사물의 이치에 대한 객관적 인식의 확대를 넘어 그것의 실천에 대해 판단할 수 있는 마음이 질적으로 확충됨을 뜻한다.[57]

그런데 윤휴는 지(知)의 문제에서 인간이 지닌 지(知)의 고유성(固有性)을 지적한다. 그것은 사람에게 고유한 것으로 미루어 나갈 수 있는, 치(致)의 바탕이다.

---

55) 「別錄」. "致, 因其知而推極之."; "知者, 心之知覺辨於事理者. …… 致者, 致之而至, 物理其感通於心, 則心之所知, 始隨所致而盡其量."

56) 김승영, 「17세기 格物致知論에 대한 분석-김장생 · 정경세 · 윤휴를 중심으로」, 『동서철학연구』 36, 2005, 334쪽.

57) 강명희, 「白湖 尹鑴의 格物致知說에 관한 硏究」, 성균관대학교 석사학위 논문, 2003, 53쪽 참조.

> 지는 사람에게 본디 있는 것이다. 치는 미루어 지극하게 함을 말한다. 자기가 알고 있는 것을 바탕으로 미루어 나가면, 가까운 일상의 삶을 생각하고 여러 문제들에 대해 절실하게 물으며, 선한 마음을 미루어 넓혀 가는 뜻이 있다. 그렇게 되면, 갑작스레 어떤 일을 만나도 통하지 않거나 먹혀들지 않는 근심은 없다.[58]

치지는 근사절문(近思切問)하여 양지(良知)를 넓혀 간다는 의미이다.[59] 이런 인식을 통해 윤휴는 『대학』의 첫머리에 나오는 삼강령은 물론 성의-정심-수신-제가-치국-평천하를 모두 격물치지하는 일로 보았다. 따라서 격물치지의 온전한 모습은 어떤 일을 할 때, 사물과 내가 일체가 되어, 말하지 않아도 공이 이루어지는 것이다.[60] 그것은 격물과 치지가 연속적으로 발생하는 유기체적 차원에 있음을 일러 준다. 그러기에 윤휴는 "치지재격물(致知在格物)"의 해석을 이렇게 정돈했다. "치지재격물(致知在格物)에서 '있다[在]'를 쓰고, '치지선격물(致知先格物)'처럼 '먼저[先]'라고 하지 않은 것은 저쪽에서 물(物)이 느껴져서 통하면, 이쪽에서 지(知)가 도달(達)한다"[61]고 보았다. 이는 지적 활동일 뿐만 아니라, 그 자체로 존심양성하는 마음공부이다.[62]

윤휴는 이런 격물치지의 방법을 『중용』에서 원용했다. '널리 배우고 자세히 묻고 신중히 생각하며 밝게 분변한다'는, 이른바, 박학(博學)-심

58) 「按說」. "知者, 人之固有也. 致者, 推極之謂也. 因其所已知而推致之, 有近思切問推廣良知之義, 無卒爾逢件扞格不入之患."

59) 안병걸, 앞의 논문, 1985, 82쪽.

60) 「後說」. "大學開卷, 誠正修齊治平之事, 莫非格致之地也. 若是則所謂格致者, 與事其固一體也, 功運於不言之外矣."

61) 「別錄」. "言在不言先者, 物格於彼而知達於此也."

62) 안병걸, 앞의 논문, 1995, 247쪽.

문(審問) - 신사(愼思) - 명변(明辨)이다.[63]

배워서 그것을 모으고, 물어서 그것에 통하며, 생각해서 그것을 풀어내고, 구별하여 단안을 내리며, 거기에 몰입하고 충실하여 힘을 보태고, 꾸준히 공부해야 한다. 그런 후에 이치를 통달할 수 있고 마음의 역량을 다할 수 있다.[64]

이것이 윤휴가 생각했던 격물치지의 구체적 방법이다. 여기에서 학문사변(學問思辨)의 공부가 첨가되는 이유는, 그것이 양지(良知)를 보존할 뿐만 아니라, 계속 확충시켜 갈 수 있기 때문이다.[65] 요컨대, 윤휴에게서 격물은 명덕 · 신민의 일에 마음을 써서 이를 하려는 것이고, 치지는 나의 본래 선한 마음을 다 발휘하여 선악에 대한 분별을 확실히 하는 것이다. 그런데 치지는 격물에 달려 있다. 그러므로 내 마음에 명덕 · 신민의 일에 느끼는 것이 확실해야만 선악에 대한 분별이 서게 된다.[66] 이것이 이후의 의성(意誠)과 심정(心正), 신수(身修)로 이어진다.

4. 결어

백호 윤휴의 『대학』 이해는 상당히 독특하다. 주자학을 계승하면서도, 원전에 충실하여 자기 나름의 이해를 시도하였다. 그것은 반주자학(反朱子學), 혹은 탈주자학(脫朱子學), 나아가 육왕학(陸王學)의 견해를 지니고

63) 「後說」. "格物致知之方, 博學審問愼思明辨."

64) 「後說」. "學以聚之, 問以通之, 思以繹之, 辨以斷之, 之以專篤之力悠久之功, 然後理可通而心可盡矣."

65) 안병걸, 앞의 논문, 1985, 82쪽.

66) 유영희, 앞의 논문, 51쪽.

있다는 지적을 받기도 하고, 당대에는 사문난적(斯文亂賊)으로 지목되기도 했다. 그러나 윤휴는 누구보다도 충실하게 주자학을 계승한 학자였다. 다만, 자신이 살았던 시대정신을 적절하게 반영하면서, 유교의 본지에 충실하려고 했을 뿐이다. 그것은 당시 심성론 중심의 공리공담이 아니라, 실천이 담보된 유교의 지향이었다. 이런 점에서 윤휴의 사유는 조선 후기 실학의 맹아라는 평가를 받기도 한다.

윤휴는 주자의 『대학장구』가 아니라 『고본대학』을 텍스트로 선택하였기에, '대학(大學)'의 해석에서 차원을 달리하였다. 그것은 '소학-대학' 차원의 이해가 아니라, 대학 자체, 즉 '배움이 크다'라는 인식의 지평을 열게 하였다. 이때 배움은 본성을 밝히는 일[明德]에서 시작한다. 그것을 바탕으로 『대학』의 삼강령인 명명덕-신민-지어지선에 대한 해석이 펼쳐진다. 명명덕은 기품에 의해 치우치고 물욕에 의해 가린 것을 없애, 본래 밝았던 자연적 심성을 밝히는 작업이다. 신민은 잘못된 습관을 고치는 동시에 선한 곳으로 나아가도록 유도하는 일이다. 지어지선은 명명덕과 신민을 실천하는 행동을 하는 사람으로서 수신을 근본으로 인식하고, 지어지선인 성기성물에 이르는 자세이다.

이러한 윤휴의 『대학』 이해는 그의 '격물치지(格物致知)'론에서 보다 분명한 특성을 드러낸다. 주자의 이해와 달리, 윤휴는 격물의 핵심을 '느껴서 통함'이라는 감통(感通)으로 독해했다. 그는 이 감통에 성경(誠敬)과 사변(思辨)을 개입시키고, 유교가 지닌 실천적 학문의 지향점을 분명하게 한다. 또한, 그는 치지를 나의 선한 마음을 온전하게 넓혀 충실하게 한다는 의미로 독해했다. 이는 사물의 이치에 대한 객관적 인식의 확대를 넘어 그것의 실천에 대해 판단할 수 있는 마음이 질적으로 확충되는 것과 통한다. 윤휴는 이런 격물치지의 방법을 '널리 배우고 자세히 묻고 신중히 생각하며 밝게 분변한다'는 중용의 박학(博學)-심문(審問)-신사(愼

思)-명변(明辨)에서 찾았다. 그것은 격물이 명덕·신민의 일에 마음을 써서 이를 실천하려는 일이고, 치지는 나의 본래 선한 마음을 다 발휘하여 선악에 대한 분별을 확실히 하는 작업임을 확인하려는 노력이었다.

요컨대, 윤휴의 『대학』 이해는 어떤 차원에서 보면, 중국 주자학의 조선적 수용이다. 그는 주자학을 원용하면서도 유교의 본령을 찾으려는 성실함을 보였고, 조선의 현실을 고려한 학문적 실천을 감행했다. 그것은 시대정신에 충실한 유교의 현실주의를 몸소 보여 주는 이신작칙(以身作則)의 자세요, 온고지신(溫故知新)의 태도라고 할 수 있다.

■ **참고 문헌**

『白湖全書』(全3卷), 白湖先生文集刊行會, 경북대학교출판부, 1973.
『국역 백호전서』, 양홍렬 역, 민족문화추진회, 1997.
『大學章句』
『中庸章句』

강명희, 「白湖 尹鑴의 格物致知說에 관한 硏究」, 성균관대학교 석사학위논문, 2003.
금장태, 「白湖 尹鑴의 性理說과 經學」, 『인문논총』 39, 서울대학교, 1998.
김승영, 「17세기 格物致知論에 대한 분석-김장생·정경세·윤휴를 중심으로」, 『동서철학연구』 36, 한국동서철학회, 2005.
송석준, 「白湖 尹鑴의 經學思想에 나타난 陽明學的 見解-『大學』의 해석을 중심으로」, 『인문사회과학연구』 11, 1996.
송석준, 「한국 양명학의 초기 전개양상-윤휴와 박세당의 『대학』 해석을 중심으로」, 『동서철학연구』 13, 한국동서철학회, 1996.
신창호, 「『중용』 수장(首章)의 교육학적 해석-성(性)·도(道)·교(敎)의 인간학적 관점」, 『교육철학』 34, 한국교육철학회, 2008.
신창호, 『대학, 유교의 지도자 교육철학』, 교육과학사, 2010.
안병걸, 「大學古本을 통해본 白湖의 經學思想 硏究」, 『민족문화』 11, 민족문화추진회,

1985.
안병걸, 「白湖 尹鑴의 經學과 社會政治觀」, 『제5회 동양학국제학술회의논문집』, 성균관대 대동문화연구원, 1995.
유명종, 「尹白湖와 丁茶山」, 『철학연구』 27, 한국철학연구회, 1979.
유소영, 「白湖 尹鑴의 『大學』 해석의 실천 지향적 성격 연구-格物致知說을 중심으로」, 고려대학교 석사학위논문, 2010.
유영희, 「白湖 尹鑴 思想 硏究」, 고려대학교 박사학위논문, 1993.
윤사순, 「白湖 尹鑴의 經世觀과 近代精神」, 『유학연구』 1, 1993.
이경원, 「白湖 尹鑴의 事天意識과 修養論 연구」, 『종교연구』 28, 한국종교학회, 2002.
이선아, 「白湖 尹鑴의 修學 過程과 學問 世界」, 『전북사학』 23, 전북사학회, 2002.
이선아, 『윤휴의 학문세계와 정치사상』, 한국학술정보(주), 2008.
이영호, 「『讀書記 · 大學』을 통해 본 白湖 尹鑴의 經學思想」, 『한국한문학연구』 25, 한국한문학회, 2000.
이희재, 「尹白湖의 格物致知說」, 『釋山韓鍾萬華甲紀念 韓國思想史』, 원광대학교출판국, 1991.
정인재, 「유학의 실재관」, 『동서양의 실재관』, 정신문화연구원, 1994.
최석기, 「白湖 尹鑴의 經學觀」, 『남명학연구』 8-1, 1998.
한우근, 「白湖 尹鑴 硏究」 I · II · III, 『역사학보』 15(1962) · 16(1963) · 19(1966).

서계 박세당(西溪 朴世堂)의 대학 인식(大學認識)과 사회적 반향(反響)

김세봉 (단국대학교 동양학연구원)

1. 머리말

서계(西溪) 박세당(朴世堂, 1629~1703)은 조선 중기에 해당하는 17세기 중후반에 주로 활동한 인물이다. 그가 살던 당시의 조선은 양란(兩亂)으로 피폐한 상황에서 국가를 재건하고자 하는 노력을 하던 때로 사상사적인 면에서는 주자성리학이 교조화되어 가던 시기였다. 그러한 때에 서계는 성리학자들이 금과옥조로 여기던 경문 해석에서 주자와 달리 독자적인 견해를 펼침으로써 윤휴(尹鑴, 1617~1680)와 함께 반대파들에 의해 사문난적(斯文亂賊)으로 몰려 배척받았던 인물로 잘 알려져 있다.

학계에서는 그의 반주자학적 성향과 실학적 측면에 초점을 맞추어 1960년대부터 연구가 활발하게 이루어지기 시작하였다.[1] 서계의 반주자

1) 李丙燾, 「朴西溪와 反朱子學的 思想」, 『大東文化研究』 3, 1966; 尹絲淳, 「朴世堂의 實學思想에 관한 연구」, 『亞細亞研究』 15-2, 1972. 두 논문이 발표된 이후 서계의 철학, 정치사상, 시경론, 노장 등과 관련하여 柳仁熙, 金萬圭, 金興圭, 宋恒龍 등을 비롯한 여러 학자들의 연구 논문이 발표되었다.

학적 정서와 관련하여 그가 지은 『사변록(思辨錄)』이 일찍부터 주목받았는데[2] 본고에서는 특히 그중에서도 그 일부라 할 수 있는 『대학(大學)』 부분을 중심으로 살펴보고자 한다. 서계의 『대학』에 대한 관념과 관련하여 일찍이 박천규 · 배종호 교수 등이 주목한 이래[3] 서계를 다룬 여타 논문에서도 부분적으로 다루고 있음을 볼 수 있다.

본고에서는 서계의 『대학』에 대한 인식과 그에 따른 사회적 반향을 다룸으로써 당시 그가 처한 역사적 위치와 그의 활동 및 영향 등에 대해 조금이나마 이해의 폭을 넓혀 보고자 하였다. 과연 그는 한낱 시대의 이단아에 불과했던 것일까? 아니면 새로운 시대를 준비하는 선각자였을까? 어느 쪽이든 분명 그는 당시 중세 질서가 재편되는 시기의 접점에서 그 나름의 역할을 충분히 발휘하고 있었음을 확인하는 일이 될 것이다.

2. 서계(西溪)의 생애와 시대적 배경

서계가 지닌 그의 독특한 사상적 기반을 이해하기 위해서는 그가 살았던 17세기 중후반의 시대적 배경을 서계 자신의 가계 및 이력과 결부하여 살펴볼 필요가 있다. 그럼으로써 적어도 서계가 왜 당시의 시대적 조류와 정서적 차이를 보이며 그만의 특이한 삶과 학문 활동을 전개하여 논란의 중심에 서게 되었는가를 어느 정도 가늠할 수 있게 될 것이다.[4]

---

2) 李勝洙, 「西溪의 『思辨錄』 著述態度와 是非論議」, 『韓國漢文學研究』 16, 1993; 張潤洙, 「朴西溪의 思辨錄 考察-大學과 中庸」, 『철학논총』 6, 1990.

3) 朴天圭, 「朴西溪의 大學新釋」, 『東洋學』 17, 1987, 講演會鈔; 裵宗鎬, 「朴世堂의 格物致知說」, 『李乙浩停年紀念論叢-實學論叢』, 1975.

4) 그의 생애 부분의 이력과 관련해서는 주로 그의 年譜를 참고하였다. 이후 연보와 관련된 주는 대체로 생략하고 필요에 따라 일부만을 취급하였다.

서계는 인조 7년(1629)에 남원부사(南原府使)로 재직 중이던 박정(朴炡, 1596~1632)과 양주 윤씨(楊州尹氏)의 넷째 아들로 태어났다. 조부 박동선(朴東善, 1562~1640)은 인조 때 좌참찬을 지냈고, 부친 박정은 인조반정 공신 대열에 합류할 정도로 그는 당대 명문가 출신이었다. 그의 본관은 반남(潘南)으로, 자는 계긍(季肯), 호는 잠수(潛叟)·서계초수(西溪樵叟)·서계(西溪) 등을 사용하였다.

그는 4세 때 아버지를 잃고 중형 박세견(朴世堅, 1619~1683)에게 처음 글자를 익히기 시작하였다. 14세 때에 고모부인 교관(敎官) 정사무(鄭思武)에게 수학하고, 17세 때에 남일성(南一星)의 딸 의령 남씨와 결혼하면서 처숙인 남이성(南二星, 1625~1683)과 처남 남구만(南九萬, 1629~1711)과 함께 장인에게 수업하였다고 하는 것으로 보아 뚜렷한 학맥을 찾아보기는 어렵다. 당시 서인의 주류가 주로 율곡 이이(李珥, 1536~1584)나 우계 성혼(成渾, 1535~1598)과 연계된 학맥을 형성하고 있었다고 볼 때 그는 학맥상으로 서인계에서 비주류였던 셈이다. 그러한 점은 그가 후일 당시를 풍미하였던 주자성리학에 휩쓸리지 않고 조금은 자유로울 수 있는 계기가 되었을 것으로 여겨진다.[5)]

19세(1647년) 시에는 형 박세후(朴世垕)와 주로 도봉서원(道峯書院)에서 독서를 하였다. 도봉서원은 중종대 기묘사림의 좌장격인 정암 조광조(趙光祖, 1482~1519)를 배향하는 서원이었던 만큼 정암의 지치주의(至治主義)적 영향을 어느 정도 받았음직도 하지만 자세한 내막은 알 수 없다. 21세 시에는 모친과 조모, 형 박세후의 상을 내리 당하는 큰 슬픔을 겪었다.

24세(1652, 효종 3년) 때에 유생(儒生) 정시(庭試)에 합격하여 회시(會試)에 직부(直赴)하였으나 고배를 마시고, 32세(1660, 현종 원년) 때에 비

5) 尹熙勉, 「朴世堂의 生涯와 學問」, 『國史館論叢』 34, 1992 참조.

로소 증광시(增廣試)에 장원하여 그해 11월에 전적(典籍)이 되면서 그의 본격적인 관직 생활이 시작되었다.

이어 그는 이조 · 예조 · 병조 및 삼사(三司), 함경북도 병마평사(兵馬評事) 등 내외의 직을 두루 역임하였다. 한때는 어사(御史)로서 강도(江都)에 가서 군저(軍儲)를 살피기도 하였고, 해서(海西) 지방을 염문(廉問)하기도 하였다.

38세(1666, 현종 7년) 때에는 부인 의령 남씨와 사별하고 이듬해 광주 정씨(光州鄭氏)와 재혼하였다. 40세 되던 해에 문신 월과(文臣月課)를 세 차례 짓지 않은 일로 파직된 직후 곧 양주(楊州) 수락산(水落山) 석천동(石泉洞)으로 돌아가 지냈다. 그해에 서장관(書狀官)으로 청나라를 다녀오게 되는데, 그의 청국으로의 사행은 그가 신문물을 접할 수 있었던 좋은 계기였다고 할 수 있다. 그뿐만 아니라 그것은 그가 청국에 대한 관념이나 대응에 있어 그 나름대로의 독자적 행보를 보이게 되는 데 직간접적으로 영향을 미쳤을 것으로 보인다.[6)]

이후에도 그에게 많은 벼슬이 주어졌으나 통진현감(通津縣監)을 비롯하여 몇 차례 부임하였을 뿐 거의 나아가지 않고 석천동에 은거하다시피 하였다. 50세(1678, 숙종 4년) 때에는 다시 둘째 부인 정씨와도 사별하게 된다.

52세(1680, 숙종 6년) 때 비로소 본고에서 다루게 되는 〈대학사변록(大學思辨錄)〉을 지었다. 대학사변록은 이후 다른 사변록의 준거가 되었음은

6) 현종 10년 3월에 동지정사 이경억(李慶億) 및 부사 정윤(鄭錀) 등이 연경(燕京)에서 돌아와 보고한 바 있는데, 당시 서계는 서장관으로 동참하고 있었다. 그때 보고하는 말 중, 우리나라 사람들은 청나라가 사치가 극성하여 망할 것으로 보고 있지만, 그들은 전쟁도 없는 데다 땅도 남쪽 끝까지 획득하였으며, 물화(物貨)가 집중되어 편안히 부귀를 누리고 있다며 결코 망할 조짐이 아니라고 하고 있었다. 『顯宗實錄』, 권16, 10년 3월 己酉.

물론이다.[7] 53세 때 〈노자도덕경(老子道德經)〉의 주(註)를 달고, 다음 해에는 10대조 박상충(朴尙衷, 1332~1375)의 증시례(贈諡禮)에 참석하였다. 박상충은 고려 말기의 충신으로 서계 가문의 중추가 되는 상징적 인물이었다. 그러한 박상충의 업적을 현창하는 데 있어서는 서계나 송시열(宋時烈, 1607~1689) · 박세채(朴世采, 1631~1695) 등이 다르지 않았으나 박상충의 업적을 논하는 데는 인식을 달리하였다. 송시열과 박세채는 박상충이 친명반원을 하였다 하여 춘추의리를 천명했으나, 서계는 원을 섬기거나 명을 섬기는 것에 대하여는 중요 사안이 아니라고 보고 그의 고려 왕조에 대한 충성심을 업적으로 내세웠다.[8] 그만큼 그들 간에는 현실을 보는 인식의 차이가 있었던 것이다.

그는 58세(1686, 숙종 12년) 때는 큰아들 박태유(朴泰維, 1648~1686)를 잃고, 3년 뒤 다시 작은아들 박태보(朴泰輔, 1654~1689)를 잃는 등 생전에 두 아들을 앞세우는 불행을 겪었다. 두 부인을 앞세운 바 있던 그에게는 참으로 견디기 어려운 시련기였다고 할 수 있을 것이다.[9]

이후에도 공조판서 · 대사헌 · 한성판윤 · 이조판서 등에 제수되었으나 모두 나아가지 않았다.

75세(1703, 숙종 29년)가 되는 해 8월, 그는 졸하기에 앞서 이경석 신도비명(李景奭神道碑銘)의 일로 인하여 관학 유생(館學儒生)의 소척(疏斥)을

7) 〈中庸思辨錄〉은 59세(숙종13, 1687년) 때에, 〈論語思辨錄〉은 60세 때에, 〈孟子思辨錄〉은 61세 때에, 〈尙書思辨錄〉은 63세 때에 각각 지었다. 끝으로 〈毛詩思辨錄〉은 65세 때 짓기 시작하였으나 완성하지 못하여 미완으로 남게 되었다.

8) 金容欽, 「朝鮮後期 老 · 少論 分黨의 思想 基盤」, 『學林』 17, 1996, 79~80쪽.

9) 박태유는 지평으로 있을 당시 노론의 핵심인물 중 1인인 金益勳을 탄핵한 일로 高山道察訪으로 좌천되었다가 풍토병으로 죽었고, 박태보는 仁顯王后의 廢位를 반대하다가 鞫問을 받고 유배를 떠나던 중 露梁村에서 졸하였는데, 반대파로서 노론의 영수였던 우암 송시열에게 칭탄을 받은 바 있다.

받았다. 곧이어 삭탈관작(削奪官爵)과 문외출송(門外黜送)의 처분을 받았고, 곧 취소되기는 하였지만, 옥과(玉果)에 원찬(遠竄)되는 명을 받기도 하는 등 말년에 형언하기 어려운 곤욕을 치렀다.

이상에서 살펴본 그의 이력에서 관직 생활만을 놓고 볼 때 서계의 관직 생활 기간은 그리 원만한 편은 되지 못하였던 것 같다. 그것은 아마도 그가 비교적 원칙에 충실한 삶을 추구하였던 것과 일정한 상관관계가 있었던 것으로 보인다.[10] 그러한 점들이 결국 그로 하여금 여타의 다른 사람들과 달리 한창 왕성하게 관직 생활을 하여야 할 40세의 나이에 관직을 물러나 전원생활을 즐기며 처사로 자족하게 하였던 것으로 보인다.

이 글에서 주로 다루게 되는 『사변록』은 50세가 넘어 저술한 것인 만큼 그의 학문적 성과도 주로 은퇴 이후의 일이라 할 수 있다. 비록 그는 관직에서 물러나 처사로서의 삶을 추구하였지만, 중앙 정계의 정치적 파장에서 끝내 벗어나지만은 못하였던 것 같다. 그는 개인적으로 두 아들을 잃는 불행을 겪었고, 특히 박태보(朴泰輔)는 인현왕후(仁顯王后, 1667~1701)의 복위와 관련되어 장살당하는 비운을 맞았을 뿐 아니라, 그 자신이 이경석(李景奭, 1595~1671)의 신도비명(神道碑銘)을 지으면서 노론의 영수인 송시열을 폄훼했다는 이유로 정치적 논란의 시비에 말려들었다. 송시열에 대한 그의 입장은 그가 주자의 설을 변개하였다는 명목과 어우러지면서 그의 반대파에 의하여 사문난적(斯文亂賊)으로 지탄받는 계기가 되었다.

---

10) 예컨대, 현종 3년 7월에 아버지와 교분이 두터웠던 좌의정 元斗杓를 논핵하였다가 원두표가 그런 관계를 피력하며 어떻게 그럴 수 있느냐고 上箚하자 사직소를 올리며 '私交自私交, 公義自公義' 라고 하며 공은 공이고 사는 사임을 밝혀 공사를 분명히 하는 태도를 보이고 있다. 『顯宗實錄』, 권5, 3년 7월 辛卯조 참조.

3. 서계(西溪)의 대학 인식(大學認識)과 그를 둘러싼 논쟁

서계가 사문난적으로 지탄받는 근거로 제시되는 것이 바로 그가 지은 『사변록(思辨錄)』이라 할 수 있다. 여기서 사변(思辨)이란 『중용(中庸)』의 "博學之, 審問之, 愼思之, 明辨之, 篤行之"에 기반을 두어 나온 것이라 할 수 있다.[11] 곧 신중히 생각하고[愼思] 밝게 분변한 것[明辨]을 기록한 것이 사변록이 되는 셈이다. 『사변록』은 숙종 6년부터 19년에 이르기까지 사서(四書) 및 상서(尙書)・시경(詩經) 등에 대하여 그의 자의적인 생각으로 변론한 책이다. 『사변록』은 주자류(朱子流)의 주관적인 형이상학적인 해석을 초탈하여 원래의 경전(經傳)을 중심으로 실증적인 처지에서 공자와 맹자의 본지를 밝히고자 하였다.[12]

이 중 『대학』에 관한 『사변록』이 가장 먼저 이루어진 것으로 이후 타서의 『사변록』은 이를 바탕으로 전개되었다고 할 수 있다. 본고에서는 『사변록』 가운데서도 해석과 관련하여서는 『대학』만을 주로 언급하고, 논쟁 부분에서는 그 성격상 어쩔 수 없이 포괄적으로 접근하고자 하였다.

우선 대학과 관련하여 문제가 된 부분은 대략 몇 가지로 정리될 수 있을 것이다.

첫째, 3강령(綱領) 8조목(條目)에 대한 서계의 비판이다.

주자가 대학을 3강령(明明德, 新民, 至於至善)과 8조목(格物, 致知, 誠意, 正心, 修身, 齊家, 治國, 平天下)으로 나눈 것은 주지의 사실이다. 그런데 서계는 바로 3강령 8조목에서 3강령 부분을 명명덕과 신민 2강령만을 인정

11) 李勝洙, 「西溪의 《思辨錄》 저술태도와 是非論議-성리학적 세계관의 변모를 중심으로」, 『韓國漢文學硏究』 16, 1993, 389쪽.

12) 이병도, 「〈사변록〉 해제」, 『국역 사변록』, 고전국역총서, 1976 참조.

하고 지어지선은 여기에서 제외하고 있다.[13] 그러면 서계는 무슨 이유에서 3강령을 2강령 체제로 개변하게 되었을까? 여기서 서계의 주장을 통해 그가 3강령 체제를 받아들이지 않고 2강령 체제를 견지하게 된 이유를 들어 보기로 하자.

서계는 명덕과 신민, 지선을 강령으로 삼으면 명덕과 신민이 각각 1사(事)가 되고 또 지선이 1사가 되는 것이라 하였다. 그런데

"註言明德新民 皆當止於至善 然則 捨明德新民而更無所謂一段至善者 可見"

이라고 하여[14] "주(註)에서 '명덕과 신민이 모두 마땅히 지선에 그쳐야만 한다'고 하였은즉 명덕과 신민을 버리고 다시 이른바 일단의 지선이 있을 수 없음을 볼 수 있다"고 하고 있다. 곧 지어지선은 별도의 강령이 아니라 바로 명덕과 신민이 인수분해되듯 겸용해 있는 것으로 파악함으로써 2강령만을 수용하였던 것이다.[15]

그는 2강령을 주장하는 데 있어 부가적으로 『대학』에는 명덕을 밝히는 조목이 다섯(격물 · 치지 · 성의 · 정심 · 수신)이 있고, 신민에 해당하는 조목이 셋(제가 · 치국 · 평천하)이 있다고 하면서 지어지선에 할당되는 것은 따로 없다고 하고 있다.[16] 이는 곧 조목이 없는 강령이 존재할 수 없

13) 배종호는 서계가 3강령 중 명명덕과 신민은 각각 修己와 治人으로서 대학의 2강령으로 보고 지어지선은 명명덕과 신민의 최고 이상으로서 2강령의 실현 목표로 보았다고 하고 있다. 裵宗鎬, 앞의 논문, 1975, 363쪽.

14) 『思辨錄』, 大學 참조.

15) 일본의 후지와라 세이카(藤原惺窩, 1561~1619)도 한때 '至善'을 '明德'과 '親民'을 아우르는 포괄적인 개념으로 보고, 3강령을 2강령으로 인식하는 태도를 보이기도 하였다. 李龍守, 「도쿠가와(德川)시대 前期 日本 儒學의 『大學』觀 硏究」, 연세대학교 박사학위 논문, 2007, 49쪽.

16) 『思辨錄』, 大學 참조.

다고 봄으로써 지어지선을 강령에서 제외하는 이유의 하나로 삼았던 것이다. 어쨌든 이는 주자가 정립한 설에 대하여 일점일획을 고치는 것조차 큰 변괴로 여겼던 주자성리학자들에게 있어서는 쉽게 받아들여질 수 없는 부분이었다.[17)]

서계의 대학의 2강령 설에 대한 비판은 우암의 제자인 농암 김창협(金昌協, 1651~1708) 등에 의해서 이루어졌다. 삼강령에 대하여 김창협은

> "3강령의 나뉨을 살펴보건대 주자(朱子)가 스스로 창안한 것이 아니다. 경문(經文)에 이미 이러한 뜻이 있어 주자가 기술했을 뿐이다. 경문을 보면 아래로 3개의 '재(在)' 자가 연이어 있으니 그 명덕(明德)으로서 일의(一意)를 삼았고, 신민(新民)으로서 일의를 삼았으며, 지지선(止至善)으로 또 일의를 삼았음을 가히 알 수 있다. 이에 대학(大學)에서 3항의 대지(大旨)가 되므로 주자가 인하여 강령의 설이 있게 된 것이다."[18)]

라 하여 3강령 자체가 주자가 강령을 삼기 이전에 벌써 3부류의 뜻이 있음을 들어 3강령이 마땅함을 피력하였다. 경문 아래로 3개의 '재(在)' 자가 연이어 있다는 것은, "大學之道 在明明德 在親民 在止於至善" 이라고 할

17) 서계의 『사변록』에 대해서는 후일 우암의 제자였던 金昌翕이나 權尙夏 등이 대대적인 비판을 가하게 된다. 송시열의 주자에 대한 존숭은, 주자의 글은 一字一句가 모두 至論格言이라는 것, 말씀마다 옳은 것도 주자이고 일마다 맞는 분도 주자라는 것, 주자가 이미 의리를 크게 밝혔기 때문에 주자의 말과 조금만 달라도 모두 잡설일 뿐이라는 식이었다. 그런 상태에서 이와 다른 주장을 펴면 곧 이단과 사문난적이 되는 실정이었다. 尹熙勉, 「朴世堂의 生涯와 學問」, 『國史館論叢』 34, 국사편찬위원회, 1992, 198쪽.

18) 『農巖集』, 권3, 書, 與權有道尙游論思辨錄辨. "按三綱領之分, 非朱子自創也. 經文, 已有此意而朱子述之耳. 觀經文連下三在字, 其以明德爲一意, 新民爲一意, 止至善又爲一意者, 可知. 而此於大學, 爲三項大旨, 故朱子因以有綱領之說."

때 명덕과 친민, 지어지선 앞에 있는 '재(在)' 자를 두고 이르는 말이다. 여기에서 양측의 시시비비를 가리기는 쉽지 않을 뿐 아니라 구태여 가려야 할 필요도 없을 것이다. 여기에서는 다만 그와 같은 문제에 있어서 서로 간에 달리 인식하고 있었던 점을 부각하는 것 자체로만 의미를 한정하고자 한다.

둘째, 격물치지(格物致知)에 대한 서계의 비판적 해석 부분이다.

주자는 격물치지에 대하여 격(格)은 지(至), 물(物)은 사(事), 치(致)는 추극(推極), 지(知)는 식(識)으로 보아, '사물의 이치를 궁지(窮至)하여 그 지극한 경지에 도달하는 것'을 격물이라 하였고, '나의 지식을 끝까지 미루어 앎이 다하지 않는 바가 없고자 하는 것'이라 하고 있다.[19]

이에 반해 서계는 주자가 말하는 물(物)을 사(事)로 동일시하는 것에 이의를 제기하고 물을 격물치지 성의정심 수신제가 치국평천하에서 천하(天下)·국(國)·가(家)·신(身)·심(心)·의(意)·지(知)·물(物) 등을 물(物)로 보아 대상화시키고, 이를 실행하는 평(平)·치(治)·제(齊)·수(修)·성(誠)·치(致)·격(格) 등을 사(事)로 보아 물과 사를 엄격히 구분하고 있다.[20] 거기에 주자가 격(格)을 지(至)로 본 것과 달리 격을 칙(則)과 정(正)으로 해석하여 사물에는 반드시 법칙이 있어 그 법칙을 구하여 바름을 얻는 것이라 하였다. 서계의 격에 대한 해석은 마치 양명학과 유사하지만, 그가 양명학을 답습한 것 같지는 않다.[21]

---

19) 『大學朱熹章句』 4. "致, 推極也, 知猶識也, 推極吾之知識, 欲其所知無不盡也. 格, 至也, 物, 猶事也, 窮至事物之理, 欲其極處無不到也."

20) 『思辨錄』, 大學. "物者 始下文曰天下曰國曰家曰身曰心曰意曰知曰物 是也 事者 始其曰平曰治曰齊曰修曰正曰誠曰致曰格 是也."

21) 정순우, 「서계 박세당 공부론의 양명학적 성격」(『서계 박세당 연구』, 한국학중앙연구원편, 집문당, 2007)에서는 박세당의 설이 양명학과 상당히 유사한 측면이 있지만,

서계는 격치를 '천하의 모든 이치를 궁구하여 이르지 않음이 없고[無不到] 다하지 않음이 없다[無不盡]'는 식의 풀이에 대해서도 매우 회의적이었다. 초학자가 하기에는 무리가 따르기 때문이라는 것으로 부자, 군신, 동정, 어묵(語默)과 같은 일상적인 행사를 우선하고 있어 그의 현실적인 인식을 보여 준다.[22)]

서계의 격(格)에 대한 해석에서도 김창협은 격자도 여러 뜻이 있다면서 서계가 격자를 자의대로 해석하였다며 그것이 그르다는 주장을 펴고 있다.[23)] 그러나 그가 말하듯이 격에 대하여 여러 뜻이 있고 보면 서로 간에 각자 견해가 다를 수 있고 이 또한 누가 옳고 그른가를 따지기 어려운 바다.

셋째, 대학의 장구(章句)를 자의대로 개정한 점을 들 수 있다. 서계가 주자장구에 이견을 보인 부분은 모두 19개 처에 달하고 있다.[24)]

그가 장구를 이렇듯 자의대로 고칠 수 있었던 데는 나름대로 이유가 있었던 듯하다. 주지하다시피 『대학』은 원래 『중용』과 함께 『예기(禮記)』 속에 들어 있던 편명이었는데 송대(宋代)의 유학자들이 이를 뽑아내어 각각

양명학에서 말하는 '心卽理'나 '致良知'가 결여되어 있거나 언급하지 않는 이유를 들어 서계의 공부론은 주자학의 관념성을 극복해 가는 과정에서 양명의 공부론을 선택적으로 수용한 것으로 보고 있다.(84쪽) 윤사순도 서계가 삼강령을 인정하지 않고, 격물에 대한 해석을 정주와 달리하는 점을 들어 양명학의 영향을 받았을 것으로 보면서도 양명학의 이론을 답습하거나 계승한 것은 아니라고 보고 있다. 윤사순, 「서계 유학의 철학적 특성」, 『서계 박세당 연구』, 29쪽.

22) 朴天圭, 앞의 논문, 464~465쪽; 安秉杰, 「朴世堂의 獨自的 經傳解釋과 그의 現實認識」, 『大東文化硏究』 28, 1993, 288쪽.

23) 『農巖集』, 권3, 書, 與權有道尙游論思辨錄辨 참조.

24) 朴天圭, 앞의 논문 참조. 동 논문의 부록에는 원래 있던 곳과 改移한 부분을 표시하여 이해를 돕고 있다. 윤희면, 앞의 논문에서는 아예 이러한 것을 표로 작성하여 일목요연하게 검토해 볼 수 있도록 편의를 제공해 주고 있다.

독립된 책자로 만든 것이다. 그것이 논어 및 맹자와 함께 사서(四書) 체제를 이루게 됨으로써 더욱 중요성을 띠게 되었다. 그런데 『예기』는 진대(秦代)의 분서갱유를 겪은 후 복원하는 과정에서 착간(錯簡)이 많아 문리가 접속되지 않고 맥락이 서로 관통되지 않았다고 한다. 이에 양정(兩程: 程顥 · 程頤 형제)과 주자에 의해서 정리가 이루어진 것으로 서계 또한 이를 재정리한 것이라 할 수 있다. 사실 서계 이전에도 정주와 이견을 제기하는 학자가 많이 있었던 점도 간과해서는 안 될 것이다.[25)]

이렇듯 서계가 기존 주자 주에 대하여 의문을 품고 자의대로 해석하거나 장구를 정리한 것은 사실이다. 그러나 그렇다고 해서 바로 그것이 처음부터 문제로 부각되었던 것은 아닌 듯하다. 놀랍게도 그의 이러한 해석이나 장구 개변이 문제화되기 시작한 것은 그가 타계하기 직전인 74세 무렵이었다. 당시 그는 삼전도비문(三田渡碑文)을 지은 바 있는 이경석(李景奭)의 비문을 지었는데, 비문 중에 송시열을 폄훼한 내용이 들어 있었다. 그것이 노론 측의 강한 배척을 받는 과정에서 『사변록』에 대한 문제가 비로소 불거져 나왔던 것이다.[26)]

『숙종실록』 숙종 29년 4월 무술 조에 나와 있는 서계의 문인이었던 수찬 이탄(李坦)의 다음 상소 내용은 시사하는 바가 매우 크다.

25) 朴天圭, 앞의 논문, 460~461쪽. 회재 李彦迪 같은 경우도 「大學章句補遺」와 「續大學或問」을 지어 주자의 대학 해석을 부정하고 자신의 입장을 드러낸 바 있다, 徐根植, 「晦齋 李彦迪의 『大學』 解釋에 관한 硏究」, 2008년 東洋古典學會 冬季學術大會 발표요지-『大學』의 한국적 수용, 8쪽.

26) 李勝洙, 앞의 논문, 403쪽. 숙종 29년 4월에 성균관 유생 洪啓迪 등 180명이 올린 상소는 思辨錄 문제를 공식적으로 거론한 것이라면(『肅宗實錄』, 권38, 29년 4월 壬辰) 부제학 鄭澔 같은 경우는 아예 사변록을 불태우자는 주장을 하기까지 하였다.(같은 책, 같은 해 6월 乙未)

"(박)세당이 이 글을 지은 것이 거의 30년이나 되었는데 진신(搢紳) 사이에 듣고 아는 자가 많이 있었으나 당초에 비방하는 말을 듣지 못하였고, 또 성토(聲討)하기를 청한 일도 있지 않았습니다. 이제 상신(相臣)의 비문(碑文)으로 인하여 갑자기 원한과 노여움이 생겨서 시끄럽게 떠들며 선동하니 처음에는 저쪽을 변명하고 이쪽을 배척하는 계획에서 나왔으나, 마침내 '경(經)을 훼손하고 성인을 업신여긴다[毁經侮聖].' 는 명목으로 몰아서 (그것을) 빙자하여 재갈을 물리고 굴레를 씌워서 추악한 욕을 멋대로 자행합니다. 아, 경을 훼손하고 성인을 업신여기는 죄가 지나간 해의 의심스러운 것을 기록한 데는 있지 아니하고 도리어 오늘날 비문을 지은 데에 있으니, 그 마음이 과연 공(公)에서 나온 것입니까, (아니면) 사(私)에서 나온 것입니까?" [27]

만일 사변록이 문제가 되기로 말하자면 그것이 처음 알려졌을 때 진작 이루어졌어야 한다는 것이 그의 말이었다. 이탄의 말에 의하면 『사변록』이 세상에 알려진 것이 무려 30년이나 되었는데 그때는 이렇다 저렇다 할 아무런 이야기도 없었다는 것이다. 그러다가 이제 상신(이경석: 필자 주)의 비문이 나오게 되자 비로소 문제가 제기되었던 것으로 그 점에 강한 의심의 눈초리를 보였던 것이다. 더구나 경문의 변개 문제에서도 서계의 입장에서는 그 나름대로 억울한 측면이 있음을 힘주어 변명하였다. 경전에 대한 그러한 변개는 서계가 비로소 처음 시도했던 것이 아니라 서계 이전에도 이미 여러 사람에 의해서 어느 정도 행해지고 허용되었다는 것이다.

27) 『肅宗實錄』, 권38, 29년 4월 戊戌. "世堂之有此書, 幾三十年, 搢紳之間, 多有聞而知之者, 而初未聞歷詆之言, 亦未有請討之擧. 今因相臣碑文, 遽生恨怒, 喧喧鼓扇. 始出於訟彼斥此之計, 終驅以毁經侮聖之名, 憑藉箝勒, 肆其醜辱. 噫, 毁經侮聖之罪, 不在於昔年之記疑, 反在於今日之撰碑, 其心果出於公乎, 私乎."

예컨대, 이탄의 위의 상소를 검토해 보면 그런 사실을 쉽게 확인할 수 있다. 이탄은 위의 상소에서 육경(六經)의 뜻이 주자(朱子)로 인해 크게 밝혀졌다고 전제를 하면서도 의리(義理)는 한정이 없어서 의심스런 바가 있으면 그 말의 통할 바를 구하고 다행히 깨달아 얻은 견해가 있으면 사사로이 책에 기록하는 것은 또한 옛사람이 이미 행하였던 것이라고 하고 있다. 의심나는 것을 탐색하는 것을 가지고 경(經)을 허물어뜨린다거나 사사로이 기록한 것을 성인(聖人)을 업신여기는 것이라고 한다면 강의(講義)와 토론(討論)도 할 수 없을 뿐 아니라 궁리(窮理)와 격물(格物)의 학문도 할 수 없으리라는 것이 그의 주장이었다.[28] 그러면서 그는 또한

> "정자(程子)가 말하기를 '경을 해석함에 있어 같지 않더라도 해가 될 게 없고, 다만 그 요긴한 곳은 같지 않을 수 없다.' 고 하였고, 또 주자(朱子)의 학문은 이천(伊川)에게서 얻었음에도 (그가) 주역(周易)을 주해할 때는 이천(伊川)의 설을 쓰지 않은 것이 많았으며, 채침(蔡沈)의 학문은 위로 주자를 이어받았으나 그가 상서(尙書)를 주해하였을 때에는 간혹 주자의 설에 따르지 않았으니, 이것이 어찌 이기기를 겨루어 배치(背馳)하고자 하는 것이겠습니까."[29]

라 하여 이미 정자와 주자·채침 등이 그들의 학문의 근원이 되거나 존숭하는 사람들일지라도 때로는 그대로 추종하지 않고 자신의 설을 내세우고 있다는 것이었다. 이는 송대의 성리학이 정립되던 시기의 장본인들을 우선 거론하여 서계가 자의대로 개변하거나 해석한 것에 대하여 정당성

28) 『肅宗實錄』, 권38, 29년 4월 戊戌조 참조.

29) 『肅宗實錄』, 권38, 29년 4월 戊戌. "程子曰, 解經不同, 無害, 但其緊要處, 不可不同. 且朱子之學, 得於伊川, 而其註周易, 多不用伊川之說, 蔡沈之學, 上承朱子, 而其傳尙書, 或不從朱子之說. 此豈欲角勝而背馳哉."

을 확보하고자 한 것이라 할 수 있다. 그는 거기에 그치지 않고 선정신(先正臣) 이황(李滉, 1501~1570)과 이언적(李彦迪, 1491~1553)이 동방(東方)의 대현(大賢)임을 들어, 이황의 경우 논어(論語)의 '성사불설(成事不說)'의 세 구(句)의 끝에 그 언두(諺讀)를 고친 일과 이언적이 대학보유(大學補遺)를 찬정(撰定)한 일, 또 김장생(金長生, 1548~1681)이 그 두 사람의 통서(統緖)를 이어받아 『경서변의(經書辨疑)』를 지으며 독자적으로 발명한 바가 많다고 하여[30] 중국뿐 아니라 조선에서도 그러한 사례가 적지 않음을 두루 거론하여 서계의 태도가 유별난 것이 아님을 거듭 밝혔던 것이다.

따라서 원래 서계에 대한 사문난적 시비는 그가 지은 『사변록』에서 문제가 발단이 된 것이 아니라 바로 그가 지은 이경석신도비가 문제가 되어 비로소 성사되었음을 알 수 있다. 그러면 여기에서 문제가 된 서계의 이경석신도비문의 내용을 잠시 살펴보기로 한다.

> "시(詩)에 말하기를, 비록 노성인(老成人)이 없더라도 오히려 전형(典刑)이 있으니, 전형의 유무는 치란 존망과 관련된다. 노성(老成)은 또 전형이 나오는 바인데 노성은 이제 다시 볼 수 없으나 다행히 그 전형이 오히려 존재하여 능히 우리 자손 여민(子孫黎民)을 보우하는 바이다. 오호라, 노성의 나라에 있음에 그 관계됨이 매우 중하다. 서(書)에 말하기를, 노성한 사람을 모욕하지 말아야 하니 노성의 중함이 이와 같다. 모욕하는 자가 있은즉 천하의 상서롭지 않음이 이보다 큼이 없다. 감히 상서롭지 못함을 하는 자는 또한 반드시 상서롭지 못한 응보가 있게 되는 것이다. 이것이 하늘의 도이니 가히 두렵지 않겠는가?"[31]

30) 『肅宗實錄』, 권38, 29년 4월 戊戌조 참조. 이외에도 張維와 趙翼 등도 경전에 대해 자유로운 연구 태도를 보였다고 한다. 金容欽, 「朝鮮後期 老·少論 分黨의 思想 基盤」, 『學林』 17, 1996, 92~93쪽.

인용한 문장이 바로 서계가 지은 이경석신도비문의 앞부분이다. 비문의 주인공에 대하여 당사자를 본격적으로 언급하기에 앞서 먼저 내세운 이 글귀가 바로 이경석과 송시열의 관계를 보여 주는 것이라 한다. 즉 노성인은 이경석이요, 노성인을 모욕한 장본인은 송시열로서 이들 양자에 대한 서계의 입장을 은유적으로 밝힌 셈이다.[32]

서계는 이경석이 삼전도비문을 지은 것에 대하여 송시열이 비난한 것은 부당한 것으로 여겼기 때문에 위와 같은 입장을 피력하였다고 할 수 있다. 서계는 이경석이 삼전도비문을 찬술한 것은 불가피했던 상황임에도 불구하고 송시열은 이를 고려하지 않고 이경석을 무리하게 비판하고 있다고 보았던 것이다.[33] 실제로 송시열과 함께 양송(兩宋)으로 지칭될 만큼 송시열과 친밀하게 지냈던 송준길(宋浚吉, 1606~1672)마저 이경석을 비난한 송시열의 처사에 대하여 개탄할 정도였다.[34]

서계의 『사변록』이 쟁점화된 것은 바로 서계가 지은 이경석 비문의 그러한 내용과 관련되어 송시열의 제자들이 문제로 삼은 데서 시작된 것이라 할 수 있다. 학술적 차원에서라기보다 다분히 정치적 차원에서 이루어지고 있음을 알 수 있다. 물론 명분은 서계가 주자 주를 함부로 뜯어고쳐 경을 훼손하고 성인을 모욕했다는, 이른바 '훼경모성(毁經侮聖)'을 이유

31) 『西溪集』, 권12, 碑銘, 「領議政白軒李公神道碑銘」. "詩曰, 雖無老成人, 尙有典刑, 典刑有無, 治亂存亡係焉. 老成, 又典刑所自出, 老成今不可復見, 幸其典刑之猶在, 所以能保我子孫黎民. 嗚呼, 老成之於有國也, 其係之者亦重矣. 書曰, 無侮老成人, 老成之重如此, 有侮之者, 則天下之不祥, 莫大焉, 敢於爲不祥者, 亦必有不祥之報報焉, 此天之道也, 可不懼乎."

32) 삼전도비 찬술 시비와 관련하여서는 李銀順, 『朝鮮後期黨爭史研究』, 일조각, 1988의 老少論의 時局認識論에서 이를 자세히 다루고 있다.

33) 李銀順, 위의 논문 참조. 서계는 병자호란 때 주화파였던 崔鳴吉의 활약에 대하여도 높이 평가하여 명분보다는 실질적인 측면을 중시하고 있었음을 알 수 있다. 『西溪集』, 권7, 序, 遲川集序 참조.

34) 『寒水齋先生文集』, 附錄, 雜著, 黃江文集.

로 들고 있기는 하다.

그런데 이와 관련하여 이를 배척하게 된 근본적인 이유와 배척의 정도가 자심했던 것은 서계를 중심으로 형성된 일종의 집단이 원인이 되고 있다는 지적도 있어 주목된다. 예컨대 이와 관련하여 2년에 걸쳐 상소나 차자 형식으로 이루어진 건수가 무려 40차례 가까이 될 뿐만 아니라 그중 서계를 옹호하는 상소도 무려 9건이나 확인된다고 하는 사실 따위가 그것이다.[35)]

다시 말하면 서계가 이경석비문을 통해 송시열을 폄훼한 것이 문제가 되어 서계가 지은 『사변록』을 구실로 정치적 쟁점화하기에 이르렀던 것이며, 그를 마침내 주자-송시열로 이어지는 그들의 이념적 틀에 배치된 사문난적으로 배척하기에 이른 것이라 할 수 있다. 윤휴가 남인으로서 예송과 관련하여 송시열과 대립각을 세우고 그가 주자 주와 다른 독자적인 해석 때문에 사문난적으로 낙인찍혔다면 서계는 같은 서인으로서 윤휴와 유사한 길을 걸음으로써 그 역시 사문난적의 공격을 받았던 것이다. 서계와 우암 지지자들 사이에 갈등은 같은 서인 내의 노소론이 정립되는 과정과 일정한 연관선상에서 중요한 시사점을 보여 준다 하겠다.[36)] 실제로 그는 소론의 핵심적 인물인 남구만이나 윤증(尹拯, 1629~1714) 등과 자신의 처지와 학문적 입장 등을 터놓고 피력하고 있었다.[37)]

서계가 우암을 주축으로 하는 노론 계열과 정치적인 문제로 갈등을 빚

35) 李勝洙, 앞의 논문, 405쪽. 예컨대 앞에서 인용한 李坦을 비롯하여 李寅燁 등은 서계를 변호한 대표적 인물들이다.

36) 이를 주요 주제로 하여 접근한 논문이 金容欽, 「朝鮮後期 老 · 少論 分黨의 思想 基盤」, 『學林』 17, 1996이라 할 수 있다.

37) 서계는 남구만에게 보낸 서간에서 先儒의 설과 다른 문제에 대하여 논한 일이 있고, 윤증에게 보내는 서간에서는 격물치지에 대하여 논하고 있다. 『西溪集』, 권7, 書의 答南雲露書 및 答尹子仁書 참조.

거나 노론 측으로부터 경원시될 만한 징후는 이것 말고도 여러 군데에서 그 단서가 포착된다.

우암 등이 대표적인 반청 숭명의 기치를 뚜렷이 하였던 반면 서계는 친청파라고 할 수는 없지만 보다 현실적인 측면에서 청을 인식하고 있었다. 서계는 이미 망한 명나라의 숭정(崇禎) 연호를 쓰는 것에 대해 나름대로 비판적인 시각을 보였고,[38] 그러한 비현실적인 것에 연연하기보다 청의 연호를 쓰는 문제에 대하여 그다지 심각하게 생각하지 않았다. 홍문관 수찬 김만균(金萬均, 1631～?)이 호란 때 조모가 강화도에서 죽은 것을 이유로 들어 청나라 사신을 맞는 공무를 수행하지 못하겠다는 문제로 논란을 빚었을 때도 서계는 이를 비판하는 서필원(徐必遠, 1614～1672)의 입장을 두둔하여 우암 측과 반목을 보인 것도 그러한 시각하에서 가능했던 것이라 할 수 있다.[39]

그뿐만 아니라 서계는 효종 연간과 현종 연간에 발생한 예송(禮訟) 문제에서도 서인이나 남인 측 어느 한편에 기울지 않는 비교적 균형 잡힌 시각을 보이고 있었다. 예컨대 그는

> "이제 제삼자의 처지에서 보면, 마땅히 3년복을 입어야 한다고 하는 자들은 효종으로서 차장자(次長子)라고 하지 않을 수 없다고 하고, 마땅히 기년복을 입어야 한다고 하는 자들은 또한 효종으로서 차장자로 하지 않을 수 없다고 하

38) 박병련, 「박세당 '허문虛文' 비판의 정치사상적 의미와 정치적 행동의 특성」, 『서계 박세당 연구』, 한국학중앙연구원 편, 집문당, 2007, 116쪽.

39) 金萬均과 관련된 논쟁에 대하여는 鄭萬祚, 「朝鮮 顯宗代 私議 · 公議 論爭」, 『韓國學論叢』 14, 국민대 한국학연구소, 1991 참조. 김만규는 병자호란 이후 당시인들의 대외 현실관을 북벌론자, 명청 교체의 현실 인정론자, 신흥 淸 세력을 인정하되 개혁책을 추구하는 개혁론자 등 세 그룹으로 나누고 있는데, 서계는 그중 현실적 개혁론자 그룹으로 분류하고 있다. 金萬圭, 「西溪 朴世堂의 政治思想」, 『東方學志』 19, 연세대학교, 1978, 197~199쪽.

> 여 갑(甲)도 '차장자'라 하고, 을(乙)도 '차장자'라고 한다. 그런데 갑의 설은 '차장자이기 때문에 마땅히 3년복을 입어야 한다'고 하고, 을의 설은 '차장자이기 때문에 마땅히 기년복을 입어야 한다'고 한다. 비록 기년복과 3년복이 같지 않으나 그것이 차장자가 되는 실상에 있어서는 곧 끝내 바꿀 수 없는 것이다. 같이 한 설(차장자설)이 되나 다만 복제를 제정하는 사이에 깨어져 두 가지 설이 되어 다툼이 분분하여 서로 배격함을 그치지 않으니, 아 괴이하구나. 복제를 높이고 낮춤이 어찌 종통(宗統)에 매이는 것이던가 ……고례(古禮)에 이미 정문(正文)이 없는 데다 전(傳)과 소(疏) 사이에도 이동(異同)이 있으니 일시적인 예는 가(可)한 것을 참작하여 행하여야 할 것이니, 갑의 설을 쓰던 을의 설을 쓰던 불가한 바가 없을 것이다."[40]

라 하여 비교적 중도적 입장에서 양측의 복제설이 모두 일리가 있는 것으로 보았다. 그렇기 때문에 그러한 것들을 적절히 시의에 맞게 하면 되었지 그 때문에 시끄럽게 논쟁하는 것 자체가 소모적이라 하여 비판적 입장을 보였던 것이다. 그가 형식이나 명분에 구애되지 않는 실질적 성향을 띠고 있었음을 그러한 사실에서 추측할 수 있다.[41]

필자에게는 서계의 새로운 해석이 과연 옳은지 그른지에 대하여는 정확히 진단할 만한 능력은 갖추고 있지 못하다. 다만 경문의 해석 문제는

40) 『西溪集』, 권7, 辯論, 禮訟辯. "今使旁人觀之, 其謂當服三年者, 不能不以孝宗爲次長子, 其謂當服期年者, 亦不能不以孝宗爲次長子. 甲亦曰次長子, 乙亦曰次長子, 然而甲之說曰, 次長子, 當服三年. 乙之說曰, 次長子, 當服期年. 雖期三年之不同, 其爲次長子之實, 則終不可易矣. 同是一說, 特以制服之間, 而破以爲兩說, 爭之紛紛, 相排擊不已, 吁其異矣. 夫服之隆殺, 豈係宗統 …… 古禮, 旣無正文, 傳疏間有異同, 一時之禮, 酌可以行, 用甲用乙. 無所不可."

41) 박병련, 앞의 논문, 121~122쪽. 윤사순은 예송에서의 서계 태도가 그의 일상적 사고 성향이 성리학보다 實學에 가까운 거리에 있는 것이라 평하고 있다. 윤사순, 「서계 유학의 철학적 특성」, 『서계 박세당 연구』, 26~27쪽.

주자 자신이 그러했던 것과 마찬가지로 누구나 각자 자기 나름대로 해석할 수 있는 여지는 있어야 한다고 본다. 그런 의미에서 당시 주자성리학이 교조화되던 상황임에도 불구하고 자신의 견해를 과감하게 피력한 서계야말로 학문적 자유를 유감없이 발휘한 용기 있는 학자라고 할 수 있을 것이다.

서계가 실학의 선구자인지, 아니면 양명학에 경도되었는지는 함부로 논할 수 없지만, 노장(老莊)에 대한 독자적 주석을 시도할 정도로[42] 그는 당시 경직된 학문 풍토와는 분명 다른 견지에서 학문을 개척한 학자였음은 간과할 수 없을 것이다. 더구나 양반 신분으로서 몸소 농사를 지으며 『색경(穡經)』과 같은 실생활에 적용 가능한 농서를 지은 것 등과도 관련하여 그의 실질적 학문 태도는 영정(英正) 시기로 이어지는 변화의 시기에 선각자적 면모를 드러내고 있었던 점에 대하여 높이 평가할 수 있을 것이다.

4. 맺음말

이상으로 서계(西溪)의 대학(大學) 인식을 중심으로 그의 삶의 궤적을 단편적으로나마 살펴보았다. 여기에서는 위의 내용을 정리하는 것으로 결론을 대신하고자 한다.

서계는 주지하다시피 양란(兩亂)으로 피폐한 상황에서 국가 재건 노력을 하던 시기에 주로 활동하였다. 그는 당시 풍미하던 주자성리학과는 달

42) 노장과 관련된 논문으로는 宋恒龍, 「西溪 朴世堂의 老·莊 硏究와 道家哲學思想」(『大東文化硏究』 16, 1982)이 있다. 본 논문에서 송항룡은 서계의 노자 주해와 장자 주해를 한국에서 道家經傳에 대한 주석으로 유일한 것이라고 하고 있다.(45쪽)

리 독자적 경전 해석을 가함으로써 사문난적(斯文亂賊)의 시비에 휘말렸던 바 그 중심에는 대학변을 필두로 한 그의 『사변록(思辨錄)』이 문제시되었다.

그의 생애와 시대적 배경으로 볼 때 그는 당대 명문가 출신이었지만 학문적으로 서인계의 주류에 속하지는 못하였다. 아마도 그것이 그의 학문적 성향이 다채로울 수 있었던 일 요인이 되었다고 할 수 있을 것이다. 벼슬살이도 다소 늦은 데다 일찌감치 사환에 혐오를 느끼고 한창나이인 40세에 은퇴할 정도로 그리 원만하지는 못하였다고 할 수 있다. 가정적으로 두 부인을 사별하였는가 하면 두 아들마저 정치적인 일과 관련하여 앞서 잃는 고통을 감내해야 했다.

그의 『사변록(思辨錄)』에 대한 저술도 50세가 넘은 은퇴 시기에 비로소 이루어졌는데, 그는 바로 그 『사변록』과 관련하여 사문난적의 지탄을 받게 되었다. 『사변록』 중 가장 처음 지은 대학을 중심으로 살펴본 바로는 그는 3강령 8조목 부분에서 명명덕과 신민 2강령만을 인정하고 지어지선은 두 강령의 결과로써 취급하여 주자와 차이를 보였다. 이에 반하여 주자의 설에 대하여는 일점일획도 고치는 것을 허용하지 않았던 우암학파의 비판이 다각도로 이루어진 것은 훨씬 뒤의 일이다.

서계의 비판은 격물치지(格物致知)에서도 주자와 달리 양명과 매우 유사한 해석을 가한 바 있고, 주자와 달리 격치를 '모든 천하의 이치를 궁구하여 이르지 않음이 없고 다하지 않음이 없다'는 인식에 회의적이었으며, 그보다는 일상적인 행사에서 의미를 찾고 있었다. 그뿐만 아니라 그는 대학의 장구(章句)를 자의대로 개정하기도 하였는데 서계가 주자장구에 이견을 보인 부분은 무려 19곳에 달할 정도로 그는 주자의 설에 만족하지 못하고 있었다. 그가 그렇게 자의적인 해석을 가할 수 있었던 것은 『대학』의 근간이 되는 『예기』 자체가 착간이 많았던 때문이며, 서계 이전에

도 그런 이견이 많은 학자들에게서 제기되고 있었던 점과도 무관하지 않다고 할 수 있다.

그런데 서계의 『사변록』이 문제가 된 것은 그 자체보다도 정치적인 문제가 개재된 측면이 강하다 할 수 있다. 애초 그의 견해가 발표된 당시에 별 문제화되지 않았던 것이 그가 이경석의 비문을 지은 다음에 비로소 쟁론화되었던 것이다. 비문 내용 중 송시열에 대한 폄훼가 직접적 원인이 되었음은 시사하는 바가 크다 하겠다. 이유야 여하튼 이 때문에 『사변록』은 우암 문인과 서계 문인 간, 혹 노소론 간의 쟁점의 중심이 되었다. 『사변록』을 문제 삼아 서계에게 가해진 상대편의 모성훼경(侮聖毁經)이란 공척은 사실상 주자-송시열로 이어지는 그들의 이념적 틀에 대한 도전을 무력화시키고자 한 측면이 강하다 하겠다. 이미 정치적으로 서계는 반청숭명을 신조로 여겼던 그들과 입장을 달리하여 현실을 받아들이고 있었고, 예송 따위에서도 나름대로 중립적 입장을 고수하여 차별성을 띠고 있었던 것이다.

경의 해석상에 서계의 견해가 옳고 그름을 떠나서 그는 나름대로 학문 본래의 자유를 누리며 현실적 해석을 하고자 했고, 경직화된 주자성리학에 매몰되지 않았던 것을 알 수 있다. 그뿐만 아니라 학문의 영역에 있어서도 당시 이단시하던 노장(老莊)에 대한 독자적 주석을 시도할 정도로 열린 시각을 갖고 있었다든가, 양반 신분으로서 몸소 농사를 지으며 『색경(穡經)』과 같은 실생활에 적용 가능한 농서를 편찬할 정도로 그는 실질적 학문 성향을 견지하였다. 이는 그가 영정(英正) 시기로 이어지는 변화의 시기에 직면하여 나름대로 가교적 역할을 유감없이 발휘한 것으로 높게 평가할 수 있을 것이다.

■ 참고 문헌

『大學』

『朝鮮王朝實錄』, 國史編纂委員會.

朴世堂, 『西溪集』, 民族文化推進會.

金昌協, 『農巖集』, 民族文化推進會.

權尙夏, 『寒水齋先生文集』, 民族文化推進會.

『국역 사변록』, 民族文化推進會 고전국역총서, 1976.

李銀順, 『朝鮮後期黨爭史研究』, 일조각, 1988.

한국학중앙연구원 편, 『서계 박세당 연구』, 집문당, 2007.

金萬圭, 「西溪 朴世堂의 政治思想」, 『東方學志』 19, 연세대학교, 1978.

金容欽, 「朝鮮後期 老·少論 分黨의 思想 基盤」, 『學林』 17, 1996.

박병련, 「박세당 '허문虛文' 비판의 정치사상적 의미와 정치적 행동의 특성」, 『서계 박세당 연구』, 2007.

朴天圭, 「朴西溪의 大學新釋」, 『東洋學』 17, 1987, 講演會鈔.

裵宗鎬, 「朴世堂의 格物致知說」, 『李乙浩停年紀念論叢-實學論叢』, 1975.

徐根植, 「晦齋 李彦迪의 『大學』解釋에 관한 研究」, 2008년 東洋古典學會 冬季學術大會 발표요지-『大學』의 한국적 수용.

宋恒龍, 「西溪 朴世堂의 老·莊 研究와 道家哲學思想」, 『大東文化研究』 16, 1982.

安秉杰, 「朴世堂의 獨自的 經傳解釋과 그의 現實認識」, 『大東文化研究』 28, 1993.

尹絲淳, 「朴世堂의 實學思想에 관한 연구」, 『亞細亞研究』 15-2, 1972.

윤사순, 「서계 유학의 철학적 특성」, 『서계 박세당 연구』, 집문당, 2007.

尹熙勉, 「朴世堂의 生涯와 學問」, 『國史館論叢』 34, 1992.

李丙燾, 「朴西溪와 反朱子學的 思想」, 『大東文化研究』 3, 1966

李勝洙, 「西溪의 『思辨錄』 著述態度와 是非論議」, 『韓國漢文學研究』 16, 1993.

李龍守, 「도쿠가와(德川)시대 前期 日本 儒學의 『大學』觀 研究」, 연세대학교 박사학위 논문, 2007.

張潤洙, 「朴西溪의 思辨錄 考察-大學과 中庸」, 『철학논총』 6, 1990.

鄭萬祚, 「朝鮮 顯宗代 私議·公議 論爭」, 『韓國學論叢』 14, 국민대 한국학연구소, 1991.

정순우, 「서계 박세당 공부론의 양명학적 성격」, 『서계 박세당 연구』, 2007.

하곡 정제두의 『대학』 해석

임홍태 (영산대학교 학술연구교수)

1. 들어가는 말

유가철학은 현실 생활에서 자신의 도덕 본심을 발현하여 도덕 가치를 성취함을 목표로 삼는다. 유가철학, 특히 송명이학의 특징은 바로 이상 인격에 대한 성취를 목표로 하는 도덕적인 실천, 곧 심성 수양에 그 핵심이 있다 하겠다. 주자학이나 양명학을 막론하고 그들의 중심 문제 또한 덕성을 이루어 성현의 경지에 도달하는 것이다. 이것이 곧 도덕성과 그것을 실현하는 방법으로서의 본체와 공부에 관한 문제이다.

우리는 유가 경전을 통해 본체와 공부에 관한 언급을 적지 않게 발견할 수 있으며, 그중에서도 특히 이러한 본체와 공부에 관한 문제를 집중적으로 다루고 있는 것이 『대학』의 3강령 8조목의 내용이라 하겠다.

왕수인 철학의 개념과 구조는 『대학』과 밀접한 관계를 맺고 있다. 왕수인의 대학관은 주자의 영향을 받아 형성된 것으로써, 주자가 대학의 격물치지를 새롭게 해석하여 개본 『대학』을 편찬한 데 대해 고본 『대학』의 내용을 지지하는 학문 태도를 견지하고 있다. 즉 고본 『대학』에 대하여 주자와는 달리 그 내용이나 형식에서 부족함이 없다고 하여 문장을 바꾼다든지 장구를 다시 편찬할 필요가 없다고 주장하며 주자와는 다르게 해석하고 있는 것이다.

이러한 왕수인의 대학관을 살펴볼 수 있는 자료로는 「대학고본방석」, 「대학고본원서」, 「대학고본서」, 「대학문」, 사구교 사상 등을 들 수 있는데, 이 가운데 「대학문」과 사구교 사상은 왕수인 말년의 『대학』에 대한 견해를 알 수 있는 중요한 자료이다.

왕수인이 말년에 이르러 학문의 핵심으로 제시하고 있는 사구교는 「대학문」과 더불어 『대학』의 정심 · 성의 · 치지 · 격물에 대해 총괄적으로 해석한 것으로, 여기에 내재하여 있는 기본 문제는 바로 '본체'와 '공부'에 관한 것이다. 첫 번째 구절인 '무선무악심지체(無善無惡心之體)'는 본체에 관한 설명이고, 뒤의 세 구절[有善有惡意之動, 知善知惡是良知, 爲善去惡是格物]은 공부에 관한 설명이다. 즉 사구교는 수양을 통해 최종적으로 도달하고자 하는 궁극적인 경계를 전제로 하고, 이에 도달하기 위한 도덕적인 수양 방법을 제시하고 있는 것이다.

사구교의 해석을 둘러싼 논의는 양명이 생존할 때는 물론 양명 사후에도 끊임없이 전개되고 있다. 이러한 논쟁은 왕문이 분화되는 근본적인 원인을 제공하고 있을 뿐만 아니라, 사구교를 둘러싼 본체와 공부 논쟁은 왕문 후학을 비롯한 명말 사상계의 주요 논제로 부상하게 된다.

본 논문에서는 왕문 후학 분화의 원인이자 명대 중기 이후 사상계의 주요한 논제로 부상하고 있는 양명의 사구교의 내용에 관한 정제두의 견해를 살펴보고자 한다. 이를 통해 정제두의 대학관을 엿볼 수 있을 것이다.

2. 하곡의 학문관

17세기 조선 학계에서는 오랫동안 주자학을 연구해 왔던 학술적 성과 위에서 스스로 비판하면서 주자학의 이론적 문제점들을 토론하였고 또 양명학에 대한 찬반 비판도 함께 진행하였다. 특히 정제두는 주자학을 정통 학술로 삼았던 조선 학계에서 죽음을 무릅쓰고 양명학을 깊이 연구하였고 그의 학문은 뒤에 강화 지역에서 다양하게 계승 발전되었다.

정제두의 주자학 중심의 학문 경향은 정치적 · 사회적인 혼란과 개인적인 불행을 거치면서 양명학으로 전환하게 되는데, 그의 나이 24세 전후에 양명학에 관심을 두기 시작하여 33세 사이에 양명학적 전환이 구체화되었다. 다시 말하여, 그는 남언경(南彥經)과 장유(張維)의 학설을 수용, 발전시키고 최명길(崔鳴吉)의 학풍에도 접근하여 조선조 양명학을 계통적으로 이어 나갔을 뿐만 아니라, 정주학자 중에서 기대승(奇大升)과 윤증(尹拯)의 학문을 존중하여 그의 양명학 체계에 수렴하였다.[1] 이처럼 정제두는 청년기부터 양명학에 침잠하여 연구하면서 자신의 학문적 기초를 심학 위에 구축하여 갔으나 그의 심학이 단지 왕양명 이론을 조술하는데 그친 것은 아니다. 그는 자신의 학문적 심화 과정에서 양명학의 기반 위에 다양한 영역으로 자신의 심학 체계를 정립시켰던 것이다. 즉 정제두의 심학 체계는 심즉리, 치양지, 지행합일을 중심으로 왕수인의 기본 이론을 철저히 수용하여 주자에 대해 비판적 입장을 관철하면서 성리설의 쟁점에 많은 관심을 기울여 사칠론을 포함한 리기심성설에 관한 다양한 논의를 깊이 있게 전개하고 있다. 이러한 과정에서 그의 심학 이론은 중국의

1) 이상의 내용은 尹南漢, 『朝鮮時代의 陽明學 硏究』, 214~219쪽; 崔英成, 『韓國儒學思想史』 III, 330쪽 참조.

양명학에서는 찾아보기 어려운 리기심성의 성리학적 개념 분석을 독자적으로 제시하고 있다.[2)]

주자학이 지배하던 학문 풍토 속에서 양명학에 대해 깊이 있는 연구를 수행하였던 그의 학문 태도는 새로운 학문에 대한 호기심의 차원을 넘어 성학에 대한 굳은 신념에 기반을 둔 것이었으며, 이는 후에 강화 지역을 중심으로 다양하게 계승 발전되었다.

그에 의하면, 주자학이나 양명학을 막론하고 이들이 추구하는 최종 목적은 성학을 천명하는 것이며, 이러한 성학의 취지는 바로 '심성지학'에 있는 것이다.

> 성인의 학은 심학인 것이니, 심이란 것은 사람마다 모두 지닌 것이다. 어떻게 하면 성인이 되는가? 말하자면 성인의 학은 성학이니 성이란 심의 본체이며, 이른바 천리인 것이다. 성인의 학은 그 마음의 천리를 간직하는 것이니, 본체나 천리는 사람마다 모두 지니고 있는 것이다.[3)]

> 대개 주자는 뭇사람들이 일체(마음의 본체)를 못 가지는(잃어버린) 데로부터 도리를 삼았으므로 그 설이 먼저 만수처로부터 들어갔고, 양명은 성인의 근본인 일체처로부터 도리를 삼았으므로 그 학문이 일본처로부터 들어간 것입니다. 혹은 끝으로부터 근본으로 가고 혹은 뿌리로부터 끝으로 간 것이니, 이것이 서로 갈라지는 연유입니다. 그 하나를 위주하고 하나를 폐함이 아님은 둘 다 마찬가지입니다. 잘 배우지 못하면 이 두 가지 폐단은 또한 없을 수 없으나, 만약 양쪽의 학문을 잘 활용하면 같이(한가지 길로) 돌아갈 이치가 있어 마침

2) 금장태, 『조선후기의 유학사상』, 250쪽.

3) 「存言下」. "聖人之學, 心學也. 心者人皆有之. 何爲則爲聖人? 曰聖人之學, 性學也. 性者, 心之本體也, 所謂天理也. 聖人之學, 存其心之天理者也. 本體天理, 人皆有之."

내 서로 크게 멀어지지 않을 수도 있는 것입니다.[4]

주자학과 양명학이 비록 방법상의 차이점은 있을지언정 이들이 추구하는 목적은 다름 아닌 성현의 경지에 도달하려는 공통점이 있다. 이렇듯 정제두 자신은 주자학과 양명학을 모두 성학이라 하여 긍정적인 견해를 보이고 있다. 하지만 그는 주자학에서 말하는 격물치지에 대해 의문을 제기하고 있으니,[5] 이는 곧 그가 주자학에서 양명학으로 학문적인 전환을 하게 되는 계기가 된다. 그는 대상 사물에서 이치를 궁구한다는 주자의 즉물궁리설에 회의하면서 경서와 주렴계 · 정명도의 이론을 새롭게 연구하면서 양명학으로 선회하고, 그 후 왕양명의 저술을 읽고 '치양지'설과 '지행합일'설에서 깨닫게 되었던 것으로 보인다.[6]

주지하다시피 하곡이 주자학에서 양명학으로 전환하는 분기점은 대학의 격물치지에 대한 해석에서 비롯된다. 격물치지는 『대학』 수장에 나오는 인식 방법의 기본 개념으로써, 이러한 격물치지의 개념을 이해하는 방법에 따라서 학문적 방법론이 현격하게 차이가 날 수 있다. 주자학과 양명학 사이의 이론적 대립 내지 갈라짐은 바로 격물치지에 대한 해석의 차이에서 비롯된다. 정제두 학문의 변화 발전 과정을 살펴볼 때 하곡의 학문적 경향이 주자학에서 양명학으로 전환하게 되는 계기가 되는 것도 역시 격물치지에 대한 해석에 있음을 알 수 있다. 그는 주자의 격물치지설

4) 「答閔彦暉書」. "蓋朱子自其衆人之不能一體處爲道, 故其說先從萬殊處入. 陽明自其聖人之本自一體處爲道, 故其學自其一本處入. 其或自末而之本, 或自本而之末, 此其所由分耳. 其非有所主一而廢一, 則俱是同然耳. 使其不善學之, 則斯二者之弊, 正亦俱不能無者, 而如其善用二家, 亦自有可同歸之理, 終無大相遠者矣."

5) 「存言下」. "朱子之學, 其說亦何嘗不善? 只是與致知之學, 其功有迂直緩急之辨. 其體有分合之間而已耳. 其實同是爲聖人之學, 何嘗不善乎?"

6) 유명종, 『한국의 양명학』, 107쪽.

이 다름 아닌 즉물궁리를 위주로 하는 물리지학(物理之學)이라 하여 비판하고 있다.

> 『대학』·『중용』이나 공자·맹자의 말씀에 대해 그 뜻을 상고하여 찾아본다면 …… 일찍이 물리를 궁구하여 이를 미루어서 준칙을 삼으라는 말은 하나도 없다. …… 물에 나아가 리를 궁구하려 한다면 덕성을 바탕으로 한 리의 본체를 볼 수 없고 …… 학문하는 노력은 그 실체를 좇아 시작되는 것이니, 어찌 일찍이 반드시 사리에 나아가 배우라고 한 말이 한마디라도 있었던가? 그런데 무슨 까닭으로 유독 『대학』 가운데 다만 물이라는 글자 한 자를 집어내어 모든 경전의 가르침을 덮어 버릴 수 있겠는가?[7)]

이처럼 정제두 자신이 비록 양명학의 정당성에 대해 언급하며[8)] 격물치지설에 대해서는 양명학적 입장을 취하고 있음에도 불구하고 주자학의 많은 부분을 긍정하고 있다. 다시 말하여, 그는 양명학의 입장을 수용하면서도 양명학 이론에서 발견되는 문제[9)]를 정주학의 이론형식을 통해 해결하려는 공정한 학문적 태도를 견지하고 있었다.

---

7) 「存言下」. "如大學中庸孔孟之語, 考究其義 …… 未嘗有以窮究物理, 推之以爲準則者也. …… 如卽物而窮其理, 不見德性上理體 …… 爲學之功, 其從實體上着功, 何嘗有一言, 必就事理而爲學者乎? 何可獨以大學中, 只有一物字執之, 以蔽其千經萬訓耶."

8) 「答尹明齋書(壬午)」. "所謂王氏之說, 亦自有本源. 雖云不同於程朱, 其指則固是一程朱也."; 권1, 「書·答朴南溪書」(丁卯). "齊斗非敢固自爲迷誤者, 亦不敢謀阿護膠刻之計 …… 蓋齊斗所以眷眷王氏之說, 倘出於求異而濟私, 則決去斷置, 非所難焉. 但未敢知吾人爲學將以何爲邪! 思欲求聖人之意而實得之而已."

9) 하곡은 평생 양명학의 간명하고 정밀함을 독실하게 신봉하였으나, 83세(1731) 6월 동호에서 하룻밤 묵는 동안 꿈속에서 홀연히 양명의 치양지설이 매우 정밀하기는 하나 또한 '정에 맡기고 욕을 따르는 근심' 이 있음을 지적하였다. 「存言下」. "余觀陽明集, 其道有簡要而甚精者, 心深欣會而好之. 辛亥六月, 適往東湖宿焉, 夢中忽思得王氏致良知之學甚精, 抑其弊或有任情縱欲之患.(此四字眞得王學之病.)"

3. 사구교에 관한 하곡의 견해

정제두의 저서는 그가 죽은 뒤 심육, 윤순, 이진병 등이 모은 것을 신대우가 다시 정리한 것이다. 그러나 이 과정에서 하곡학의 특질을 가장 잘 보여 주는 양명학 관련 글이 대부분 빠지게 되었다. 정제두는 생전부터 양명학을 한다는 이유로 배척을 받아 왔기 때문에 주자학에 경도되어 있던 조선 후기에는 그의 저술을 발간할 수 있는 상황이 아니었다. 이는 당시 상황이 양명학을 드러내기 어려웠음을 반증하는 것이다.[10] 따라서 그의 저술도 미정고(未定稿)의 필사본으로 오랫동안 집안에 전해져 왔으며 이 과정에서 문인과 후손들이 정리와 편집을 반복하는 가운데 많은 부분이 산실된 채 현재까지 필사본으로만 전해지게 되었다.[11]

이러한 이유로 말미암아 현존하는 『하곡집』에서는 사구교의 전체 내용에 대한 언급을 찾아볼 수 없다. 그는 문집을 통해 양명학의 중요 이론—심즉리, 지행합일, 격물, 치양지, 천지만물일체, 친민설 등—에 대해서 빠짐없이 언급하고 있으며, 또한 당시 조선과 중국 사이의 사신 왕래 등을 통해 중국 학계에서 전개되고 있었던 사구교를 둘러싼 본체-공부 논쟁에 대해서도 전해 들었을 것이다. 이러한 상황들을 고려해 볼 때, 사구교 사상에 대한 정제두 나름의 견해가 있었을 것이며, 이는 또한 그의 사상 체계에서 어느 정도 비중 있게 다루어졌을 가능성이 있다. 왜냐하면, 당시 정제두는 왕수인의 「전습록」뿐만 아니라 왕기의 어록까지도 접했음을 볼 때,[12] 『왕양명전집』과 왕기의 어록 가운데 실려 있는 천천증도(天泉證道) 내용의 중요성을 인식하지 못했을 리가 없다. 이는 다분히 양명학을 드러

10) 윤남한, 『조선시대의 양명학연구』, 43쪽.

11) 한국문집총간 해제 『하곡집』 중 편찬 및 간행 부분 참고.

12) 윤남한, 『조선시대의 양명학연구』, 215쪽.

내 놓고 연구할 수 없었던 당시 상황과 관련이 있었을 것으로 추정된다.

이와 같은 이유로 현존하는 『하곡집』 속에는 완정된 형태의 사구교에 대한 언급을 찾아볼 수 없다. 그나마 다행스러운 점은 사구교와 관련한 정제두의 직접적인 언급은 찾아볼 수 없지만, 사구교에 대한 그의 생각을 단편적으로 알 수 있는 구절들이 『하곡집』 여기저기에 산재해 있다. 따라서 『하곡집』 곳곳에 산재해 있는 그의 견해를 수집 분석해 본다면 사구교에 대한 하곡의 입장을 어느 정도 가름하여 볼 수 있을 것이다.

주지하다시피 사구교의 내용은 "선도 없고 악도 없는 것은 마음의 본체이고, 선도 있고 악도 있는 것은 의념의 발동이며, 선악을 아는 것은 양지이고, 선을 행하고 악을 제거하는 것은 격물이다."[13]라는 네 구절로 이루어져 있다. 이는 왕수인이 말년에 학문의 핵심으로 제시하고 있는 것으로, 그의 치양지설을 바탕으로 『대학』의 정심 · 성의 · 치지 · 격물에 대해 총괄적으로 해석한 것이며, 사구교가 내포하고 있는 내용은 본체와 공부에 대한 언급이다.

그러므로 사구교에 대한 정제두의 견해를 파악하기 위해 먼저 사구교의 기본 개념이라 할 수 있는 심 · 의 · 지 · 물과 정 · 성 · 치 · 격의 내용에 대한 그의 언급을 살펴보도록 하겠다.

1) 정심 · 성의 · 치지 · 격물

심학의 체계성은 『대학』에서 언급하고 있는 심 · 의 · 지 · 물이라는 네 가지 개념의 관계상에서 구축된 것으로, 사구교 역시 심 · 의 · 지 · 물이

13) 『王陽明傳習錄詳注集評』, 315조목. "無善無惡心之體, 有善有惡意之動, 知善知惡是良知, 爲善去惡是格物."

라는 네 개의 개념을 체계로 하는 일련의 공부 과정이다. 이러한 이유로 말미암아 정제두가 사구교의 내용을 어떻게 파악하고 있는가를 알아보기 위해서는 그가 심 · 의 · 지 · 물과 정 · 성 · 치 · 격의 개념을 어떻게 이해하고 있는지 알아보는 것이 순서일 것이다.

(1) 심 · 의 · 지 · 물

왕수인은 일찍이 『대학』의 정심 · 성의 · 치지 · 격물에 대한 해석을 통해 심 · 의 · 지 · 물을 일물로, 정 · 성 · 치 · 격을 일사로 파악하고 있다.[14] 심 · 의 · 지 · 물이란 하나의 물건의 서로 다른 측면을 말하는 것으로 행위의 주체로부터 말한 것이고, 정 · 성 · 치 · 격이란 일관된 하나의 공부 방법으로 심 · 의 · 지 · 물의 본래 상태를 유지하기 위한 도덕 주체의 활동 작용으로부터 말한 것이다.

『대학』에 대한 해석에서 정제두 또한 왕수인의 학설을 이어받아 고본대학의 편제를 취하고 있으니, 이러한 정제두의 입장은 「대학설」에 잘 나타나 있다. 이러한 이유로 심 · 의 · 지 · 물과 정 · 성 · 치 · 격의 관계에 대해서는 주로 「대학설」을 중심으로 그의 양명학 사상이 잘 나타나 있는 「학변」과 「존언」의 내용을 함께 살펴보도록 하겠다.

정제두에게 심 · 의 · 지 · 물은 다만 하나의 사물을 서로 다른 측면에서 규정한 것으로써 이 네 가지 개념은 분리할 수 없는 것이다.[15] 『하곡집』에서 심 · 의 · 지 · 물에 대해 언급하고 있는 부분을 살펴보면 다음과 같다.

---

14) 『王陽明全集』, 卷26, 「大學問」. “蓋身心意知物者, 是其工夫所用之條理, 雖亦各有其所, 而其實只是一物. 格致誠正修者, 是其條理所用之工夫, 雖亦皆有其名, 而其實只是一事.”

15) 「存言中」. “身心意知, 物理之條理,(爲功夫之條理也, 而其體之惟一無可分.) 格致誠正, 修學之功夫,(爲條理之功夫也, 而其用之惟精不可缺.) 皆心.”

마음이 드러나 뜻이 되니, 앎은 뜻의 본체요 물은 뜻의 쓰임이다. 완성한다는 것은 이르는 것이니, 마음속 본체에 들어 있는 앎을 완성하는 것이다. 격은 바로잡는 것이니, 뜻이 들어 있는 대상물을 바로잡는 것이 이것이다. 의에는 선이 되는 경우도 있고 악이 되는 경우도 있는데, 두 가지 모두 본체에서 벗어난 것은 아니지만, 본체가 그렇게 되게 시키는 것이 아니다. 움직이기 때문에 선하지 못함이 있게 된다. 그러므로 뜻에 억지로 하려는 것이 있으면 정성되지(정성스럽지) 못하게 되고, 마음에 집착하는 것이 있으면 바르지 못하게 된다. 이런 까닭에 뜻에는 정성된 것도 있고 정성되지 못한 것도 있으며, 마음에는 바른 것도 있고 바르지 못한 것도 있지만, 본체로서의 앎은 지극히 선하기 때문에 어떤 경우든 선하지 않음이 없다. 오직 앎을 이루는 데 있을 뿐이다. 뜻에 대해서는 정성을 말하고, 마음에 대해서는 바로잡음을 말하면서, 앎에 대해서만 홀로 이룬다고 하는 것은 이것이 또한 마음의 본체이기 때문이다.[16)]

심이란 몸의 주재요, 의란 마음의 움직이는 바이다.(이것은 명덕의 체용이다) 치는 이르게 함이다. 이르러 그 극에 다하는 것이 치이다. 격은 바름[正]이다. 그 바르지 못함을 바루어 바른 데로 돌아가게 함이다. 지란 마음의 본체이며 양지의 소명한 것이니 무릇 마음이나 몸이나 백성이나 물을 체험하는 것은 다 이것이다. 물이란 뜻이 있는 곳이다. 그 작용은 사물에 감응하는 것이니, 무릇 마음이나 몸이나 백성이나 물에 작용하는 것은 다 이것이다. (이것이 명덕지선이 되는 것이다) …… 물은 의(意)의 용이요, 지(知)는 의의 체이니, 물이 격하여지면 그 용이 바르게 되고, 지(知)가 지(至)하면 그 체에 이르게 된다. 이

16) 「大學說」. "心之發爲意, 知者意之體也, 物者意之用也. 致者, 至之也, 致其心本體之知.(卽至善之發也) 格者, 正之也, 正其意所在之物,(物事也) 是也. 意有爲善, 意有爲惡, 而不出於體, 非體使然也. 是動而有不善也. 故意有爲則有不誠, 心有著則有不正. 是故意有誠不誠, 心有正不正, 而本體之知則至善焉, 無有不善.(一作正) 惟在致之而已. 意言誠, 心言正, 而知獨言致者, 亦以心體故也."

것이 의가 진실되게 되는 소이요, 명덕이 그 본체를 얻게 되는 것이다.[17]

위 예문에서 언급되고 있는 심 · 의 · 지 · 물에 대해 정리해 보면 다음과 같다.

첫째, 몸을 주재하는 심은 명덕의 본체이다. 곧 명덕의 본체로서의 심은 순선무악하여 바르게 하는 공부가 불필요한 존재이다. 이는 왕수인이 심에 대해 설명하면서 "지극히 선한 것은 마음의 본체이다. 마음의 본체에 어찌 선하지 않은 것이 있겠는가? 이제 마음을 바르게 하고자 한다면 본체의 어느 곳에서 공부할 수 있겠는가?"[18]라고 하여 본체 자체 내에서는 정심공부가 불필요하다고 하고 있는 것과 마찬가지이다. 그렇다면 위 예문에서 정제두가 언급하고 있는 '마음에 집착하는 것이 있으면 바르지 못하게 된다. 이런 까닭에 마음에는 바른 것도 있고 바르지 못한 것도 있게 되니 이러한 마음을 바로잡는 공부가 필요하다.'는 부분과는 모순되는 것이 아닌가?

하곡이 말하고 있는 정심은 마음이 발한 상태에서의 공부이다.[19] 따라서 마음을 바르게 하는 공부는 심체상에서는 할 수 없고 오직 마음의 발동처인 의에서 가능한 것이다.

둘째, 심의 발현으로서의 의는 명덕의 작용이라는 의미가 있다. 의가

---

17) 「大學說」. "心者身之所主, 意者心之所動也.(是明德之體用) 致, 至之也, 至之極其盡也. 格, 正也, 正其不正以歸於正也. 知者, 心之本體也, 是良知之昭明者也. 凡所體於心身民物, 皆是也. 物者, 意之所在也, 其作用事物之感應者也. 凡所用於心身民物, 皆是也.(是爲明德至善者也) …… 物是意之用, 知是意之體也. 物格則其用正矣, 知至則其體至矣. 意之所以誠矣, 而明德得其本體矣."

18) 「傳習錄」, 317조목. "然至善者, 心之本體也. 心之本體, 那有不善? 如今要正心, 本體上何處用得功?"

19) 「大學說」. "大學正心, 雖只言心之發處, 其功夫則敬, 直貫動靜之意在."

발현할 때 선이 되는 경우도 있고 악이 되는 경우도 있는데, 이는 의가 명덕에 따라 발현하기도 하고 그렇지 않기도 하기 때문이다. 즉 현실적으로 선도 있고 악도 있게 되는 원인은 본체에 있는 것이 아니라 의가 움직이기 때문이다. 이런 이유로 의에는 혹 성실치 못한 것이 있는 까닭에 그것을 반드시 성실히 하고자 하는 것이다.[20]

셋째, 이른바 지라는 것은 내 마음의 본체로서의 양지를 가리킨다. 이러한 양지는 체용을 겸하고 있으니, 체의 측면에서 말하면 양지는 심체와 동일한 것이며, 용의 측면에서 말하면 양지는 선악에 대한 판단 능력을 말한다.[21]

넷째, 물은 의의 작용과 의의 소재이다. 의의 소재로서의 물은 일종의 행위물인 사를 지칭하는 것이며, 이는 주체의 심과 불가분의 관계에 있는 것이다. 이러한 물은 곧 의념이 관계하고 있는 대상을 의미하므로, 의념에 선악이 공존하고 있다고 하면 의념의 지향물로서의 물에도 또한 선악이 있다고 하겠다.

(2) 정 · 성 · 치 · 격

정제두는 정 · 성 · 치 · 격을 또한 하나의 공부 과정으로 해석하고 있으니, 그가 말하는 정 · 성 · 치 · 격의 관계를 살펴보면 다음과 같다.

> 격물은 치지의 이름이니 달리 다른 일이 아니다. 격물이란 치지의 겉모양이다. 격물은 먹고 마시는 일이며, 치지는 뜻을 성실하게 하는 노력이니, 치지란

20) 「存言下」. "情或有不節, 故欲其中節. 意或有不誠, 故欲其必誠也."

21) 「答閔誠齋書」. "其有以指體而言曰良知, 是心之本體, 卽未發之中是也. 其有以指用而言曰良知, 是知善知惡是也 …… 然其實卽一箇知, 非有可分別者, 則只言一良知足矣. 如火上本明其體也, 其光輝燭物其用也, 而其明卽一耳, 不可以火上與照上分別其明.(此功夫本體不相離之說)"

먹고 마시는 마음이다.(그 맛을 알아서 알맞게 맞추는 것은 오로지 치지에 달려 있다) 성의는 먹고 마셔서 배부른 것이며, 정심은 배부른 정도가 알맞은 상태이다.[22]

격 · 치 · 성 · 정은 하나의 물건의 서로 다른 측면을 말하는 것이니, 우선 정제두는 치지와 격물의 관계에 대해 "치지란 천리를 다하는 것이며, 격물이란 천리를 다하는 방법"이라 하면서,[23] 『대학』의 '치지재격물'에 대해서 다음과 같이 언급하고 있다.

'치지재격물'이란 말에서 치는 이른다는 것이며, 지는 마음의 본체로서 지극한 선이 드러난 것이다. 격은 바로잡음이며 물이란 일이니, 곧 뜻이 담겨 있는 일이다. 본체의 지를 완성한다는 것은 실은 그 일삼는 바를 바로잡는 데에 있으며, 그 이르렀다는 것도 그 물의 참됨을 다한 것에 불과하다. 그러므로 반드시 그 뜻이 담겨 있는 물에 나아가 그것을 바르게 해야 한다. 대개 몸의 주인은 마음이고, 마음이 드러난 것이 뜻이니, 지란 의의 본체이고 물이란 의의 쓰임이다.[24]

그에 의하면, 마음의 본체인 앎을 완성하여 지극한 선을 드러내는 것은 뜻이 담겨 있는 일[25]을 바르게 함으로써 가능하다. 격물치지는 지선에 그

22) 「大學說」. "格物者致知之名, 無他別事耳. 格物卽致知之形. 格物者飮食之事, 致知卽誠意之功, 致知者飮食之心,(知其味適其中, 專在致知.) 誠意則飮食之飽者, 正心者飽之得其中也."

23) 「學辨」. "致知者盡天理者也, 而格物則是所盡天理之方也."

24) 「大學(2)」. "致知在格物. 致, 至也. 知者心之本體, 卽至善之發也. 格, 正也. 物者, 事也, 卽意所在之事也. 致其本體之知者, 其實在於其所事之正焉, 而其至也, 不過盡其物之實爾. 故必卽其意之所在之物, 而正之. 盖身之主爲心, 心之發爲意, 知者意之體, 物者意之用也."

25) 「存言下」. "色而視也, 聲而聽也, 口而言也, 貌而動也, 心而思也, 父子而奉養也, 兄弟而友從也, 長幼而服事也, 君臣而承奉也者, 是事也行也."

치는 공부이니 물이 바로잡히고 앎이 다해지면 그 지선에 그치게 되어 본체를 얻을 수 있다.[26] 이러한 치지와 격물은 『대학』 팔조목의 주된 공부가 되며 요령이 되는 것으로[27] 불가분의 관계에 있다.

> 치지란 것은 곧 나에게서 발하여 스스로 다하는 것이요, 격물이란 것은 곧 물에 따라서 어김이 없는 것이다. 나로부터 말하면 충이라 이르는 것이요, 치지라고 이르는 것이며, 물에서부터 말하면 이를 서라 하고, 신이라 하며 격물이라고 하는 것이니, 그 공부됨은 하나이다. 충서도 하나인 것이며 충신도 하나인 것으로 두 가지 공부가 없는 것이고, 치지와 격물도 역시 하나이지, 두 가지의 도가 아니다.[28]

이어서 그는 『대학』의 성의 · 정심 · 치지에 대해 "뜻에 대해서는 정성을 말하고, 마음에 대해서는 바로잡음을 말하면서, 앎에 대해서만 홀로 이룬다고 한 것은 이것이 또한 마음의 본체이기 때문"이라고 하였으니, 이는 곧 마음의 본체인 (양)지는 본래 지선한 것이기 때문에 그 본모습을 제대로 드러내기만 하면 되는 것이다. 하지만 마음의 작용인 의가 발동하면 선한 경우도 있을 수 있고 악한 경우도 있을 수 있다. 이는 의가 인위적으로 하려 하여 진실하지 못함이 있게 되고, 마음이 어떠한 것에 집착한 결과 바르지 못함이 있게 되기 때문이다. 그러므로 성의와 정심 공부를 통해 바로잡아야 한다. 또한, 양지 본체가 마음의 발현을 통해 물과 관계

---

26) 「大學(3)」. "格物致知, 則又爲止至善之工夫 …… 物格知至, 則其至善止, 而本體能得矣."

27) 「存言下」. "知物二者不離而爲八目之主功, 爲其要領. 聖人所謂爲學者, 只此而已."

28) 「學辨」. "致知者, 如發己, 自盡是也; 格物者, 循物無違是也. 自我而言, 謂之忠謂之致知. 自物而言, 謂之恕謂之信謂之格物. 其功一也, 忠恕一也, 忠信一也, 無二功也, 致知格物亦一也, 非兩道也."

하고 있으므로 심 · 의 · 지 · 물이 하나이다. 그리고 이러한 물은 마음이 발한 의가 관계하는 것이므로, 뜻을 성실히 하고 마음을 바로잡는 과정이란 다름 아닌 구체적인 행위를 바로잡는 일이 된다. 그러므로 의를 중심으로 보면 물은 의의 작용에 해당하고 지는 의의 본체라 할 수 있으니, 궁극적으로는 의를 매개로 본체와 작용이 하나가 된다.[29] 왜냐하면, 성의 공부란 즉 앎을 극치에 이르도록 함에 불과하므로 성의 속에 이미 격물치지가 들어 있는 것이다.[30] 그러므로 정제두는 격물치지 공부가 곧 성의임을 다음과 같이 말하고 있다.

> 격물치지라는 말은 앞에서 이미 대략 설명하였거니와, 격물치지란 성의의 공이니, 지가 밝혀져서 뜻이 성실하여지는 것이며 치지의 밖에서 따로 성의를 구해서는 안 된다.[31]

> 격은 먹는 것과 같으며, 성이란 배부름과 같다. 먹는 것은 배부르기 위한 것이니 두 가지 일이 아니다.[32]

정제두는 격물의 격을 정으로, 물을 사로 해석하였는데, 여기서 말하는 물이란 곧 의념이 관계하고 있는 것이다.[33] 그런데 의념에는 선도 있을 수

---

29) 김교빈, 「하곡 정제두」, 『한국인물유학사3』.

30) 「大學說」. "蓋誠意之功, 卽致知是已. 故誠意之中, 已格致在焉.格物致知者, 誠意之本體, 而至善之工夫也."

31) 「學辨」. "格致之說, 前已略著矣. 格致者, 誠意之功也. 知致而意誠矣, 不可於致知之外, 別求誠意也."

32) 「學辨」. "格者如食, 而誠者如飽, 食所以爲飽, 非二事也."

33) 「存言下」. "物者心之感應也, 事者良知之用也. 物由於心, 心在於物, 不可分缺, 皆意之所着也, 而非理之所出也."

있고 악도 있을 수 있으므로 의념이 관계하고 있는 물에도 당연히 선악이 공존한다 하겠다. 여기에서 의가 발한 바에 선과 악이 있다고 여긴 것은 실은 후천적인 수양을 통해 의를 정성되게(정성스럽게) 해야 할 필요성을 강조한 것이다. 이런 의미에서 격물공부란 다름 아닌 성의공부라 할 수 있다. 그는 격(물)과 성(의)의 관계를 음식을 먹는 것과 음식을 먹고 배부름의 상태로 설명하고 있다. 이러한 성의는 치지를 통해 가능하다. 또한, 양지를 확충하는 치지 과정은 반드시 격물을 통해서 이루어지는 것이니 격물과 치지는 불가분의 관계에 있다 하겠다. 이와 같이 하곡에게 있어서 격물 · 치지 · 성의는 일관된 공부 방법임을 알 수 있다.[34] 곧 성의를 격물의 목적으로, 그리고 격물은 성의의 공부, 즉 방법으로 파악하고 있으며, 또한 치지는 성의를 이끌고 성의는 격물에서 구체화된다고 할 수 있다.

2) 사구교에 관한 하곡의 견해

(1) 무선무악심지체

이른바 심체가 '무선무악'하다는 것은 대체로 다음과 같은 해석이 가능하다.

첫째, 무선무악은 상대적인 선악 개념을 초월한 심체의 절대지선함을 의미한다. 이는 상대적인 의미의 선이나 악으로 규정할 수 없는 단계, 즉 논리적으로 선악이 갈라지기 이전의 상태를 의미한다.

> 선악이 없다고 하는 것은 그 지선함을 말한다. 스스로 그러함에서 말미암아

34) 「大學(3)」. "誠意在致知, 致知在格物, 此之謂也. 毋自欺致自謙是也. 其好好惡惡, 致知自謙, 是謂格物, 是爲致知, 所以爲誠意功夫. 格物爲誠意之事, 致知爲誠意之本, 所以爲止於至善也."

천연스럽게 움직여서 조금이라도 억지로 선을 행하지 않는 것이 바로 지선함이다.[35]

천명의 주재는 그 하는 바가 없고 순일한 체에 이르러서도 처음부터 결함도 없고 앞뒤도 있지 않으며 그 체란 물이 아직 있기 전에 항상 온전하여 저절로 혼전하지 않은 것이 없으니, 이것은 처음부터 물이 있거나 물이 있지 않는 사이에서 나눌 수 없는 것이다. (있고 없는 것으로 구별할 수도 없으며 앞뒤로 말할 수도 없는 것이다.) 이 마음의 체는 사사로운 뜻이 없이 순수한 것이며 천리의 체는 원래 결함도 없고 앞뒤도 없는 것이다. 그 체는 아직 물에 감응되지 않은 앞에서 항상 온전하고 본래부터 완족하지 않는 것이 없다면 이것은 이미 감응되었거나 아직 감응되지 않는 사이에서는 구분이 없는 것이다. (已應이나 未應의 사이는 나눌 수도 없고 앞뒤를 말할 수도 없는 것이다.)[36]

심체가 지선하다는 것은 작용으로 드러나기 이전의 명목이 정해지지 않은 선을 말하며, 이런 의미에서 '무선'이라고 하는 것이다. 이처럼 그는 성의 지선함은 선악으로 드러난 일정한 명목이 없는 것임을 지적함으로써, 실체의 근본 성격으로서 지선과 작용에서 나타나는 현상적 선악을 구별하고 있다.[37] 심체가 지선한 것은 도덕의 근원이자 가치의 근원인 천리

35) 「存言中」. "無善惡云者, 言其至善. 由乎自然, 動以其天, 無有一毫作爲爲善者, 乃是至善也."

36) 「存言上 · 太極主靜中庸未發說」. "天命之主, 其無所爲而至純一之體, 初無欠缺, 無有前後, 其體也常全於未有物之先而自無不渾全, 則是初無分於有物未有物之間者也.(不可以分有無, 不可以言前後.) 此心之體, 其無私意而純天理之體, 元無欠缺, 無有前後. 其體也常全於未感物之先, 而本無不完足, 則是無分於已應未應之間者也.(不可以分已未之間, 不可以言前後.)"

37) 금장태, 『한국유학의 심설:심성론과 영혼론의 쟁점』, 180쪽; 「存言中」. "性善而已, 實無善之可定名, 故曰無善. 然則無善之善字, 是定名之善字也, 非至善之善字也."

가 내 마음에 내재하고 있기 때문이다.[38] 천리가 내 마음에 내재하고 있다는 것은 곧 내 마음이 천리에 근본한다는 것을 의미한다.

둘째, 무선무악은 비록 반드시 선이 되고 악이 되는 것은 아니지만, 여기에는 선이 될 수도 있고 악이 될 수도 있는 경향성을[39] 내재하고 있다.

> 그 체는 지극히 은미하여서 하는 것이 없으며 정을 주장하여 움직이지 않는 것이나 그중에는 역시 고요한 체가 감응하는 체용이 있는 것이다.[40]

심의 체는 지극히 은미하며 행위가 없고 정을 주장하여 동이 없는 본체로 제시하고, 이 심의 신명 속에는 고요한 본체와 감촉되어 상응함의 작용이 내포되어 있음을 제시하고 있다.

> 선악은 정해진 형태가 없다. 본연의 이치를 따르는 것을 선이라 하고, 기에 의해 움직여 작용하는 것을 악이라 한다.[41]

본체로서의 마음은 본래 무선무악하여 인위적으로 행위를 함이 없고 다만 사물의 오고 감에 따라 그 사물의 모습을 비추어 줄 뿐인 거울의 모습과 같다. 이러한 가능태(잠재태)로서의 심체는 또한 작용을 통하여 현실태로 나타날 수 있다. 가능태로서의 심체가 현실태로 나타날 때 심체의

---

38) 「存言上 · 聖學說」. "人之有心, 此其爲本體, 卽所謂天理也"; 「存言中」. "心之體天理也.(理體至虛, 無有所有. 理體至靜, 無有所爲.)"; 「存言中」. "心體之謂天理, 理有何象, 理有何善惡"; 「存言下」. "性者心之本體也, 所謂天理也. 聖人之學, 存其心之天理者也. 本體天理, 人皆有之"; "心之天理, 此是天則也, 本體也. 所謂理者, 乃指此而言."

39) 楊國榮, 『心學之思』, 235쪽.

40) 「存言上 · 道原」. "其體至微而無爲, 主靜而無動者, 而其中亦有寂體感應之體用焉."

41) 「存言中」. "善惡無定形, 以其循本然之理者謂善, 動於氣而用事者謂惡."

본래 모습대로 발용한다면[循理] 선한 모습이 될 것이고, 그렇지 않고 물욕이나 사욕에 의해 심체의 본래 모습이 가리어지게 된다면[動於氣] 악하게 나타날 수도 있게 된다.

셋째, 무선무악은 심이 본래 갖추고 있는 순수한 무집착성을 강조한 것으로,[42] 심의 무체성은 그 어떤 것에 대해서도 집착하지 않는 마음의 본연 상태를 의미한다.

> 마음의 체는 천리인 것이다. (리체는 지극히 허하여 지닌 바가 있지 않으며, 리체는 지극히 정하여 하는 바가 있지 않은 것이다.) 이 가운데에 무슨 물이 있겠는가? 이것은 오성(五性)의 체이니 그 리가 고요한 것인데 이것은 그 편벽되게 치우치는 바가 없거나 집착할 것이 없는 데를 따라서 유행하고 발용하는 것이니 이것을 무라고 이르는 것이요, 이것을 지선이라고 이르는 것이다. 이것이 주자(周子)가 이른바 …… 태극이란 본래 무극이라는 것이다. 심체에 선악이 없다는 것은 태극이 무극이 되는 것이다 …… 태극으로 말한다면 지선이 되는 것이요, 무극으로 말한다면 선악이 없는 것이 되는 것이니, 이것은 매우 정미하여서 말하기가 어려운 곳이다.[43]

> 심체를 천리라고 이르는 것이니, 리에 무슨 현상이 있겠으며 리에 어떤 선악이 있겠는가?[44]

---

42) 陳來, 『有無之境』, 205쪽.

43) 「存言中」. "心之體天理也.(理體至虛, 無有所有, 理體至靜, 無有所爲.) 理中有何物焉? 是五性之體, 其理寂然, 而是從其無所偏倚, 無所着爲處, 流行發用, 是之謂無也, 是之謂至善. 是周子所謂 …… 太極本無極者也. 心體之無善惡者, 太極之爲無極也 …… 以太極則爲至善, 以無極則爲無善惡, 此甚精微難言處也."

44) 「存言中」. "心體之謂天理, 理有何象, 理有何善惡?"

내 마음의 천리는 편벽되게 치우치거나 집착하지 않고 유행·발용하는 것이니, 이를 무선무악하다고 하고 지선하다고 한다. 그것은 심체가 지선하면서 선악의 작위가 없음을 의미하는 근원성을 가리키는 것이다. 이러한 무선무악과 지선의 관계를 무극과 태극에 비유하여, 무선무악한 것을 무극이라 하고 지선한 것을 태극이라 하고 있다.

여기서의 '무선무악'은 '마음을 한곳에 집착하지 않고' '기에 의해 움직이지 않는' 것이다. 기에 의해 움직여지지 않는 것은 마음을 한곳에 두지 않기 때문이고, 사람이 마음을 한곳에 두지 않을 수 있는 것은 천리로서의 심체에는 본래 처음부터 어떠한 현상도 없었기 때문이다.[45] 집착하게 되면 기에 의해 움직여지지 않을 수 없다. 여기서 말하는 '기에 의한 움직임'이란 어떤 유해한 감정·정서가 발생한다는 의미이다.[46]

(2) 유선유악의지동

본체심은 무선무악하다. 그렇다면 선악은 어디에서 유래하는 것인가? 정제두는 이러한 선악이 생기게 되는 원인을 바로 '기에 의한 움직임'[47] 에서 찾고 있다.

> 심리는 본래 허무하고 고요한 것이니 이것이 고요하여서 그 체가 있지 않은 것을 지선이라고 이르는 것이다. …… 그 발용한 곳에 이르러서도 기에 동하지 않는다면 또한 지선일 뿐인 것이다. …… 그 욕심을 따라서 기에서 동한다면

45) 「存言中」. "性其猶鑑乎. 鑑者善應而不留, 物來則應, 物去則空. 鑑何有焉, 性猶虛也, 惟靈也. 惡安從生, 其生於蔽乎."

46) 진래 지음, 『양명철학』, 전병욱 옮김, 365쪽.

47) 선과 악의 발생이 '氣之動' 에서 연유한다고 하는 정제두의 견해는 왕수인의 그것을 수용한 결과이니, 왕수인은 '無善無惡者理之靜, 有善有惡者氣之動, 不動於氣, 卽無善無惡, 是謂至善.' (「傳習錄」 101조)이라 하여 선악의 발생 원인을 '氣之動' 에서 찾고 있다.

비로소 선악이 있게 되는 것이니, 모두가 이른바 기인 것이다.[48]

> 선과 악은 정해진 형체가 없다. 그 본연의 리에 따른 것을 선이라고 이르고 기에서 동하여 작용하는 것을 악이라고 이른다. 그 행하는 것이 비록 선하다 하더라도 진실로 기에서 동한 것이 있다면 선의 근본은 아니다.[49]

상대적 선악을 초월한 지선한 본체인 심은 반드시 발용을 통하지 않고서는 자신을 드러낼 방법이 없다. 본체로서의 리[50]가 없이는 마음의 작용도 무의미한 것이지만, 본체로서의 리도 마음의 작용을 빌리지 않고서는 실현될 수 없다.[51] 그런데 마음의 작용이 욕심을 따라서 기에서 동한다면 상대적 선악이 일어날 가능성이 생긴다. 다시 말하여 의념 활동이 발생할 때 선과 불선의 구별이 생기게 되는 것이다. 본체로부터 말하면, 마음은 '미발지중'의 상태로서 선악의 영향을 받지 않아 선악으로 나누어지지 않는다. 하지만 발용으로부터 말하자면, 마음의 발용 상태로서의 의념 활동이 일어나고, 이러한 의념이 리를 따르느냐 기에 의해 움직이느냐에 따라 선과 악으로 나누어지게 되는 것이다.

정제두는 마음의 작용을 희로애락[性之情]이나 측은수오[情之性]와 같이 '정에서 발동한 것'과 식색이해[形氣之欲: 性之欲]나 인효충신[禮義之心: 心之德]과 같이 '심에서 각성된 것' 및 사려의념의 운용[心之用]이나 지수

---

48) 「存言中」. "心理本虛, 寂然是靜, 無有其體, 謂之至善 …… 至其發用處也, 不動於氣則亦至善而已 …… 及其乘於欲而動乎氣, 則始爲有善惡, 皆是所謂氣也."

49) 「存言中」. "善惡無定形. 以其循本然之理者謂善, 動於氣而用事者謂惡. 其行雖善, 苟有動於氣, 則非善之本也."

50) 「存言下」. "理者, 心之體而知之能也."

51) 「存言上 · 耳目口鼻說下」. "理之體, 出心之用, 而心之用, 卽理之體也. 心無用則理無體矣, 理無體則心無用矣."

사도의 법도[形之主] 등 '사(思)에서 운용된 것'의 세 가지 양상으로 분석하고 있다.[52] 이 마음의 작용에는 리에 맞거나 맞지 않아 선하기도 하고 선하지 않기도 하는 경우와 리에 맞아 선한 경우가 있다. 하지만 비록 희로애락이 리에 맞는 경우도 있고 그렇지 못한 경우도 있어 이에 따라 선하여지거나 선하지 않게 되지만, 만약 희로애락이 리에서 나온 것이라면 이는 측은수오와 마찬가지로 순수하고 지선하다 할 수 있다. 반면에 측은수오는 리에 따르는 것으로 본래 선하지만, 만약 기에 의해 움직여져서 어느 한쪽에 치우치게 된다면 지선하다 할 수 없다. 그러므로 사단과 칠정의 선·불선은 고정되어 있는 것이 아니다. 이렇듯 정제두에게 있어서 사단과 칠정은 질적인 구분이 없으니, 이는 「양지체용도」에서 사단과 칠정을 모두 심지정(心之情) 영역 안에 넣고 있음을 통해 알 수 있다. 식색이해나 인효충신, 사려의념의 운용이나 지수사도의 법도도 또한 마찬가지이다.[53]

---

52) 「存言上 · 四端七情說」. "以發乎情者言, 喜怒哀樂愛惡懼欲, 性之情也, 惻隱羞惡辭讓是非, 情之性也. 喜怒哀樂, 有善者焉有不善者焉, 以有理有非理故也. 惻隱羞惡皆善焉, 以皆爲理故也. 以覺於心者言, 食色利害形氣之欲, 性之欲也, 仁孝忠信禮義之心, 心之德也. 食色利害, 有善者焉有不善者焉, 以有理有非理故也. 仁孝忠信皆善焉, 以皆爲理故也. 以運於思者言, 思慮意念之運, 是皆心之用也. 志守思度之揆, 乃是形之主也. 思慮意欲, 有善者焉有不善者焉, 以有理有非理故也. 志守思度皆善焉, 以皆爲理故也."

53) 「存言上 · 四端七情說」. "喜怒哀樂, 通理與非理而言, 固有不善者, 如其出於理則固亦純粹至善也. 惻隱羞惡, 專指理而言, 固本善也. 若有動於氣而有偏則亦不得爲至善. 食色利害, 該理與非理而言, 固有不善者. 如其出於理則固亦純粹至善也. 仁孝忠信, 專就理而言, 固本善也. 若累於知見而有差則亦不得爲至善. 思慮意欲, 通理與非理而言, 固有不善者. 如其出於理則固亦純粹至善也. 志師思度, 專就理而言, 固爲善也. 若蔽於氣質而不中則亦不得爲至善." 하곡은 인심도심에 대해서도 이러한 논리로 설명하고 있다. 「存言中」. "死生夭壽之心, 寒熱勞逸之心, 飢渴飮食之心, 利害好惡之心, 榮枯欣戚之心, 便自生身命根上帶來, 是亦人性, 是性之質也. 是苟得其本於性體, 發於道心, 則亦無不是道者. 惟動於己私而血氣强勝則爲私爲惡爲人欲, 而是之謂人心. 慈愛惻怛之心, 羞惡廉恥之心, 畏敬嚴莊之心, 文理辨別之心, 是本原自生身命根上主來, 是性之德也, 是乃所謂之理也. 其由於性體, 發於道心, 固無非道也. 如雜以人爲, 不由於性體, 則是亦爲過不及, 爲邪爲佞卽僞而已, 是亦爲人心也."

그러므로 선악의 관건은 리에서 나오느냐[出於理], 기에 의해 움직이느냐[動於氣]에 있다. 그렇다면 여기서 언급하고 있는 기는 과연 어떠한 성격을 가지고 있는가? 정제두는 심성을 일원으로 보고 있듯이[54] 리기 관계 또한 일원으로 보고 있다.

> 리란 기의 영통한 곳이니, 신(神)이 이것이다. 기란 기의 충실한 곳이니, 질이 이것이다. 하나의 기이지만 영통할 수 있는 것은 리가 되고,(이것은 기의 정(精)한 곳이고 밝은 곳이다) 무릇 충실한 곳은 기가 된다.(이것은 기의 거친 것이며 바탕이 되는 것이다.)[55]

> 그러나 그 실은 다만 하나의 리이요 하나의 기이니, 둘로 나눌 수 없다. 그 성의 악한 것과 심의 사특한 것은 모두 그 리가 체를 얻지 못하였기 때문이다. 그 리를 잃어버린 것을 기라고 이르는 것이니, 이럴 때에야 바야흐로 기라고 할 수 있을 것이다. 만약에 리를 잃어버리지 않았다면, 원래 리와 기는 나눌 수 없다. 리를 잃어버렸다는 것은 무엇인가? 곧 리가 지나치거나 미치지 못한 것이다. 그것이 지나치거나 미치지 못한다는 것은 그것이 삐뚤어지고 희미한 것이 기에 동하여서 망령되고 둘로 갈려서 거짓되기 때문이니, 그 체를 잃어버릴 뿐이지 리가 아닌 것은 아니다. …… 그러므로 단지 리라고 하나 그 체를 잃어버리고 악한 데로 흐르는데 이르러서야 바야흐로 기라고 이를 수 있을 것이다. 그러나 또한 다만 리가 그 체를 잃어버렸을 뿐이지,(기에 동하는 것이다) 별도로 기가 되는 것은 아니다.[56]

---

54) 「存言下」. "心者性之器,(氣顯) 性者心之道.(理微) 語其全體則曰心, 言其本然則曰性. 言心性在焉, 言性心本焉."

55) 「存言上 · 睿照明睿說」. "理者氣之靈通處, 神是也. 氣者氣之充實處, 質是也. 一個氣而其能靈通者爲理,(是爲氣之精處明處) 凡其充實處爲氣.(是爲氣之粗者質者)"

위의 예문을 통해 정제두는 리와 기의 관계를 기로써 표현하기도 하고 리로써 표현하기도 하고 있다. 이는 심은 리라고도 할 수 있고 동시에 기라고도 할 수 있어 리와 기를 둘로 나눌 수 없다는 입장으로, 리기가 근원적으로 일체를 이루는 것임을 볼 수 있다. 그러므로 그에게 있어서 리를 떠나 별도의 기가 있는 것이 아니라 심의 리가 그 본체를 잃어버리고 악에 빠져드는 상태를 기라 할 뿐이다. 이러한 '기'가 바로 '동어기'의 기에 해당한다 하겠다.[57] 그러므로 형기와 사욕으로 인해 발생하는 여러 폐단을 제거해야만 본체인 천리가 회복될 것이다.[58]

(3) 지선지악시양지

이러한 의념의 유선유악을 알아서 그것을 성실하게 하여 본래의 지선한 상태를 회복하기 위해서는 먼저 무엇이 선한 의념이고 무엇이 악한 의념인가를 알아서 선한 의념은 행하고 악한 의념은 제거하는 일이 필요하다. 이렇듯 무엇이 선이고 무엇이 악인가를 알아 선은 행하고 악은 제거하여 지선한 마음 상태를 회복시킬 수 있는 것은 바로 '선악을 분별하고 판단하는 양지'를 통해서 가능하다.

---

56) 「存言中」. "然其實只一理也只一氣也, 不可以分貳. 其性之惡心之邪者, 皆其理也之不得其體者也. 失其理也則是謂之氣, 於是方可謂之氣耳. 若其不失其理者, 則元無可以理氣分焉者耳. 其失其理焉者, 何也? 卽以理之過不及也. 其過不及者, 爲以其謬迷動氣而分貳妄僞故耳, 爲失其體已也, 非非理也. …… 故只可以言理也, 至失其體而流於惡也, 方可謂之氣已. 然亦只是理之失其體,(動於氣而已)非別爲氣也."

57) 「存言上 · 道原」. "氣者心包氣膜, 心包者命門相火,(爲氣欲者) 屬於包絡相火, 凡氣之用皆是相火. 故如凡動氣嗜慾, 皆是相火也. 少有所動, 卽神撓志亂矣. 如凡作意作氣, 皆是相火也. 一有所作, 卽志累神昏矣. 是故凡有動氣處, 皆是氣之動, 凡有作爲者, 皆是氣之作. 是氣之穢, 足以翳知亂明眩志惑思. 凡有所發纏蔽混撓, 一有所作輒又動氣動心矣. 氣膜旣清, 大本斯復. 氣膜淸而大本復者, 斯乃寂感之有體有用者乎."

58) 「存言中」. "形氣之動, 己私之滓, 皆天理之蔽也. 絶有爲去動氣去許多蔽累, 則本體自存, 卽是理體矣."

그렇다면 첫 번째 구절에서 언급한 '무선무악'과 여기에서의 '지선지악'은 어떠한 관계인가? 즉 심체와 양지는 어떤 관계에 있는 것인가? 정제두는 양지를 본체와 작용의 측면에서 다음과 같이 말하고 있다.

> 지금 만약 반드시 양지의 밝음인 옳고 그름을 가리는 마음[是非之心]을 다만 작용에만 있는 것으로 생각하여 본체에는 없다고 한다면, 사람의 본성 가운데에는 인 · 의 · 예 세 가지만 말할 수 있고 지는 본성이 될 수 없으며, 본체와 큰 근본이 될 수 없다는 것입니까?[59]

> 본래 사람의 생리 속에는 밝게 깨닫는 능력이 있기 때문에, 스스로 두루 잘 통하여 어둡지 않게 된다. 따라서 불쌍히 여길 줄 알고, 부끄러워하거나 미워할 줄 알며, 사양할 줄 알고, 옳고 그름을 가릴 줄 아는 것 가운데 어느 한 가지도 못하는 것이 없다. 이것이 본래부터 가지고 있는 덕이며 이른바 양지라고 하는 것이니, 또한 인이라고도 한다.[60]

양지는 체용을 겸하고 있으니, 체의 측면에서 말하면 양지는 심체와 동일한 것이며, 용의 측면에서 말하면 양지는 선악에 대한 판단 능력을 말한다. 정제두는 그의 「양지체용도」에서 양지를 본체[心之本然, 仁義禮智, 心之性]와 작용[心之發, 惻隱羞惡辭讓是非, 喜怒哀懼愛惡欲, 心之情]으로 나누어 다음과 같이 설명하고 있다.

59) 「答閔彦暉書」. "今者若必以良知之明是非之心, 只爲其用而無有乎體, 則人性之中, 只可言仁義禮三者, 而知者乃不得爲性耶, 不得爲體與大本者耶?"

60) 「與閔彦暉論辨言正術書」. "蓋人之生理, 能有所明覺, 自能周流通達而不昧者. 乃能惻隱能羞惡, 能辭讓是非, 無所不能者. 是其固有之德, 而所謂良知者也, 亦卽所謂仁者也."

> 본체를 가리켜서 양지라고 말하는 것이 있으니, 이것은 마음의 본체이며, 곧 아직 드러나지 않은 중이다. 작용을 가리켜서 양지라고 말하는 것이 있으니, 선을 알고 악을 아는 것이 이것이다. …… 그러나 사실은 하나의 지이며 분별할 수 있는 것이 아니기 때문에, 다만 똑같이 양지라고 해도 좋다. 마치 불에 있어서 본래 밝음은 그 체요, 그 빛이 물을 비춤은 그 용이나 밝음은 하나뿐으로 불의 밝음과 비춤의 밝음을 분별할 필요가 없는 것과 같습니다.(이것이 공부와 본체가 서로 떠나지 못한다는 설이다.)[61]

본체 측면에서의 양지는 마음의 본체이니 이는 무선무악(至善)하며 미발의 상태이다. 작용 측면에서의 양지는 무엇이 선이고 무엇이 악인가를 알 수 있는 판단 능력을 가리킨다. 그러므로 무선무악과 지선지악은 양지의 체용 관계를 설명하는 것으로 하나의 양지이다. 심과 양지는 동일한 것의 다른 측면이기 때문에 심의 성과 정을 양지의 체와 용에 대응시키는 것이 가능하다.[62]

이러한 양지의 선악 판단 능력에 의거하여 시비선악에 대해 어느 것이 옳은 것이고 선한 것이며 어느 것이 그릇된 것이고 악한 것인가를 자각하게 되면, 이에 따라 반드시 옳고 선한 것은 좋아하고 그릇되고 악한 것은 싫어하는 정감을 수반하게 된다. 이처럼 양지의 자각을 통해 호선오악하는 정감이 발생하면 이는 반드시 선을 실현하고 악을 제거하려는 행위로

---

61) 「答閔誠齋書」. "其有以指體而言曰良知, 是心之本體, 卽未發之中是也. 其有以指用而言曰良知, 是知善知惡是也 …… 然其實卽一箇知, 非有可分別者, 則只言一良知足矣. 如火上本明其體也, 其光輝燭物其用也, 而其明卽一耳, 不可以火上與照上分別其明.(此功夫本體不相離之說)"

62) 한국사상연구회 지음, 『도설로 보는 한국유학』, 244쪽; 「存言中」. "性之德(性善) 情用(至善有惡) 事物(至善有惡) 一理(有顯微而無二. 其有偏勝過不及者其失也, 以其有放失也.) 一貫(意知與事物有體用而已, 一而無二. 其隔絶不貫者, 其蔽失也, 以其有拘蔽也.)"

나타나게 된다. 이와 같이 시비선악에 대한 판단과 호선오악의 정감은 동시에 드러나는 것으로 양지가 완전하게 작용하면 반드시 지선지악과 호선오악은 동시에 발현된다. 지선지악과 호선오악이 동시에 발현되지 못하는 것은 다만 양지가 사욕에 의해 단절되었기 때문이다. 그러므로 반드시 사사로운 의념을 제거하여 양지의 본래 모습을 회복해야 양지는 완전하게 작용하게 된다.[63]

(4) 위선거악시격물

이와 같이 볼 때, 지선지악 자체가 궁극적인 목적이 아님을 알 수 있다. 도덕적 인식은 실천의 문제와 연관되는데, 이는 도덕적 주체에 대한 자각과 내적 도덕성의 실현이라는 문제로 전환된다. 양지는 비록 모든 사람에게 선험적으로 내재해 있는 것이지만[64] 이러한 양지를 누구나 다 자각하여 실현할 수 있는 것은 아니다. 특히 양지가 사욕에 의해 가려졌을 때는 그 본래의 모습을 회복하기가 더욱 어렵게 된다. 그러므로 무엇이 선이고 무엇이 악인지를 자각한 후에 반드시 '위선거악'의 공부를 실행해야 비로소 궁극적인 목적인 지선한 심체를 회복할 수 있게 된다. 즉 내 마음의 양지를 이루는 치지공부는 바로 격물을 통해 실현되는 것이니, 이것이 바로『대학』의 '치지재격물'에 해당하는 것이다.

정제두는 '치지재격물'의 해석에 있어서 '격'은 '바로잡다'로, '물'은 '의념의 소재인 사'로 정의하고 있다. 여기에서의 '물'은 다름 아닌 내 마음이 발현된 상태로서의 의념이 관계하는 행위를 말하는 것이고, '격물'이란 '그 부정한 것을 바로잡아 바른 것으로 돌아가게 하는 위선거악'의

63)「存言上・致知說」. "良知良能所固有之知也, 而但人蔽昧而失之, 不能盡其體 …… 或者無乃以其自心之中, 氣稟拘之, 私欲蔽之, 習染昏之, 雖有至廣至明之體, 而不能明之而充之."

64)「學辨」. "所謂知者, 卽是非之心人皆有之者也. 孩提之童, 無不知愛親敬兄者也."

공부를 의미한다. 정제두는 '위선거악'과 '지선지악'의 관계를 다음과 같이 지행합일로써 설명하고 있다.

> 대저 심체는 본래 알지 못하는 것이 없는데, 다만 사람이 그것을 끝까지 이르게 하지 못했을 뿐입니다. 그러므로 오직 그 지를 이르게 하여 다하지 않음이 없으면, 생각지 아니하고 힘쓰지 아니하고도 이른바 강물 터놓은 듯이 줄기차게 흘러나오게 되는 것입니다. '지'가 진실로 이르면 앎이 곧 행함이요, 행함이 곧 앎입니다.[65]

심체는 시비선악을 분별하고 결정하는 주체로서의 지이다. 그리고 이러한 심체로서의 양지를 사사물물에 확충하는 것이 바로 행이다. 이러한 지와 행은 분리되어 있지 않고 동시적으로 이루어지는 것이라는 의미에서 지행합일이라 할 수 있다. 왜냐하면, 시비선악에 대한 분별과 판단이 확실하게 이루어지면 이에 따라 자연히 선한 것은 좋아하고 악한 것은 싫어하게 되며, 옳다고 판단되는 것은 행하고 그르다고 판단되는 것은 제거하게 되는 것이다. 이와 같이 지와 행은 하나의 일로서 동시에 일어나는 것이지, 먼저 선악시비에 대한 판단이 있은 후에 따로 선을 좋아하고 악을 싫어하는 행위가 뒤따르는 것이 아니다. 그러므로 진정한 앎은 실천과 분리되어 있지 않으며, 실천이 결여된 앎은 진정한 앎이 아니다. 결국, 양지 본체의 실현[치지]은 그것의 실천[격물] 여부에 달린 셈이며, 실천이 이루어졌을 때 비로소 진정한 의미에서 양지 본체의 실현이 이루어졌다고 할 수 있다.[66]

---

65) 「與閔彦暉論辨言正術書」. "夫心體本無有不知, 惟人不能致之耳. 故惟致其知而無不盡, 不思不勉, 正所謂沛然若決江河者也. 知苟至焉, 則知卽是行也, 行則是知矣."

66) 「大學說」. "所謂致知在格物者, 知之所盡, 在正其物也. 蓋人心之理, 其發在於物, 而事物

4. 나오는 말

주지하다시피 왕수인의 사구교 사상은 「대학문」과 더불어 『대학』에 대한 그의 만년 정견을 담고 있는 것으로 평가된다. 왕수인은 주자의 『대학』 해석을 비판적으로 반성하고, 그에 대한 새로운 해석 체계를 제시하고 있다. 그리고 그의 『대학』에 대한 탐구와 재해석은 그의 학문 생애 전반에 걸쳐 지속해서 진행되고 있다. 사구교는 「대학문」과 더불어 왕수인의 사상을 이해하는 데 있어 빠뜨려서는 안 될 매우 중요한 자료로 평가되고 있는데, 이는 사구교가 왕수인 철학의 진수를 담아내고 있을 뿐만 아니라 그에 대한 양명 후학들의 이해의 차이로 인하여 양명학이 분화되는 직접적인 계기를 제공하고 있기 때문이다.

어떤 학자의 양명학에 대한 이해의 깊이와 그 특성을 규명하기 위해서는 양명학 사상의 정수라 할 수 있는 사구교에 대한 그의 이해가 어떤지를 살피는 것이 매우 중요하다는 생각이다. 이 글을 통해 왕양명의 사구교에 대한 정제두의 견해를 살펴봄으로써 『대학』 해석을 중심으로 정제두 학문의 특성을 규명하려고 한 것 또한 이러한 이유이다. 하지만 본인의 의도와는 달리 제한된 자료의 한계로 본문에서는 단순히 『하곡집』에 들어 있는 사구교 관련 내용을 나열하는 데 그친 느낌이다. 이후에는 당시 정제두와의 서신 왕래를 통해 정제두의 양명학 탐구를 비판하는 경향을 보이고 있는 학자들의 문집 내용을 보충하여 외연과 내연을 넓히는 작업이 수행되어야 할 것이다. 이를 통해 사구교에 대한 정제두의 명확한 입장이 밝혀지고 나아가 이를 토대로 중국 양명 후학들의 사구교에 대한

之用, 其知存於心. 正之于其物, 以盡其知, 則格物所以致知也. 故格物以致其知, 致知在格其物. 然則所謂致知者無他. 凡於吾心所發之物, 莫不以正, 以盡其知之實, 則事物之理, 無不得正, 而吾心之知無不至矣者. 此謂格物, 此謂知之至也."

입장과 비교 연구를 진행한다면 중국 양명학과 다른 한국양명학의 특성을 명확하게 밝혀 줄 수 있을 것으로 기대된다.

■ **참고 문헌**

鄭齊斗, 『霞谷集』, 민족문화추진회, 1995.
국역 『하곡집』, 민족문화추진회, 1989.
陳榮捷, 『王陽明傳習錄詳注集評』, 學生書局, 1998.
王守仁 撰, 吳光 等 編校, 『王陽明全集』, 上海古籍出版社, 1995.
尹南漢, 『朝鮮時代의 陽明學 硏究』, 集文堂, 1982.
금장태, 『조선후기의 유학사상』, 서울대학교출판부, 1998.
______, 『한국유학의 심설:심성론과 영혼론의 쟁점』, 서울대학교출판부, 2002.
崔英成, 『韓國儒學思想史』 III, 亞細亞文化社, 1994.
유명종, 『한국의 양명학』, 同和出版公社, 1983.
최근덕 외 지음, 『朝鮮朝 性理哲學의 構造的 探究』, 성균관대학교 출판부, 2001.
김교빈, 「하곡 정제두」, 『한국인물유학사3』, 한길사, 1996.
楊國榮, 『心學之思』, 三聯書店, 1997.
陳來, 『有無之境』, 人民出版社, 1991.
진래 지음, 『양명철학』, 전병욱 옮김, 예문서원, 2003.
한국사상연구회, 『도설로 보는 한국유학』, 예문서원, 2000.

성호 이익(星湖 李瀷)의 대학관(大學觀)

김인규 (영산대학교 행정학과 교수)

1. 머리말

성호(星湖) 이익(李瀷, 1681~1763)은 17~18세기를 살다 간 조선 후기의 대표적인 지성인으로, 『성호사설(星湖僿說)』에 주안점을 두어 조선 후기를 대표할 만한 실학자로 평가받는가 하면, 사서 · 삼경을 비롯한 그의 질서류(疾書類)에 주안점을 두어 그를 조선 후기를 대표할 만한 경학가로 평가받기도 한다. 그동안 성호의 경학 사상과 관련된 연구 성과가 적은 것은 아니지만, 실학과 관련된 연구 성과에 비하면 매우 부진한 편이다. 이는 성호가 33세에 『맹자질서』를 시작으로 『대학질서』, 『소학질서』, 『논어질서』, 『중용질서』, 『근사록질서』, 『심경부주질서』, 『역경질서』, 『서경질서』, 『시경질서』, 『가례질서』를 차례로 20여 년을 경전 해석에 열정을 쏟은 그의 노고에 비하면 빈약하기가 이를 데 없다고 하겠다.

주지하다시피 『대학』의 삼강령은 '명명덕-신민-지어지선'으로, '밝은 덕을 밝힌다[明明德]'는 것은 존재 자체에 대한, 자신의 본성에 대한 잘못된 인식과 판단을 자각하여 혜안을 지니는 동시에 그 덕성을 실현하는 바,

이 덕성의 실현은 '백성을 새롭게 한다[新民]'는 방식으로 진행되어 '최상의 선에 머무르며 옮겨 가지 않는 데에서 완성된다[止於至善]'는 말[1]로 유가의 교육 원리이자, 정치 원리이다. 즉, '명명덕'은 자기 학습의 수양 원리이고, '신민'은 타자에 대한 배려와 관심인 타자 개혁이자 교화이며, '지어지선'은 '명명덕'과 '신민'의 일상적 실천을 의미한다고 하겠다.[2]

이 논문에서는 '『대학』의 한국적 전개'라는 기획 의도로 쓰인 만큼 '성호 이익의 『대학』 이해'에 있어서 새로운 학설을 주장하기보다는 『대학질서』를 널리 소개하는 데 초점이 있는 관계로 타 논문과 차별성을 두어 '성호 이익의 대학관'의 독창성을 부각하는 데 일정한 한계가 있다. 따라서 이 논문에서는 기존에 발표된 연구 성과를 토대로 『대학질서』를 중심으로 〈성호 이익의 대학관〉을 소개하고자 한다.

2. 성호의 학문 태도와 경학관

성호 이익의 대학관을 고찰하기에 앞서 그의 학문 태도와 경학관에 대해 살펴보는 것이 순서일 것이다. 성호는 당시의 학풍을 진단하면서 '과거지학(科擧之學)'에 대한 폐해와 학문의 사변화, 그리고 주자학에 대한 맹목적인 '독경주의(讀經主義)'를 꼽았다.

그는 먼저 과거지학에 대해 다음과 같이 말했다.

1) 임헌규, 「유교적 대학의 이념과 방법」, 『동양고전연구』, 제31집, 동양고전학회, 2008. 6. 40쪽 참조.

2) 신창호, 「大學의 주요 개념에 대한 교육학적 해석」, 『동양고전연구』, 제31집, 동양고전학회, 2008. 6. 61쪽.

『중용장구』에 '타고난 자질의 다름'을 논했는데 이는 혹시 지나치게 뛰어난 자가 그에 해당할 것이고, 『대학』의 서문에 '기품의 얽매임과 물욕의 가림'에 대해 언급했는데, 이는 덕이 밝지 못하여 인욕(人欲)이 끼어든 것을 가리킨 것이다. …… 그러나 이런 것들은 오늘날에 있어서 근심할 바도 못 된다. 가장 해로운 것은 습속이 과거(科擧)의 학(學)에 물든 것이다. 온 천하가 파도에 휩쓸린 것처럼 어려서부터 늙을 때까지 보고 들은 것이 익숙해져서 도저히 벗어날 수가 없으니, 이는 물욕이 계기가 되어서 그러한 것이 아니다.[3)]

즉, 성호는 당시 사회의 폐단이 뛰어난 인물이 없어서도 아니고, 인욕이 끼어들어서도, 물욕이나 이단에 해로움 때문이 아니라, "가장 해로운 것은 습속이 과거의 학(學)에 물든 것"이라고 하여, 오로지 과거지학에 있다고 하였다.

과거지학의 폐단에 대해 성호는 두 가지 관점에서 설명하고 있다. 그는 먼저 "오늘날의 강경과(講經科)가 엄격하지 않은 것은 아니나, 오로지 마음을 쓰는 것은 음(音)과 토(吐)일 뿐, 자신의 의사를 발휘하는 것이 없으므로, 좋은 성적으로 과거에 합격한 사람일수록 더욱 졸렬하여, 사과(詞科: 詩와 賦로 보는 시험)의 부화(浮華)한 무리에 비하여 도리어 부끄러움이 있으니, 그 까닭이 무엇인가? 강경과의 규정이 가벼우면 강경과를 공부하는 사람이 많고, 그 공부한 실력도 비슷하여 구별할 수가 없으므로, 그 규정을 점점 중하게 만들어서 칠서(七書)를 겸송(兼誦)하기에까지 이르렀다. 그러므로 유생들은 출락 면하기를 생각하여, 다만 경서의 음과 해석만을 익힐 뿐 그 이외는 미치지 못하니, 이는 여러 유생이 거칠어서가 아니라 곧 법이 그렇게 하도록 인도한 것이다."[4)]라고 하여, 강경과(講

3) 『星湖僿說』, 권26, 「經史門」, 〈科學害道〉.

經科)의 기송지학(記誦之學)을 비판하고, 아울러 "우리나라의 과거에는 경의(經義) · 의문(疑問) · 시(詩) · 부(賦) · 논(論) · 책(策)과 사륙문(四六文)으로 짓는 표(表) · 조(詔) · 제(制)와 넉 자 글로 짓는 잠(箴) · 명(銘) · 송(頌) 등 모두 열두 과목이 있다. 과거를 보이는 것은 장차 유능한 사람을 뽑아서 공경(公卿)을 삼으려는 것인데, 문장으로 사람을 뽑는 것은 이미 잘못된 계획이다. 또 반나절 동안에 짓는 문장의 공과(功果)로서 그 사람이 재능을 판단하기가 일수이니, 진실로 그 가지고 있는 재능을 다 알 수는 없는 것이다."[5]라고 하여, 문사(文詞)만을 가지고 사람을 뽑는 제술과(製述科)의 사장지학(詞章之學)의 폐단을 아울러 비판하였던 것이다.

특히 당시 선비들이 과거 준비를 위한 학문인 기송학과 사장학만을 일삼다 보니, 학문이 공소해져서 시무에 아무런 도움이 되지 않는다고 보았다. 그는 "무릇 글 읽는 선비들은 모두 글만 외울 뿐이고, 자기 몸에 절실히 체험하여 사업에 발전시킬 것은 생각하지 않음으로 육경과 시무는 판이하게 두 가지 물건이 되고 만다. 지금 과거 공부를 하는 자들이 성현의 말을 인용해서 화려한 문장은 만들지만, 실지 일에 임해서는 글과 일을 하나로 합하여 볼 줄을 모른다. 비유하자면, 지금 떡이 앞에 있는데, 보는 자들이 그 찌고 찧는 공력과 크고 작으며 모지고 둥근 모양은 형용할 수 있거니와 당초에 먹어 본 일이 없으므로 맛을 알지 못하는 것과 같다."[6]라고 하여, 학문의 공소화를 배격하고 학문의 내실화를 추구하고자 한 것이다.

아울러 그는 당시의 학문이 실천이 결여된 채 지나치게 사변적인 것에 대해서도 비판적이었다. 그는 "송나라 이후부터 유자의 학문은 점점 깊고

---

4) 『星湖僿說』, 권8, 「人事門」, 〈學禮講〉.

5) 『星湖僿說』, 권8, 「人事門」, 〈學禮講〉.

6) 『星湖僿說』, 권16, 「人事門」, 〈六經時務〉.

점점 은미해져, 한 글자 한 구절에 대한 뜻을 깊이 연구하고 지극히 토론한 말들이 상자에 가득하게 되었다. 사람들은 문득 이렇게만 하는 데에 정신이 빠져서 아는 것을 급선무로 삼고 행하는 것은 모두 뒤로 미루니, 성인(聖人)이 말한 '행한 다음 남은 힘이 있거든 글을 배워야 한다.'라는 것과는 그 기상이 서로 같지 않음이 이와 같다. 태극설을 읽을 것 같으면 이미 저 한 구절은 형체는 없는데도 이치가 있다는 뜻을 알 수 있다. 그러나 주자 이후에 허다한 사람들이 각각 허다한 해설을 하였다."[7]라고 하여, 주자 이후의 학자들이 공자가 주창한 일용평상의 실천적인 학문을 등한시하고 사변적인 학문에 치중함을 비판하였을 뿐 아니라, 성리학의 핵심인 태극설에 대한 지나친 이론 심화도 함께 비판하였다.

이처럼 성호는 당시의 학문이 '내실이 결여된 과거지학의 폐단' 외에도 맹목적인 '독경주의'에 대해서 비판적인 견해를 보였다. 그는 먼저

> 중세에 있어서 이회재(李晦齋)는 『대학』 장구를 고치고 바꿔 놓은 보유서(補遺書)가 있었고, 이율곡은 『중용』 장구의 '기이성형리역부(氣已成形理亦賦)' 라는 구절이 이치에 맞지 않는다 하여 『성학집요』에 말하였는데, 이것이 모두 이미 간행되어 혹 경연에 진강(進講)까지도 하였다. 이로 본다면 유문(儒門)에서 금망(禁網)으로 된 것은 나중에 와서 점점 더해지게 되었다.[8]

라고 하여, 그가 활동했던 17~18세기 이전에는 대체로 학문이 자유로웠음을 말하고, 이어 "한 글자라도 의심스럽게 여기면 망령이고, 이것저것 상고하여 대조하면 죄라고 한다. 주자의 글도 이와 같은데 하물며 옛 경

7) 『星湖僿說』, 권19, 「經史門」, 〈儒學〉.
8) 『星湖僿說』, 권21, 「經史門」, 〈儒門禁網〉.

서에 있어서이겠는가? 우리나라 사람의 학문이 우둔함을 면하기 어렵다."[9]라고 하여, 당시의 독경주의적 학문 태도를 신랄하게 비판하였던 것이다.

> 일반적인 학자들은 지혜가 뛰어나지 못하기 때문에 주자의 집주(集註)의 설에 대해 흑백을 논할 겨를이 없으니, 이것이 바로 자신을 믿지 못해 믿을 만한 것을 믿는다는 것이다. 이것이 비록 학자들의 바른 법이기는 하나, 혹 독실히 믿는 가운데 의혹이 풀리지 않을 경우 글을 읽다가 그 뜻을 드러내기도 하고 사적인 기록을 남겨 깨닫게 되기를 구하는 일 또한 그만둘 수 없는 것이다. 이러한 것을 사람들은 문득 윗사람을 비방한다고 얽어매고, 처음부터 그러한 뜻이 있었다는 듯이 옥죄어 법과 형을 각박하게 적용하니, 어찌 공자의 문하에서 있을 수 있는 일인가? 나는 그러므로 오늘날의 학자들은 유가의 신불해(申不害)와 상앙(商鞅)이라고 말한다. 이에 맹목적으로 따르기는 하나 풍조만 커지고 본뜻을 캐 들어가는 풍습은 사라지게 되었다. 빠르게 학문이 없는 지경에 이르렀으니, 이는 지금 학자들의 잘못이다.[10]

즉, 성호는 선현을 따르는 것이 정도이나, 의혹이 풀리지 않는 경우 기록해서 깨닫게 해야 함에도 불구하고 이를 두고 선현을 비방한다는 명목으로 법과 형을 가하는 당시의 학적 분위기를 비판하였던 것이다. 즉 조선 중기까지 대체로 자유스러운 학문적 분위기는 인조반정 후 서인 집권층이 정주학의 정통성을 강조하고, 학문의 순정성 문제를 거론하여 상대를 '사문난적'으로 몰았던 당시의 시대 상황을 직시하여 이를 비판하고,

---

9) 『星湖僿說』, 권21, 「經史門」, 〈儒門禁網〉.
10) 『星湖先生文集』, 권32, 「序」, 〈孟子疾書序〉.

이러한 당시의 유자들을 춘추시대에 법을 엄격하게 적용하고자 했던 신불해와 상앙에 비유하였던 것이다. 그리고 당시 학자들이 주자의 장구를 "일월처럼 존숭하고, 사시처럼 믿고, 골육처럼 사랑하고, 부월처럼 두려워한다."[11]고 하여, 당시 독경주의의 폐해가 어떠한가를 단적으로 말해주고 있다. 이처럼 성호는 당시 학풍의 폐해를 과거지학과 사변적인 학풍, 그리고 주자학에 대한 맹목적인 독경주의를 꼽았던 것이다.[12]

특히 맹목적 독경주의는 "그 책을 높이면서도 그 마음을 잃었고, 그 글을 외우면서도 그 뜻을 뒤로한다."[13]고 하여, 형식주의에 빠져 그 본래 정신을 잃어버리는 폐단이 있다고 하였다. 즉 성호는 경전의 본지를 팽개쳐버리고 생각지도 않는 '치이불념(置而不念)'의 원인은 '존이불숙(尊而不熟)'에 있고, 아울러 '존이불숙'의 원인은 '신이불의(信而不疑)'에 있다고 보았던 것이다.[14]

그렇다면 성호는 말하는 '참된 학문'이란 어떤 것일까? 그는 학문은 의문에서 시작한다고 보고, 그는 "배우는 자가 작게 의심하면 작게 나아가고 크게 의심하면 크게 나아간다."[15]는 주자의 말을 인용하여 학문의 시작이 의문에 있으며, 의문이 있는 데서 의문이 없는 데 이르는 것이 진실로 군자가 한 단계씩 올라가는 학문의 차례라 하고,[16] 의문을 제기하는 근본적인 목적은 '의문을 없게 하는 데 있다'고 하였다.[17] 그렇다면 성호는

11) 『中庸疾書』, 「後說」.

12) 崔錫起, 「17~18세기 學術動向과 星湖 李瀷의 經學」, 『南冥學硏究』, 제16집, 경상대 남명학연구소, 2003, 120~121쪽 참조.

13) 『星湖先生全集』, 卷54, 「題跋」, 〈中庸疾書後說〉.

14) 崔錫起, 「星湖 李瀷의 窮經姿勢」, 『제5회 동양학국제학술회의 자료집』, 성균관대 대동문화연구원, 1995, 6쪽 참조.

15) 『星湖先生文集』, 권9, 「書」 〈答李畏庵〉.

16) 『星湖先生全集』, 권24, 「書」 〈答安百順(壬申〉.

17) 『中庸疾書』, 「後說」.(이하 『논어』 · 『대학』 · 『중용』의 질서에 대한 번역은 태동고전

왜 의문의 중요성을 강조하였던 것일까? 이는 자득(自得)에 있었다. 그러므로 그는 "가령 백 리 길을 가는데 한 사람은 수레와 말을 갖추고 하인과 마부가 앞에 서서 하루 만에 당도하였고, 한 사람은 옆길을 찾아가면서 곤란을 겪은 뒤에 비로소 도달하였다고 하자. 만일 이들로 하여금 다시금 그 길을 가게 한다면 길을 물어 물어서 찾아간 사람은 그 길을 정확히 알아서, 길잡이를 앞세우고 간 사람처럼 갈림길이나 네거리에서 헤매지 않을 것이다. 그러므로 옛 주석만을 그대로 지키는 것은 마음으로 체득하는 것이 아님을 알 수 있다."[18]라고 하였다. 즉, 그에 의하면 경전 해석에서 '목적지'는 '경전의 본지'이고, '길'은 '경전의 본지를 찾아가는 길'이며, '하인과 마부'는 '주석'이라고 하여, 경전의 본지를 탐구하는 데서 옛 주석만으로는 어렵고 오로지 자득에 있음을 역설한 것이다.

이처럼 성호는 경전의 본지를 탐구하는 데서 '의문'을 통한 '자득'에 있었던 것이다. 그러나 성호에 있어서 경학 연구의 궁극적인 목적은 "경서를 연구함은 장차 세상에 쓰이기 위해서이다.[窮經, 將以致用也]"[19]라고 한 그의 언명에 잘 나타나 있다. 그는 이어

> 경서를 이야기하면서도 천하의 온갖 일에 아무 쓸모가 없이 되면 이는 뜻은 잘 모르고 한갓 읽기만 잘한다는 것이다. …… 그런데 후세의 학자들은 시를 읽는데 오로지 외기만 하고, 예를 행하는데도 오로지 겸손하기만 해서, 국가의 정사를 물으면 한 가지도 아는 것이 없으니 어찌 옳다 할 수 있겠는가? …… 그런데 오늘날은 경술(經術)과 사무(事務)가 갈라져 두 갈래로 되어 직책이 바뀌면 그만 깜깜해서 모르게 된다.[20]

국역총서(1) 『國譯 星湖疾書(論語 · 大學 · 中庸)』를 인용하였다.)

18) 『論語疾書』, 「論語疾書序」.

19) 『星湖僿說』, 권20, 「經史門」, 〈誦詩〉.

라고 하였다. 즉, 경전을 연구함의 목적이 실생활에 유용하게 쓰기 위함인데, 그렇지 못한 경우 이는 한낱 입으로 읊조리기만 하는 '기송지학'에 지나지 않는다는 것이다. 따라서 치용에 도움이 될 뿐만 아니라 보다 구체적으로는 경학 연구의 목적이 수기와 안인이라는 실용성에 있다고 보았다.

> 옛날에는 경(經)을 궁구하되 대략 『시경』·『서경』·『논어』 같은 몇 가지 글에 지나지 않았음을 전기(傳記) 및 역사 기록에 의하면 알 수 있다. 그 다루는 바가 간략하였기 때문에 이해함이 더욱 깊어 성현들의 말 하나하나를 모두 다 발휘하여 쓰기 위함이다[致用]. 경서를 연구하는 자는 반드시 본뜻을 추구하고 방증(旁證)까지 철저히 연구하여, 자기 자신을 닦고[修己] 세상을 안정시키는[安人] 기본이 되게 하여야 하는 것이니, 한 구절이라도 밝지 못하면 한 가지 일에 결함이 있게 된다.[21]

즉, 성호는 경서를 연구하는 자들은 철저히 방증(旁證)해서 경서의 본뜻을 추구함을 물론 '자기 자신을 닦고 세상을 안정시키는 기본이 되게 해야 한다'고 하였다. 이처럼 성호는 철저하게 경전 연구의 목적이 경세치용에 있었으므로 사람을 취하는 것도 "옛적에 한 가지 경(經) 이상에 밝은 사람을 취한 것은, 그 한 경에만 전력하여 이해가 깊고 실용에 도움이 있었기 때문이다."[22]라고 하여, 실용에 바탕을 두고 있었음을 알 수 있다. 그리고 이러한 실용성을 확보하기 위해서는 "옛날에는 사람을 가르치는 것이 아무리 절실하더라도 효(孝)·제(悌)를 위주로 하지 않음이 없었다.

---

20) 『星湖僿說』, 권20, 「經史門」, 〈誦詩〉.
21) 『星湖僿說』, 권27, 「經史門」, 〈窮經〉.
22) 『星湖僿說』, 권27, 「經史門」, 〈窮經〉.

그러므로 한(漢)나라 이전 사람들은 격물치지에 대해 들어 보지 못했어도 풍속이 저절로 두터웠고, 가르침은 저절로 이루어졌다. 그런데 지금 세상은 사풍(士風)이 한결같이 변해 오로지 본원(本源)에만 뜻을 둘 뿐, 실지로 물러날 줄 모른다. 그들의 기상을 보면 단정하고 엄숙하여 모두 좋은 듯하지만, 또 하나하나 발휘하여 모두 쓸 수 있도록 하는 점에 대해서는 모른다."[23]라고 하여, 실지에 바탕을 둬야 한다고 하였다.

이처럼 성호의 경전 연구의 목적은 경세치용에 있었으며, 치용에 무익한 맹목적인 독경주의와 본원만을 추구하는 형이상학적인 이론 중심의 경학은 물론 오로지 과거만을 위한 학문에 대해서 신랄하게 비판하였던 것이다. 그가 추구한 학문 태도와 경학관은 궁경(窮經) → 회의(懷疑) → 본원탐구(本源探究) → 자득(自得) → 실득(實得) → 실용(實用)에 있었던 것이다.[24]

3. 성호의 대학관과 『대학질서』

1) 성호의 대학관

『대학』은 본래 『예기(禮記)』 49편 가운데 42번째 편으로, 일찍이 송나라의 사마광(司馬光)이 이를 토대로 『대학광의(大學廣義)』로 저술하여 표장한 후, 정이(程頤)에 의해 『대학』을 『중용』과 함께 『예기』에서 표장(表章)하여 『논어』, 『맹자』와 더불어 사서(四書)로 일컬어지게 되었다. 특히

23) 『星湖先生文集』, 권12, 「書」, 〈答尹幼章〉.

24) 崔錫起, 「17~18세기 學術動向과 星湖 李瀷의 經學」, 『南冥學硏究』, 제16집, 경상대 남명학연구소, 2003, 128쪽 참조.

정이천이 『중용』과 『대학』을 중시하여 대학에 대한 심성론적(心性論的) 연토(硏討)를 가한 뒤에, 그의 학문을 계승한 주희(朱熹)에 의해 대학의 경문은 더욱 성리학적 사유체계 속에서 『대학장구』본으로 성립하게 되었다. 그러나 주희의 『대학장구』본은 후세의 많은 학자들에게 비판을 받게 되었다. 이러한 비판은 고증학적인 면에서뿐만 아니라 경학적인 면에서도 많은 문제점을 내포하고 있었기 때문이다.[25] 특히 성호는 〈대학출어역(大學出於易)〉이라는 글에서,

> 성인이 『주역』을 지으면서 천하를 평균케 하는 요도(要道)를 총론하여 이르기를, "천지의 큰 덕(德)을 생(生)이라 이르고 성인의 큰 보(寶)를 위(位)라 이른다. 무엇으로써 위를 지키느냐 하면 인(仁)이요, 무엇으로써 사람을 모으느냐 하면 재(財)인 것이다. 재를 다스리며 사(辭)를 바로 하며 백성의 잘못을 금하는 것을 의(義)라 한다."고 하였는데, 증자(曾子)는 이를 터득하여 부연해서 『대학』 전(傳) 제10장을 만들었다. …… 사람으로서 위(位)를 지키자면 어진 이를 구하는 것이 급선무가 되는데, 어진 이란 재주와 기술이 있음을 이른 것이 아니요, 아름답게 용납하는 바가 있으면 천하의 재기(才技)와 언성(彥聖)을 합하여 등용하지 못할 것이 없다. 이와 반대로 하면 반드시 망하고 만다. 그러므로 진서(秦誓)의 한 구절은 득실의 요도가 되고, 생재(生財)의 한 구절은 또 재물 모으는 요도가 된다. 이것이 모두 혈구(絜矩)의 한 글귀에 모이는 것이니, **구구절절이 『주역』 글 가운데로부터 흘러나오지 않은 것이 없다**.[26]

라고 하여, 『대학』의 구구절절이 『주역』의 글 가운데에서 나오지 않는 것

25) 權文奉, 「『大學』 註釋을 통해 본 星湖의 經學」, 『漢文學報』, 제17집, 우리한문학회, 2007, 585~586쪽 참조.

26) 『星湖僿說』, 권26, 「經史門」, 〈大學出於易〉.

이 없다고 하여, 성호는 독창적으로 『대학』을 해석함에 있어 자주 『주역』을 인용하여 해석하고 있다.

『대학』의 저자에 대해서도 기존의 정설은 정이가 "공 씨(孔氏)의 유서(遺書)"[27]라 했고, 주희는 이를 경 일 장(經一章)과 전 십 장(傳十章)으로 나누고, "경(經) 일 장은 대개 공자의 말씀을 증자(曾子)께서 전술하셨고, 그 전(傳) 십 장은 증자의 뜻을 문인이 기록한 것"[28]이라고 하여, 『대학』을 증자(曾子)의 작(作)으로 인식되어 왔다. 그러나 성호는 "언(言: 孔子之言)이라고 하는 것은 공자가 구구자자(句句字字) 자세히 설한 것으로 이것은 바로 경문(經文)이요, 술(述: 曾子述之)했다고 하는 것은 옛것을 전(傳)하는 것일 따름이니 『논어』의 '술이부작(述而不作)'의 술(述)과 같은 것이다. 증자는 삼가 부자(夫子)의 말을 술(述)한 것일 뿐이며, 감히 한마디 말도 찬(贊)하지 못했다."[29]라고 하여, 경문(經文)을 증자의 작으로 보지 않고 공자의 말을 증자가 전술한 것으로 보았다. 즉, 『대학』의 경문은 마땅히 작자를 공자로 보아야 한다는 것이 성호의 논리이다. 그리고 "의(意)라고 하는 것은 그의 말이 아니다. 증자가 이와 같이 경의 글을 기록하고 다시 문인들을 위해 상세히 그 뜻을 밝혀 놓았기 때문에, 문인들 중에 그 종지(宗旨)를 얻은 자가 또한 그 뜻을 발휘해 이 전문을 지었다. 그러한 것을 알 수 있는 것은 전문 가운데 '증자왈(曾子曰)'이라는 글자가 있으니, 그것은 실제로 그의 말을 직접 인용한 것이요, 나머지는 모두 그 뜻을 전한 것일 뿐이다. '문인'이란 자사(子思)를 가리킨 것이다."[30]라고 하였다. 그

---

27) 『大學章句』, 經一章, 「序言」. "大學, 孔氏之遺書而初學入德之門也."

28) 『大學章句』, 經一章, 「後言」. "蓋孔子之言, 而曾子述之, 其傳十章, 則曾子之意, 而門人記之也."

29) 『국역 성호질서』, 한림대 태동고전연구소, 1988, 39쪽.

30) 『국역 성호질서』, 한림대 태동고전연구소, 1988, 39쪽.

리고 성호는 전문에 증자의 말을 인용한 것들이 『중용』, 『맹자』와 합치함으로 자사가 맹자에게 전수한 것은 의심의 여지가 없다는 『대학혹문』의 주자의 말을 정론으로 해야 한다고 하였다.[31]

특히 성호는 "『대학』의 도는 그 크기가 천하를 평치하는 데까지 이르는 데 있으니, 비록 유생과 천인들도 모두 그 글을 외니, 또한 반드시 치국은 어떻게 해야 하며 평천하는 어떻게 해야 할 것인지의 방법을 내 몸에 갖추고 있다가 만약 묻는 자가 있으면 반드시 가슴속에 품었던 포부를 털어놓고 머뭇거리는 일이 없어야만 바야흐로 올바른 학문이 될 것이다."[32] 라고 하여, 단지 글만 외워서는 안 되며, 몸소 방법을 체득하여 치국과 평천하에 도움이 되어야만 올바른 학문이라고 하였다. 이러한 인식을 바탕으로 『대학』에 대한 그의 관점은 『대학질서』 「발문」에 잘 나타나 있다. 그는 이 글에서 주희 대학과 관련하여 네 가지 면에서 그 잘못을 지적하였는데, 이는 그의 대학관과 『대학질서』의 저술 배경을 이해하는 데 도움이 될 것으로 보인다.

① 내가 일찍이 고찰해 보니, 『대학장구』는 간이하고 타당하며, 『주자대전』과 『대학혹문』의 말은 항목별로 분명하다. 『주자어류』의 뜻은 반복이 많으나 복잡한 설명은 노력이 없는 사람으로는 알 수 없는 것이요, 바다와 강물이 흐르는 듯한 달변은 사색하는 사람이 아니면 체득하지 못할 것이다. 우리 주자가 평생 노력과 근면해서 얻은 것을 후인들이 어떻게 다 이해할 수 있으리오! 자세히 살피고 정밀하게 선택하여 그 요령을 얻지 못하면 말이 상세할수록 더욱 현란해지고 뜻이 은밀할수록 이해하기 더욱 어렵다. 비유하면 소경이 눈먼 말

31) 『국역 성호질서』, 한림대 태동고전연구소, 1988, 39쪽.
32) 『星湖僿說』, 권16, 「人事門」, 〈六經時務〉.

을 타고 사통팔달한 넓은 거리에서 머뭇거리며 허둥대고 장차 어디로 갈 줄 모르는 것과 마찬가지다. 어째서 그렇게 말하는가? 주석한 문자는 날이 갈수록 많아지는데, 사람의 총명은 언제나 옛사람을 따르지 못한다. 그들만 못한 총명으로 더욱 많아진 문자들을 다 알아보려 하니, 중간에도 미처 못 가서 벌써 힘이 지치고 마음이 게을러진다. 이것이 첫째의 잘못이다.

② 『대학장구』는 여러 학자들이 가르치고 배운 것이요. 여러 세대가 높이 받들었던 것이다. 진시황 때처럼 책을 불태워 버리는 재난을 당한 적이 없으면서도 그 사이에 오히려 잘못된 점이 있는 것을 면치 못하고, 그것을 분석하여 알아낼 사람이 없다. 더구나 '심(心)' 을 말하고 '성(性)' 을 말함에 대해서는 이해하는 사람이 없음에 있어서랴. 이것이 둘째의 잘못이다.

③ 『주자대전』이나 『주자어류』는 간혹 강론하는 자리에서 한 개의 뜻을 밝힌 것인데, 관련되는 남은 뜻을 부연하여 더러는 앞뒤가 서로 다른 설을 손질해 놓는 경우가 있고, 더러는 기록한 사람이 반드시 그 근본 취지대로 옮겨 놓지 못한 것이 있다. 지금 편협한 주장을 좋아하는 사람은 한쪽에 치우친 설을 고집하고, 서로 비교 고찰하여 택하고 버릴 것을 결정하지 못하고, 통달함을 중요시하는 사람은 복잡한 설들을 얼버무려서 꿰맞추기에 힘써, 마침내 산만하고 계통이 없게 된다. 이것이 셋째의 잘못이다.

④ 저 『대학장구』와 『주자대전』은 후대 학자들의 지루한 설명과 잘못된 주석을 잡다하게 수록하여 중요한 점은 보이지 않고 의문과 혼란만을 일으킬 뿐, 주자의 명쾌한 가르침과 정확한 해설은 오히려 태반이나 수록하지 아니하여, 몽매한 선비로 하여금 일찍이 이런 학술이 있다는 것도 모르게 하였으니 이것이 네 번째 잘못이다.[33]

33) 『국역 성호질서』, 한림대 태동고전연구소, 1988, 96~97쪽.

즉, 성호는 윗글에서 첫째, 『주자어류』에 『대학』에 대한 주해의 문자가 지나치게 많은 점, 둘째, 『대학장구』의 착오를 바로잡지 않고 주석도 지나치게 심성론으로 흐른 점. 셋째, 『주자어류』와 『주자대전』 등에 실린 설 가운데 『대학장구』와 다른 것이 있는데도 후학이 취사하지 않고 한 가지 설로 견강부회한 점. 넷째, 『대학장구』와 『주자대전』의 소주(疏註)에 후유(後儒)들의 잘못된 주석을 잡다하게 수록하면서도 주자의 명쾌한 해설을 수록하지 않은 점 등 네 가지를 들어 비판하고, 주자의 주석일지라도 『대학』의 본의를 상실케 할 우려가 있을 경우 간단명료하게 정리하고, 또 주자의 『대학장구』에 착오가 있으므로 이를 바로잡음은 물론 지나치게 심성론으로 흐른 주석도 과감히 정리하여 누구나 이해하기 쉽게 주석하겠다고 하였다. 그러면서도 성호는 『주자어류』·『주자대전』·『대학장구』를 면밀히 비교 분석하여 주자의 정설을 확립하고, 『대학장구』와 『주자대전』의 소주(疏註)에도 여러 설을 분변하여 주자의 본의에 어긋나는 것은 비판적으로 검토하겠다고 하였던 것이다.

2) 『대학질서』의 구성과 특징

『대학질서』는 자서(自序)인 '서문편제(序文篇題)'를 비롯하여 경문(經文)·전문(傳文)·발문(跋文)과 부록(附錄)으로 구성되어 있다. 서문에서 성호는 주자의 주석과 『대학혹문』 등의 『대학』 주석서가 일정 수준에 미치지 못함을 말하고, 경문에서는 『대학』의 이상에 관한 견해를 서술하였다. 그리고 전문에서는 전4장을 제외한 모두를 재해석하고 있다. 그는 경전 해석에서 사변적 해석을 지양하고 실제의 일에서 본지를 탐구하려는 경세적 사유가 바탕을 깔고 있다. 그는 『대학』의 핵심을 삼강령·팔조목에 있다고 하였다.

『대학』의 요점은 삼강령 · 팔조목에 있고, 그것을 실천하는 요점은 또 근본과 지엽의 구분에 있다. 맨 처음에는 삼강령을 말하고 "사물에는 근본과 지엽이 있다."라는 말로 글을 끝맺는다. 다음에는 팔조목을 말하고 "자신을 닦는 것으로 근본을 삼는다."고 결론짓는다. 그다음에는 "그 근본이 잘못되고 지엽이 잘되는 경우는 없다."로 시작해서 삼강령에 관한 전들을 해석한 다음에 "이것이 근본을 아는 것이다."라는 한 문장으로 종결지었다. 여기까지는 밝은 덕이 밝혀지고 백성의 마음을 위엄으로 따르도록 한 것을 말한 것이다. 곧 근본과 지엽, 앞서 할 것과 뒤에 할 것 등의 의미를 밝히는 것이다. 뒤이어 팔조목에 관한 고전 명제들을 해석하여 천하를 평정하는 데 이르러서는 "먼저 덕에 신중하라. 덕이 있으면 여기에 사람이 있다."라고 결론을 맺는다. 마지막으로 "덕은 근본이고 재물은 지엽이다."라는 말로 시작하여, 덕을 밝히고 백성을 새롭게 하는 것에서 나아가 재물의 쓰임새에 이르렀으니, 또한 근본과 지엽, 먼저 할 일과 뒤에 할 일의 의미를 밝힌 것이다.[34)]

즉, 성호는 대학의 요체는 삼강령 · 팔조목에 있고, 이를 행하는 요점은 모두 본말에 있다고 하였다. 그는 『대학』이 '경문'과 '전문'으로 구성되어 있는데, '경문'은 삼강령(三綱領)과 팔조목(八條目)으로, '전문'은 삼강령전(三綱領傳)과 팔조목전(八條目傳)의 구조로 설명하고, '경문'의 '物有本末 …… 則近道矣'을 삼강령의 결어로, '自天子 以至於庶人 壹是皆以修身爲本 …… 未之有也'을 팔조목의 결어로 보았으며, '전문'에 있어서도 삼강령을 해석한 전1, 2, 3장의 뒤에 나오는 '子曰 聽訟 吾猶人也 必也使無訟乎 …… 此謂知本'까지를 삼강령전의 결어로, 전10장의 '先愼乎德 有德 此有人'을 팔조목의 결어로 이해하였다.

34) 『國譯 星湖疾書』, 한림대 태동고전연구소, 1988, 214~215쪽.

여기서는 『대학질서』 전반에 대해 분석하는 것은 지면 관계상 불가하므로 삼강령과 격물치지를 중심으로 살펴보고자 한다.

(1) 명명덕(明明德)

'명덕(明德)'에 대해 해석에서 한대(漢代)의 정현(鄭玄)은 "지극한 덕"으로 해석했고, 공영달(孔穎達)은 "몸의 빛나고 밝은 덕"이라고 풀이하여,[35] 인간이 지니고 있는 최상의 덕이나 최고선으로 이해하였다.[36] 그리고 송대의 주희는 다음과 같이 풀이하였다.

> 명덕이라고 하는 것은 사람이 하늘에서 얻은 것으로, 텅 비고 신령스러우면서 어둡지 않아(虛靈不昧) 온갖 이치를 갖추고 모든 사물에 응한다. 다만 기품(氣稟)에 따라 구애받고 사람의 욕심에 가리어 간혹 어두운 적은 있으나 그 본체의 밝음에서는 그친 적이 없다.[37]

주희가 말하는 명덕은 사람이 하늘에서 얻은 천성적인 것으로 '마음'을 가리키며,[38] 이러한 텅 비고 신령스럽고 어둡지 않은 명덕은 다름 아닌 밝은 마음, 곧은 마음, 순수하고 자연스러운 마음이다. 그런 마음을 밝히려는 노력이 '명명덕'이다.[39] 즉, 사람이 태어날 때부터 타고난 마음속의 광명정대(光明正大)한 본성이 명덕(明德)인데 기품에 얽매이고 욕심에 가

35) 신창호, 『禮記注疏』. "至德也. 己之光明之德."

36) 신창호, 「大學의 주요 개념에 대한 교육학적 해석」, 『동양고전연구』, 제31집, 동양고전학회, 2008. 6. 61쪽.

37) 『大學章句』, 經一章, 朱子註.

38) 『大學集註大全』. "虛靈不昧便是心."

39) 신창호, 「大學의 주요 개념에 대한 교육학적 해석」, 『동양고전연구』, 제31집, 동양고전학회, 2008. 6. 62쪽.

려서 본체의 밝음이 혼매(昏昧)하게 된다는 것이다. 이러한 주자의 설명에 대해 성호는 '허령불매(虛靈不昧)'의 매(昧)와 '유시이혼(有時而昏)'의 혼(昏)은 다르다고 하였다. 그는 "매(昧)는 스스로 어두운 것이고, 혼(昏)은 다른 것에 의해 어두워지는 것이다. 매(昧)는 명덕(明德)의 명(明)에 대응하고, 혼(昏)은 명지(明之)의 명(明)에 대응한다."[40]고 하여, 다른 것에 의해 어두워지는 혼(昏)은 자율의지에 의해 해결될 수 있는 문제로 보았다. 그리고 '미상식(未嘗息)'에 대한 해석에서 성호는『주역』의 '리하곤상(離下坤上)'의 명이괘(明夷卦)로 설명하기를,

> 밝음이 땅속으로 들어가니 명이라 이른다. 그 육오(六五)에 말하기를 밝은 것은 꺼지지 않는다 했으니 '미상식(未嘗息)'을 이르는 것이다.[41]

라고 하여, '미상식'을 일찍이 '그친 적이 없는 것'으로 파악하였다. 그리고 명이괘(明夷卦) 육오(六五)의 효사(爻辭)에 "기자는 어두운 데 숨어서도 그 곧은 것을 잃지 아니하여 비록 환난을 당했어도 그 밝은 것이 스스로 보존되어 없어질 수 없다. 만일 화환(禍患)을 당했다고 해서 마침내 지켰던 마음을 잃는다면 이는 그 밝은 것을 잃어서 곧 없어지는 것이다."[42]라고 하였다. 이는 밝음이 드러나느냐 아니냐 하는 것은 나 자신의 정(貞)을 붙들려 하느냐 하지 않느냐의 자율의지에 달려 있다고 본다. 따라서 '명명덕'은 인성의 본질인 '명덕'으로 인간 주체의 실천적 측면에서 여하

40)『國譯 星湖疾書』, 한림대 태동고전연구소, 1988, 192쪽;『大學疾書』, 經. "昧者, 自昧也, 昏者, 爲他所昏也. 昧字, 應明德之明, 昏字, 應明之之明."(이하『대학질서』의 원문은『星湖全書』의 쪽 표시로 대신함)

41)『國譯 星湖疾書』, 한림대 태동고전연구소, 1988, 192쪽.

42)『周易』, 권13, 明夷卦.

히 밝혀야 함을 의미한다고 하겠다. 특히 성호는 '명명덕'을 『주역』의 진괘(晋卦)로 해석하고 있다.

> 밝음이 땅 위로 나오니, 진(晋)이라 이른다. 그 단(彖)에 말하기를 명덕을 밝힌다 했으니, 이는 명명덕을 이른다.[43]

즉, 진괘(晋卦)는 '곤하리상(坤下離上)'으로 명이괘(明夷卦)와는 반대로 태양이 땅 위에 동그라니 떠올라 감추어졌던 밝음이 더욱 밝아진 것을 나타내는 괘[44]로 진괘의 상(象)에 "밝음이 땅 위에 나온 것이 진(晋)이니, 군자가 이 괘의 이치를 살펴서 스스로 밝은 덕을 밝힌다."[45]고 하고, 전(傳)에 "소(紹)는 밝힌다는 말이다. …… 군자는 태양이 땅 위로 나와 더욱 밝고 성(盛)한 모습을 보고 스스로 자기의 밝은 덕을 밝힌다. …… 명덕을 밝히는 일은 나에게 있다. 그래서 스스로 밝힌다고 말한 것이다."[46]라고 하여, 성호는 '명명덕'이 인간 주체의 실천적 문제임을 받아들이고 있다.[47]

(2) 친민(新民)

유가에서는 '신민'이 옳은가 아니면 '친민'이 옳은가 하는 점을 두고 논란이 되어 왔다. 주지하듯이 주희는 "친(親)은 마땅히 신(新)으로 써야 한다."는 정이의 말을 인용하면서 "신(新)이란 옛것을 고치는 것을 말하는 데, 이미 그 명덕(明德)을 밝힌 것으로부터 또한 마땅히 미루어 남에

43) 『國譯 星湖疾書』, 한림대 태동고전연구소, 1988, 192쪽.

44) 『國譯 星湖疾書』, 한림대 태동고전연구소, 1988, 192쪽.

45) 『周易』, 권13, 晋卦.

46) 『周易』, 권13, 晋卦.

47) 安在淳, 「李星湖의 「大學疾書」에 관한 考察」, 『東洋哲學硏究』, 제2집, 동양철학연구회, 1981, 60쪽 참조.

게 미쳐, 그 사람에게도 또한 옛날에 물든 더러움을 제거하게 함을 말한다."[48]고 하여, 주희는 신(新)을 두 가지 의미로 이해하였다. 하나는 스스로 새롭게 하는 자기 혁신[自新]이고, 다른 하나는 남을 새롭게 하는 타자 혁신[新民]이다. 자기 혁신이건 타자 혁신이건 이 모두는 '명명덕'을 바탕으로 하여 유기적 연관 관계를 지니고 있다. 즉, 명명덕을 기초로 하는 자기 혁신은, 다시 이를 바탕으로 타자 혁신을 꾀하는 것으로, 이는 자신의 수양 문제인 수기와 그것을 바탕으로 타자를 다스리고 교육하는 치인으로 통하며, 신민의 무게중심은 스스로 새로움을 추구하는 자기 혁신, 자기 수양에 있다는 것이다.[49]

특히 주희의 이러한 주장은 이 구절과 짝을 이루는 전문 제2장에 나오는 "苟日新 日日新 又日新 …… 作新民 …… 周雖舊邦 其命維新" 등의 모든 구절이 모두 '신(新)'으로 되어 있다는 점에서 타당히 인정된다고 하겠다. 그러나 주희의 이러한 해석은 백성을 주체로 보는 것이 아니라, 새롭게 돼야 할 종속적인 존재로 보고 있다는 점에서, 나아가 본문 그 자체가 '친민'으로 되어 있다는 점에서 왕양명(王陽明)을 위시한 여러 사람들의 비판의 대상이 되었다.[50] 반면 '친민'으로 본다면 "백성을 단순히 종속적인 혁신의 대상이 아니라, 나름의 자각의 능력이 있는 주체적 존재로 파악할 가능성이 열린다."는 점에서 현대적인 맥락으로 본다면 더 많은 타당성을 지니고 있는 것으로 볼 수도 있겠다.[51]

성호는 정이의 견해에 따라 '친민'을 '신민'으로 받아들이고 있다. 이

48) 『大學章句』, 經1章에 대한 註.

49) 신창호, 「大學의 주요 개념에 대한 교육학적 해석」, 『동양고전연구』, 제31집, 동양고전학회, 2008. 6. 64쪽.

50) 박완식 편저, 『대학 대학혹문 대학강어』, 이론과실천, 1993, 15쪽 참조.

51) 임헌규, 「유교적 대학의 이념과 방법」, 『동양고전연구』, 제31집, 동양고전학회, 2008. 6. 42쪽.

신(新)에 대해 주희는 "신이란 구습을 혁신하는 것" 이라고 하여 '혁구(革舊)' 의 뜻으로 이해하였다. 이에 대해 성호는 '신(新)' 을 '혁구(革舊)' 와 '종신(從新)' 으로 나누어서 "『주역』에 이르기를 혁(革)은 옛것을 버리는 것이고, 정(鼎)은 새것을 취하는 것이라 했으니, 이는 옛날의 잘못을 새롭게 고친다[革舊]는 뜻이다." [52]라고 하여, 『주역』의 혁괘(革卦)와 정괘(鼎卦)로 설명하고 있다.

『주역』에 의하면 '혁괘' 는 '리하태상(離下兌上)' 으로 불이 연못 속에 들어가 있는 형상으로 전(傳)에 "대저 물과 불은 서로 상극이어서 물은 불을 끄고, 불은 물을 말려서 서로를 변혁시킨다. 불은 위로 올라가려는 속성이 있고, 물은 아래로 흐르는 속성이 있는데, 혁괘는 불이 물 아래에 있으니, 그 불은 자연히 꺼져서 변혁되는 것이다." 고 하였다. 반면 '정괘' 는 '손하리상(巽下離上)' 으로 서괘(序卦)에 의하면, "물(物)을 바꾸는 것은 솥만한 것이 없다. 솥은 날것을 익히기도 하고, 굳은 것을 풀기도 하는 그릇이다. 솥은 하나의 어떤 물(物)의 속성을 바꾸어서[革物] 새것을 취하는 데[取新] 그 쓰임의 목적이 있다" 고 하였다. 즉 성호는 신(新)을 '혁구 · 종신(革舊從新)' 으로 이해하였던 것이다.

특히 성호는 " '밝히다' 와 '새롭게 하다' 는 서로 바꾸어 말할 수 있다. 경에 '밝은 덕을 천하에 밝힌다' 고 한 것은 곧 '백성을 새롭게 하다' 는 뜻이다." 고 하여 신(新)과 명(明)은 바꾸어 말해도 좋다고 하며, " '밝은 덕을 밝힌다' 는 것은 개인의 수준에서 말한 것이고, '백성을 새롭게 한다' 는 것은 인간 세상 전체를 통틀어서 말한 것이다. 개인의 관점일 때에는 덕(德)으로 말하고, 세상 전체의 관점일 때에는 습속이라 하였다." [53]라고 하여,

---

52) 『國譯 星湖疾書』, 한림대 태동고전연구소, 1988, 193쪽.
53) 『國譯 星湖疾書』, 한림대 태동고전연구소, 1988, 193쪽.

'명명덕'을 개인적인 측면에서 '신민'을 전체적인 측면에서 파악하고 있음을 알 수 있다.

(3) 지어지선(止於至善)

주희는 지어지선을 "지(止)란 반드시 여기에 이르러 옮기지 않는다는 뜻이요, 지선(至善)이란 사리당연의 극치이니 명명덕과 신민은 다 마땅히 지선한 경지에 머물러 옮기지 않는다는 말이다. 아마 천리의 극처에 이르게 되면 조금도 인욕의 사사로움이 없을 것이다."[54]라고 하여, "지선(至善)에 머무르는" 단계는 마치 "황조(黃鳥)가 멧부리에 머물듯이, 인간의 완전히 선한 자기의 덕성에 머무르는 것이며", 문왕이 "임금의 자리에 있을 때는 인정(仁政)을 베풀고, 신하에 있었을 때는 인군(人君)을 공경하고, 자식으로서는 부모에게 효도하고, 아비로서는 자식을 자애하고, 나라 사람과 사귐에서는 신뢰를 받도록 한 것과 같이"[55] "군군, 신신, 부부, 자자"의 정명(正名)이 성취된 사회이다. 이른바 현실과 이상이 온전히 일치하는 인간적인 사회(사회의 인간화), 인간다운 인간이 모여 사는 사회(인간의 사회화)로서, 욕망의 충돌과 생존경쟁이 없으며, 따라서 욕망 충돌을 판가름할 법질서도 필요로 하지 않는 사회를 이른다.[56] 따라서 주희에게 있어서 '지어지선'의 '지(止)'는 '지어시이불천(至於是而不遷)'으로 '지선'은 '사리당연지극(事理當然之極)'으로, '지어지선'은 '지어지선지지이불천(止於至善之地而不遷)'으로 이해하였다. 그러나 성호는 '지(止)'에는 '지지선(至至善)'과 '불천(不遷)'의 뜻이 함께 있다고 보고, "'지어지

---

54) 『大學章句』, 經一章, 朱子註.

55) 『大學』, 傳3章.

56) 임헌규, 「유교적 대학의 이념과 방법」, 『동양고전연구』, 제31집, 동양고전학회, 2008. 6. 44~45쪽.

선지지이불천(止於至善之地而不遷)'의 지(止) 자는 '지(至)' 자의 잘못"[57] 이라고 보고, 그 이유를 다음과 같이 말했다.

> 앞 문장에서 '여기에 이르러 옮기지 않는다.' 라고 말했기 때문에 이 문장에서는 '여기에' 라는 말 대신에 '최선의 경지' 라는 말로 바꾸어서 '최선의 경지에 이르러서 옮기지 않는다.' 고 하였으니, 이는 '최선의 경지에 이른다' 는 것과 '옮기지 않는다' 는 두 가지를 겸했을 때에 비로소 '그친다' 의 의미가 되는 것이다. 그런데 만일 이미 '그친다' 고 해 놓고 다시 '옮기지 않는다' 라고 말한다면 이는 불필요한 말로서 문장이 되지 않는다. 경문에 원래 '최선의 경지에서 그친다' 는 구절이 있는 것으로 인하여 이런 점(止에 至와 不遷의 의미가 함축되어 있다는 점)을 살피지 못한 것인 듯하다.[58]

이처럼 성호는 무조건 주희를 추종하는 것이 아니라 주희와 다른 견해 있을 때에는 과감하게 자신의 견해를 밝혔던 것이다.

(4) 격물치지(格物致知)

『대학』의 「격물치지」장은 주희가 『대학』의 '전문' 에 빠진 것을 134자를 추가하여 보완한 것으로 일명 「격물치지보망장」이라고 한다. 주희가 『고본대학』을 『대학장구』로 재편집하면서 삼강령과 팔조목을 강조하였다. 그리고 "무릇 전문 10장에서 앞의 4장은 삼강령의 취지를 통합하여 논하였고, 뒤의 6장은 팔조목의 공부에 대해서 자세히 논한 것이다."[59]라고 하여, 삼강령과 팔조목 가운데 '격물치지' 를 제외하고는 모두 경문과

57) 『國譯 星湖疾書』, 한림대 태동고전연구소, 1988, 195쪽.
58) 『國譯 星湖疾書』, 한림대 태동고전연구소, 1988, 195쪽.
59) 『大學章句』, 傳10章.

전문이 상관관계를 이루도록 배치하기 위해서는 『고본대학』의 ‘此謂知之至也’라는 구절만으로 ‘격물치지’를 설명할 수밖에 없었기 때문에 결국 134字를 보충하는 것으로 해결점을 모색하려고 했던 것이다.[60] 먼저 주희가 지은 「격물치지보망장」에 대해 살펴보자.

‘이른바 앎을 지극하게 이룸이 사물의 이치를 궁구함에 있다’ 고 함은 나의 앎을 지극하게 이루려 하려면 사물에 나아가서 그 이치를 궁구함에 있다는 말이다. 대개 사람 마음의 신령스러움이 앎이 있지 않음이 없고, 천하의 사물에 이치가 있지 않음이 없건마는 오직 이치에 궁구되지 못한 것이 있으므로, 그 앎이 다하지 않음이 있는 것이니 이런 까닭으로 대학에서 처음 가르칠 적에 반드시 배우는 자로 하여금 천하의 사물에 나아가서 그 이미 아는 이치로 인하여 더욱 궁구하여 그 극진한 데까지 이르도록 하는 것이니. 힘을 쓰는 것이 오래되어 하루아침에 활연히 꾀어 통하게 되면 모든 사물의 겉과 속, 정밀한 것과 거친 것에 이르지 아니함이 없고, 내 마음의 전체와 큰 작용이 밝지 않은 것이 없을 것이니, 이것이 일러 ‘사물의 이치가 궁구된다’ 고 하며, 이것을 일러 ‘앎이 지극해진다’ 고 하는 것이다.[61]

주자는 위에서 언급한 바와 같이 내 지(知)를 이루고자 하려면 먼저 물(物)에 나아가서 그 이치를 궁구해야 하며, 노력을 오래 하면 하루아침에 활연관통하여 물(物)이 격(格)하고 지(知)가 지(至)한다고 하여, 객관적 사물의 리(理)와 주관적 인간의 지(知)를 분리하지 않고 서로의 관계성에서 논술하였다.[62]

60) 서근식, 「『大學』해석을 통해 본 朱子의 格物致知論」, 『동양고전연구』, 제33집, 동양고전학회, 2008. 12. 365쪽.

61) 『大學』, 傳五章.

그러나 성호는 「격물치지장」의 보망과 해석에 대하여 주희와 다소 다른 의견을 가지고 있었다. 그렇다고 하여 주희의 보망장을 부정하거나 무익한 것으로 보지 않고 오히려 『대학』의 본의에 어긋나지 않을뿐더러 『대학』의 뜻을 밝혀 주는 역할을 한다고 옹호하면서 자신의 이견을 피력하고 있다. 그는 정이가 '격치(格致)는 당연히 성의(誠意)에 앞서야 한다'라고 주장한 것과 '격치장은 망실되었다'라고 말한 적이 없는 점, 그리고 서애(西崖) 류성룡(柳成龍)이 '격치는 따로 한 장을 둘 필요가 없으며, 뜻이 스스로 자족(自足)하다.'라고 주장한 점을 전제로 그의 격치설을 전개하였다. 그는 격물치지(格物致知)는 공부의 일이요, 물격지지(物格知至)는 공효(功效)의 일이라고 하여 주자와는 다른 견해를 제시하였다. 즉 주희가 격물의 격(格)을 궁지(窮至)라고 하였는데 비해, 성호는 "『서경』에 '문조의 사당에 이르렀다.' 하고, 그 주에 격(格)은 '이르는 것[至]'이라 하였다. 『맹자』에 '그 잘못된 마음을 바로 잡는다.[格其非心]' 하였으니, 격은 '바로잡는다'는 뜻이다. 잘못된 마음이란 이치에 당연한 것이 아니니, 바로잡아서 궁극적 표준에 이르게 하면 바르게[格] 되는 것이다. 만약 이 마음을 미루어서 표준에 합치하게 하면 바로잡히지 않을 사람이 없을 것이다. …… 주자는 비록 『서경』의 글로써 증거로 삼았지만, 이것은 다만 격(格)이 지(至)라는 것만 밝힌 것이지 '격우문조(格于文祖)'라는 뜻처럼 '내가 물(物)에 이르는 것'을 말한 것은 아니다."[63]라고 하여, 인식주체인 '나'의 문제를 더욱 강조하는 의미로서 '격'은 '궁지'뿐만 아니라 '정(正)'의 의미도 겸하고 있다고 하였다.

격물과 치지의 관계에 대해서도 '격물'은 사물에 각각 그 이치를 분별

62) 安在淳, 「李星湖의 「大學疾書」에 관한 考察」, 『東洋哲學硏究』, 제2집, 동양철학연구회, 1981. 68쪽 참조.

63) 『國譯 星湖疾書』, 한림대 태동고전연구소, 1988, 207~208쪽.

하는 것이고, '치지'는 격물된 내용을 토대로 우리가 그것에 어떻게 대처할 것인가를 아는 것으로 보고 있다. 그는 다음과 같이 말했다.

> 부자 · 자효에 있어서 부(父)는 양육하고 사랑하는 것이고, 자(子)는 포태(胞胎)하여 생장하는 것임을 변별하여 아는 것이 격물이고, 이것을 토대로 위자위효(爲慈爲孝)의 진리가 무엇인지를 생각하여 각각 그 극진한 것에 이르도록 하는 것이 치지(致知)이다.[64]

> 격(格)을 하면 궁(窮)은 그 가운데 있게 되느니 장구(章句)에 해석한 말은 정밀하다. 몸속에 마음이 있고 마음속에 지각이 있으니 진실로 치지를 하려면 먼저 격물부터 해야 함은 이치로도 마땅히 그러할 것이다. 그러나 치지란 것도 딴 길이 있는 것이 아니고 그중 한 물(物)을 격(格)하고 또한 물을 격하여 격하지 않음이 없는 데에 이르도록 하는 것뿐이다.[65]

즉, 치지는 격물을 토대로 이루어지기 때문에 격물 밖에 따로 치지가 있는 것이 아니라 격물의 과정에 치지가 있다고 하였다. 특히 성호는 "마음에 갖추어진 이치를 성(性)이라 한다. 덕(德)을 밝히고 백성을 새롭게 하는 것이 모두 이 이치 아님이 없으며, 이것을 서물이라고 한다. 격물의 물(物) 또한 다른 의미가 있는 것이 아니라 내 마음속에 갖추어져 있는 이치에 지나지 않는다."[66]라고 하여, 물(物)의 해석에서 격물이 어째서 정물(正物)로도 해석되야 하는가 하는 논리적 근거와 나의 심(心)이 왜 강조되야 하는가 하는 논리적 이유를 엿볼 수 있다. 성호가 심을 강조한다고 하

64) 『星湖僿說』, 권22, 「經史門」, 〈格致誠正條〉.
65) 『星湖僿說』, 권19, 「經史門」, 〈儒學〉.
66) 『國譯 星湖疾書』, 한림대 태동고전연구소, 1988, 209~210쪽.

여 그것이 주관성으로만 흐르는 것은 아니다. 그는 다음과 같이 말했다.

> 만일 모든 사물의 이치에 나아가 구하지 않고 우두히 홀로 내 마음만 지키고자 하면, 끝내 격(格)할 도리가 없게 된다. 그러므로 반드시 사물에서 구해야 한다는 것이다.[67]

이처럼 성호는 인식에서 객관성의 확보를 무엇보다 중요시했던 것이다. 성호의 이러한 심의 강조는 공효(功效)를 얻기 위한 실용의 강조에 있으며, 그 용(用)은 남이 아닌 나의 문제이기 때문에 격물은 곧 '격오소구지리(格吾所具之理)'로서 '궁지사물지리(窮至事物之理)'와 아울러 정물(正物)의 의미도 겸해 인식주체인 '나'의 '실천성'을 강조하는 것이라 하겠다.[68]

4. 맺음말

이상에서 고찰한 바와 같이 성호는 학문의 목적을 경세치용에 두고, 치용에 무익한 맹목적인 독경주의와 본원만을 추구하는 형이상학적인 이론 중심의 경학은 물론 오로지 과거만을 위한 학문에 대해서 신랄하게 비판하였다. 그가 추구한 학문 태도는 의심으로부터 시작된다. 그는 모든 것에 일단 의심을 품고, 그 '의심'을 해결하는 과정에서 비록 주희의 말일지라도 과감하게 비판할 것은 비판하고 수용할 것은 수용하는 모습을 보여

---

67) 『國譯 星湖疾書』, 한림대 태동고전연구소, 1988, 210쪽.

68) 安在淳, 「李星湖의 「大學疾書」에 관한 考察」, 『東洋哲學硏究』, 제2집, 동양철학연구회, 1981, 68~69쪽.

주고 있다. 이는 '추상적 관념의 논리'로부터 '구체적 경험의 사실'로의 대탈바꿈인 동시에 '사상의 개방화'를 의미하는 것이기도 하다.[69)]

이러한 그의 학문관은 경학 연구에도 그대로 적용되어 경학 연구의 궁극적 목적을 경세치용에 두고, 그 내용에는 공효의 실을 추구하기 위해서 '나'라는 주체의 실천적인 측면을 강조하였던 것이다.

특히 성호는 '대학출어역(大學出於易)'이라고 하여, 철저하게 『대학』은 주역에서 나왔다고 하였으며, 『대학』을 해석함에 『주역』을 자주 인용하여 설명하는 독창적인 해석을 보여 주었다. 그는 『대학질서』에서 주희의 『대학장구』을 인정하고, 경 일 장과 전 십 장 가운데 전사장(傳四章)만 주석을 하지 않고 그 밖의 모든 장에 대하여 주희의 주(註)을 세밀히 분석하여 때로는 찬동하고, 때로는 과감히 비판하면서 자신의 독창성을 발휘하여 해석하였다.

그는 삼강령에 있어서 먼저 '명명덕'을 인간 주체의 실천적 문제임을 받아들이고 있으며, '신민'을 해석하면서도 신(新)을 '혁구·종신(革舊從新)'으로 이해하여, 명명덕의 명(明)과 신민의 신(新)은 '밝히다'와 '새롭게 하다'는 서로 바꾸어 말할 수 있다고 하였다. 즉, 경에 '밝은 덕을 천하에 밝힌다'고 한 것은 곧 '백성을 새롭게 하다'는 뜻이다고 하여 신(新)과 명(明)은 바꾸어 말해도 좋다고 하였다. 그리고 '지어지선'에서 주희는 '불천(不遷)'의 의미로 보았는데 비해, 성호는 '지(止)'는 '지어시이불천(至於是而不遷)'으로 '지선'은 '사리당연지극(事理當然之極)'으로, '지어지선(止於至善)'은 '지어지선지지이불천(止於至善之地而不遷)'이라고 하여, '지(止)'에는 '지지선(至至善)'과 '불천(不遷)'의 뜻이 함께 있다고 보

---

69) 安在淳, 「李星湖의 「大學疾書」에 관한 考察」, 『東洋哲學硏究』, 제2집, 동양철학연구회, 1981, 71쪽.

고, '지어지선지지이불천(止於至善之地而不遷)'의 지(止)자는 '지(至)' 자의 잘못이라고 주희를 설을 비판하였던 것이다. 그리고 '격물치지'에 있어서도 격(格)을 '이르다[至]'고 본 주희설을 부정하고 '궁지(窮至)'와 '정(正)'의 의미도 함께 겸하고 있다고 보았다. 치지는 격물을 토대로 이루어지기 때문에 격물 밖에 따로 치지가 있는 것이 아니라 격물의 과정에 치지가 있다고 하였다.

이처럼 성호의 대학관은 철저하게 경세치용에 근본적인 목적을 두고 인식주체인 '나'의 실천성을 강조한 점에 그 의의가 있다고 하겠다.

■ **참고 문헌**

『星湖全書』

『星湖僿說』

『周易』

『國譯 星湖疾書(논어 · 대학 · 중용)』, 한림대학교 태동고전연구소, 1998.

權文奉, 「『大學』 註釋을 통해 본 星湖의 經學」, 『漢文學報』, 제17집, 우리한문학회, 2007.

서근식, 「『大學』해석을 통해 본 朱子의 格物致知論」, 『동양고전연구』, 제33집, 동양고전학회, 2008. 12.

宋甲準, 「李瀷의 經學觀」, 『실학의 철학』, 예문서원, 1996.

신창호, 「大學의 주요 개념에 대한 교육학적 해석」, 『동양고전연구』, 제31집, 동양고전학회, 2008. 6.

安在淳, 「李星湖의 '大學疾書'에 대한 考察」, 『동양철학연구』, 제2집, 동양철학연구회, 1981.

李篪衡, 「星湖經學의 實學的 展開」, 『성대논문집』, 제17집, 1973.

임헌규, 「유교적 대학의 이념과 방법」, 『동양고전연구』, 제31집, 동양고전학회, 2008. 6.

崔錫起, 「星湖 李瀷의 窮經姿勢」, 『제5회 동양학국제학술회의 논문집』, 성균관대 대동문화연구원, 1995.

崔錫起, 「星湖 李瀷의 『大學』 解釋과 그 意味」, 『韓國實學硏究』, 제4집, 한국실학학회,

2002.
崔錫起, 「17~18세기 學術動向과 星湖 李瀷의 經學」, 『南冥學硏究』, 제16집, 경상대 남명학연구소, 2003.

다산 정약용의 『대학』 해석
– 주자의 『대학장구』와 비교를 통하여

임헌규 (강남대학교 철학과 교수)

1. 다산과 『대학』

고려 시대에 도입된 주자학이 조선의 개국 이념이 되면서, 주자학의 정치철학의 요체를 담고 있는 『대학장구』에 대한 많은 논의가 있었다. 회재(晦齋) 이언적(李彦迪, 1491～1553)을 필두로 조선의 여러 명유(名儒)들은 수백 년에 걸쳐 1) 『대학』에 대한 주자적 해석의 정당성, 2) 주자가 보완한 "보망장"의 필요성과 "격물치지"에 대한 해석, 3) 착간(錯簡)과 오자(誤字)의 문제 등에 대해 깊은 논의를 하였다. 그런데 이러한 논의들 중 독자적인 체계적 저술로 정점의 인물이 바로 다산(茶山) 정약용(丁若鏞, 1762～1836)이라고 하겠다.

다산이 『자찬묘지명(自撰墓誌銘)』(61세)에서 "육경(六經)과 사서(四書)로 수기(修己)를 이루고, 일표이서(一表二書)로 천하국가를 다스림으로 본말을 갖추었다."[1]고 말하고 있듯이, 그 또한 유학의 정신에 입각하여 경학(232권)을 근본으로 경세를 논했다. 다산의 경학 연구 중 『대학』에 관한 저술로는 『희정당대학강의(熙政堂大學講義)』(28세), 『대학책(大學策)』(30세), 『대학공의(大學公議)』(53세, 3권)가 있고, 『자찬묘지명』(61세) 등 시문집 등에 산재하여 나타난다.[2] 그중 『희정당대학강의』는 다산이 28세(1789, 정조13년)에 내각(內閣)의 초계문신(抄啓文臣)으로 강의하고 문답한 기록으로, 강진에서 『대학공의』를 저술하면서 다시 검토하여 당시의 견해를 「금안(今案)」의 형식으로 첨부하여 "대학강의(大學講義)"라 하였기 때문에 『대학강의』라고 한다. 여기서 다산의 『대학』에 대한 초년의 관점이 나타난다. 그런데 이 강의록은 『대학장구』 가운데 「서」와 전7~10장의 내용만 수록되어 있어 전체 내용을 살피기에는 불완전한 측면이 있다. 그리고 『대학공의』 전 3권은 『희정당대학강의』 이후 25여 년의 연구를 거치며 학문의 정점에 도달한 53세(1814년, 순조 14년)에 완성되었다. '공의'라는 명칭으로 알 수 있듯이, 다산은 이 저술을 통해 본래의 『대학』에 대해 공정하게 논의하고자 했다. 이 저술은 다산의 『대학』 관계 저술의 실질적인 대표작이자 핵심이며, 그 후에 기술된 『자찬묘지명』은 『대학공의』에 대한 부연 설명이다. 따라서 우리는 『대학공의』를 중심으로 다산의 대학에 대한 관점을 1) 『대학』에 대한 관점과 편제, 착간 및 오자에 대한 견해, 2) 그 핵심을 형성하는 '삼강령', 그리고 3) 논란이 많은 '격물치지론'에 대한 다산의 견해를 주자의 해석과 대비하여 살펴볼 것이다.

---

1) 『與猶堂全書』, 第二集, 第16卷, 詩文集, 「自撰墓誌銘」, 려강출판사, 1992, 633쪽. "六經四書以之修己 一表二書以之天下國家 所以備本末也."

2) 이에 대한 상세한 목록으로는 다음을 참조. 정일균, 「다산 정약용의 사서관계저술」, 『다산 사서경학 연구』, 일지사, 2000, 177쪽, 주123.

2. 『대학』과 그 체계

1) '대학(大學)' 이란?

주자는 '대학(大學)'을 1) 최고 고등교육기관이며, 2) 『예기』의 한 편에서 나왔지만 주로 하나의 단행본이라고 할 수 있으며, 3) '대인지학(大人之學)'의 준말로 이해하고 있다. 즉 그는 우선 "'대(大)'는 옛 음이 '태(泰)'이나 지금은 쓰인 글자(大)대로 읽는다."[3]라고 말하고, "『대학』이란 책은 옛날 태학에서 사람을 교육하던 도리와 방법"[4]이라고 정의하고 있다. 이에 대해 다산은 '대학'을 우선 다음과 같이 정의한다.

> 대학(大學)이란 국학(國學)이니 주자(胄子)가 생활하면서 교육을 받던 곳이다. 태학의 도는 주자(胄子)를 교육시키는 도이다.[5]

그런데 그는 "주자(胄子)는 태자(太子)를 가리킨다. 오직 천자의 자제들만 맏아들과 여러 자제들까지 모두를 태학에서 가르쳤지만, 삼공제후(三公諸侯) 이하는 맏아들로서 대를 이을 자만이 태학에 들어갈 수 있었다. …… 대체로 국자(國子)라 칭한 자는 모두 「요전」에서 말하는 주자(胄子)지만 일반 서민의 자제들까지 포함한 것은 아니다. …… 한미하고 천한 집안 사람들은 옛날 법에도 사도(司徒)에 속했고 태학과 관계가 없다. 이에 두 등급으로 나누어 서로 섞지 않았다. …… 경(經)에서 '대학지도(大學之道)'라 한 것은 맏아들의 도이지, 결코 백성들을 가르치는 도는 아니

3) 『大學章句』. "大 舊音泰 今讀如子."

4) 『大學章句』, 「序」. "大學之書 古之大學 所以敎人之法也."

5) 『전서』, 「대학공의1」, 4쪽. "大學者 國學也 居胄子以敎之 大學之道 敎胄子之道也."

다. 이를 '태학지도(太學之道)'라고 말하는 것은 좋지만 '향학지도(鄕學之道)'라고 말하는 것은 잘못이다."라고 말하여 "백성들 가운데 준수한 인재"도 태학에 입학한다고 주장하여 사대부의 권익을 대변했던 주자의 주장을 정면으로 반박한다. 나아가 다산은 주자가 "대학(大學)은 대인지학이다."고 해석한 것에 대해 격렬하게 비판한다.

> 주자는 이 책 이름까지 고쳐 「대학(大學)」이라 하여 글자대로 읽게 하고, 이를 '대인지학(大人之學)' 이라 풀이하여 동자(童子)의 학과 함께 대소(大小)로 짝하게 하였으니, 이는 온 세상 사람들이 두루 배울 수 있는 학으로 여겼던 것이다. 소위 대인이란 관을 쓴 성인을 일컫는 것이다. 그러나 관을 쓴 성인을 옛날에는 대인이라고 부르지 않았다. …… 소학, 대학의 구분은 원래 예업(藝業)과 학교의 대소로 나누어진 것이었다. …… 그러나 옛날의 태학(太學)에는 원래 입학 자격이 있었으니 일반 서민들의 자체는 비록 관을 쓰고 어른이 되더라도 태학(太學)에는 쉽게 들어가지 못했다.[6]

그렇다면, 다산은 1) 대학(大學)의 성격과 입학 자격, 2) 대학의 교육 내용, 3) '대학'은 '대인지학'인가, 아니면 대학은 태학(太學)이기 때문에 '대인지학'의 준말이 될 수 없는가 하는 점에 대해 주자와 이견을 보이고 있다. 그런데 주자와 다산이 이렇게 의견을 달리하는 데에 대해 도움을 줄 수 있는 다음과 같은 말이 있다.

---

6) 『전서』, 「대학공의1」, 2쪽. "朱子於此 遂改書名 曰大學 讀之如字訓之曰大人之學 與童子之學 大小相對 以爲天下人之通學 所謂大人者 冠而成人之稱也 然冠而成人者 故者不稱大人 …… 小學大學之別 原以藝業之大小 黌舍之大小 二之 …… 然古之太學 原有主人編戶匹庶之子 雖冠而爲大人 恐太學未易入也."

물헌 웅 씨가 말하기를, “『대개기』「보전편」을 보면 ‘옛날에 여덟 살이 되면 외사(外舍)에 나가서 작은 기술들을 배우고 작은 예절을 습득하며, 관을 쓰는 나이에 이르면 태학에 들어가서 큰 기술을 배우고 큰 예절을 습득한다’ 고 했다. 주석에 ‘소학’ 은 상문이니 호위라고도 말하며, ‘태학’ 은 왕궁의 동쪽에 있다. ‘머리를 묶는다’ 함은 성인 직전의 큰 아이가 된 것을 말한다고 했다. 『상서(尙書)』「대전(大傳)」에 이르기를, ‘공경(公卿)의 태자와 원사의 맏아들이 열세 살이 되면 소학에 들어가고, 스무 살이면 태학에 입학한다’ 고 했고, 『백호통』에 이르기를, ‘여덟 살에 소학에 들어가고 열다섯에 태학에 입학한다’ 고 했으나, 이것은 태자에 대한 예법이다. 여기서 나이를 살펴보면 서로 다른데도 주자는 유독 『백호통』을 따라 단정하여 말했다.[7]

여기서 우리가 주목할 것은 ‘소학’에 입학하는 대상으로, 『상서』「대전」은 공경의 태자와 원사의 맏아들로, 『백호통』은 태자로 제한했지만, 주자는 모든 계층의 자제로 확대했다. 나아가 태학에 들어가는 대상 또한 『상서』「대전」은 공경의 태자와 원사의 맏아들, 『백호통』은 태자라고 말했지만, 주자는 ‘백성들 중 준수한 인재’를 포함하였다. 그리고 다산은 우선 “소학, 대학의 구분은 원래 예업과 학교의 대소로 나누어진 것이다.” 라고 말하고, 대학에 입학하는 대상을 기본적으로 주자(胄子)로서의 태자를 가리키지만, 천자의 중자, 삼공제후의 대를 이을 자를 포함하고 있다. 따라서 태학의 입학 대상과 연관하여 다산의 비판은 상당한 일리가 있다고 하겠다. 즉 주자는 소학-대학의 입학 대상과 그들이 배우는 학문을 규

7) 『집주완역 대학』, 김수길 역, 「대학장구서」에 대한 세주, 대유학당, 1999, 47~48쪽. “勿軒熊氏曰 按大戴記保傳篇 故者 年八歲 出就外舍 學小藝焉 履小節焉 束髮 就大學 學大藝焉 履大節焉 註曰 小學 爲上門 一作虎闈 大學 在王宮之東 束髮 爲成童 尙書大傳曰 公卿之太子 元士之嫡子 年十三 入小學 二十 入大學 白虎通曰 八 入小學 十五 入大學 此太子之禮也 按年數 互有不同 而朱子 獨以白虎通爲斷.”

정하면서 전거에 바탕을 두지 않고, 당위론적인 언명을 한 것으로 보인다. 즉 '소학'의 '쇄소응대진퇴지절(灑掃應對進退之節)'과 '예악사어서수지문(禮樂射御書數之文)'은 인간의 기본 소양을 가르치는 것이기 때문에, 모든 사람이 입학해야 한다고 주장했다고 생각된다. 그리고 공자가 "백성은 따르게 할 수는 있어도, (이치를) 알게 할 수는 없다."는 주장을 참고한다면, 정치하는 자는 이치를 알고 있어야 하기에 대학에서는 '궁리정심'과 '수기지친지도'를 가르쳤다고 말했다. 나아가 그는 백성들 중의 준재 또한 태학의 교육을 받을 수 있다고 말함으로써 신진 사대부의 이념을 대변했다고 할 수 있다.

주자가 학문의 성격으로 소학과 대학을 나눈 것에 반대하는 다산은 예업과 학교의 대소로 나눈 것이라고 주장하였다. 그래서 그는 "『대학』은 주로 덕행을 논한 것"으로 심성론과 관계없으며, "옛날 태학에서 사람을 가르치던 법은 예악(禮樂), 시서(詩書), 현송(絃誦), 무도(舞蹈), 중화(中和), 효제(孝弟)를 가르쳤고, 소위 '명심복성(明心復性)', '격물치지(格物致知)', '치지주경(致知主敬)', '성의정심(誠意正心)'과 상관없다고 했다. 다산의 주장은 『대개기』「보전편」의 지지를 받을 수 있다. 그러나 주자의 주장이 부정되는 것 또한 아니다. 왜냐하면, 대학이 위정자인 태자를 교육하는 것이라면, '궁리정심'하여 '구기치인지도'를 실행하는 것 이외에 다른 것이 교육 내용이 될 수 없기 때문이다. 그리고 다산은 "관을 쓰고 안 쓰고 하는 것은 말하지 않았던 것이니, 어찌 대인만이 대학에 들어갈 수 있었겠는가?"라고 말하고 있지만, 위의 글은 분명히 "관을 쓰는 나이에 이르면 태학에 들어가서"라는 표현을 쓰고, 그 주석에 "'머리를 묶는다'는 것은 성인 직전의 큰 아이가 된 것을 말한다."라고 해설하고 있다. 이렇게 본다면 주자가 '대학'을 '대인지학'의 준말로 본 것 또한 논박할 것만은 아니라고 하겠다. 여기서 '대인(大人)'은 단순히 연령상의 표현이 아니라, 도덕이 높고, 신분이 귀하고 재능이 출중하다는 뜻으로 이해해야 할 것이다.

2) 『대학』의 유래, 편제, 착간 및 오자의 가능성

주자는 본래의 『예기』 「(고본)대학」을 『대학장구』로 편집하면서 "경(1장)은 공자 말씀을 증자(曾子)가 기술한 것이고, 전(10장)은 증자의 뜻을 문인들이 기술한 것이다."고 단정하였다. 그리고 "구본에 자못 착간이 있기 때문에 이제 정자(程子)가 정한 것에 근거하고 다시 경문을 상고하여 별도로 차례를 만든다."[8]고 하였다. 그리고 그는 삼강령(三綱領)과 팔조목(八條目)으로 정리하였다. 나아가 '전'은 경의 부연 설명이며 "무릇 전문은 경전을 섞어 인용하여 계통과 기강이 없는 것 같지만, 문리가 이어지고 혈맥이 관통하여 깊고 얕음, 시작과 끝이 지극히 정밀하다."[9]고 한다. 이렇게 주자는 『대학장구』를 경 1장~전 10장의 체계로 주석하면서 『대학』에 연문과 궐문, 그리고 오자가 있다고 주장하였다. 우선 그는 자신이 편집한 『대학장구』 전4장과 5장 사이에 "차위지본(此謂知本)은 연문(衍文)이다."는 정자의 견해를 받아들인다.[10] 나아가 전5장의 "차위지지지야(此謂知之至也)"는 "격물치지의 뜻을 해석하는 결론"이기 때문에, 그 위에 별도로 궐문이 있다고 보면서[11] 정자의 뜻을 계승하면서 자신의 철

8) 『대학장구집주』, 경1장에 대한 주석. "右經一章 蓋孔子之言而曾子述之 其傳十章則曾子之意 而門人記之也 舊本頗有錯簡 今因程子所定 而更考經文 別爲序次如左"

9) 『대학장구집주』, 경1장에 대한 주석. "凡傳文 雜引經傳 若無統紀 然文理接續 血脈貫通 深淺始終至爲精密 熟讀詳味 久當見之."

10) 『대학장구집주』, 전4장에 대한 주석 4-2. "此謂知本. 程子曰 衍文也."

11) 『대학장구집주』, 전5장에 대한 주석 5-1. "此謂知之至也 此句之上別有闕文 此特其結語耳 右傳之五章 蓋釋格物致知之義而今亡矣. 此章 舊本通下章 誤在經文之下 ○ 間嘗竊取

학적 특색을 가장 잘 드러낸 문제의 「대학격물보망장」을 추가하였다. 게다가 그는 전10-23장의 " '피위선지(彼爲善之)' 의 구절 위아래에 의심컨대 궐문(闕文)혹은 오자(誤字)가 있다." 고 주장하였다. 그리고 주자는 "대학삼오자설(大學三誤字說)" 을 주장하면서, 1) 경1장의 "재친민(在親民)" 에서 '친(親)' 은 '신(新)', 2) 전7장의 '신(身)' 은 '심(心)', 그리고 3) 전10:16 "명(命)은 만(慢) 혹은 태(怠)로 고쳐야 한다고 주석했다. 이렇게 주자는 『대학』을 공자-증자 및 그 문하에서 나왔다고 주장하고, 『대학』의 편제를 개편하고, 연문 및 궐문, 심지어 오자가 있다고 주장함으로써 후대에 논란의 소지를 제공했다.

그런데 다산은 『대학』의 저작자에 대하여는 유보적인 입장을 취하면서도 "대학은 증자 이후의 책임은 분명하다." [12]고 하면서, "『서경(書經)』「고요모(皐陶謨)」는 한편은 곧 『대학』의 연원이 된다." [13]고 주장하였다. 그리고 다산은 『대학』을 통일적 체계로 연결된 하나의 장으로 구성된 책이라고 보았다. 그래서 "근자에 나여방(羅汝芳)이 '대학은 단지 1장으로 된 책이다' 고 말하였는데, 통유의 쾌론이다." [14]고 말한다. 그리고 『예기』「고본대학」의 체제와 경문을 존중하면서 총 27항목으로 나누었다.[15] 그리고 "경에 어찌 잘못이 있을 수 있겠는가?" [16]라고 반문하며 『대학』에 궐문이나 오자가 없다고 주장한다. 먼저 '격물치지' 의 궐문에 대하여, 다산은 다음과 같이 말한다.

程子之意 以補之 ……"

12) 『전서』, 「대학공의2」, 23쪽. "大學明是曾子以後之書."

13) 『전서』, 「대학공의3」, 42쪽. "皐陶模一篇 乃大學之淵源.."

14) 『전서』, 「대학공의2」, 20쪽. "近日 羅近谿謂大學只是一章書 亦通儒之快論也."

15) 『대학장구』와 『대학공의』의 분장분절의 대조로는 다음을 참조. 정병련, 『다산사서학연구』, 경인문화사, 1994, 55~56쪽.

16) 『전서』, 「대학공의2」, 22쪽. "經豈有誤哉."

"'지지이후유정(知知而后有定) 이하 이 장(自天子以至於庶人 壹是皆以修身爲本 其本亂而末治者, 否矣 其所厚者 薄 而其所薄者 厚 未之有也 此謂知本 此謂知之至也 : 필자 첨가)에 이르기까지 모두가 격물치지에 관한 말이므로 별도의 장을 만들지 않았다."[17]

그리고 그는 "왕양명은 대학에는 착간이 없다고 했는데, 옳다."[18], 혹은 "『대학』에 착간은 혹 있을 수 있지만, 빠진 글은 없었다. 어찌 보완을 일삼겠는가?"라고 말하면서 "왕노재의 '격물치지에 대한 글은 일찍이 없어진 것이 아니다.'는 말은 또한 공의(公議)이다."[19]는 견해를 피력한다.

그리고 전10~23장의 "'피위선지(彼爲善之)' 위아래에 의심컨대 궐문 혹은 오자가 있다."고 하는 주자의 대해서도, "'피위선지(彼爲善之)'란 저 소인이 스스로 잘난 체하는 것이다. 그 사람이 비록 스스로 잘난 체하기는 하나 소인을 시켜서 국가를 다스리게 되면 많은 재해가 이르는 것이다. 여기서도 궐문이 없음을 찾아볼 수 있다."[20]고 해석한다. 다음으로 주자가 주장한 '대학삼오자설'에 대해 살펴보자. 먼저 경1장의 "재친민(在親民)"에 대하여 다산은 "'친(親)', '신(新)' 두 글자는 형상도 서로 가깝고 그 뜻도 서로 통하기 때문에 그를 친(親)한다는 것은 새롭게 한다는 것이다. …… 백성이 서로 친하면 그 백성은 곧 새롭게 되는 것이니 …… 이를

---

17) 『전서』, 「대학공의2」, 17쪽. "議曰 自 '知止而后有定' 以下 至此節 都是格物致知之說 格物致知 不得更有一章."

18) 『전서』, 「대학공의1」, 8쪽. "王陽明 以大學未曾錯簡 是矣."

19) 『전서』, 「대학공의2」, 18쪽. "元儒王魯齋曰 大學錯簡或有之 未嘗闕也 安事補矣 …… 然其謂致知格物 未嘗亡 卽亦公議也."

20) 『전서』, 「대학공의3」, 45쪽. "考訂 …… 高麟士曰 彼反以小人爲善 則下使字 亦屬君似從俗也. 鏞案 顧說最長 …… '彼爲善之' 者 彼小人自以爲善之也 彼雖自以爲善如此 小人使爲國家 則菑害竝之也 未見其爲闕文."

종합하여 본다면 이 두 가지 뜻은 어느 하나도 없어서는 안 되겠기에 이제 둘 다 아울러 펴 놓고 아는 사람을 기다리기로 한다."[21]라고 말하여, 결국 중도적인 입장을 취한 셈이다. 그렇지만 효제자(孝弟慈)를 명덕이라고 주장한 다산 자신의 대학 해석의 체계에서 본다면, '친(親)' 자를 고칠 필요가 없다고 주장했다고 하겠다. 그리고 주자의 전7장에 대한 주석도 비판한다.

> 몸과 마음은 미묘하게 합해져 있어 나누어 말할 수 없다. 마음을 바르게 하는 것은 곧 자신을 바르게 하는 것이어서 거기에는 두 가지 일이 없는 것이다. …… 만일 다시 '신유(身有)'의 '신(身)' 자를 '심(心)' 자로 고친다면 대학(大學)이란 책의 일부는 마침내 '수신절(修身節)'이 없어질 것이니 정말로 보전(補傳)을 써야만 완전한 책이 될 것이다. 그런데 정자는 왜 이점에 생각이 미치지 못했는지 알 수가 없다. 원래 몸과 마음은 미묘하게 하나로 합하여 있으니 둘로 나눌 수 없다. 그러므로 특히 '신(身)' 자를 써서 몸과 마음을 하나로 합친 쇠못처럼 만든 것인데 이제 이 못을 베 버리면 대학에서는 '수신(修身)'이란 없어질 것이다.[22]

그리고 마지막으로 주자의 전10:16에 대한 주석은 다음과 같이 비평한다.

21) 『전서』, 「대학공의1」, 10-1쪽. "親新二字形 旣相近 義有相通 親之者 新之也 …… 百姓相親 其民乃新 …… 總之 兩義 不可偏廢 今幷陳之以俟知者."

22) 『전서』, 「대학공의3」, 29쪽. "議曰 身心妙合 不可分言 正心卽所以正身 無二層工夫也 …… 若復以身有之身 改之爲心 則大學一部 遂無修身之節 眞作補傳 乃成完書 不知先生正何以不慮及此也 原來身心妙合 不可分二 故特下身字 以爲身心合一之鐵釘 今拔此釘 則大學無修身矣 ……"

『맹자』에 "지(智)는 어진 사람에게 명(命)이나 성(性)이 있으므로 군자는 명이라고 하지 않는다."(盡心上)고 했으니, 이 경의 뜻은 이와 같은 것이다. '사람이 큰 책임을 맡고 태어난다는 것은 마치 천명에 있는 듯하다. 어진 사람을 보고서도 그를 천거하지 못하는 것은 오히려 명(命)이라 핑계를 댈 수 있지만, 불선(不善)한 사람을 보고서도 멀리 물리치지 못하는 것은 장차 무슨 말로 꾸며댈 것인가? 이는 스스로 책임을 지지 않을 수 없는 것이다.' 윗글의 방유(放流)에 이어서 말한 것이므로 불선(不善)을 물리치는 것으로 중하게 말한 것이다. 고경은 가벼이 고칠 수 없다. 만(慢)이라 하고, 태(怠)라고 한 것은 무엇으로 증거를 삼겠는가?[23]

따라서 "대학삼오자설"에 대한 다산의 견해는 결국 "대학의 세 글자(親, 身, 命 세 글자)를 고친 것은 아마도 모두가 다 당연히 고치지 않는 것이 옳을 듯하다."[24]는 것이다.

그렇다면 이제 우리는 양자의 주장의 차이를 확인하고 비정해 보도록 하자. 먼저 도통설과 연관되는 『대학』의 저자에 대한 주장을 살펴보자. 주자는 『대학혹문』에서 "경문1장은 그 내용으로 볼 때 성인이 아니면 쓸 수 없는 글로 보이지만 그 밖의 어떠한 방증도 없다."는 것을 인정하고 있으며, 나아가 전문에 "증자왈"이라고 분명히 나오고[25] 그 내용이 『중용』 및 『맹자』와 일치되는 부분이 있기 때문에 증자의 문인의 손에서 완성되었다고 확신한다고 말하고 있다. 그렇다면 주자의 이 주장은 "대학은 증

---

23) 『전서』, 「대학공의3」, 43~44쪽. "鏞案 孟子曰 智之於賢者也 命也有性焉 君子不謂命也(盡心上) 經旨若 曰人之承受大任若有天命 見賢而不能先擧尙可諉之於命 見不善而不能遠退 將亦何辭而文之乎 不得不自任其過也 承上放流之文 故以退不善爲重也 古經不宜輕改 曰慢曰怠 將何徵.矣"

24) 『전서』, 「대학공의3」, 44쪽. "大學改三字(親心命三字) 恐皆當以不改爲善也."

25) 『大學章句』, 傳6-3. "曾子曰 十目所視 十手所指 其嚴乎."

자 이후의 책이다."는 다산의 주장과 별 차이가 없다고 하겠다.

다음으로 편제상 차이를 살펴보자. 주자는 대학의 종지를 나타내는 경 1장을 기반으로 삼강령-팔조목의 순서로 원문을 재편집하고 있는데, 이는 분명 「고본대학」보다 논리적으로 선명하다. 그리고 전문의 7~10장의 구조를 보면, 모두 "所謂 …… 者 …… 此謂 ……"라는 구조로 되어 있다. 그리고 7장은 "所謂修身在正其心者 …… 此謂修身在正其心"으로 되어 있다. 그렇다면 7장 앞에 "1) 所謂致知在格物者 …… 此謂致知在格物, 2) 所謂誠其意在格物者 …… 此謂誠其意在致知, 3) 所謂正心在誠其意者 …… 此謂正心在誠其意"라는 세 개의 장(章)이 더 있어서야 한다. 그런데 주자는 1)~2)를 묶어 자신의 「격물보망장」으로 처리하였고, 3)은 고본(古本)의 다른 곳(1장)에 있던 것을 가져와 6장에 배치하였다. 주자의 이러한 입장은 『대학』의 원문인 "物格而后 知至 知至而后 意誠 意誠而后 心正 心正而后 身修 身修而后 家齊 家齊而后 國治 國治而后 天下平"을 팔조목을 제시하는 것으로 해석할 수 있다면, 상당한 설득력이 있다고 할 수 있다. 그런데 다산은 스스로 "내가 말하는 것은 경문이지, 나 스스로 말한 것이 아니다."[26]라고 말하고 있듯이, 「고본대학」을 그대로 존숭하면서 착간과 궐문이 없다고 간주하였다. 그래서 그는 윗글은 "문장은 비록 8번 전환하였지만 사(事)는 오직 6조목일 따름이니, 격물치지(格物致知)를 8조목으로 함께 셈하는 것은 부당하다. '격치(格致)-육조(六條)'이라고 명명하면 거의 명실이 서로 어울릴 것이다."[27]라고 말한다. 즉 『대학』을 팔조목(八條目)으로 해석하면 주자가 주장한 궐문과 착간이 있다고 하는 주장으로 귀결될 가능성

26) 『전서』, 「대학공의3」, 12쪽. "我所言者 經也非我也."

27) 『전서』, 「대학공의1」, 17쪽. "議曰 大學有三綱領 三綱領各領三條目 皆是孝弟慈 此節 非明德新民之條目也 此文雖八轉 事有六條 格物致知 不當幷數之爲八 名之曰格致六條 庶名實相允也."

이 많기 때문에 이렇게 주장한 것으로 생각된다. 그런데 『대학』에 궐문이 나 착간이 없고, 「고본대학」의 원문만이 그 전부라면 다산의 주장 또한 설득력이 있을 수 있다.

나아가 주자가 주장한 "대학삼오자설"과 다산의 그것에 대한 부정 또한 우리는 다음과 같이 이해할 수 있을 것이다. 먼저 '친(親)'은 '신(新)'으로 고쳐 써야 한다는 주장에 대해서는 다산 또한 어느 정도 그 가능성을 인정하였기 때문에 큰 문제는 없을 수 있다. 그리고 전7장의 '신(身)'이 '심(心)'으로 되어야 한다는 주장에 대해 다산은 '심신묘합(心身妙合)'의 관점에서 바꾸지 않아도 된다고 주장하고 있지만, 이 역시 결정적인 차이는 없다. 오히려 주자의 해석이 그 구조와 내용으로 본다면 더 선명하고 설득력이 있다. 나아가 3) 전10:16의 '명(命)'이 '만(慢)' 혹은 '태(怠)'의 오자 가능성에 대한 주자의 주장은 의미상 설득력은 있지만, 『맹자』의 용례를 전거로 인용한 다산의 주장이 원문을 고치지 않고도 해석할 여지를 제공한다는 장점이 있다. 그러나 어떻게 보더라도 문장의 의미가 뒤바뀌거나, 『대학』의 체계에 변화를 주는 것은 아니라고 판단된다.

3. 삼강령과 격물치지에 대하여

1) 삼강령(三綱領)에 대한 해석

『大學』의 내용 해석에서 가장 중요한 관건은 주자가 말하는 '삼강령(明明德, 親民, 止於至善)'을 어떻게 볼 것인가 하는 것이다. 먼저 다산은 주자가 리기(理氣) 및 심성론(心性論)으로 명덕(明德)을 해석하는 것을 격렬하게 비판한다. 즉 그는 "옛날 태학에서 사람을 가르치던 법은 예악(禮樂),

시서(詩書), 현송(絃誦), 무도(舞蹈), 중화(中和), 효제(孝弟)였는데, …… 소위 '명심복성(明心復性)', '격물치지(格物致知)', '치지주경(致知主敬)' 등의 제목들은 옛 경서에서는 절대로 그림자조차 비치지 않았다."고 하면서, '명덕'이란 '효제자(孝弟慈)'로 요약되는 인륜일 따름이라고 주장한다. 그렇다면 다산이 이렇게 주장하는 근거는 무엇인가? 앞의 인용문에서 다산은 광범위한 전거를 들어 자신의 주장을 정당화하고 있지만, 무엇보다도 "경에 의거해서 경을 해석한다."는 그의 방법에 입각해 있다.

> 다른 경전을 인용할 필요가 없이, 이 경에서 인용한 것도 이와 같은 것이다. 경에서 "古之欲明明德於天下者 先治其國"이라 하였으니, …… 명덕(明德)의 전 해석은 마땅히 '치국-평천하(治國-平天下) 절'에서 찾아야 할 것이다. 그러므로 심성(心性)-혼명설(昏明說)은 절대 아무런 영향을 미치지 못하는 것이다. 오직 그 위 절에서 "孝者 所以事君也 弟者 所以事長也 慈者 所以使衆也"라 하고, 그 아래 절에 "上老老而 民興孝 上長長而 民興弟 上恤孤而 民不倍"라 하였으니, 이 두 절에서 주장하는 뜻은 효제자(孝弟慈) 세 글자를 벗어나지 않는다. 이것이 바로 명덕(明德)의 바른 해석이다.

그렇다면 우리 마음의 덕이란 무엇인가? 주지하듯이, 주자는 "습한 것은 물의 덕이며, 뜨거운 것은 불의 덕이다."[28]라고 말하듯이, 우리 마음은 인의예지(仁義禮智)를 그 덕으로 지니고 있다고 주장하였다. 그런데 다산은 "자신의 몸에 밝은 덕이 있는데, 이를 다시 밝히는 것이다."라는 공 씨의 소(孔氏疏)에 대해 안(案)을 내어 다음과 같이 말한다.

---

28) 『朱子大全』, 60:18. "濕者 水之德 燥者 火之德."

공 씨의 소는 비록 옛 의미에 어긋나지 않지만, 보이지 않게 후일의 폐단을 열어 주었다. 이는 무엇을 말하는가? 마음에는 본래 덕(德)이 없다. 오직 곧은 성품(直性)으로 나의 곧은 마음(直心)을 행하는 것을 일러서 덕이라고 한다. [덕(德)이라는 글자는 직심(直心)을 행한다는 것이다.] 선(善)을 실행한 후에야 덕이라는 명칭이 성립되는 것이다. 행하기 이전에 어떻게 그 몸에 명덕(明德)이 있을 수 있겠는가?[29]

이렇게 다산은 덕의 선천성을 부정하고, 선을 행사(行事)한 이후에 '덕'이라는 명칭이 성립된다고 주장하였다. 그래서 그는 결국 "태학의 조례의 경우, 강(綱)은 '명덕(明德)'이고, 목(目)은 효제자(孝弟慈)일 따름이다."[30]는 결론에 도달한다.

이제 친민 혹은 신민에 대한 해석을 보자. 주지하듯이 주자는 "친(親)은 마땅히 신(新)으로 써야 한다."는 정자의 말을 인용하면서 '신(新)'이란 옛것을 고치는 것(革其舊)을 말하는 데, 이미 그 명덕(明德)을 밝힌 것에서 또한 마땅히 미루어 남에게 나아가 그 사람에게도 또한 옛날에 물든 더러움을 제거하게 함(去舊染之汚)을 말한다."[31]라고 해석하였다. 그리고 그는 『대학혹문』에서 "말하기를, 정자가 '친(親)' 자를 '신(新)' 자로 바꿔 쓴 것은 어디에 근거를 둔 것이며, 선생이 그 말을 따르는 것 또한 무엇으로써 그 점을 고증하여 꼭 그렇다고 생각하는가? …… 신민(新民)이란 말은 「전문」을 살펴보면 그 근거를 찾아볼 수 있다."[32]라고 말하고 있다. 즉 주

29) 『전서』, 「대학공의1」, 7~8쪽. "又按孔疏 雖不悖古義 而微啓後弊可也 心本無德 惟有直性 能行吾之直心者 斯之謂德 (德之爲字直心) 行善而後 德之名立焉 不行之前身 豈有明德乎."

30) 『전서』, 「대학공의1」, 9쪽. "若其太學條例則 綱曰明德 目曰孝弟慈而已."

31) 『大學章句集註』, 經1章에 대한 註. "程子曰 親 當作新 …… 新者 革其舊之謂也 言旣自明其明德 又當推以及人 使之亦有以去其舊染之汚也."

32) 『大學或問』, 270쪽. "曰程子之改親爲新也 何所據 子之從之 又何所故而必其然耶 且以己

자는 '친민(親民)'을 해석해 놓은 『대학』의 전2장의 구절이 모두 '신(新)'으로 되어 있는 것으로 판단할 때, '친민(親民)'이 아니라 마땅히 '신민(新民)'으로 바꾸어야 맥락이 통한다고 주장한다.

그런데 다산은 "이른바 명덕이 효제자이며, 이른바 신민 또한 효제자일 따름이다."[33]고 주장하면서도, 결국 주자가 주장한 "「전문」을 통해 볼 때 신민으로 써야 한다."는 주장은 거부할 수 없어, "친(親)한다는 것은 곧 신(新)한다."는 의미라고 말하여 절충을 모색한다. 그러나 다산은 주자가 신(新)을 '옛것을 고치는 것(革其舊)' 혹은 옛날에 물든 더러움을 제거(去舊染之汚)으로 해석하는 것에 대해 비판한다. 즉 다산은 주자가 '신민(新民)'의 '신(新)'을 '혁기구(革其舊)' 혹은 '거구염지오(去舊染之汚)'로 해석한 것은 불교 심성론의 잔영이라고 비판한다. 나아가 다산은 신민의 조목으로 제가-치국-평천하라고 주자가 적시한 것에 대해서도 명시적으로 거부하였다. 다산은 이렇게 명명덕의 조목이 '효제자'로 규정한 것과 일관성을 유지하면서, 허령불매한 심체의 덕을 백성에게 밝히는 것이 아니라 효제자가 백성에게 실현되는 것이 친민(親民)이라고 주장한다.

이제 '지어지선(止於至善)'에 대한 해석을 살펴보자. 주자는 여기서 지선(至善)을 '사리의 당연한 극치(事理當然之極)'로, 그리고 '지(止)'는 '지선에 도달하여 옮겨 가지 않는 것'이라고 말하면서 다음과 같이 주석하였다.

> "말하자면 명명덕과 신민이 모두 마땅히 지선의 자리에 도달하여 옮겨 하지 않는 것이니, 대개 반드시 저 천리(天理)의 극치를 다함으로써 털끝만 한 인욕(人欲)의 삿됨도 없게 하는 것이다."[34]

意輕改經文 恐非傳疑之義 奈何 曰若無所考而輒改之 則誠若吾子之譏矣 今親民云者 以文義推之 則無理 新民云者 以傳文考之 則有據."

33) 『전서』, 「대학공의1」, 7쪽. "所謂明德 孝弟慈也 所謂新民 亦孝弟慈也."

이에 대해 다산은 우선 '지(止)'를 '이르러 옮겨 가지 않는 것'으로 해석하지만, "지선(至善)은 '인륜의 지덕(至德)'이며, 성(誠)하면 지선(至善)에 도달한다."[35]고 말한다. 즉 주자가 '지선'을 '사리당연지극(事理當然之極)'이라고 하여 모든 사물을 포함하는 우주론적 해석을 하였다면, 다산은 '인륜의 지덕'이라고 하여 효제자(孝弟慈)의 실천이라고 하는 인륜적 접근을 시도하고 있다. 그리고 그는 『중용』의 "성(誠)이란 만물의 종시이며, 성(誠)하지 않으면 어떠한 물도 없다."[36]는 구절에 근거를 가지고 "성(誠)함으로 지선(至善)에 도달한다."고 말하고 있다. 즉 다산은 경문에서 말하고 있듯이 "자식으로서는 효에, 신하로서는 경(敬)에, 사람들과 교류할 때에는 신(信)에, 부모로서는 자(慈)에, 임금으로서는 인(仁)에 머무르는 것이 바로 '지어지선(止於至善)'이다."고 말하면서 단호하게 "인륜 이외에 지선이란 없다."[37]는 논지를 피력한다. 그런데 그는 "비록 '지어지선'이 명명덕과 신민을 관통하는 것이지만, 그 힘쓸 바는 그대로 자수(自修)일 뿐, 남을 다스려 지선(至善)에 이르게 하는 것이 아니다."고 강조한다. 즉 "요순이 몸소 먼저 자수(自修)하여 백성을 이끌었을 뿐 강제로 백성을 지선에 머물도록 명령한 것은 아니다."[38]는 것이다.

그렇다면 이제 삼강령과 연관한 주자와 다산의 쟁점을 정리해 보자. 우선 주자는 '명덕'을 리기론(理氣論)으로 설명하였는데, '천명의 성(理)'을

---

34) 『大學章句集註』, 經1章에 대한 註. "止者必至於是而不遷之意 至善則事理當然之極也 言明明德新民 皆當止於至善之地而不遷 蓋必其有以盡夫天理之極 而無一毫人欲之私也."

35) 『전서』, 「대학공의1」, 12쪽. "止者 至而不遷也 至善慈 人倫之之德也 誠則至."

36) 『中庸』, 25:2. "誠者 物之終始 不誠 無物 是故君子 誠之爲貴."

37) 『전서』, 「대학공의1」, 12쪽. "議曰 止於至善者 爲人子止於孝 爲人臣止於敬 與國人交止於信 爲人父止於慈 爲人君止於仁 凡人倫之外 無至善也."

38) 『전서』, 「대학공의1」, 12쪽. "止至善一句 雖爲明德新民之所通貫 而若其用力 仍是自修 非治人使止於至善也…… 堯舜身先自修 爲百姓導率而已 强令民止於至善 無此法也."

우리가 얻어서(得) 지니고 태어난 것을 '덕(德)'이라 하고, 이 덕은 허령불매(虛靈不昧)하여 온갖 리[衆理]를 갖추고 만사에 응대하지만, 다만 기품과 인욕에 구애되어 때로 어두워지기 때문에 교기질(矯氣質)을 통해 그 처음을 회복하는 것이 바로 명명덕이라고 주장한다. 그러나 『대학』을 덕행을 논한 책으로 해석하는 다산은 주자의 리기 및 심성론에 의한 해석을 격렬하게 비판하였다. 즉 그는 덕의 선천성을 부정하고, '仁'은 '人 + 二'로 풀이할 수 있듯이, 인(仁)의 덕은 사람과 사람의 관계에서 그 도리를 다할 때에 실현되는 것이라고 주장한 셈이다. 그렇다면 과연 다산의 주장대로 우리 마음은 본래의 타고난 덕이 없는가? 진정 다산은 주자의 논점을 정확히 논파한 것일까? 주자가 말하는 덕이란 "만물이 얻어 지니고 태어난 것을 일러 덕이라 한다(物得以生謂之德)."[39]라는 정의에 입각하여, "습한 것은 물의 덕이며, 뜨거운 것은 불의 덕이다."고 하듯이, 우리 마음은 사랑의 이치(愛之理)로서 '인(仁)한 덕을 지니고 태어났다는 것이다. 물론 주자가 말하는 '(本)性 = 理 = 德'은 형이상자이다. 바로 이렇게 우리 마음의 본성은 형이상자로 소리, 형적, 냄새, 영향 등이 없기 때문에 별개의 어떤 일물로 존재하지 않는다. 그렇다면 바로 이 때문에 다산은 "마음에는 본래 덕이 없다."고 말했는가? 그런데 다산은 "오직 곧은 성품(直性)으로 나의 곧은 마음(直心)을 행하는 것을 일러서 덕이라고 한다(德이라는 글자는 直心을 행한다는 것이다)."라고 말했는데, 여기서 말하는 곧은 성품(直性)과 곧은 마음(直心)이란 무엇을 말하는가? "선을 실행한 후에야 덕이라는 명칭이 성립되는 것이다."라고 말하였는데 이때 말하는 선이란 무엇인가? 직심(直心), 직성(直性)이 있다는 사실을 근거로 해서, 주자처럼 '곧은 이치'를 지니고 태어났다고 할 수는 없는 것인가? 주자는 덕을

39) J. Legge, *The Chinese Classic I*, Hong Kong Univ Press, 1960, p.145.

또한 다음과 같이 정의하고 있는데, 여기서 말하는 덕은 다산의 정의와 거의 차이가 나지 않는 것으로 보인다.

> 덕이란 체득함을 말하는데, 도를 행할 때에 마음에 체득되는 것을 말한다(德之爲言 得也 行道而得於心也).[40]

기실 다산은 "『맹자』에 '학교는 하은주 삼대가 같이 있었던 것인데, 모두 인륜을 밝히자는 것(明人倫)이었다'고 했으니, '인륜을 밝힌다'는 것은 효제를 밝힌다는 것이 아니겠는가?"라고 말하여 명덕은 인륜이고, 인륜은 효제자에 지나지 않는다고 말했다. 기실 '륜(倫)'은 '人 + 侖'으로 '사람의 동아리'를 의미한다. 나아가 '인(仁)' 또한 다산의 지적처럼 '두 사람'을 의미하며, 인간을 관계적 존재로 정의하는 동시에 관계 가운데에 실현되는 것이라고 말할 수 있다. 그래서 『맹자』 또한 "성인(聖人)은 인륜의 극치이다."라고 말했던 것이라고 판단된다. 여기서 물론 인륜은 다산의 지적처럼 효제자를 의미한다고 할 수 있다.

그렇다면 여기서 우리의 질문은 "효제자를 근거 짓는 원리는 무엇인가?" 하는 것이다. 다산의 입장은 이것을 설명해 주지 못하는 듯하다. 맹자는 성인은 인륜의 극치[41]라고 말하고 나서, 성인의 대명사인 순임금은 "인의를 행한 것이 아니라(非行仁義), 인의에 말미암아 행했다(由仁義行)."[42]고 말하고 있다. 여기서 '유인의행(由仁義行)'이란 말은 인의(仁義)의 선천성을 말하지 않는가? 인의(仁義)의 원리가 선천적으로 존재하지 않는데, 어떻게 인의(仁義)에 말미암아 행할 수 있겠는가? 나아가 "요순은

40) 『論語集註』, 2:1.

41) 『孟子』, 7:2. "孟子曰 規矩方圓之至也 聖人人倫之至也."

42) 『孟子』, 8:19. "舜明於庶物 察於人倫 由仁義行 非行仁義也."

본성 자체를 그대로 행한 사람(性之)이며, 탕무는 본성을 회복하였다(反之)."[43]고 말하고 있는데, 이 모든 것은 인륜의 근거가 되는 인간 본성의 원리가 선천적이라는 것을 의미하는 것 같다. 인간 본성의 선천성을 부정하는 것은 맹자와 대적했던 고자(告子)의 무선무악설이 아닌가?

이제 '친민(親民)'에 대해 해석의 쟁점을 살펴보자. 이와 연관해서는 다산이 "'친(親)', '신(新)' 두 글자는 형상도 서로 가깝고 그 뜻도 서로 통하기 때문에 그를 친(親)한다는 것은 새롭게 한다는 것이다. …… 백성이 서로 친하면 그 백성은 곧 새롭게 되는 것이니 …… 이를 종합하여 본다면 이 두 가지 뜻은 어느 하나도 없어서는 안 되겠다."고 하는 절충적인 입장을 취했다는 점에서 큰 이견은 없다. 그러나 다산은 주자가 '신(新)'을 '혁기구(革其舊)' 혹은 '거우염지오(去舊染之汚)'로 해석하는 것에 대해서는 불가의 여래장 사상이 스며들어 있다고 비판했다. 나아가 다산은 주자가 신민의 조목으로 제가-치국-평천하를 적시한 것을 거부하고, "가정은 부자와 형제가 있는 곳인데 어떻게 백성이라 말할 수 있겠는가?"라고 반문하면서, 허령불매한 심체의 덕을 백성에게 밝히는 것이 아니라 효제자가 백성에게 실현되는 것이 친민이라고 주장했다.

그리고 '지어지선(止於至善)'에 대한 해석에서 주자는 '지선'을 '사리당연지극(事理當然之極)'으로 보면서 명명덕과 신민의 궁극적인 차원에서의 통일적 지향으로 간주한다. 그런데 다산은 주자의 방법론이 좌선(坐禪)의 병폐를 지니고 있다고 비판하면서, 사람과 사람의 접촉에서 인륜이 형성되며, 인륜을 스스로 극진히 하는 것이 곧 지선이라고 말하였다. 나아가 그는 지어지선 또한 자수(自修)에 있을 따름이다고 주장하였다. 여기서 우리는 주자가 '지선'을 우주론인 접근을 통해 해석을 시도하였다

43) 『孟子』, 13:30. "孟子曰 堯舜性之也 湯武身之也." 14:33. "孟子曰 堯舜性者也 湯武反之也."

면, 다산은 효제자의 실천이라고 하는 인륜적 접근을 시도하고 있다. 이것은 이미 '명덕'에 대한 해석에서부터 예견된 결론이다. 여기서도 우리는 두 사람의 철학 체계의 차이를 여실히 확인할 수 있다. 그런데 한 가지 지적하고 넘어가고자 하는 것은 지선을 다산처럼 인륜에만 국한하여 효제자의 실천으로 정의하면 간략하여 실천이 용이하겠지만, 이는 또한 인간 중심주의로 귀결될 위험성을 내포하고 있다고 하겠다. 여기서 우리는 "새도 마땅히 자기가 머물러야 할 장소에 머물러 있구나, 하물며 사람이 되어서야"[44]라고 말한 공자의 언명을 여기서 되새겨 볼 필요가 있다고 생각한다. 진정 새에게는 '지선(至善)'이란 없는 것인가?

2) 격물치지(格物致知)에 대한 해석

주지하듯이 주자는 『대학』의 조목을 "격물-치지-성의-정심-수신-제가-치국-평천하"로 나누어 팔조목[45]으로 규정하고, 수신을 중심으로 앞의 단계는 제1강령인 명명덕에, 뒤 단계는 신민에 대한 조목으로 해석하였다. 그런데 문제는 '격물치지론'에 있었는데, 주자는 이에 대한 구절이 빠져 있다고 주장하면서 「격물보전장」을 추가함으로써 후대 많은 논란을 불러일으켰다. 그는 '격물(格物)'에 대해 '격(格)은 이르다(至)', '물(物)은 사(事)이다'고 해석하여, "사물의 이치에 궁구하여 나아가 극처에 도달하지 않음이 없고자 하는 것이다."고 해석한다. 그리고 '치지(致知)'에 대해서는 '치(致)는 미루어 다함(推極也)', '지(知)는 앎(識)'으로 풀이하면서, "나의 지식을 궁극에까지 미루어 나아가, 그 앎이 다하지 않음이 없고자

44) 『大學章句』, 전3:2. "詩云 緡蠻黃鳥 止于丘隅 子曰 於止 知其所止 可以人而不如鳥乎."
45) 『大學章句集註』, 경1:4장의 주자 주석 참조.

하는 것이다."라고 주석하였다.[46]

이에 대해 다산은 우선 왕양명 등이 주장한대로 『대학』에는 착간이나 궐문이 없는[47] 온전한 경전이라는 주장을 받아들이면서, 경1장의 첫 16글자를 제외하고 "지지이후유정(知知而后有定)에서 …… 기소박자후 미지유야(其所薄者厚 未之有也)"까지, 그리고 전5장으로 옮겨 놓은 "차위지본 차위지지지야(此謂知本 此謂知之至也)"까지 포함하는 것이 바로 '격물치지'에 관한 장이라고 주장한다.[48] 결국 다산은 『대학』의 구성 체계를 1) 대학지도(大學之道)의 이념을 천명한 첫 16자로 구성된 부분, 2) '격물치지'를 설명한 부분, 그리고 3) 성의-정심-수신-제가-치국-평천하의 육조목(六條目)을 설명하는 부분 등 크게 세 부분으로 나누고 있다. 그렇다면 다산은 '격물치지'를 '대학의 도'와 그것을 구체적으로 실현하는 방법인 육조목을 연결하고 설명해 주는 기능을 수행하는 것이라고 말하고 있는 셈이다.

그렇다면 이제 다산이 말하는 '격물치지'의 의미를 특히 주자의 견해와 대비하여 살펴보자. 먼저 '물'과 '사'에 대한 견해부터 살펴보자. 주자는 "물유본말(物有本末) 사유종시(事有終始) 지소선후(知所先後) 즉근도의(則近道矣)"라는 구절에 대해 "명덕은 본(本)이고, 신민은 말(末)이고, 지지(知止)는 시작이고, 능득(能得)은 끝이다. ……"[49]고 주석했다. 그리고 그는 '격물(格物)'의 '물(物)은 사(事)와 같다(物猶事也)'고 주장했다.

그런데 다산은 "그대가 말한 본말, 시종은 왜 『대학장구』와 다른가?"

---

46) 『大學章句集註』, 경1:4에 대한 주자 주석. "致推極也 知猶識也 推極吾之知識 欲其所知無不盡也 格至也 物猶事也 窮至事物之理 欲其極處無不到也."

47) 『전서』, 「대학공의1」, 8쪽 참조.

48) 『전서』, 「대학공의2」, 17쪽 참조.

49) 『大學章句集註』, 경1:3에 대한 주자집주. "明德爲本 新民爲末 知止爲始 能得爲終 本始所先 末終所後."

라고 자문하면서, "물(物)이란 자립하여 형상을 이루고 있는 것의 이름이다. 사(事)는 작위함이 있는 것의 이름이다. 덕(德)과 민(民)은 물이라고 이를 수 있지만, 명덕(明德)과 신민(新民)은 사(事)와 물(物)이 섞였다."[50]라고 정의한다. 그러면서 다산은 "물(物)은 의(意), 심(心), 신(身), 가(家), 국(國), 천하(天下)이고, 사(事)는 성(誠), 정(正), 수(修), 제(齊), 치(治), 평(平)이다."[51]고 말한다. 그리고 다산은 " '치(致)'는 '지지(至之=이른다, 지극히 한다)'이며, '격물(格物)'의 '격(格)'은 '양도(量度: 헤아린다)'이다. '먼저 하고 뒤에 할 것을 지극히 아는 것이 치지(致知)'이며, '물의 본말을 양탁(量度)하는 것이 격물(格物)이다.'"[52]라고 해석한다. 결국, 다산은 '격물치지'를 "물의 본말과 사의 종시 사이에 성립하는 선후 관계의 차례를 지극히 인식하는 것이다."고 주장하면서 주자의 입장을 비판한다.

물(物)이 무엇인지를 정의한 뒤에 '격(格)'을 의논할 수 있다. 물(物)이 심(心), 신(身), 가(家), 국(國)이라는 것을 확정하면 『삼창(三蒼)』, 『이아(爾雅)』, 『설문(說文)』의 모든 훈고를 가지고 아(我)-물(物)에 부합하는 것으로 격물(格物)을 해석하는 것은 당연한 이치이다. 그러나 래(來)라 하고 지(至)라 하기도 하는 것은 아-물에 대해 전혀 부합되지 않는 것은 무엇 때문인가? (차라리) 왕양명이 격물(格物)을 정물(正物)이라고 해석한 것은 그런대로 옳다고 할 수 있다.[53]

---

50) 『전서』, 「대학공의1」, 15쪽. "或問曰 子所言本末終始 違於章句 何也 答曰物者 自立成形之名也 事者 有所作爲之名也 德民 可謂之物 明德新民 則事物混矣."

51) 『전서』, 「대학공의1」, 15쪽. "物者 意心身家國天下 事者 誠正修齊治平也."

52) 『전서』, 「대학공의1」, 15쪽. "致 至之也 格 量度也 極知其所先後則致知也, 道物之有本末則格物也."

53) 『전서』, 「대학공의1」, 16쪽. "物定然後格可議也 物之爲心身家國 其確然可定 則通執三蒼爾雅說文之詁訓 擇取其合於我物者 以訓格物 乃當然之理也 曰來曰至 雖皆有古據 奈與我物不合何哉 王陽明訓之爲正物 猶之可也."

나아가 다산은 "『중용』에서 성(誠)이란 물의 종시라고 했는데, 시(始)는 자기를 이룸(成己)이고, 종(終)은 물을 이룸(成物)이다. 자기를 이룸은 몸을 닦음(修身)이고, 물을 이룸은 백성을 교화함(化民)이다. 몸을 닦음은 성의(誠意)를 으뜸의 공으로 여기어, 성의를 따라 시작해 들어가고 성의에 따라 착수하는 것이니 성의 앞에 또 어찌 이층의 공부가 있겠는가?"[54] 라고 질문하면서, '격물치지'를 '성의' 이하 육조목과 분리한다.

> 『대학』에는 삼강령이 있고, 삼강령은 각각 삼조목을 영유하고 있으니, 그 모두는 효제자(孝弟慈)이다. 이 절은 명덕-신민의 조목이 아니다. 또한, 문장은 비록 8번 전환하였지만 사(事)는 오직 6조목일 다름이니, 격물치지를 8조목으로 함께 셈하는 것은 부당하다. '격물치지-육조목'이라고 명명하면 거의 명실이 상부할 것이다.[55]

이제 격물치지에 대한 주자와 다산의 쟁점을 비교, 검토해 보자. 요컨대 다산은 주자가 부가한 「격물보망장」의 필요성과 팔조목설(八條目說)을 부정 혹은 비판하고, '격물치지-육조목'이라고 말해야 한다고 주장하였다. 그런데 주자는 대학의 종지를 나타내는 경1장을 기반으로 삼강령-팔조목의 순서로 원문을 재편집하였는데, 이는 분명 「고본대학」보다 선명한 논리구조를 지니고 있다. 그런데 다산은 스스로 "내가 말하는 것은 경문이지, 나 스스로 말한 것이 아니다."라고 말하고 있듯이, 「고본대학」

54) 『전서』, 「대학공의1」, 15~16쪽. "議曰 中庸曰 誠者 物之終始 始者成己也 終者成物也 成己者 修身也 成物者 化民也 然則修身原以誠意爲首功 從此入頭 從此下手誠意之前 又安有二層工夫乎."

55) 『전서』, 「대학공의1」, 17쪽. "議曰 大學有三綱領 三綱領各領三條目 皆是孝弟慈 此節 非明德新民之條目也 此文雖八轉 事有六條 格物致知 不當幷數之爲八 名之曰格致六條 庶名實相允也."

을 그대로 존숭하면서 착간과 궐문이 없다고 간주하였다. 즉 『대학』을 팔조목으로 해석하면 주자가 주장한 궐문과 착간이 있다고 주장으로 귀결될 가능성이 많기 때문에 이렇게 주장한 것이라고 생각된다. 그런데 『대학』에 궐문이나 착간이 없고, 「고본대학」의 원문만이 그 전부라면 다산의 주장 또한 상당한 설득력이 있다고 하겠다.

4. 결론

주지하듯이 신진 사대부로서 송대 이정자(二程子)와 주자는 당시 불교와 도가의 정치한 형이상학의 영향을 받으면서도 그것을 극복하고자 체용 및 리기론(理氣論)으로 원시 유학을 재해석하여 인성을 천리(天理)로 확인하는 거대한 형이상학적 체계를 건립하였다. 도학(道學), 리학(理學), 성리학(性理學), 정주학(程朱學), 주자학(朱子學), 혹은 신유학(新儒學) 등으로 칭해진 자연과 인간을 일체로 정립한 이 거대한 체계는 곧 명대에서 정통으로 인정되어 과거 시험의 표준 교과서로 채택되었을 뿐만 아니라, 특히 고려 중기 이 땅에 전래하여 당시 신진 사대부들의 지도 이념이자, 조선 개국과 동시에 국가 이념으로 채택되어 독존적 지위를 점하면서 점차 여타 학설을 이단사설, 사문난적으로 배척하는 극단적 복고주의와 보수주의의 전형으로 전락해 갔다는 것은 주지의 사실이다. 조선 후기 사회 모순의 심화는 체제 변혁을 요구하게 되었고, 이러한 요구는 다시 지식인에게 지배 이념의 변형을 갈구하게 하였다. 그것의 표현이 오늘날 이른바 '실학(實學)'으로 통칭하는 새로운 학문 기류를 형성하게 되었는데, 그 집대성자는 다산 정약용임이 틀림없다. 그런데 당시는 유교 국가였으며, 유교는 도통의 학으로 인식되었기에 경학의 형태를 지닐 수밖에 없었다. 따라서 시대를 개혁할 새 학은 당시 지배적인 경학의 패러다임, 즉 주자의 사서집주(四書集註)로 대표되는 체계를 해체하고, 새 패러다임에 의한 원시유학을 재해석하거나 혹은 새로운 시대를 예비할 세계관을 담지하는 특성을 지니게 된 것은 당연한 수순이라고 하겠다. 다산에 의해 시도된 주자의 세계관을 대변하는 리기-체용론 그리고 주지주의적 "격물치지론"의 해체는 이런 맥락에서 보면 이해할 수 있다. 즉 아마도 주자 체계를 해체할 새로운 패러다임을 모색하던 다산은 당시 우주적 보편적 이념인 리로 확인되던 성(性 = 明德)을 마음의 기호(嗜好)로 해석함으로써 그 실체성을 박탈하고, 인의예지를 인간 내적인 것으로 이해하는 데에서 오는 정적화(靜寂化)를 탈피하여 그 사회적 실천(事行)에 정진할 것을 강조한 것이다. 『대학』의 삼강령과 격물치지에 대한 해석에서도 다산은 이 과제를 수행했다. 그래서 그는 주자의 리기론으로 해석되던 명덕, 신민, 지어지선의 삼강령을 효제자(孝弟慈)라고 하면서 인륜적 실천 덕목으로 치환하고 이른바 "마음에는 본래 덕이 없으며(心本無德), 선을 행한 이후에 덕이라는 명칭이 정립된다(行善而後 德之名立焉)."는 입장을 고수하게 된다. 그리고 주자의 '주지주의적 격물치지론'을 배격하고, 성(誠)을 중심으로 격치-육조목을 제시하였다.

그런데 이른바 '실학의 집대성자'로서 다산은 한대(漢代) 이래 수많은 경학자들 중 가장 많은 창견(創見)과 신설(新說)을 제시한 학자 중 한 사람으로 간주한다. 그리고 그가 경학 해석에서 보인 창견이 지닌 배경과 지향점은 주자를 위시한 송학(宋學)에 의해 왜곡을 비정하려고 시도한 탈성리학적(脫性理學的), 또는 반주자학적(反朱子學的) 성향을 지닌 '개신유학(改新儒學)'이라고 말하고 있다. 그리고 다산이 『대학』에 대한 관점은 정주로 대표되는 성리학적 세계관을 해체-재구성하고 있다는 점에 있어서는 해석자들 간의 의견일치를 보이고 있다고 하더라도, 그 지향점에 있어서는 1) 원시유학의 진면목 회복과 2) 근대 실천지향 등으로 다른 해석이 있다. 지금까지 다산의 『대학』의 해석에서 우리가 확인한 것은 1) 주자의 철학 체계인 리기 및 심성론에 의한 해석의 명시적인 거부, 2) '경에 의해 경을 해석한다'는 해석학적 입장을 취하면서 오로지 진리의 추구와 실천에 정진했다는 사실이다. 그런데 다산이 성리학적인 리기 및 심성론의 체계를 명시적으로 거부하고 있다는 사실은 분명 성리학과는 다른 세계관을 생각하고 있었다는 것을 말해 주지만, 그것이 근대성이라고 말할 수 있을지는 미지수다. 왜냐하면, 주지하듯이 근대는 개인주의(개인실체론, 사회명목론)를 주창하지만, 다산은 『대학』 해석에서 그 누구보다도 '관계적 인간'을 내세우고, 관계성하에서 해야 할 도리(孝弟慈)를 다할 것과 바로 그렇게 할 때에 비로소 덕이 정립된다는 말하고 있기 때문이다.

■ **참고 문헌**

『與猶堂全書』
『朱子語類』
『朱子大典』
『朱子文集』
『大學章句』
『與猶堂全書』
『論語集註』
『孟子集註』
『大學或問』
『정다산의 대학공의』, 이을호 역, 명문당, 1972.
『국역여유당전서』, 전남대호남학연구소 역, 전주대출판부, 1986.
박완식, 『대학 대학혹문 대학강화』, 이론과실천, 1993.
『집주완역 대학』, 김수길 역, 대유학당, 1999.

진　래, 『주희의 철학』, 이종란 외 옮김, 예문서원, 2002.
김석진, 『대산대학강의』, 한길사, 2000.
지준호, 「다산 정약용의 대학관연구」, 『한국문화와 사상』 32, 2003.
지준호, 「다산 정약용의 『대학』이해와 그 특징」, 『온지논총』 8, 2002.
최대우, 「정다산의 대학경설고」, 『동방학지』 7, 1988.
신지연, 「대학의 『대학』에 대한 관점과 해석」, 『한문고전연구』 15, 2007.
정병련, 「다산의 격물치지론」, 『다산학보』 8, 1986.
오종일, 「다산의 『대학』 『중용』관」, 『한문교육연구』 14, 2000.
피정희, 「윤휴와 정약용의 『대학장구』해석의 대한 비교연구」, 『성신한문학』 2, 1997.
정일균, 「다산 정약용의 『대학』론」, 『다산사서경학연구』, 일지사, 2000.
김언종, 「육경사서에 대한 다산의 기본 인식」, 『다산의 경학세계』, 한길사, 2002.
이을호, 『이을호전집 II: 다산학총론』, 예문서원, 2000.

찾아보기

ㄱ

가례(家禮) 306, 308, 319, 332

가례집람(家禮輯覽) 306, 308, 318~320

개발(開發) 101

거경(居敬) 172, 276

격물(格物) 39, 40, 42, 43, 45, 46, 61, 62, 64, 77, 81, 88~90, 92, 99, 101~104, 120, 136, 137, 140~147, 157, 167~169, 190, 191, 193~195, 198~200, 202, 204, 205, 211, 213~216, 227, 228, 257, 258, 261, 263, 266, 276, 300, 310, 329~332, 349~351, 353, 355~358, 367, 369, 393, 384, 389~391, 394~398, 409, 410, 437~439, 441, 463~465

격물치지(格物致知) 22, 40, 61, 63, 88~90, 101, 102, 104, 106, 124, 126, 134, 135, 137~140, 148~157, 169~172, 188, 191, 194, 196, 251~263, 265, 271, 272, 276, 278, 279, 301, 337, 349, 350, 355~357, 369, 380, 383, 387, 395, 397, 422, 429, 435~437, 441, 448~451, 454, 456, 463~466, 468

격물치지론(格物致知論) 41, 42, 44, 134, 157, 357, 444, 463, 468

격물치지보망장(格物致知補忘章) 134, 135, 139, 153, 154, 156, 157, 252, 253, 255, 257, 259, 261, 263, 271, 435, 436

경서변의(經書辨疑) 304, 305, 320, 331, 374

경세치용(經世致用) 421, 422, 439~441

경장(更張) 294, 295, 299

경험(經驗) 96, 97, 104, 106, 107, 209, 229, 278

고본대학(古本大學) 65, 136~139, 157, 257, 265, 334, 335, 338, 341, 357, 391, 435, 436, 450, 454, 455, 466, 467

공부(工夫) 43, 53, 81, 82, 88, 89, 91, 92, 101, 103, 106, 138, 144, 149, 150, 170, 189, 192~194, 196, 199~203, 205, 206, 210~216, 221, 224~226, 231, 232, 235~237, 244, 270, 272, 276, 277, 281~284, 307, 328, 350, 353, 356, 383, 384, 389~391, 393, 394, 396~398, 408, 409, 435, 437

과거지학(科擧之學) 414, 415, 417, 419

교기질(矯氣質) 460

교육(敎育) 24, 53, 59, 80~83, 86, 88, 95~107, 179, 203, 245, 288, 293, 299, 300, 302, 414, 432, 445, 448

교화(敎化) 46, 83, 85, 97, 184, 291, 293, 299, 414, 466

교훈성 110, 113, 114, 117, 128, 129

구방심(求放心) 278

구인록(求仁錄) 271, 272

궁리(窮理) 142~145, 157, 170~172, 276~280, 300, 301, 353, 373

근사록변의(近思錄辨疑) 332

기(氣) 281, 321, 325~327, 402~406

기송지학(記誦之學) 416, 421

기욱편(淇澳篇) 119, 120

김만균(金萬均) 377

김장생(金長生) 304, 360~362, 364~381

김창협(金昌協) 368, 370

● ㄴ
남구만(南九萬) 362, 376
남산유대편(南山有臺篇) 126
남이성(南二星) 362
내성외왕(內聖外王) 34, 54, 92, 173, 288
논맹집주(論孟集註) 23
논어(論語) 21~24, 26, 66, 166, 167, 190, 219, 290, 292, 305, 371, 374, 421, 422, 424

● ㄷ
다산(茶山) → 정약용
대학공의(大學公議) 444
대학광의(大學廣義) 422
대학도설(大學圖說) 111
대학변의(大學辨疑) 304~310, 316, 318, 319, 324, 325, 329, 331, 332
대학보유(大學補遺) 374
대학삼오자설(大學三誤字說) 450, 451, 453, 455
대학설(大學說) 391
대학소주권평(大學小註圈評) 309, 322~324, 332
대학연의(大學衍義) 159, 160, 162~165, 167, 173, 174, 176, 179~183, 185, 186, 275
대학장구(大學章句) 22, 23, 25, 73, 80, 134~139, 156, 190, 191, 220, 222, 237, 251~256, 262, 264, 265, 267, 271, 280, 283, 304, 308, 309, 317, 319, 334, 336, 337, 341, 343, 345, 346, 357, 423, 425~427, 435, 440, 443, 444, 447, 449, 464
대학장구보유(大學章句補遺) 250~256, 262, 264, 265, 267, 272, 274
대학질서(大學疾書) 413, 414, 425, 427, 429, 4401
대학책(大學策) 444
대학혹문(大學或問) 23, 134, 251, 304, 307~310, 425, 427, 453, 457
덕(德) 22, 30, 31, 34, 36~39, 46, 51, 57, 70, 71, 75, 76, 83, 113, 120, 121, 125, 226, 243, 284, 293, 296, 298, 301, 407, 415, 423, 428, 429, 431, 433, 438, 440, 456, 457, 459~462, 465, 468, 469
도기(道器) 172
도봉서원(道峯書院) 362
도심(道心) 329, 348
도요편(桃夭篇) 121
독경주의(讀經主義) 414, 417~419, 422, 439
독사서대전설(讀四書大全說) 219, 220, 243
독서기(讀書記) 163, 164, 179

● ㄹ
리(理) 40, 42, 43, 45, 140~146, 150~155, 157, 171, 185, 257~259, 263, 267, 272, 285, 321, 325~327, 329~331, 388, 389, 401, 403~406, 460, 436, 459, 460
리기론(理氣論) 459, 467, 468
리일분수(理一分殊) 146, 150, 220, 221, 243
리학(理學) 467

● ㅁ
맹자(孟子) 21~23, 66, 75, 84, 136, 166, 167, 175, 190, 193, 194, 209, 219, 225, 226, 237, 277, 278, 281, 286, 299, 305, 345, 366, 371, 388, 422,

425, 437, 453, 455, 461, 462
면만편(緡蠻篇) 118, 119
명덕(明德) 31~33, 35, 37, 45, 56~59, 74, 83, 84, 96, 143, 152, 153, 155, 156, 222~226, 243, 244, 259, 260, 320, 341~343, 345, 347, 348, 352, 356~358, 367~369, 392~394, 429~431, 452, 455~459, 461, 463~466, 468
명명덕(明明德) 24, 31, 32, 34, 36, 38, 56, 57, 70, 73, 74, 76, 77, 81, 83, 85~87, 94~99, 106, 124, 126, 138, 152, 154, 200, 264, 276, 285, 301, 339, 341~344, 347, 348, 357, 366, 380, 413, 414, 429~432, 434, 440, 455, 458~460, 462, 463
명사(明史) 164
명체실용(明體實用) 182
무실(務實) 78
문왕편(文王篇) 112, 115~117, 124
문학적 효용성 109, 110, 115, 117, 129
물격(物格) 310, 329~332
물유본말절(物有本末節) 256, 257, 259, 262, 263, 265, 271, 272

ㅂ

박동선(朴東善) 362
박상충(朴尙衷) 364
박세견(朴世堅) 362
박세당(朴世堂) 360
박세채(朴世采) 364
박세후(朴世垕) 362
박정(朴炡) 362
박태보(朴泰輔) 364, 365
박태유(朴泰維) 364
백호통(白虎通) 447
병자호란(丙子胡亂) 375, 377
본체(本體) 59, 74, 84, 92, 194~196, 200, 206~209, 211, 214, 222, 227, 238~240, 341, 342, 352, 383, 384, 386, 388, 390, 392~397, 400, 403, 406~408, 410, 429, 430

ㅅ

사계(沙溪) 326
사단(四端) 84, 327~329, 404
사마광(司馬光) 21, 134, 422
사문난적(斯文亂賊) 357, 360, 365, 366, 374, 376, 380, 418, 467
사변록(思辨錄) 361, 365, 366, 371, 372, 375, 376, 380, 381
사서대전(四書大全) 216, 305, 322, 323, 332
사서언해(四書諺解) 322
사서집주(四書集註) 133, 468
사성통해(四聲通解) 319
사장지학(詞章之學) 416
삶의 기술 105~107
삼강령(三綱領) 24, 30, 31, 33, 38, 56, 65, 70, 76, 77, 80~83, 88, 94, 98, 99, 106, 107, 137~139, 152, 154, 156, 254, 256, 260, 263~267, 271, 272, 300, 301, 337, 339, 341, 355, 357, 368, 413, 427~429, 435, 440, 444, 449, 454, 455, 59, 466, 468
삼전도비문(三田渡碑文) 371, 375
상기(anamesis) 41
색경(穡經) 379, 381
서(恕) 47, 66, 69, 77, 270
서경(書經) 21, 58, 69, 113, 114, 117, 240, 241, 348, 421, 437, 450
서계(西溪) → 김장생
서산(西山) → 진덕수

서필원(徐必遠) 377
선단(善端) 85, 283
선악(善惡) 154, 155, 209, 210, 212, 228, 229, 244, 300, 327, 356, 358, 394, 398~403, 405~408
성기성물(成己成物) 92, 94, 288, 348, 357
성선설(性善說) 226
성숙(成熟) 202
성악설(性惡說) 226
성의(誠意) 39, 43, 45, 46, 62~63, 77, 81, 88, 90~92, 99, 101, 103, 104, 106, 137, 167~169, 191, 193, 195~198, 200~202, 204, 205, 207, 208, 213~216, 220, 234~239, 244, 262, 263, 276, 285, 300, 310, 327, 337, 349, 355, 367, 384, 390, 391, 395~398, 437, 463, 464, 466
성장(成長) 82, 95, 96, 106, 107
성학(聖學) 203, 274~277, 283, 284, 288, 292, 300, 386, 387
성학집요(聖學輯要) 275, 276, 280, 283, 285, 286, 292, 298~300, 302, 417
성호(星湖) → 이익
성호사설(星湖僿說) 413
성혼(成渾) 362
소크라테스 41
소학(小學) 24~26, 53, 80, 110, 123, 277~279, 305, 307, 318, 338, 339, 357, 446~448
속대학혹문(續大學或問) 250, 251, 255, 265, 267, 272~274
송명이학(宋明理學) 383
송사(宋史) 164
송시열(宋時烈) 364, 365, 371, 375, 376, 381
송준길(宋浚吉) 375
수기(修己) 28, 38, 47, 61, 77, 78, 86, 88, 100, 106, 169, 173, 184, 193, 276, 287, 300, 301, 344, 421, 432, 443
수기치인(修己治人) 26, 29, 30, 45, 52, 77, 82, 92, 100, 104, 114, 123, 169, 183, 249, 275, 288, 301, 302
수렴(收斂) 150, 277, 278, 283, 348, 385
수성(守成) 294, 295
수신(修身) 21, 39, 43, 45, 46, 48, 59, 61, 64, 77, 81, 88, 90~93, 99, 101, 103, 104, 106, 120, 126, 137, 167~169, 200, 205, 206, 223, 238, 239, 276, 283, 285, 292, 296, 300, 301, 348, 349, 355, 357, 366, 367, 452, 463, 464, 466
숙종(肅宗) 275, 366
시경(詩經) 36, 65, 67, 74, 110~114, 117~119, 123, 124, 128, 129, 317, 366, 421
시경강의(詩經講義) 113
시구편(鳲鳩篇) 125
시대정신(時代精神) 294, 357, 358
시명다식(詩名多識) 118, 119
신민(新民) 24, 32, 33, 35~37, 56, 64~66, 69, 71, 73, 74, 77, 83, 85~87, 94~99, 106, 111, 155, 259, 260, 264, 301, 339, 344~348, 352, 356~358, 366~368, 413, 414, 431, 432, 434, 440, 457~459, 462~466, 468
실학(實學) 24, 142, 143, 157, 357, 360, 379, 413, 467, 468
심경(心經) 159, 162, 165, 336
심즉리(心卽理) 216, 385, 389

◎

양명학(陽明學) 85, 336, 337, 346, 369, 379, 383, 385~389, 391, 411, 412
열문편(烈文篇) 116

예기(禮記) 21, 134, 135, 139, 156, 184, 190, 288, 305, 318, 319, 339, 341, 370, 371, 380, 422, 445, 449, 450
예송(禮訟) 376, 377, 381
오달도(五達道) 45
오우가(五友歌) 121
왕기(王畿) 204, 389
왕부지(王夫之) 218~245
왕수인(王守仁) 65, 136, 188~196, 198~200, 202, 204, 205, 207~213, 215~217, 336, 383~385, 389~391, 393, 411
운회(韻會) 306, 318, 319
위료옹(魏了翁) 178, 180
위정(爲政) 275, 276, 292, 301, 302
유가철학(儒家哲學) 128, 383
유교(儒敎) 24, 50, 51, 80~83, 92, 100, 101, 109, 274, 275, 277, 283, 287, 288, 290, 293, 299~302, 334~342, 351, 357, 358, 467
유성룡(柳成龍) 437
유추법(類推法) 145, 146
육소편(蓼蕭篇) 125
윤리적 문제(倫理的 問題) 156
윤선도(尹善道) 121
윤증(尹拯) 376, 385
윤휴(尹鑴) 334~343, 345~358, 360, 376
음양오행(陰陽五行) 225
이경석(李景奭) 364, 365, 371, 372, 375, 381
이언적(李彦迪) 249~274, 374, 417, 443
이익(李瀷) 413~415, 417~425, 427, 428, 430~435, 437~441
이탄(李坦) 371~373
이황(李滉) 184, 275, 308, 310, 326, 327, 330~332, 374
인(仁) 30, 34, 46, 47, 69, 70, 72, 75, 115, 268, 277, 292, 346, 347, 423, 459~461
인간의 본성 25, 33, 34, 59, 68, 462
인식론(認識論) 42, 135, 154, 156, 157, 278
인심(人心) 135, 143, 266, 270, 293, 329, 348
인의예지(仁義禮智) 85, 228, 407, 456, 468
인조반정(仁祖反正) 362, 418
인현왕후(仁顯王后) 365
입지(立志) 276, 277, 301

ㅈ

자기성찰(自己省察) 56, 59, 60, 76, 78
자기수양(自己修養) 26, 86, 94, 98, 106, 112, 120, 344, 348, 432
잠언(箴言) 110, 125, 128, 129
재(財) 298, 423
재도지문(載道之文) 110, 112, 117, 129
전체대용(全體大用) 162
절남산편(節南山篇) 127, 317
정가(正家) 285, 286, 288, 290, 291, 301
정교일치(政敎一致) 34
정사무(鄭思武) 362
정심(正心) 39, 43, 45, 46, 61, 63, 64, 77, 81, 88, 91, 92, 99, 101, 103, 104, 106, 137, 167~169, 193, 200, 204, 206, 214~216, 224, 238, 239, 244, 262, 263, 276, 281~283, 285, 300, 301, 337, 349, 355, 366, 367, 384, 390, 391, 393, 395, 396, 463, 464
정씨유서(程氏遺書) 22
정약용(丁若鏞) 113, 114, 443, 444, 446~448, 450~469
정이(程頤) 21, 137, 422, 424, 431, 432, 437
정제두(鄭齊斗) 384, 385, 387~391, 393~395, 397, 398, 402~407, 409~411

정치(政治) 24, 29, 32, 34, 38, 39, 45, 50~56, 59~63, 68~70, 74, 77, 81, 83, 100, 113, 125, 126, 162, 166, 167, 172, 173, 175, 179, 180, 182, 184, 186, 258, 273, 275, 288, 291~302, 414, 448
정치가(政治家) 50~62, 64, 67, 68, 70, 71, 74~77
정치권력(政治權力) 50, 51, 59, 68
정치의 본성 68
정치철학(政治哲學) 52, 76, 184, 185, 443
정치학교재(政治學教材) 52, 223
정학유(丁學游) 118
정호(程顥) 21, 137
제가(齊家) 21, 39, 45~48, 61, 77, 81, 88, 92, 93, 99, 101, 103, 104, 106, 111, 123, 125, 129, 137, 167~169, 239, 285, 286, 288, 292, 349, 355, 366, 367, 458, 462~464
조광조(趙光祖) 362
존언(存言) 391
주자가례(朱子家禮) 320
주자대전(朱子大全) 425~427
주자어류(朱子語類) 133, 134, 425~427
주자학(朱子學) 85, 88, 159, 160, 162, 169, 178~180, 183, 185, 186, 188, 189, 193, 195, 202, 249, 306, 356~358, 383, 385~389, 414, 419, 443, 467
주희(朱熹) 52, 53, 56, 59, 61, 66, 73, 74, 133~157, 216, 218~220, 222~230, 232, 236~239, 241, 244, 423~425, 429, 431~437, 440, 441
중(中) 267, 268
중용(中庸) 36, 45, 134, 190, 202, 216, 234, 249, 250, 265, 267, 268, 276, 300, 305, 322, 327, 334, 335, 342, 351, 355, 366, 370, 388, 417, 422, 423, 425, 453, 459, 466
중용변의(中庸辨疑) 332
중용소주권평(中庸小註圈評) 323, 324
지선(至善) 37, 38, 74, 87, 153~157, 192, 196, 200, 208, 261, 262, 268, 285, 347, 348, 367, 395, 396, 398, 399, 401~404, 408, 409, 434, 440, 458, 459, 462, 463, 468
지선행중(知先行重) 230, 244
지식(知識) 62, 63, 77, 82, 88~90, 95, 101~104, 110, 144~150, 170~172, 208, 232, 276, 339, 349, 369, 463
지어지선(止於至善) 24, 32, 33, 56, 73, 74, 77, 81, 83, 86, 87, 94, 97~99, 106, 111, 115, 116, 118, 120, 121, 124, 129, 154, 261, 262, 267, 285, 301, 339, 341, 347, 348, 357, 367~369, 380, 413, 414, 434, 440, 455, 458, 459, 462, 468
지지(知至) 329, 330
지지절(知止節) 256~263, 265, 271, 272
지치주의(至治主義) 249, 250, 267, 271~273, 362
지행(知行) 171
지행병진(知行竝進) 28, 335, 385, 387, 389, 410
지행합일(知行合一) 28, 335, 385, 387, 389, 410
진덕수(眞德秀) 159~162, 165~171, 175~181, 184~186, 275

ㅊ

창업(創業) 294
천리(天理) 31, 40, 119, 171, 174, 207, 211, 293, 294, 386, 395, 399~402, 406, 434, 458, 467

첨체인(詹體仁) 159, 161
청송절(聽訟節) 251, 253~255, 264~267, 272, 320
체용(體用) 168, 172, 177, 238, 244, 282, 392, 394, 400, 407, 408, 467
최고선 73, 77, 83, 87, 88, 96, 98, 106, 429
충서(忠恕) 292, 396
치국(治國) 21, 39, 45~48, 61, 77, 81, 88, 92, 99, 101, 103, 104, 106, 111, 123, 125, 129, 137, 167~169, 182, 239, 266, 269, 291, 292, 349, 355, 366, 367, 425, 456, 458, 462~464
치양지(致良知) 198, 202, 210, 385, 389
치인(治人) 28, 38, 39, 46, 48, 61, 64, 77, 78, 86, 88, 92, 106, 169, 173, 184, 280, 287, 301, 344, 432
치지(致知) 39, 40, 43, 45, 46, 61~63, 77, 81, 88~90, 92, 99, 101, 103, 104, 137, 138, 146~148, 150, 153, 154, 156, 157, 167~169, 193, 195, 198~202, 204, 205, 208, 211, 213~216, 220, 221, 228, 261, 263, 266, 276, 300, 349, 350, 354~358, 366, 367, 384, 390, 391, 394~398, 410, 437, 438, 441, 463, 465
친민(親民) 33~37, 65, 81, 85, 111, 112, 125, 126, 129, 200, 341, 343, 346, 348, 369, 431, 432, 455, 457, 458, 462
칠정(七情) 328, 329, 404

ㅋ

칸트의 정언명법 47

ㅌ

퇴계(退溪) → 이황

ㅍ

팔조목(八條目) 24, 39, 45, 76, 77, 80~82, 88, 99, 100, 103~107, 137~139, 143, 154, 156, 202, 243, 254, 256, 263~267, 271, 272, 300, 396, 427, 428, 435, 449, 454, 463, 466, 467
평천하(平天下) 21, 39, 45~48, 73, 77, 81, 88, 92, 99~104, 106, 111, 125, 129, 137, 138, 148, 154, 167~169, 239, 266~272, 291, 292, 349, 355, 366, 367, 425, 456, 458, 462~464
품격(品格) 104, 106, 107
플라톤 29, 30, 40, 41, 62

ㅎ

하곡(霞谷) → 정제두
하곡집(霞谷集) 389~391, 411
학문(學問) 22~24, 26, 28, 29, 42, 45, 53, 54, 57, 80, 81, 91, 100, 103, 112, 120, 162, 166, 167, 170, 172, 179, 181~183, 191, 192, 196, 258, 276~ 280, 284, 292, 300, 301, 307, 324, 334, 339, 347~349, 351~353, 373, 386, 388, 416~419, 422, 425, 439, 447, 448, 467
학변(學辨) 391
학습(學習) 41, 209, 279
한유(韓愈) 21
현조편(玄鳥篇) 124
혈구지도(絜矩之道) 47, 66, 68, 70, 126, 270, 272, 295
혈구행정(絜矩行政) 70, 71, 77
활연관통(豁然貫通) 44, 136, 148~157, 232, 436
회암(晦庵) → 주희
회재(晦齋) → 이언적
희정당대학강의(熙政堂大學講義) 444

김세봉(金世奉)

단국대학교 농학과 졸업, 단국대학교 사학과 석사, 단국대학교 사학과 문학박사. 현재 단국대학교 동양학연구원 한한대사전편찬실 편찬원

● 주요논문으로는 「17世紀 湖西山林勢力 硏究-山人勢力을 중심으로」(단국대학 박사학위논문), 「金堉의 社會經濟政策 硏究」(『史學志』 21), 「仁祖·孝宗代 山人勢力의 形成과 進出」(『東洋學』 24), 「朝鮮後期 漢城判尹 硏究-17세기를 중심으로」(『서울학연구』 9) 등 다수의 논문이 있다.

김인규(金仁圭)

성균관대학교 유학과 및 동 대학원 졸업(철학박사), 유도회 한문연수원 수료, 한국사상사학회 제2회 논문상 수상. 현 영산대학교 교수

● 『홍대용-조선시대 최고의 과학사상가』(성균관대출판부), 『유학 제3기 발전에 관한 전망(공역)』(아세아문화사), 『논어의 종합적 고찰(공저)』(심산), 「조선후기 신분제 개혁론의 새로운 지평-신분주의에서 직분주의로의 패러다임의 전환」(『동양고전연구』 30), 「중봉 조헌 개혁사상의 실학적 특성」(『동양철학연구』 41), 「추사 김정희의 학문관」(『온지논총』 11), 「조선후기 실학파의 자연관 형성에 끼친 한역서학서 영향」(『한국사상과 문화』 24) 외 다수의 논문이 있다.

김현수(金賢壽)

성균관대학교 한국철학과 졸업. 성균관대학교 한국철학과 석사, 성균관대학교 동양철학과 한국철학전공 철학박사. 현재 성균관대학교 동아시아학술원 유교문화연구소 연구원.

● 주요 논문으로는 「17세기 조선의 예교(禮敎)사상 연구」(성균관대학교 박사학위논문), 「한강 정구의 예학」(『한국학논집』 48집), 「기호예학의 형성과 학풍」(『유학연구』 25집), 「율곡 이이의 예론과 철학적 배경」(『동양철학연구』 67집), 「송시열의 예학사상 고찰」(『동서철학연구』 48집) 「백호 윤휴의 예교사상 연구」(『동양철학연구』 54집), 「17세기 기해년 전례논쟁의 예학적 성격」(『한국사상사학』 25집) 등 다수가 있다.

김형태(金亨泰)

연세대학교 국어국문학과 졸업, 연세대학교 국어국문학과 석사, 연세대학교 국어국문학과 문학박사. 현재 경남대학교 문과대학 국어국문학과 조교수.

●주요논문으로는 「對話體 歌辭 硏究」(연세대학교 박사학위논문), 「통신사 의원필담(醫員筆談)에 구현된 조일(朝日) 의원의 성향 연구」(『열상고전연구』 제35집), 「漁村 沈彦光 시의 자연 인식과 상징성 연구-動植物 소재에 具現된 특성을 중심으로」(『동방학(東方學)』), 「북한문학사의 조선 후기 서술 향방과 변화」(『민족문학사연구』 통권49호) 등 다수의 논문이 있다.

서근식(徐根植)

한림대학교 철학과 졸업, 성균관대학교 한국철학과 석사, 성균관대학교 동양철학과 한국철학전공 철학박사. 현재 한림대학교 강사, 한국학중앙연구원 전임연구원.

●주요논문으로는 「조선후기 실학파의 『주역』해석방법론 연구」(성균관대학교 박사학위논문), 「茶山 丁若鏞의 『孟子要義』에 나타난 心性論 硏究」(『온지논총』 29집), 「朱子 『易學啓蒙』의 體系的 理解」(『동양고전연구』 43집), 「退溪 李滉의 『啓蒙傳疑』에 대한 體系的 硏究」(『온지논총』 31집) 등 다수의 논문이 있다.

신창호(申昌鎬)

고려대학교 교육학과 졸업, 한국학중앙연구원 한국학과 석사, 고려대학교 교육학과 교육학박사. 현재 고려대학교 교수

●주요논문으로는 「中庸 교육사상의 현대적 조명」(고려대학교 박사학위논문), 「童蒙先習에 나타난 아동교육과정의 특징」(『한국교육사학』 33권3호), 「유교의 자아실현과 삶의 맥락」(『한국철학논집』 29집) 등의 다수의 논문이 있다.

안외순(安外順)

이화여대 정치외교학과 졸업, 동 대학원 정치학 석사, 정치학박사. 현재 한서대학교 국제관계학과 교수.

●주요 논저로는 「대원군집정기 권력구조 연구」(이화여대 정치학 박사학위논문), 「유가적 군주정과 서구 민주정에 대한 조선 실학자의 인식」(한국정치학회보, 35집4호), 『유교 리더십과 한국정치』(백사서당, 공저), 『민주주의의 한국적 수용』(책세상, 공저)

임옥균(林玉均)

공주사범대학 역사교육과 졸업, 서울대학교 윤리교육과 석사, 성균관대학교 동양철학과 졸업, 성균관대학교 대학원 동양철학과 석사, 성균관대학교 동양철학과 중국철학전공 철학박사. 현재 성균관 한림원 교수/학생부장.

●주요논문: 「대진철학에 나타난 '주자학적 사유의 비판' 에 관한 연구」(성균관대학 박사학위논문), 「이토 진사이의 『논어』 해석-주자의 해석과의 비교를 중심으로」(『동양철학연구』 69집), 「간재 전우와 성암 이철영의 성리사상의 동이와 특징」(『간재학논총』 13집) 등 다수의 논문이 있다.

임헌규(林憲圭)

경북대학교 철학과 졸업, 서울대학교 대학원 석사(서양철학), 한국학중앙연구원 한국학대학교 석사 및 철학박사. 현재 강남대학교 철학과교수.

●논문으로는 「유가의 심성론 연구」(한국학대학원 박사학위논문), 「유교의 종지와 도통」(동아시아고대학, 27)이 있고, 저서로는 『유가의 심성론과 현대 심리철학』 (철학과현실사), 『노자도덕경해설』 (철학과현실사) 등이 있다.

임홍태(林洪兌)

성균관대학교 한국철학과 졸업, 성균관대학교 한국철학과 석사, 중국 인민대학교 철학과 철학박사. 현재 영산대학교 학술연구교수.

●주요논문으로는 「王陽明 四句教 硏究」(중국인민대학 박사학위논문), 「도석령과 유종주의 4차 유무논쟁」(『온지논총』 35집), 「왕양명의 주륙관 연구」(『동방학』 23집) 등 다수의 논문이 있다.

지준호(池俊鎬)

성균관대학교 유학대학 한국철학과 졸업, 성균관대학교 한국철학과 석사, (중국)北京대학 철학과 철학박사. 현재 서울교육대학교 윤리교육과 교수.

●주요논문으로는 「黃榦철학사상연구」(北京대학 박사학위논문), 「중국의 초등학교 도덕 교육 현황과 전망」(『한국철학논집』 34집), 「공자 '和而不同' 의 윤리적 함의와 현대적 가치」(『동양고전연구』 41집) 등 다수의 논문이 있다.